A85.-

€ 15,-

D1730614

Die außervertraglichen unternehmerischen Verhaltenspflichten zumSchutze fremdenVermögens

---

La responsabilité non-contractuelle en matière commerciale

Erstes Rechtsvergleichendes Kolloquium des Zentrums für
Internationale Wirtschaft der Universität Konstanz in Zusammenarbeit
mit der Association pour Favoriser le Fonctionnement de l'Institution
Consulaire Paris am 1. und 2. Oktober 1993 in Konstanz

Die außervertraglichen unternehmerischen Verhaltenspflichten zum Schutze fremden Vermögens

Die deutsche und die französische Rechtsprechung in der Perspektive des europäischen Binnenmarktes

Herausgegeben von

Carsten Thomas Ebenroth

und

Michel Rouger

Verlag Recht und Wirtschaft GmbH
Heidelberg

Premier Colloque de Droit Comparé organisé les 1er et 2 octobre 1993 par le Centre d'Economie Internationale de l'Université de Constance en collaboration avec l'Association pour Favoriser le Fonctionnement de l'Institution Consulaire

La responsabilité non-contractuelle en matière commerciale

Une étude comparée des jurisprudences française et allemande dans la perspective du marché unique européen

Publié sous la direction de

Carsten Thomas Ebenroth

et

Michel Rouger

Verlag Recht und Wirtschaft GmbH
Heidelberg

Prof. Dr. iur. Dr. rer. pol. Carsten Thomas Ebenroth,
Richter am Oberlandesgericht Karlsruhe/Professeur à l'Université
de Constance, Juge à la Cour d'Appel de Karlsruhe

Michel Rouger,
Präsident des Handelsgerichts Paris/Président du Tribunal de
Commerce de Paris

Diese Veröffentlichung wurde ermöglicht dank einer Unterstützung der AFFIC sowie des Ministeriums für Wissenschaft und Forschung des Landes Baden-Württemberg.

Cette publication a été rendue possible grâce à une contribution financière de l'AFFIC et du Ministère de la Science et de la Recherche du Land de Baden-Württemberg.

Die Deutsche Bibliothek – CIP-Einheitsaufnahme

La responsabilité non-contractuelle en matière commerciale : une étude comparée de jurisprudences française et allemande dans la perspective du marché unique européen / Premier Colloque de Droit Comparé. Organisé les 1er et 2 octobre 1993 par le Centre d'Economie Internationale de l'Université de Constance en collab. avec l'Association pour Favoriser le Fonctionnement de l'Institution Consulaire. Publ. sous la direction de Carsten Thomas Ebenroth et Michel Rouger. [Tribunal de Commerce de Paris, Le Président . . .]. – Heidelberg : Verl. Recht und Wirtschaft, 1995

    Parallelt.: Die ausservertraglichen unternehmerischen Verhaltenspflichten zum Schutze fremden Vermögens

    ISBN 3-8005-1153-3

NE: Ebenroth, Carsten-Thomas [Hrsg.]; Rechtsvergleichendes Kolloquium <1, 1993, Konstanz>; Zentrum für Internationale Wirtschaft <Konstanz>; Die ausservertraglichen unternehmerischen Verhaltenspflichten zum Schutze fremden Vermögens

ISBN 3-8005-1153-3

© 1995 Verlag Recht und Wirtschaft GmbH, Heidelberg

Das Werk einschließlich aller seiner Teile ist urheberrechtlich geschützt. Jede Verwertung außerhalb der engen Grenzen des Urheberrechtsgesetzes ist ohne Zustimmung des Verlages unzulässig und strafbar. Das gilt insbesondere für Vervielfältigungen, Übersetzungen, Bearbeitungen, Mikroverfilmungen und die Einspeicherung und Verarbeitung in elektronischen Systemen.

Datenkonvertierung und Satz: Lichtsatz Michael Glaese GmbH, 69502 Hemsbach
Offsetdruck: Druckerei Schmich KG, 69221 Dossenheim b. Heidelberg
Buchbinderische Verarbeitung: Fa. Osswald + Co. KG, 67433 Neustadt/Weinstraße

⊗ Gedruckt auf säurefreiem, alterungsbeständigem Papier, hergestellt aus chlorfrei gebleichtem Zellstoff (TCF)

Printed in Germany

Préface

Il y a maintenant bientôt trois ans s'est tenue à Paris une manifestation un peu particulière, organisée par la Cour d'Appel et le Tribunal de Commerce de Paris les 12, 13 et 14 novembre 1992. Pendant trois jours, des magistrats de 7 pays européens ont en effet simulé des audiences civiles, pénales ou commerciales, révélant au public comment était rendue la justice dans leur pays. Cette manifestation n'a pas cependant intéressé seulement le public qui assistait à ces «Journées Justices d'Europe». Elle a aussi éveillé la curiosité des magistrats présents qui, une fois n'est pas coutume, étaient en mesure d'échanger directement leurs expériences.

Aussi est-il apparu rapidement que ce dialogue devait être poursuivi dans l'avenir, pour porter non plus seulement sur la procédure, mais cette fois sur le fond du droit appliqué.

L'Europe en effet n'est pas un vain mot. Depuis son institution se sont développés un marché européen, un droit européen, un espace judiciaire européen. Si ce marché existe désormais dans les faits, c'est par l'effet du droit européen qui en a défini les règles: libre concurrence, libre circulation des marchandises, des personnes et des capitaux, éliminations des discriminations directes et indirectes aux échanges intra-communautaires. Ce marché européen, entré dans les faits, a lui-même généré une interdépendance économique croissante, qui n'est pas sans conséquence importante. Les juridictions nationales, en effet, si elles ont été appelées à l'origine à appliquer un droit nouveau, un droit qui leur était encore assez étranger, le droit communautaire, se voient aujourd'hui confrontées à un autre problème. Au fur et à mesure de la croissance des échanges intra-communautaires, les juridictions nationales se sont vues et se voient, jour après jour, saisies toujours plus souvent de litiges internationaux. Pour donner une solution à ces litiges, ces juridictions se doivent de faire application de leur droit international privé et éventuellement d'un droit étranger, c'est à dire de la loi désignée par la règle de conflit applicable.

L'interdépendance économique européenne oblige donc les juges nationaux à devenir des internationalistes avertis et, qui plus est, à se doter d'une culture de droit comparé approfondie. Le droit étranger ne leur est donc plus aussi «étranger» qu'il pouvait l'être dans le passé.

Forts de cette culture nouvelle, ces juges sont donc en mesure de jeter un regard nouveau sur «leur» droit, sur les principes posés par celui-ci, sur leur jurisprudence. Ils sont susceptibles de comparer les solutions qu'ils donnent les uns et les autres à des problèmes identiques.

Toutes les conditions sont alors réunies pour que le droit comparé connaisse un nouveau développement dans le monde judiciaire. Il apparait en ce sens logique, naturel, que des magistrats de différents pays cherchent à communiquer directement. L'emprise du droit communautaire n'ayant fait que s'accroître dans le même temps, il est également parfaitement normal que ces magistrats invitent des membres des juridictions communautaires à participer à ces travaux.

Tel est le cheminement qui a conduit à l'organisation du 1er Colloque de Constance, un colloque invitant des magistrats de deux pays, en l'espèce l'Allemagne et la France, et des magistrats européens, à évoquer ensemble un thème d'intérêt commun.

Pour cette première manifestation internationale, c'est le thème de la responsabilité non-contractuelle en matière commerciale qui a été retenu. Ce thème se devait en effet d'entretenir des liens étroits avec l'activité économique, elle-même à l'origine de ce mouvement d'internationalisation judiciaire et juridique. On objectera peut-être que le contrat est le principal véhicule des échanges intra-communautaires. C'est exact. Aussi le contrat a-t-il été l'objet de nombreuses études en droit interne, en droit international et en droit comparé. Le thème de la responsabilité non-contractuelle en matière commerciale est quant à lui demeuré à l'écart. Une lacune qui n'est guère justifiée si l'on songe que le droit du même nom intervient dans tous les domaines de l'activité économique. Qu'est-ce en effet que la responsabilité non-contractuelle, particulièrement en matière commerciale, sinon un coût, parfois important, que tout gestionnaire se doit de prendre en considération, de prévoir, de déterminer avec précision. Peut-être les condamnations prononcées à ce titre n'atteignent pas en France et en Allemagne les montants incroyables qu'elles atteignent aux Etats-Unis, eu égard aux «punitive damages» venant s'ajouter aux dommages et intérêts destinés à compenser la réparation du préjudice subi. Il n'en reste pas moins que ce coût est susceptible de peser sur les prévisions des gestionnaires et donc sur les transactions internationales.

Il était donc logique que les juges appelés à se prononcer en cette matière désirent dresser un bilan comparatif du droit qu'ils appliquent

VIII

et qu'ils contribuent également à créer, par leur jurisprudence. Il leur appartient en effet de connaître les solutions qu'ils donnent les uns et les autres à ces problèmes, de comparer les techniques qu'ils mettent en oeuvre à cet égard, d'évaluer les résultats auxquels peut aboutir la mise en oeuvre de constructions théoriques parfois différentes.

L'objet du Colloque de Constance était en effet de connaître les systèmes juridiques en présence, de les comparer ainsi que d'évaluer leur performance, le droit, au même titre que les techniques de production, de transformation ou de distribution, étant devenu un objet de compétition, un lieu de concurrence internationale. Les magistrats allemands, français et communautaires en sont bien conscients. Ils en font, les uns et les autres, l'expérience quotidienne, au gré des affaires qu'ils ont à traiter.

Tel était l'objet du Colloque de Constance des 1 et 2 octobre 1993 organisé par l'Association pour Favoriser le Fonctionnement de l'Institution Consulaire (AFFIC) et le Centre d'Economie Internationale de l'Université de Constance, un colloque placé sous les auspices de l'Europe, d'une Europe qui est et doit demeurer un instrument de progrès pour les peuples qui l'habitent.

Au nom du Tribunal de Commerce de Paris et du Centre d'Economie Internationale, nous tenons à remercier Messieurs *Claude Brézillon*, Président de Chambre au Tribunal de Commerce de Paris, Président de l'AFFIC, et *Jean-Marie Fekete*, Président de Chambre au Tribunal de Commerce de Paris, Vice-président de l'AFFIC, et messieurs *Roger Boizel* et *Günter Reiner,* assistants au Centre d'Economie Internationale, pour le précieux concours qu'ils ont apporté à l'organisation de ce colloque ainsi qu'à la préparation de cet ouvrage.

Carsten Thomas Ebenroth   *Michel Rouger*

Vorwort

Vor nunmehr fast frei Jahren, vom 12. bis zum 14. November 1992, wurde in Paris eine recht ungewöhnliche Veranstaltung von der Cour d'Appel und dem Tribunal de Commerce de Paris ausgerichtet. Drei Tage lang haben Richter sieben europäischer Länder zivilrechtliche, strafrechtliche und handelsrechtliche Gerichtsverhandlungen nachgespielt und so dem Publikum gezeigt, auf welche Weise in ihren Ländern Recht gesprochen wird. Diese Veranstaltung hat nicht nur das Publikum interessiert, das an diesen „Journées Justices d'Europe" teilgenommen hat. Sie hat auch die Neugier der mitwirkenden Richter geweckt, denen sich Gelegenheit bot, ihre Erfahrungen zu vergleichen, und denen sehr schnell klar geworden ist, daß dieser Dialog in der Zukunft fortgesetzt werden und nicht nur das Verfahrensrecht, sondern auch das materielle Recht behandeln mußte.

Europa ist nicht nur ein leeres Wort. Seit der Gründung der Europäischen Gemeinschaft ist ein europäischer Markt, ein europäisches Recht und ein europäischer Rechtsraum entstanden. Wenn dieser Markt inzwischen tatsächlich existiert, dann ist dies dem europäischen Recht zu verdanken, das seine Regeln definiert: Freier Wettbewerb, freier Waren-, Personen- und Kapitalverkehr sowie die Beseitigung direkter und indirekter Handelsbeschränkungen. Dieser europäische Markt hat mit seiner Verwirklichung selbst zu einer wachsenden gegenseitigen wirtschaftlichen Abhängigkeit geführt, die nicht ohne bedeutende Folgen bleibt. Die nationalen Gerichte, die sich zunächst der Aufgabe gegenüber sahen, ein ihnen noch fremdes neues Recht, das Gemeinschaftsrecht, anzuwenden, sehen sich heute dem weiteren Problem ausgesetzt, daß gleichzeitig mit dem Wachstum des innergemeinschaftlichen Handels die Anzahl der internationalen Rechtsstreitigkeiten Tag für Tag zunimmt. Um hier zu Lösungen zu gelangen, müssen diese Gerichte das Internationale Privatrecht und unter Umständen ausländisches Recht anwenden, wenn dies die anwendbare Kollisionsnorm so bestimmt.

Die gegenseitige wirtschaftliche Abhängigkeit in Europa bestimmt also die nationalen Richter dazu, aufgeklärte Internationalisten zu werden und sich ein gehobenes Maß an Rechtskultur auf dem Gebiet der Rechtsvergleichung anzueignen. Das ausländische Recht ist ihnen deshalb nicht mehr so fremd, wie es in der Vergangenheit möglicherweise der Fall war. Dank dieser neuen Rechtskultur sind die

Richter in der Lage, ihre eigene Rechtsordnung einschließlich der von ihr aufgestellten Grundsätze und ihre eigene Rechtsprechung in einer neuen Weise zu betrachten und die Lösungen zu vergleichen, die die unterschiedlichen Rechtsordnungen angesichts identischer Probleme finden.

Es sind Voraussetzungen geschaffen, damit die Rechtsvergleichung einen Aufschwung in der Rechtsprechung erfahren kann. Es ist deshalb nur natürlich, daß die Richter verschiedener Länder versuchen, direkt miteinander zu kommunizieren. Da sich gleichzeitig der Einfluß des Gemeinschaftsrechts immer weiter verstärkt, versteht es sich, daß diese Richter die Mitglieder des Europäischen Gerichtshofs dazu einladen, an ihren Arbeiten teilzunehmen.

So kam es zur Veranstaltung des Ersten Konstanzer Kolloquiums, das Richter zweier Länder, Deutschlands und Frankreichs, sowie europäische Richter zusammenführte, um ein Thema von gemeinsamen Interesse zu erörtern.

Für dieses erste Mal wurde der Bereich der außervertraglichen Verhaltenspflichten im Geschäftsverkehr ausgewählt. Dieses Thema garantierte einen engen Zusammenhang mit dem Wirtschaftsleben, das selbst wiederum am Anfang der gerichtlichen und rechtlichen Tendenz nach Internationalisierung steht. Man könnte hier vielleicht einwerfen, daß der Vertrag hauptsächliches Werkzeug des innergemeinschaftlichen Handels ist. Das ist zutreffend. Der Vertrag war aber bereits Gegenstand zahlreicher Untersuchungen im nationalen Recht, im internationalen Recht und im Internationalen Privatrecht. Das Thema der außervertraglichen Haftung im Geschäftsverkehr fand dagegen wenig Beachtung. Dies ist ein Mangel, der kaum gerechtfertigt ist, wenn man daran denkt, daß das Recht der außervertraglichen Haftung in allen Bereichen wirtschaftlicher Aktivität eine Rolle spielt. Was ist denn die außervertragliche Haftung anderes als ein, nicht selten schwerwiegender, Kostenfaktor, den jeder Unternehmer in seine Kalkulation einbeziehen muß? Es mag sein, daß die einschlägigen Verurteilungen in Frankreich und in Deutschland nicht die unglaublichen Summen erreichen wie die amerikanischen „punitive damages", die den eigentlichen Schadensersatz ergänzen. Auch bei uns ist dieser Kostenfaktor aber geeignet, die Planung der Unternehmer und damit die internationalen Transaktionen zu beeinflussen.

Es war deshalb nur logisch, daß die Richter, die sich zu diesem Bereich äußern wollten, den Wunsch verspürten, eine vergleichende Bilanz zu zeichnen bezüglich des Rechts, das sie anwenden und das sie gleichzeitig durch ihre Rechtsprechung schaffen. Es ist ihre Aufgabe, die jeweils gefundenen Lösungen, die verwendeten Rechtstechniken zu vergleichen und die Ergebnisse zu bewerten, zu denen die Verwendung unterschiedlicher theoretischer Konstruktionen führen kann.

Ziel des Konstanzer Kolloquiums war es, die bestehenden Rechtssysteme kennenzulernen, sie zu vergleichen und so ihre Leistungsfähigkeit zu bewerten. Das Recht ist ebenso wie die Produktions-, Verarbeitungs- und Vertriebstechniken Gegenstand der Auseinandersetzung, Schauplatz des internationalen Wettbewerbs geworden. Die deutschen, französischen und europäischen Richter sind sich dieser Tatsache bewußt, weil sie dies täglich im Rahmen der Fälle, die sie behandeln, erfahren.

Dies also war der Sinn des Kolloquiums, das am 1. und 2. Oktober 1993 in Konstanz stattfand und im Zeichen Europas stand – eines Europas, das ein Instrument für den Fortschritt seiner Völker ist und es bleiben muß.

Im Namen des Tribunal de Commerce de Paris und des Zentrums für Internationale Wirtschaft danken wir den Herren *Claude Brézillon*, Vorsitzender der AFFIC, und *Jean-Marie Fekete*, Stellvertretender Vorsitzender der AFFIC, beide Vorsitzende Richter am Tribunal de Commerce de Paris, sowie den Herren *Roger Boizel* und *Günter Reiner*, Assistenten am Zentrum für Internationale Wirtschaft der Universität Konstanz, für ihren wertvollen Beitrag bei der Organisierung des Kolloquiums und der Zusammenstellung dieses Bandes.

Carsten Thomas Ebenroth   *Michel Rouger*

Inhaltsverzeichnis – Table des matières

Teil I – 1ère Partie:

Darstellung des deutschen und des französischen Deliktsrechts – Présentation des droits français et allemand de la responsabilité non-contractuelle

Teil II – 2ème Partie:
Fallstudien – Etudes de cas

Thema 1 – Thème 1: Der haftungsrechtliche Rahmen erlaubter Konzernleitung – La responsabilité délictuelle dans la gestion des groupes de sociétés

XVI

Christof Ertl:

Yves Chaput:

Thema 2 – Thème 2: Die Eigenhaftung von Geschäftsleitern gegenüber den Gesellschaftsgläubigern – La responsabilité personnelle des dirigeants envers les créanciers de la Société

Claude Brézillon:

XVIII

Fridhilde Steidel-Sigrist:

**Thema 4 – Thème 4: Die mißbräuchliche Kündigung und Ver-
weigerung der Vertragsverlängerung bei Absatzvermittlungs-
verhältnissen – La rupture et le non-renouvellement abusifs
des contrats de distribution intégrée**

Jean Courtière / Georges-Philippe Zambeaux:

XX

XXII

XXIII

Begrüßungsworte

Heinz Jordan

Meine verehrten Damen, meine Herren,

ich freue mich ganz besonders, daß dieses rechtsvergleichende Kolloquium unter Beteiligung der richterlichen Praxis hier in Konstanz zustande gekommen ist. Wir erwarten viel von diesem Erfahrungsaustausch, und ich bin Ihnen, lieber Herr Ebenroth, überaus dankbar, daß Sie diese Veranstaltung ermöglicht und so hervorragend geplant und vorbereitet haben. **1**

Sie werden wissen, meine Damen und Herren: ich spreche hier zumindest auch als Dienstvorgesetzter von Professor Ebenroth, der seit über zehn Jahren Richter am Oberlandesgericht Karlsruhe und Mitglied des 6. Zivilsenats dieses Gerichts ist. In der Einrichtung des Professorenrichters, die Sie, lieber Herr Kollege Ebenroth, neben einer Reihe anderer namhafter Wissenschaftler am Oberlandesgericht Karlsruhe verkörpern, sehe ich eine glückliche Verbindung von Wissenschaft und Praxis, die sich für beide Seiten als fruchtbar erweist. Sie, Herr Ebenroth, setzen sich als Universitätslehrer und Wissenschaftler für den Erfahrungsaustausch zwischen französischen und deutschen Richtern auf dem Gebiet des Wirtschaftsrechts ein. Bereits dadurch wird die Sinnfälligkeit der Personalunion – Universitätslehrer auf der einen, Richter im Nebenamt auf der anderen Seite – hervorragend dokumentiert.

Meine Damen und Herren, ich möchte der sachlichen Arbeit dieses Kolloquiums drei allgemeine Bemerkungen voranstellen, die auch meine hohen Erwartungen an einen derartigen Erfahrungsaustausch belegen: **2**

(1) Ich bedauere es, daß die Rechtsvergleichung bei uns bislang weitgehend eine Sache der Wissenschaft ist. Ich brauche vor diesem Kreis die unschätzbaren Vorteile der rechtsvergleichenden Methode nicht herauszustreichen: Es ist für uns alle von großem Interesse zu erfahren, wie ein bestimmtes praktisches Problem, dessen Lösung uns bewegt und umtreibt, in einer anderen Rechtsordnung gelöst wird. Der Blick in andere Rechtsordnungen erweitert den Horizont. Er zeigt uns auf der einen Seite die Relativität unserer Rechts-

regeln, auf der anderen Seite aber die Allgemeingültigkeit der dahinterstehenden Gerechtigkeitsidee, die wir – derart zur Abstraktion auf das Wesentliche gezwungen – im fremden Recht als *tertium comparationis* wiederfinden. Darüber hinaus verschaffen wir uns mit Hilfe der Rechtsvergleichung „Lösungsvorräte" für das eigene Recht. Es wäre – nicht zuletzt im zusammenwachsenden Europa – zu wünschen, daß dieser Blick über den Gartenzaun mehr als bisher zur richterlichen Arbeitsweise gehören würde, daß also auch die Richter die Erkenntnisquelle „Rechtsvergleichung" stärker nutzen, als dies in der Vergangenheit der Fall war. Immerhin haben in den letzten Jahren Richter aus unserem Bezirk, darunter zwei heute anwesende Kollegen vom Oberlandesgericht Karlsruhe, ihren Richterstuhl für einige Monate verlassen, um im Nachbarland Frankreich zu visitieren, also den französischen Kollegen bei der Arbeit über die Schulter zu schauen und daraus Anregungen für die eigene Arbeit mit nach Hause zu nehmen. Ein Anfang ist damit immerhin gemacht.

(2) Der zweite Punkt, den ich in aller Kürze anführen möchte, soll das Augenmerk darauf lenken, daß die Beschäftigung mit dem Recht des Nachbarn für uns nicht mehr nur eine Methode zur Förderung des eigenen Rechts sein kann. Die Unterschiede in den Rechtsordnungen der Mitgliedstaaten tragen bekanntlich erheblich zu den tatsächlichen Schwierigkeiten bei der Errichtung eines funktionierenden Binnenmarktes bei. Unser Recht muß sich daher anpassen, es steht unter einem starken europäischen Harmonisierungsdruck, und zwar gerade auch das Wirtschaftsrecht. Für die Rechtsanpassung kennt der EWG-Vertrag den förmlichen Weg über die Harmonisierungsrichtlinie, die in den Mitgliedstaaten umgesetzt werden muß. Man kann immer wieder feststellen, daß das europäische Rechtsetzungsverfahren, also die Phase, in der eine Richtlinie von der Kommission ausgearbeitet, mit den Mitgliedstaaten (d. h. mit den Ministerialbeamten der Mitgliedstaaten) diskutiert und schließlich vom Rat beschlossen wird, daß dieses europäische Rechtssetzungsverfahren häufig unter Ausschluß der interessierten juristischen Öffentlichkeit abläuft. Sie nimmt – wie man erst kürzlich beim Thema der Bildung eines Ausfallfonds für fallierte Reiseveranstalter feststellen konnte – Kenntnis erst von der verabschiedeten Richtlinie, die nur noch der Umsetzung ins nationale Recht bedarf. Um nicht mißverstanden zu werden: ich beklage hier nicht, daß der interessierten Öffentlichkeit keine Gelegenheit zur Stellung-

nahme gegeben würde. Ich beklage aber, daß die durchaus gebotene noch
Gelegenheit zur Stellungnahme so wenig genutzt wird. Ebenso wie **2**
ein deutsches Gesetzgebungsverfahren braucht auch das europäische Rechtsetzungsverfahren Anregungen und Kritik aus der Praxis, die letztlich mit dem harmonisierten Recht leben muß. Die Wirtschaft hat dies längst begriffen, wie sich aus der regen Lobbyisten-
tätigkeit in Brüssel ersehen läßt. Besonders wichtig wäre aber gerade der Diskussionsbeitrag der interessenungebundenen Praxis.

Wer sich freilich an einer solchen Diskussion beteiligen möchte,
muß wissen, wovon er redet: Er muß die Systeme, die es zu harmonisieren gilt, in groben Zügen kennen. Möchte er Charakteristika des
eigenen Systems in den Harmonisierungsprozeß einbringen, dann
muß er bereit und in der Lage sein, dieses eigene System darzustel-
len, und zwar in einer Weise, die auch für den europäischen Nachbarn verständlich und nachvollziehbar ist. Im Rahmen des europäischen Harmonisierungsprozesses stehen unsere Systeme in einem
gesunden Wettbewerb. Wir sind aufgerufen, in diesen Wettbewerb,
der den Prozeß der europäischen Rechtsangleichung prägen muß,
die überzeugenden Lösungen, die unser eigenes Recht bietet, einzu-
bringen. Darüber hinaus sollten wir uns nicht scheuen, das Charak-
teristische unseres juristischen Denkens in dieser Diskussion zu vermitteln. Hier sehe ich nicht zuletzt die Aufgabe dieses Kolloquiums. Ich hoffe sehr, daß das einmal begonnene Gespräch nicht
abbrechen, sondern Anregung sein wird für ähnliche Diskussionen.
Wir brauchen – über Sprachbarrieren hinweg – diesen Gedanken-
austausch.

(3) Meine dritte Bemerkung betrifft die Rolle des Richters im Prozeß der europäischen Einigung. Der Rechtsprechung kommt in diesem Prozeß eine wichtige, eine entscheidende Funktion zu. Dies ist
in erster Linie ein Verdienst des Gerichtshofs der Europäischen Gemeinschaften, der sich in den vergangenen dreißig Jahren als Motor
des europäischen Einigungsprozesses erwiesen hat und kaum eine
Gelegenheit hat ungenutzt verstreichen lassen, eine Zweifelsfrage
im Sinne der europäischen Integration zu beantworten. Gelegenheit bot sich dem EuGH dabei fast ausschließlich in Vorabentschei-
dungsverfahren, in denen er allein aufgrund von Richtervorlagen
entscheidet. Die deutschen Gerichte haben in der Vergangenheit die
sich aus der Vorlagemöglichkeit bzw. aus der Vorlagepflicht erge-
bende Verantwortung für den Prozeß der europäischen Integration
nicht immer erkannt und angenommen. Zuweilen trifft man auf Be-

noch
2 fürchtungen etwa derart, der EuGH könne im Interesse des freien Warenverkehrs und des unbeschränkten Handels zwischen den Mitgliedstaaten die ausgefeilte Systematik eines gehegten und gepflegten Rechtsgebiets zerstören. Eine solche kleinliche Denkweise halte ich für fatal. Ich trete demgegenüber mit Nachdruck dafür ein, daß gerade auch das Oberlandesgericht von der Vorlagemöglichkeit nach Art. 177 EWG-Vertrag extensiv Gebrauch macht und seiner Vorlagepflicht nachkommt, die nach meiner Auffassung bei Zweifelsfragen in nichtrevisiblen Sachen besteht. Auch ohne Einschaltung des europäischen und des nationalen Gesetzgebers kann auf diese Weise bereits ein wesentlicher Beitrag zur europäischen Integration und zur Harmonisierung geleistet werden.

Dem Kolloquium, das zu dieser Entwicklung einen wichtigen Beitrag leisten möge, wünsche ich den Erfolg, den es verdient.

L'approche économique du droit par les juges de commerce: l'exemple de la responsabilité non-contractuelle en matière commerciale

Carsten Thomas Ebenroth

Introduction

Il y a bientôt un an, ont eu lieu à Paris les «Journées Justices d'Euro- **3** pe», organisées par la Cour d'appel et le Tribunal de Commerce de Paris. L'importance de cette manifestation mérite d'être soulignée, compte tenu notamment de l'originalité de la démarche suivie. Les «Journées Justices d'Europe» ont en effet réuni les 12, 13 et 14 novembre 1992 des magistrats, des avocats et des membres d'autres professions judiciaires de 7 pays européens, non pas seulement pour présenter, mais aussi et surtout pour rendre la justice de leur pays, dans les conditions d'un procès réel, au cours d'audiences simulées, civiles, pénales, ou commerciales. C'est à peine si les jugements prononcés ne furent pas exécutés, ceci dans un souci de vérité absolue qui aurait cependant porté quelque préjudice aux personnes ayant accepté de jouer le mauvais rôle à l'instance, c'est à dire celui du perdant.

Grâce à cette manifestation d'un nouveau genre, des magistrats de cultures juridiques différentes ont montré leur intérêt pour la découverte de la justice d'autres pays. Les «Journées Justices d'Europe» ont ainsi contribué à resserrer les liens existants entre les juridictions nationales, préfigurant cet espace judiciaire européen que postule le développement de la construction communautaire.

Le Colloque de Constance qui réunit aujourd'hui une centaine de magistrats français et allemands s'inscrit, en ce sens, dans le prolongement des «Journées Justices d'Europe».

A mon grand regret, je dois avouer, avec humilité, que je ne suis pas **4** l'auteur de cette initiative. C'est en effet à mon ami Michel Rouger, Président du Tribunal de Commerce de Paris, qu'appartient la paternité de l'idée qui préside à l'organisation de ce colloque. Ma contribution personnelle se limitera donc ici à l'exposé de cette idée, en m'efforçant de ne pas trop déformer les intentions de son auteur. Mon ami Michel Rouger me pardonnera, je l'espère, si je n'ai pu parfois résister au travers de quelques digressions proprement universitaires.

5 Il n'était évidemment pas question de renouveler purement et simplement l'expérience tentée à Paris, l'année précédente. Il n'aurait servi à rien de donner, une fois encore, à des magistrats français et allemands, la possibilité de présenter, en vraie grandeur, la justice de leur pays. En revanche, il pouvait être intéressant de donner à ces magistrats l'occasion de confronter leurs expériences dans le traitement de certains problèmes de fond.

Il ne fait en effet aucun doute que bien des problèmes sur lesquels sont appelés à se prononcer les magistrats français se posent aux juges allemands, sinon dans les mêmes termes, du moins dans des termes voisins. La société française et la société allemande présentent aujourd'hui trop de similitudes pour qu'il puisse en aller autrement.

Si l'on considère le cas particulier des «juges du commerce», c'est à dire des magistrats qui, qu'ils soient ou non membres d'une juridiction ou d'une chambre spécialisées en matière commerciale, sont appelés à se prononcer sur les litiges que génère l'activité d'une entreprise commerciale dans ses différents aspects, la remarque précédente s'impose avec plus de force encore. Les économies française et allemande sont aujourd'hui en effet très imbriquées. Cornel Renfert[1] remarque à cet égard que «la relation privilégiée qui existe entre la France et l'Allemagne ne se fonde pas seulement sur une coopération politique étroite, mais s'exprime également par les relations économiques diversifiées qu'entretiennent les deux pays». «La France et l'Allemagne, note l'auteur, sont respectivement premier partenaire commercial l'une de l'autre». Les problèmes juridiques que soulèvent le développement de l'activité économique ou le déclin de celle-

---

1 C. Renfert, «Die deutsch-französischen Wirtschaftsbeziehungen», in «Deutsche Unternehmen in Frankreich», 1991, 4.
L'auteur note qu'environ 13% de toutes les exportations allemandes sont effectuées à destination de la France; au sein des exportations françaises, la part à destination de l'Allemagne s'élève à 17%. On notera par ailleurs que 12% de l'ensemble des importations allemandes proviennent de la France.
Sur les investissements allemands en France, on se reportera notamment à un article, paru dans la revue «Le lien, Magazine économique France» – Allemagne, n°18, juin 1993, 16 et s.

ci, en période de croissance ou au contraire de récession, affectent par conséquent de la même manière les magistrats qui, de part et d'autre du Rhin, se voient confier la tâche difficile de trancher les litiges commerciaux. La crise économique actuelle en apporte malheureusement une preuve incontestable.

Face à ces difficultés communes, les juges du commerce français et allemands occupent la même position stratégique. Ils se doivent en effet, les uns et les autres, de traduire le phénomène économique en termes juridiques. **6**

§ 1 La mission des juges du commerce

La mission qui incombe aux juges de commerce est d'une importance capitale, et ceci à un double point de vue. Les juges du commerce se doivent en effet non seulement d'appliquer la règle de droit en tenant compte des exigences de l'économie, mais aussi parfois d'adapter la règle de droit à ces exigences. **7**

1. *Adaptation du droit et pouvoir créateur du juge*

La tâche de ces magistrats ne consiste pas seulement en effet à appliquer la législation en vigueur. Bien souvent cette dernière intervient trop tard, en raison des lenteurs de la procédure législative, des conflits d'intérêts que soulève son adoption. Le juge du commerce se doit donc de combler ces lacunes, d'adapter la législation applicable aux exigences du moment. Barthélémy Mercadal[2] explique en ce sens que «les éléments du jeu économique changent vite et évoluent constamment. Les techniques juridiques correspondantes, pour remplir leur office, doivent donc épouser ce mouvement au même rythme. Or, la loi ne peut intervenir à tout moment; quand elle est défaillante, il ne reste plus que le juge pour fixer la solution attendue. Le droit des affaires appelle ainsi le magistrat à se montrer un technicien novateur». L'auteur va même plus loin lorsqu'il énonce les deux propositions qui doivent guider le juge dans sa démarche: le juge, dit-il, «doit créer la règle de droit chaque fois que c'est possible; il doit provoquer le législateur chaque fois que c'est indispensable». L'activité économique, dans ses modalités sans cesse renouvelées, exige en **8**

---

2 B. Mercadal et P. Gulphe, «Magistrature et droit des affaires», in «Dix ans de droit de l'entreprise», 1978, 1038 (1041).

effet une réponse juridique appropriée, instantanée. Le juge du commerce doit donc faire preuve d'imagination, mettre en oeuvre «toutes les techniques juridiques au service du développement de l'économie»[3]. D'où l'importance considérable de la jurisprudence en cette matière évolutive. Le pouvoir créateur de la jurisprudence trouve ici un terrain d'élection[4].

9 Il en va ainsi aussi bien en Allemagne qu'en France. C'est là une conséquence inévitable de ce que l'on appelle les exigences du commerce, exigences de sécurité, de rapidité, de flexibilité. On ne saurait cependant en déduire que le pouvoir créateur de la jurisprudence en matière commerciale, s'exerce d'une manière identique en France et en Allemagne. Ces observations sont à rapprocher de la position adoptée par la Cour de Cassation allemande dans son rapport annu-

---

3 C. Champaud, «Contribution à la définition du droit économique», Dalloz 1067, Chron. XXIV, 217.

4 Karsten Schmidt souligne ainsi le rôle particulier assumé en Allemagne par le juge, chargé de la «création» et de l'«exécution» de normes de droit économique. L'auteur affirme que, sinon en théorie, du moins en pratique, la généralité des termes dans lesquels sont définies les conditions d'application de certaines normes, qualifiées de «clauses générales», confère au juge un pouvoir créateur de droit en matière économique. L'auteur cite notamment l'article 826 du Code civil allemand qui oblige celui qui a agi intentionnellement «contre les bonnes moeurs» à réparer le dommage causé à autrui. De la même manière, l'article 138 du même code déclare nul tout acte juridique «contraire aux bonnes moeurs». La mise en oeuvre de telles normes exige leur concrétisation par le juge, concrétisation qui prend la forme de la «création» de normes distinctes au contenu particulièrement contraignant. Le juge devient alors l'instrument d'une politique économique dont il lui appartient de définir les principes. La même remarque s'applique à la France si l'on songe que le juge, au regard de l'article 1382 du Code civil français, a imposé aux banques désireuses de consentir un crédit à une entreprise en difficulté d'inscrire ce concours financier au sein d'un plan de redressement sérieux. De même, et sur le même fondement, la banque qui envisage d'interrompre un crédit accordé à une entreprise se doit, selon une jurisprudence ancienne reprise par une loi du 24 janvier 1984, de respecter un délai de préavis raisonnable. Le juge, ajoute l'auteur, est également chargé de la mise en oeuvre de certaines normes de droit économique. Il lui appartient notamment de sanctionner les comportements contraires à certaines interdictions posées par le droit économique. Les sanctions civiles applicables sont rarement prévues par les textes posant ces interdictions. Le juge se doit donc de déterminer celles-ci, quitte éventuellement à adapter certaines notions empruntées au droit civil aux buts poursuivis par le législateur. Encore une fois, le juge apparait alors comme l'instrument d'une politique économique. La même remarque s'applique au cas français. Claude Giverdon évoque en ce sens les aspects particuliers de ce qu'il désigne sous le terme de «délit économique», résultant de la violation de certaines interdictions relatives à l'organisation de l'économie. K. Schmidt, «Der Zivilrichter als Schöpfer und Vollstrecker wirtschaftsrechtlicher Normen», DRZ 1977, 97; C. Giverdon, «Les délits et quasi-délits commis par le commerçant dans l'exercice de son commerce», Rev. trim. dr. com. 1953, 855.

el pour l'année 1966. Celle-ci déclare en effet qu' «il ne fait aucun doute parmi les juristes que, de tout temps, le droit réel a été composé d'un mélange de droit législatif et de droit jurisprudentiel et que ce droit qui se réalise dans la connaissance qu'en ont les tribunaux, n'a jamais correspondu en totalité avec le droit que le législateur avait institué. Ce n'est pas l'existence mais la mesure du droit jurisprudentiel qui demeure discuté»[5]. Cette prise de position pourrait tout aussi bien être le fait de la Cour de Cassation française. Il conviendrait cependant de définir avec plus de précision la mesure respective, en France et en Allemagne, du droit jurisprudentiel et du droit législatif dans le droit réel. A une telle question, il est difficile de donner d'emblée une réponse certaine.

Sur le terrain des principes, les juges français et allemands sont pareil- **10** lement soumis au respect du principe de séparation des pouvoirs et par conséquent à la loi qu'ils ont pour objet d'appliquer, sans pour autant être privés du pouvoir de l'interpréter, voire d'en combler les lacunes.

L'article 5 du Code civil français dispose en ce sens qu' «il est défendu de prononcer par voie de disposition générale et abstraite sur les causes qui leur sont soumises». Mais l'article 4 du même code ajoute que «le juge qui refusera de juger, sous prétexte du silence, de l'obscurité ou de l'insuffisance de la loi, pourra être poursuivi comme coupable de déni de justice». L'article 20, alinéa 3, de la constitution allemande soumet également «la jurisprudence au respect de la loi», mais aussi au respect «du droit», plaçant ainsi la loi et le droit sur un pied d'égalité[6].

Il ne semble donc pas que la mesure du droit jurisprudentiel et du droit législatif dans le droit réel doive être différente en France et en Allemagne.

Mais c'est compter sans l'histoire politique, juridique et judiciaire **11** de ces deux pays. Ces principes, ces textes, en raison d'une histoire politique, juridique et judiciaire différente, n'ont pas sinon la même portée, du moins la même signification. Ils ne sont pas compris de la même manière en France et en Allemagne. Il n'est dès lors plus certain que la mesure du droit jurisprudentiel et du droit législatif dans le droit réel soit la même de part et d'autre du Rhin.

---

5 Rapport annuel de la Cour de Cassation allemande pour l'année 1966, NJW 1967, 816.
6 Cf., R. Pehle, «Richterliche Rechtsfortbildung im Gewerblichen Rechtsschutz», in Richterliche Rechtsfortbildung, R. Pehle et W. Stimpel, 1969, 1.

noch
11

En France, le pouvoir judiciaire a toujours eu un rôle politique plus affirmé qu'en Allemagne. L'article 5 du Code civil français n'acquiert sa pleine signification que si l'on sait que les juridictions d'Ancien Régime, les Parlements, n'hésitaient pas à concurrencer le pouvoir royal sur le terrain de l'exercice du pouvoir législatif. L'article 5 du Code civil eut précisément pour objet d'interdire aux juges de prendre de tels «arrêts de règlements». Cette interdiction n'a pas eu cependant pour effet de placer durablement le pouvoir judiciaire en France dans une position étroitement subordonnée. Pour rester dans son rôle, pour se plier dans une certaine mesure au respect de la règle posée dans l'article 5 du Code civil, le juge n'en a pas moins, conformément à une tradition bien établie, continué d'être un pouvoir au sens plein du terme, faisant parfois l'objet des critiques d'une partie de la doctrine[7].

Une telle tradition fait défaut en revanche en Allemagne, où le juge n'a jamais véritablement engagé un combat politique contre le pouvoir royal ou législatif, n'a jamais empiété ouvertement sur celui-ci. Il n'en résulte pas cependant que le juge n'ait pas fait l'objet d'une certaine suspicion de la part du législateur. On en veut pour preuve la loi de 1794, loi générale applicable aux Etats prussiens («Allgemeines Landrecht für die Preußischen Staaten») qui disposait, en ses articles 6, 46, 47 et 48, que les juges ne sauraient prendre en considération les opinions de la doctrine de même que des décisions anciennes; le juge devait s'en tenir à la loi et, en cas de doute sur le sens de celle-ci, laisser à une commission législative le soin de se prononcer, un texte qui n'est pas sans rappeler l'article 12 du titre II de la loi des 16–24 août 1790, qui prescrivait en France que les tribunaux devaient s'adresser au Corps législatif, toutes les fois qu'ils croyaient nécessaire d'interpréter une loi«. L'article 21 de la loi des 27 novembre et 1er décembre 1790 prévoyait également que le Tribunal de cassation, saisi pour la troisième fois de la même affaire, devait surseoir à statuer jusqu'à ce que la question ait été tranchée par le Corps légis-

---

7 H. Sinay, «La résurgence des arrêts de règlements», Dalloz, 1958, Chron. XV, 85; O. Dupeyroux, «La jurisprudence, source abusive de droit», Mélanges Maury, 349; C. Atias, «L'ambiguïté des arrêts dit de principe en droit privé», Semaine Juridique, 1984, I, n°3145.
Cette question a fait l'objet de propos particulièrement intéressants publiés à la Revue trimestrielle de droit civil à laquelle nous nous permettons de renvoyer le lecteur.
«La jurisprudence aujourd'hui, libres propos sur une institution controversée», Rev. trim. dr. civ. 1992, 337 et s.; «D'autres propos sur la jurisprudence», Rev. trim. dr. civ. 1993, 87 et s.

latif adoptant un décret d'interprétation. La loi est alors revêtue, aussi bien en France qu'en Allemagne, d'une autorité suprême. Il convient donc non seulement d'empêcher le juge d'empiéter sur les prérogatives du législateur – c'est l'objet en France de l'article 5 du Code civil – mais aussi de l'assujettir au respect de la lettre de la loi.

Ces textes ont cependant été abrogés depuis lors, aussi bien en France qu'en Allemagne. La loi dans ces pays, n'a plus l'autorité suprême qu'on lui attribuait auparavant. Surtout on a pris conscience des inconvénients que pouvait soulever une limitation aussi stricte des pouvoirs du juge, un assujettissement total du droit réel au droit législatif. **12**

Pourtant, en Allemagne, le juge ne dispose peut-être pas de la même liberté que le juge français. Jusqu'à aujourd'hui, la doctrine allemande s'est en effet toujours efforcée de préciser, de systématiser les hypothèses dans lesquelles le juge est appelé à user de son pouvoir normatif ainsi que les techniques selon lesquelles il lui appartient de mettre en oeuvre ce pouvoir. Elle attache ainsi beaucoup d'importance à des notions telles que concepts juridiques indéterminés («unbestimmte Rechtsbegriffe»), clauses générales («Generalklauseln»), lacunes du droit, primaires, secondaires, apparentes ou cachées («primäre, sekundäre, offene, verdeckte Gesetzeslücken»). De la même manière, elle attache une grande importance aux différentes techniques permettant de concrétiser la norme applicable («Rechtsfindung»), distinguant entre la concrétisation qui complète la norme («ergänzende Rechtsfindung») et celle qui la modifie («abändernde Rechtsfindung»), accordant en outre une place considérable à l'analogie, analogie légale («Gesetzanalogie»), par référence à une norme déterminée, ou analogie juridique («Rechtsanalogie»), au regard d'un ensemble de normes ou de principes. Bien entendu des notions voisines existent en droit français. Pourtant, le juge français semble moins «prisonnier» de celles-ci que ne l'est le juge allemand fortement soumis à l'influence de la doctrine et donc de la science juridique de son pays. La doctrine française elle-même semble faire un usage moins systématique de ces notions que la doctrine allemande. **13**

En ce sens, il est probable que la part du droit jurisprudentiel dans le droit réel est moins grande en Allemagne qu'en France, encore que l'évolution récente en Allemagne manifeste un accroissement certain de la jurisprudence dépassant la volonté du législateur («gesetzesübersteigende Rechtsfortbildung»).

14 De ces différentes observations, on ne saurait certainement tirer de conclusions hâtives quant à la mesure exacte du droit jurisprudentiel et du droit législatif dans le droit réel, en France et en Allemagne. Ces quelques remarques, dépourvues d'exemples empruntés à la jurisprudence des deux pays, posent plus de questions qu'elles n'en résolvent. L'analyse des jurisprudences françaises et allemandes dans le domaine de la responsabilité non-contractuelle en matière commerciale, nous fournira l'occasion d'une comparaison plus efficace. Il s'agira alors de constater, dans la pratique judiciaire, la sphère de liberté que se reconnaissent respectivement le juge français et le juge allemand (du commerce) dans l'application de la loi[8].

2. Application du droit et appréciation de l'opportunité économique

15 La tâche des magistrats du commerce, que ce soit en France ou en Allemagne, doit aussi être envisagée d'un second point de vue. Le juge, aussi bien dans la mise en oeuvre de la règle de droit existante que dans la création d'une règle de droit nouvelle, doit prendre en compte une donnée essentielle, l'opportunité économique de la jurisprudence ainsi conçue[9]. Certaines lois, notamment en France, ont confié au juge, directement, le soin d'effectuer une telle appréciation. Ainsi en est-il par exemple de la loi du 25 janvier 1985 sur le redressement judiciaire des entreprises en cessation des paiements. Yves Guyon[10] note à cet égard que le rôle des tribunaux s'est modifié. «Ceux-ci, dit-il, ne prennent plus seulement des décisions juridiques, mais exercent un pouvoir économique, notamment en arrêtant le plan de redresse-

---

8 Il ne nous appartient pas, en effet, dans cette étude, de discuter le fondement de même que l'essence du pouvoir normatif du juge. C'est là en effet une question d'ordre théorique qui continue d'animer, de part et d'autre du Rhin, le débat doctrinal, et qui, pour entretenir des liens avec notre sujet, ne constitue pas précisément l'objet principal de celui-ci. Nous nous contenterons essentiellement de rechercher dans quelle mesure des considérations économiques sont susceptibles d'influencer la jurisprudence, aussi bien en France qu'en Allemagne.
F. Geny, Méthode d'interprétation et sources en droit privé positif, tome II, 2ème éd., 1954, 245 et s.; R. Carré de Malberg, Contribution à la théorie générale de l'Etat, 1920, tome 1, 691 et s.
K. Larenz, Methodenlehre der Rechtswissenschaft, 6ème éd., 1991.

9 Barthélémy Mercadal affirme en ce sens que le magistrat doit se livrer «plus souvent qu'ailleurs et presque systématiquement, à un examen de l'opportunité économique; en un mot, il doit faire, selon la formule consacrée, de la politique juridique». B. Mercadal et P. Gulphe, «Magistrature et droit des affaires», précité, 1041.

10 Y. Guyon, Droit des affaires, tome 2, Entreprises en difficultés – Redressement judiciaire – Faillite, 3ème éd. 1991, n°1027, 37. Conférer également, J. Hamel., G. Lagarde et A. Jauffret, Traité de droit commercial, tome 1, 2ème éd. 1988, 92–93.

ment, en choisissant le repreneur et en autorisant certains licencie-
ments. Les tribunaux n'appliquent pas alors des règles légales. Ils sta-
tuent en opportunité». L'article 85, alinéa 3, du Traité C.E.E., qui autorise la Commission à déclarer inapplicable à des ententes permettant de promouvoir le progrès technique ou économique l'interdiction de principe posée par son alinéa 1, offre un autre exemple de ces
normes qui confèrent aux autorités administratives et judiciaires
chargées de les appliquer, un pouvoir d'appréciation de l'opportunité économique. Comme le note Alex Jacquemin[11], «établir la balan-
ce entre les bénéfices sociaux résultant d'une allocation de ressources accrues vers la recherche ou la variation du produit, et les pertes
sociales attachées à l'inefficacité née d'une concurrence réduite, relève du jugement de valeur». De la même manière, la détermination de
l'existence d'un état de dépendance économique et de l'exploitation
abusive de celui-ci au sens de l'article 8-2) de l'ordonnance du 1er décembre 1986 relative à la liberté des prix et de la concurrence implique une appréciation de l'opportunité économique ne serait-ce
qu'eu égard à la nécessité de conserver aux producteurs et aux distributeurs la liberté d'organiser leurs réseaux de distribution, nécessité
vitale puisqu'elle conditionne largement leur compétitivité[12].

En dehors même de ces hypothèses particulières, comme nous au- **16**
rons l'occasion de le constater, il est patent que la jurisprudence commerciale attache la plus grande importance à de telles considérations
d'opportunité économique. MM. Hamel, Lagarde et Jauffret[13], évoquant la jurisprudence commerciale, soulignent ainsi «l'importance
que prennent les considérations économiques pour la décision du juge». Pour prendre un dernier exemple, il est patent qu'au gré de
l'institutionalisation progressive de la société, et en particulier de la
société commerciale, le législateur, notamment en France, a confié au

---

11 A. Jacquemin, «Le droit économique, serviteur de l'économie», Rev. trim. dr. com.,
   1972, 283 (288).
12 Il en va de même en droit allemand au regard de l'article 26, alinéa 2, phrase 2, de la loi
   du 27 juillet 1957 sur les limitations à la concurrence.
   A cet égard, conférer: C.T. Ebenroth/ M. Strittmatter, «Fremdbestimmte Investitionen in der Umstrukturierung von Absatzmittlungsverhältnissen auf dem Automobilsektor: Kartell- und zivilrechtliche Aspekte sowie wirtschaftliche Gestaltungsmög-
   lichkeiten des Herstellers zur Abwendung von Ausgleichsansprüchen», BB 1993,
   1521 (1528 et s.).
13 J. Hamel., G. Lagarde et A. Jauffret, Traité de droit commercial, tome 1, précité, 93.
   Conférer également: Les Journées de l'Association Henri Capitant, consacrées au rôle
   du juge en présence de problèmes d'ordre économique, Travaux de l'Association Henri Capitant, tome XXII, 1970.

noch
16

juge le pouvoir d'intervenir dans la vie de l'entreprise, faisant référence à certaines notions indéfinies, standards et autres concepts mous dont la mise en oeuvre suppose une appréciation de l'opportunité de l'opération[14]. Telle est, en ce sens, la justification moderne de l'organisation particulière de la juridiction commerciale. Pourquoi en effet pratique-t-on encore aujourd'hui en Allemagne le système de l'échevinage au sein des Chambres Commerciales des Tribunaux Régionaux[15]? Pourquoi, de la même manière, les Tribunaux de Commerce français demeurent-ils exclusivement composés de «commerçants» et non de juges professionnels? Cette pratique ne se justifie plus comme autrefois par la volonté de maintenir un certain corporatisme au sein de l'activité commerciale. Elle trouve aujourd'hui sa raison d'être dans la nécessité pour le juge du commerce de connaître dans sa vivacité et sa diversité la réalité économique, afin d'être en mesure d'apprécier, avec précision, l'opportunité économique des décisions qu'il rend[16]. Le recours à des experts ne saurait remplacer la connaissance directe, personnelle du monde des affaires, de ses pratiques, de ses règles internes. Comme le note Claude Cham-

---

14 B. Saintourens, «La flexibilité du droit des sociétés», Rev. trim. dr. com. 1987, 457.

15 Le système de l'échevinage n'a cependant qu'une portée limitée en Allemagne. En effet, les magistrats «à titre honorifique» des Chambres Commerciales des Tribunaux régionaux, c'est à dire les juges non professionnels siégeant aux côtés du Président de ces Chambres, s'ils ont voix délibérante, ne sont pas associés à toutes les décisions prises par celles-ci. En vertu de l'article 349 du Code de procédure civile allemand, le Président de la Chambre Commerciale dirige seul l'instruction du dossier. De plus, il décide seul notamment au sujet du renvoi de l'affaire, de la suspension de la procédure, du montant de l'objet du litige, ainsi qu'en matière de chèque et de lettre de change. Enfin, en cas d'accord des parties, il décide seul sur l'ensemble du litige, au lieu et place de la Chambre. Le rôle des magistrats «à titre honorifique» est donc pour le moins effacé, ce qui réduit d'autant la portée de l'échevinage, tel qu'il est pratiqué en Allemagne.
Cf., K. Schmidt, Handelsrecht, 3ème éd 1987, 14 et s.

16 On ne saurait en ce sens admettre les critiques adressées à l'institution consulaire à raison du privilège de juridiction qu'elle représenterait. Ces critiques relèvent en effet d'une vision passéiste d'une juridiction susceptible aujourd'hui de rendre les plus grands services. Nombreuses ont été les propositions de réforme la concernant. Celles-ci, demeurées le plus souvent sans succès, ont eu pour objet d'une part de réduire le nombre des petits Tribunaux de Commerce et d'autre part d'introduire le système de l'échevinage, inspiré du modèle allemand et pratiqué en Alsace-Lorraine. Cette dernière proposition, pour présenter un attrait certain, pose cependant quelques difficultés. S'il peut apparaître judicieux d'introduire au sein des Tribunaux de commerce, un magistrat professionnel, on peut craindre que celui-ci n'acquière rapidement une position prédominante au sein d'une juridiction qui, de ce fait, perdrait toute originalité, les juges commerçants n'assumant plus qu'une fonction honorifique, se contentant d'assister aux séances, sans prendre véritablement part aux débats.
Sur ces questions, conférer: P. Merle, «Pour un échevinage renouvelé», Dalloz, 1982, chron. XII, 82; R. Perrot, Institutions judiciaires, 1983, 124.

paud[17], «le *spécialiste* du Droit économique ne saurait être seulement un juriste. Chargé d'expliquer et d'améliorer les structures juridiques de la vie économique, il doit en saisir toutes les données et
toutes les nuances. Il doit toujours se fonder sur une connaissance
aussi exacte que possible de la situation économique pour expliquer
et pour appliquer la règle de droit adéquate». Le juge professionnel,
notamment en Allemagne[18], n'a pas, en principe, l'expérience de
l'entreprise, «unité de décision économique et cellule de base du système économique et social»[19]. Or c'est essentiellement l'activité de
l'entreprise, sous tous ses aspects, qui est l'objet de la compétence
des juridictions commerciales, quelle que soit leur forme, juridictions spécialisées dans le contentieux commercial ou juridictions appelées, entre autres, à traiter de ce contentieux. Le juge du commerce se doit donc de peser exactement les répercussions que ses décisions auront sur l'activité des entreprises. L'analyse des jurisprudences française et allemande dans le domaine de la responsabilité non-
contractuelle en matière commerciale, nous fournira encore une fois
l'occasion d'une comparaison plus efficace. Il s'agira alors de constater, dans la pratique judiciaire, la part de l'opportunité dans l'appréciation que portent respectivement le juge français et le juge allemand (du commerce) sur l'appréciation des comportements des acteurs principaux de la vie économique.

---

17 C. Champaud, «Contribution à la définition du droit économique», précité, 219.

18 Karl Droste souligne, en ce qui concerne l'application de l'article 1 de la loi du 7 juin
1909 relative à la concurrence déloyale, qu'«on ne saurait attendre une bonne jurisprudence de la part des juridictions allemandes, si cette jurisprudence n'est pas en contact
étroit avec l'économie». L'auteur ajoute, à l'époque où il écrit ces lignes, qu'«au long
des années, un tel contact ne s'est pas développé dans une mesure souhaitable». «Encore aujourd'hui, précise t-il, les juridictions tenteront à peine de se renseigner directement auprès des intéressés sur les aspects économiques d'une décision».
K. Droste, «Die Generalklausel des § 1 und das Richterrecht», Betrieb, 1963, 719 (723).
Ces remarques ne valent pas seulement pour l'Allemagne. Raymond Lindon déclare
lui-même que «les juges prennent en considération les règles juridiques sans avoir suffisamment égard aux réalités économiques ou sociales. La justice, trop souvent est cou-
pée de la vie».
R. Lindon, «La motivation des arrêts de la Cour de Cassation», Semaine Juridique,
1975, I, n°2681.
Marie Louise Hilger souligne en ce sens la nécessité pour les Chambres Civiles de la
Cour de Cassation allemande de se renseigner sur la matière objet du litige et, à cet effet, d'inviter, non seulement les parties au procès, mais aussi tous les intéressés, à exprimer leur opinion devant la Cour, de telle sorte que celle-ci soit en mesure de décider en
pleine connaissance de cause.
M. L. Hilger, «Überlegungen zum Richterrecht», Festschrift für Karl Larenz, 1973,
119 (109).

19 C. Champaud, «Contribution à la définition du droit économique», précité, 217.

17 Confrontés qu'ils sont à des problèmes bien souvent identiques, contraints d'adapter le droit aux exigences du commerce et donc de l'économie, appelés le plus souvent, dans la mise en oeuvre de leurs pouvoirs, à porter une appréciation de l'opportunité économique, les juges du commerce français et allemands recherchent de la même manière des solutions adéquates, construisant pas à pas une jurisprudence réaliste.

Ces magistrats semblent ainsi avoir pris conscience de la nécessité d'une approche moderne, économique, du droit.

§ 2 La nécessité d'une approche économique du droit

18 Le droit n'est plus seulement appelé à régir l'économie, c'est à dire à soumettre l'économie à des règles exprimant la soumission de l'économie au droit. Le droit aujourd'hui a aussi, sinon surtout, pour objet de servir l'économie. Loin de vouloir seulement la contraindre, il doit aussi lui offrir un cadre juridique adapté à son développement, favoriser son essor.

19 Certains pourront regretter ce qu'ils jugeront être une démission de la règle de droit devant le phénomène économique[20]. Je doute personnellement qu'il en soit ainsi[21]. Pourquoi le droit perdrait-il ainsi son «âme«, lorsqu'il s'efforce d'apporter à l'activité économique les techniques juridiques indispensables à son développement? Le droit ne doit-il pas apporter sa contribution au développement de toutes les activités humaines, économiques ou autres? En outre, il

---

20 A cet égard conférer: A. Jacquemin, «Le droit économique, serviteur de l'économie?», précité, 283 (284).
L'auteur s'élève contre «les pièges d'une organisation pseudo-scientifique de l'économie qui serait appelée à remplacer l'organisation juridique, ou en tout cas à la transformer en un accessoire des mécanismes économiques». Loin de contester aux magistrats le pouvoir de prendre des options de caractère politico-économique, il souligne cependant la nécessité de ne pas donner à ces choix une justification apparente, empruntée à la théorie économique. Les exemples cités par l'auteur concernent notamment le droit français des groupes de sociétés ainsi que le droit communautaire des ententes, article 85 du Traité de Rome.

21 Robert Savy, évoquant la conception large du «droit économique» partagée par une partie de la doctrine française, énonce en ce sens: «Elle souligne à juste titre le lien existant entre l'état du droit et l'état des structures économiques à un moment donné. Elle met clairement en évidence la nécessaire souplesse du droit économique qui, sans perdre son caractère normatif, doit être une technique au service d'une finalité qui, dans ce domaine, est proprement économique.»
R. Savy, «La notion de droit économique en droit français», précité, 133.

n'est pas question pour le droit d'intégrer purement et simplement les principes issus de l'analyse économique. Il s'agit plutôt d'éclairer le processus décisionnel juridique ou judiciaire par la prise en compte des conséquences économiques de la décision[22], conséquences qui doivent être appréciées non seulement au niveau national, mais aussi au niveau international.

1. Approche économique du droit et compétitivité des techniques juridiques

L'économie moderne, internationale et globale, impose cette approche nouvelle de la matière juridique[23]. L'ouverture des marchés internationaux, après l'abandon en 1973 du système de Bretton Woods, a abouti dans les vingt dernières années à une globalisation de l'économie mondiale dominée par les Etats-Unis, le Japon et l'Europe. L'analyse économique du droit, telle qu'elle a été exposée notam- **20**

---

22 Cette opinion se rapproche de celle émise dans sa thèse par Charley Hannoun. Cet auteur déclare notamment: «l'économie politique constitue le savoir sur lequel s'articule le droit. Non pas que le droit soit simplement destiné à décrire les réalités économiques, mais en ce sens que l'économie détermine les jugements, les valeurs, les finalités que doit prendre en compte le droit. En bref, elle en constitue la rationalité ... elle donne un contenu au jugement de normalité.»
C. Hannoun, Le droit et les groupes de sociétés, 1991, 46.

23 On notera à cet égard que si tous les auteurs français s'accordent traditionnellement à reconnaître que le droit commercial doit répondre aux exigences du commerce en termes de rapidité et de sécurité des transactions, les auteurs allemands soulignent également volontiers l'internationalité du droit commercial, c'est à dire sa vocation à recevoir une application au niveau international.
Cf., D. Lefebvre, «La spécificité du droit commercial ...», Rev. trim. dr. com. 1976, 285.
Ce droit, quoique national, se doit donc d'être adapté non seulement aux transactions nationales, mais aussi aux transactions internationales. C'est là une exigence du commerce auquel le droit commercial se doit également de répondre.
Cf., A. Baumbach, K. Duden et K. J. Hopt, Handelsgesetzbuch, 28ème éd., 1989, 3; K. Schmidt, Handelsrecht, précité, 31.
Cet aspect fondamental, longtemps ignoré par une grande part de la doctrine en France envisageant le droit commercial comme un droit interne à vocation essentiellement interne, est désormais pris en compte par certains auteurs. Jean Paillusseau, par exemple, insiste sur cet aspect nouveau et fait figurer «l'internationalisation des affaires et du droit des affaires» parmi les exemples du big bang du droit des affaires à la fin du XXème siècle.
Cf., J. Paillusseau, «Le big bang du droit des affaires à la fin du XXème siècle ou les nouveaux fondements et notions du droit des affaires», Semaine Juridique 1988, I, n°3330; C. Champaud, Le droit des affaires, précité, 58.
Ernst A. Kramer souligne cependant le peu d'intérêt que porte la Cour de Cassation française aux aspects internationaux des problèmes juridiques dont elle est saisie».
E. A. Kramer, «Vielfalt und Einheit der Wertungen im Europäischen Privatrecht», Festschrift für Arnold Koller, 1993, 729.

noch
20
ment par Richard A. Posner[24] en ce qui concerne le système juridique américain, révèle l'existence d'une concurrence portant sur le contenu des normes juridiques. Les choix opérés à cet égard influent sur la compétitivité des économies concernées. La concurrence internationale n'est plus seulement économique, elle est aussi juridique[25]. Les techniques juridiques se doivent d'être compétitives, au

24 R. A. Posner, Economic Analysis of Law, 2ème éd., 1977, 15 et s ...
L'auteur note qu'à l'origine, seules les lois gouvernant explicitement des relations économiques, lois anti-trust par exemple, étaient l'objet d'une analyse économique. Aujourd'hui, l'analyse économique s'intéresse à tous les aspects du droit, pour en déterminer les implications économiques.
Conférer également, du même auteur, «The Economic Approach to Law», 53 Texas L. Rev. 757 (1975).
Pour un exemple d'analyse économique du droit en matière de responsabilité non-contractuelle: M. Adams, Ökonomische Analyse der Gefährdungs- und Verschuldungshaftung, Heidelberg, 1985.

25 Jean Paillusseau évoque à cet égard «la concurrence que peuvent se livrer les Etats pour attirer les sièges sociaux».
J. Paillusseau, «Le big bang du droit des affaires à la fin du XXème siècle ou les nouveaux fondements et notions du droit des affaires», précité, n°3330.»
Cette forme de concurrence juridique, motivée par des considérations économiques et financières, n'est pas nouvelle. Les Etats-Unis, on le sait, font dépendre la détermination de la loi applicable à une société, non pas de la constatation de l'existence d'un lien objectif, (siège social réel) entre la société et l'Etat dont la législation est appliquée, mais de l'incorporation de la société dans cet Etat. Ce système permet à la société de choisir son incorporation dans un Etat dont la législation lui est particulièrement favorable, alors même que l'essentiel de son activité est concentrée sur le territoire d'un autre Etat. Appliqué dans les relations entre les Etats membres de la fédération américaine, ce système a abouti, dès le début de ce siècle, à une concurrence juridique entre les Etats qui, bénéficiant de peu de ressources, désiraient attirer un grand nombre de sociétés américaines, chaque Etat modifiant sa législation dans un sens plus libéral, sinon laxiste. William Cary a désigné ce phénomène sous l'appellation suggestive «race for the bottom».
W. Cary, Federalism and Corporate Law: Reflections upon Delaware, 83 Yale L. J. 663, 705, 1974.
Cf., l'opinion dissidente exprimée en 1933 par le juge Brandeis dans l'affaire Ligget c. Lee, 288 U. S. 517, 53 S. Ct. 481, 77 L. Ed 929.
Afin de tenter de mettre un terme à cette course au laxisme, certains auteurs se sont efforcés de distinguer, parmi les sociétés étrangères, les «pseudo-foreign corporations», c'est à dire les sociétés qui, pour être incorporées dans un Etat, n'en exercent pas moins l'essentiel de leurs activités sur le territoire d'un autre Etat. Ces auteurs soutiennent que de telles sociétés pourraient être soumises, au moins pour partie, à la législation de l'Etat dans lequel se trouve le centre de leur activité. Plusieurs Etats ont adopté une législation en ce sens, législation dont la contitutionnalité au regard de la constitution fédérale a été mise en doute.
Cf., E. R. Latty, «Pseudo-Foreign Corporations», 65 Yale L. J. 137, (1955); H. Merkt, Us-amerikanisches Gesellschaftsrecht, 1991, 54 et s., 141 et s., 147 et s.; C. T. Ebenroth, Münchener Kommentar zum Bürgerlichen Gesetzbuch, Tome 7, Internationales Privatrecht, 2ème éd. 1990, Nach Art. 10, n°146, 464 et s.

même titre que les techniques de production ou de distribution. Ce phénomène, d'une importance désormais capitale, est aussi certainement la conséquence de l'interdépendance croissante des domaines juridiques et économiques. Pour avoir voulu régir l'économie dans toutes ses modalités, le droit se trouve lui-même soumis aux impératifs de l'économie. Tel est le résultat de l'inflation législative (et réglementaire) qu'ont connu les pays pratiquant une politique interventionniste. La règle juridique se doit par conséquent d'être performante. A raison des coûts et des risques qu'elle induit, elle est susceptible d'influencer considérablement les choix opérés par les investisseurs internationaux, choix dont dépend le développement de toute économie nationale. Il appartient donc aux législateurs nationaux, lorsqu'ils édictent des règles juridiques, de penser celles-ci en termes économiques afin de réduire, si possible, les coûts et les risques induits par l'adoption d'une norme. C'est là, sans aucun doute, une nouvelle approche du droit ayant pour objet l'efficacité économique des normes juridiques.

Cette nouvelle approche ne s'impose pas seulement aux législateurs. Elle concerne également les juges nationaux, juges dont on sait qu'ils détiennent un certain pouvoir normatif, voire un pouvoir normatif certain.

2. *Approche économique du droit et prise en compte des «considérations économiques»*

Les considérations économiques auxquelles se réfèrent les juges du **21** commerce français et allemands sont par conséquent appelées à peser d'un poids toujours plus considérable dans l'élaboration de leur jurisprudence, une jurisprudence qui, pour être imprégnée d'une certaine conception de l'opportunité économique, apparait non pas opportuniste, mais réaliste. La tâche du juge s'en trouve, à l'éviden-

---

Cette course au laxisme illustre avec force la concurrence juridique à laquelle peuvent se livrer des Etats ainsi que les problèmes que cette concurrence peut soulever. Peut-être songera-t-on que le sytème du siège social, largement pratiqué sur le continent européen a précisément pour objet et pour effet de protéger contre de tels désagréments les Etats qui le pratiquent. Cette observation est exacte. Il reste cependant que l'on ne saurait oublier que, pour ne pas toujours prendre une forme aussi manifeste, cette concurrence s'exerce dans tous les domaines du droit, indépendamment du système, siège social réel ou incorporation, retenu par les Etats pour la détermination de la loi applicable aux sociétés. L'évaluation de la législation de chaque Etat, en termes de cots et de risques potentiels, influe sur les choix d'investissements et donc de développement effectués par les entreprises. Le droit est un enjeu économique.

ce, compliquée. Le magistrat se doit en effet non seulement de maîtriser des notions économiques toujours plus complexes, mais aussi de connaître les règles juridiques étrangères applicables aux matières dont il est saisi, de même que la manière dont les juges étrangers mettent en oeuvre ces règles[26]. Le juge du commerce apparait donc comme un juriste, un économiste et un comparatiste distingué.

Le Colloque de Constance donnera, je crois, l'occasion aux magistrats français et allemands, ici présents, d'expliciter leur point de vue à cet égard, de comparer l'importance qu'ils attachent respectivement aux considérations économiques dans la définition des solutions qu'ils donnent aux problèmes le plus souvent voisins, sinon identiques, auxquels ils sont quotidiennement confrontés.

22 L'observateur allemand ne saurait, à cet égard, se laisser tromper par le style particulier des décisions judiciaires françaises, bien différent de celui des décisions judiciaires allemandes.

23 On ne trouvera pas en effet dans une décision judiciaire française, la mention des considérations économiques et sociales qui ont pu influencer le juge dans le choix de la solution adoptée. En cela, les décisions de la Cour de Cassation française, pour ne retenir que cet exemple, divergent profondément de celles de la Cour de Cassation allemande. Les premières, dénuées de toute considération extra-juridique, ne comportent qu'une seule phrase se décomposant en une succession de propositions subordonnées introduites par la conjonction «attendu que» – les motifs de la décision – et une proposition principale – le dispositif – l'ensemble se caractérisant par une concision remarquable. Les secondes, au contraire, n'adoptent pas la phrase unique, le dispositif précédant en outre les motifs, le tout pouvant prendre des proportions imposantes. Comme le note Claude Witz[27], «la Haute Juridiction allemande présente les différentes

---

26 L'importance du droit comparé mérite, à cet égard, d'être soulignée. Comme le note René Rodière, le droit comparé n'a pas seulement pour objet d'«améliorer la législation nationale». En matière de législation économique, affirme l'auteur, «il s'agit plus précisément de mesurer les répercussions économiques que telle réforme entraînera et de s'assurer que le parallélisme des solutions adoptées par les peuples concurrents n'aura pas pour conséquence de donner une position défavorable aux produits nationaux dans la concurrence internationale». Le droit comparé incite donc à une analyse économique comparée des législations en concurrence. Cette analyse est susceptible d'éclairer non seulement le législateur, mais aussi le juge chargé d'appliquer la législation adoptée.
R. Rodière, Introduction au droit comparé, Paris, 1979, 34.
27 C. Witz, Droit privé allemand, tome 1, Actes juridiques et droits subjectifs, 1992, 77.

théories en conflit, en citant à l'appui les opinions doctrinales et les décisions jurisprudentielles; elle explique souvent longuement les raisons qui l'amènent à opter pour telle solution, n'hésitant pas à se référer aux intérêts en présence et à s'appuyer sur des considérations économiques, sociales ou morales.»

On ne saurait cependant déduire de la comparaison du style des déci- **24** sions judiciaires françaises et allemandes que seuls les juges allemands, et non les juges français, tiennent compte des considérations économiques propres à la matière objet du litige. Les juges français se refusent seulement à faire figurer de telles considérations dans la décision elle-même. Comme le note Mimin[28], «recourir alors aux considérations économiques, sociologiques, diplomatiques, c'est confondre les genres; c'est cacher la rectitude d'un bon raisonnement». Au contraire Marie Louise Hilger[29] estime que, «lorsque la décision jurisprudentielle comporte dans une grande mesure une part de volonté et de jugement de valeur, celle-ci ne doit pas être cachée derrière une construction juridique. Le juge doit exposer clairement sur quelles considérations repose la décision et expliquer dans quelle mesure elles sont compatibles avec l'ordre juridique ... pour qu'elles puissent être soumises à la critique.» «Le juge, dit-elle[30], doit convaincre les parties et le public que le jugement est conforme au droit. Cela suppose que la motivation de la décision révèle les vrais motifs.» Le juge allemand s'efforce ainsi de convaincre, là où le juge français procède largement par voie d'autorité. Cette manière de procéder a été critiquée en France par maints auteurs. André Tunc[31] déclare notamment que, si «des considérations économiques et sociales sont, ..., très largement prises en compte dans l'élaboration de la décision, ... elles n'apparaissent pas dans son texte. Les juges ne disent donc pas réellement les raisons qu'ils ont eu de décider dans un sens.» En sens contraire, André Breton[32] affirme: «Je dirai plutôt qu'il n'est guère de domaine où la Cour de Cassation n'ait tenu compte des répercussions sociales et économiques des décisions qu'elle doit rendre... Le tout est de savoir si le problème posé

---

28 Mimin, Le style des jugements, 1978, 255, cité par K. Zweigert et H. Kötz, Einführung in die Rechtsvergleichung auf dem Gebiete des Privatrechts, tome 1, 2ème éd. 1984, 143.
29 M. L. Hilger, «Überlegungen zum Richterrecht», précité, 115.
30 M. L. Hilger, «Überlegungen zum Richterrecht», précité, 114-115.
31 A. Tunc, Synthèse, Rev. int. dr. comp., 1978, n°1, 5 (78).
32 A. Breton, «L'arrêt de la Cour de Cassation», Annales de l'Université de Toulouse, 1975, 7 (27-28).

est bien résolu. S'il l'est bien, la solution donnée en peu de mots est plus frappante et plus efficace que celle qui l'est en nombre de pages.» Cette question, on le voit, est très disputée en France[33]. Quoi qu'il en soit, le juge français, même s'il ne les mentionne pas dans la décision qu'il rend, tient compte des considérations économiques soulevées par le cas d'espèce dont il est saisi. Elles font partie intégrante du raisonnement sur lequel repose la solution du problème juridique qu'il lui appartient de trancher. Les conclusions que prononcent les avocats généraux (magistrats du parquet auprès notamment des Cours d'Appel et de la Cour de Cassation) comportent en effet de telles considérations que l'on retrouve également au sein du Rapport annuel de la Cour de Cassation. De telles considérations présentent donc, en France et en Allemagne, la même importance fondamentale. Elles constituent une référence essentielle au regard de laquelle le juge assume, dans tous ses éléments, sa fonction qui consiste, selon la formule consacrée, à dire le droit, qu'il s'agisse pour lui de qualifier certains faits et donc d'isoler ceux auxquels la loi attache des effets de droit, d'interpréter le droit existant et donc d'expliciter les termes de la loi, de rechercher son sens en l'adaptant éventuellement à l'évolution des faits et des idées, de combler les lacunes du droit, et donc de poser des règles nouvelles là où la loi est demeurée silencieuse[34]. Ces considérations économiques sont donc appelées à jouer un rôle considérable dans la jurisprudence que développent des magistrats contraints, de par la nature des litiges dont ils sont saisis – litiges commerciaux en ce qui concerne les juges du commerce –, d'avoir une approche économique du droit qu'ils appliquent.

25 Il va sans dire qu'il n'était guère envisageable de traiter, sous cet angle, de l'ensemble de la jurisprudence commerciale française et allemande. Une telle présentation, dépourvue de références précises, n'aurait guère présenté d'intérêt.

---

33 Sur le débat évoqué ci-dessus, on se reportera en outre aux articles et ouvrages suivants: A. Touffait et A. Tunc, «Pour une motivation plus explicite des décisions de justice notamment de celles de la Cour de Cassation», Rev. trim. dr. civ., 1974, 487; R. Lindon, «La motivation des arrêts de la Cour de Cassation», précité, n°2681; P. Hébraud, «Le juge et la jurisprudence», Mélanges Paul Couzinet, 1974, 329; J. Ghestin et G. Goubeaux, Traité de droit civil, Introduction générale, 3ème éd. 1990, n°402-2 et 474 et s., 354 et 423 et s.

34 Pour une vision de l'évolution des différentes conceptions émises en France et en Allemagne en ce qui concerne la fonction du juge, on se reportera aux ouvrages suivants: F. Geny, Méthode d'interprétation et sources en droit privé positif, tome II, précité, 245 et s.; K. Larenz, Methodenlehre der Rechtswissenschaft, 2ème éd., 1969, 9 à 173.

Un choix s'imposait donc en vue d'une comparaison effective de ces jurisprudences. Notre choix s'est porté sur le thème de la responsabilité non-contractuelle en matière commerciale.

§ 3 Responsabilité non-contractuelle en matière commerciale et approche économique du droit

Deux raisons principales nous ont conduit à retenir ce thème. La pre- **26** mière tient à l'importance du pouvoir dont disposent les juges du commerce en cette matière. La seconde réside dans l'absence de règles juridiques spéciales à la matière commerciale et donc dans la nécessité pour les juges de commerce d'adapter le droit civil applicable.

1. *La définition des règles du jeu de l'activité économique*

La première raison principale de ce choix tient au fait que le juge se **27** voit en cette matière conférer un pouvoir considérable. Le juge se trouve en effet conduit à poser les règles du jeu de l'activité économique dans la mesure où celle-ci est susceptible de nuire, de porter préjudice à des tiers. Il se doit, par exemple, de dire dans quelle mesure la concurrence à laquelle se livrent les entreprises est loyale ou déloyale. Il doit également exprimer dans quelle mesure la responsabilité de la société-mère peut être engagée à l'égard des tiers pour les dettes que ses filiales ont pu contracter envers ceux-ci. Il doit en outre exposer quelle est la responsabilité d'un dirigeant à l'égard des créanciers de la société qu'il dirige, pour les fautes qu'il a pu commettre dans sa gestion, celle des banques vis à vis des créanciers d'une entreprise, pour les crédits qu'elles ont abusivement accordés ou refusés à cette dernière, celle des professionnels du renseignement (banques exerçant cette activité, agences de classification des navires, agences de rating ...), pour les informations inexactes qu'ils ont pu donner et qui ont porté préjudice aux destinataires de cette information ou à ceux qui en sont l'objet, celle enfin du chef de file d'un réseau de distribution intégrée qui a pu abusivement rompre ou refuser de renouveler le contrat qui le liait à un membre de ce réseau. Cette liste des différents thèmes qui seront évoqués au cours de ce colloque, loin d'être exhaustive, révèle assez bien à la fois la diversité de la matière et l'importance économique des questions abordées. Au gré de la responsabilité non-contractuelle en matière commerciale, le juge se trouve appelé à se prononcer sur de nombreux rapports, par hypothèse non-contractuels, que génère l'activité de l'entreprise commerciale. Posant les règles du jeu applicables à ces rapports, rapports à la fois juridiques et économiques, il ne peut ignorer les conséquences proprement économiques qu'emporteront les décisions qu'il aura rendues en ce domaine. La mise en oeuvre de ce régime de responsabilité suppose donc une approche économique du droit. Autant dire que les considérations économiques ne seront vraisemblablement pas absentes dans la jurisprudence qui a cette matière pour objet.

L'étude de cette approche économique du droit présente, en outre, un intérêt particulier dans le domaine de la responsabilité non-contractuelle en matière commerciale, eu égard à la nature des règles de droit applicables en matière commerciale.

2. La «commercialisation» du droit de la responsabilité civile

28 En France comme en Allemagne en effet, les règles applicables à cette matière ne font que pour une part l'objet de dispositions spécifiques, propres au droit du commerce, particulières à l'activité de l'entreprise. Pour le reste, ces règles sont empruntées au droit civil et appliquées à la matière commerciale, aux problèmes de responsabilité non-contractuelle que génère l'activité de l'entreprise.

29 Certes, aux termes du droit français, les délits ou quasi-délits commis par un non-commerçant accessoirement à un acte de commerce de même que ceux accomplis par un commerçant pour les besoins de son commerce, se voient attribuer la qualité d'actes de commerce en vertu de la théorie de l'accessoire. Ils sont actes de commerce «par accessoire» ou «par relation»[35]. A ce titre, ils relèvent en principe de la

---

35 Constitue en effet en premier lieu un acte de commerce le délit ou le quasi-délit accompli par un non-commerçant accessoirement à un acte de commerce, une solution déduite par la jurisprudence de la lecture de certains textes particuliers qui consacrent le principe de la commercialité accessoire à un acte de commerce. L'article 91, alinéa 1, du Code de commerce notamment répute en effet commercial «le gage constitué soit par un commerçant, soit par un individu non commerçant, pour un acte de commerce». Constitue également en second lieu un acte de commerce le délit ou le quasi-délit accompli par un commerçant pour les besoins de son commerce, accessoirement à son activité professionnelle, une solution fondée par la jurisprudence sur une interprétation large de plusieurs dispositions du Code de commerce et notamment de l'article 631, alinéa 1, lequel dispose que «les tribunaux de commerce connaitront des contestations relatives aux engagements … entre négociants, marchands et banquiers». L'article 632, alinéa 6, de même, «répute acte de commerce … toutes obligations entre négociants, marchands et banquiers». Par «engagement» ou «obligation», la jurisprudence a entendu tout acte, acte juridique mais aussi fait juridique, accompli par un commerçant pour les besoins de son commerce. Constitue donc un «engagement» ou une «obligation»

compétence des Tribunaux de Commerce, sous réserve de la compétence éventuelle des juridictions civiles lorsque l'acte présente un caractère mixte, commercial à l'égard du défendeur, civil à l'égard du demandeur. Ces délits et quasi-délits ne sont pas cependant à un régime juridique sensiblement spécifique même si, aux termes de l'article 189 bis du Code de commerce, «les obligations nées à l'occasion de leur commerce entre commerçants ou entre commerçants et non-commerçants se prescrivent par dix ans si elles ne sont pas soumises à des prescriptions plus courtes». Cette règle a en effet perdu aujourd'hui son intérêt depuis qu'une loi du 5 juillet 1985, article 2270-1 du Code civil, a ramené à dix ans le délai de prescription général des actions en responsabilité civile non-contractuelle. C'est donc dans le droit civil, dans le Code civil, qu'il faut puiser en droit français les éléments du régime général de la responsabilité non-contractuelle en matière commerciale. Comme le reconnaissent Hamel, Lagarde et Jauffret[36], pour le déplorer, il n'existe pas de délit commercial distinct du délit civil et soumis à un régime juridique spécifique.

C'est également dans le droit civil, dans le Code civil allemand qu'il **30** faut puiser en droit allemand les éléments du régime général de la responsabilité non-contractuelle en matière commerciale. Le droit commercial allemand en effet, alors même que la théorie de l'accessoire représente une concession importante au système dit de la commercialité subjective pratiquée en Allemagne, ne reconnait pas en ef-

---

au sens de ces dispositions non seulement une obligation contractuelle mais aussi une obligation non-contractuelle contractée par un commerçant pour les besoins de son commerce. Le délit, c'est à dire la faute intentionnelle du commerçant, de même que le quasi-délit, la simple négligence du commerçant, sont en vertu d'une jurisprudence désormais ancienne des actes de commerce, au même titre que les contrats passés par le commerçant pour les besoins de son commerce.
Cf., Cass. Req. 11 juillet 1900, Dalloz Périodique, 1900, 1, 508.
«Les actes accomplis par un commerçant sont présumés commerciaux et, par conséquent, faits pour les besoins de son commerce, même quand il s'agit d'un quasi-délit».
Cass. Req., 21 juillet 1936, Gaz. Pal., 1936, II, 609.
Cette conception, il faut le noter, est critiquée par une partie de la doctrine qui lui reproche ce qu'elle peut avoir avoir d'excessif, d'artificiel. Ces auteurs estiment en effet que le commerçant est susceptible de commettre dans l'exercice de sa profession certains délits ou quasi-délits qui peuvent être commis par un non commerçant dans des conditions parfaitement identiques. L'application de la théorie de l'accessoire est alors dépourvue de tout fondement.
Cf., C. Giverdon, «Les délits et quasi-délits commis par le commerçant dans l'exercice de son commerce», précité, 855 et s.; J. Hamel., G. Lagarde et A. Jauffret, Traité de droit commercial, tome 1, précité, 285.
36 J. Hamel., G. Lagarde et A. Jauffret, Traité de droit commercial, tome 1, précité, 284–285.

fet aux actes illicites accomplis par un commerçant pour les besoins de son commerce la qualité d'actes de commerce. Certes, en vertu de l'article 343 du Code de commerce allemand, «sont des actes de commerce tous les actes d'un commerçant qui relèvent de l'exploitation de son commerce». Mais les actes illicites résultant de la violation d'obligations générales de comportement («unerlaubte Handlungen») ne sont pas considérés comme des «actes» au sens de cette disposition[37]. Ils ne sauraient par conséquent constituer des actes de commerce, ni être soumis, de façon quelconque, à certaines règles de droit commercial de portée générale.

31 En France comme en Allemagne, faute d'un droit commercial de la responsabilité non-contractuelle, c'est donc le droit civil de la responsabilité non-contractuelle qui constitue le droit du commerce en ce domaine. Seules certaines matières font exception à cette règle parce que, dans ces matières, une intervention législative est apparue indispensable afin de soumettre l'activité de l'entreprise dans certains de ses aspects à un droit spécifique, que ce soit en matière de faillite en France[38] ou en matière de concurrence déloyale en Allemagne[39].

---

37 Selon la doctrine dominante en effet, le mot acte, au regard de cette disposition, doit être pris dans le sens d'une affaire, d'une transaction. Or le caractère illicite d'un agissement est indépendant du fait qu'il intervient ou non dans le cadre d'une telle transaction. Ce serait aller trop loin que de regarder un acte illicite général («unerlaubte Handlung») comme une transaction en elle-même. Un acte illicite général apparait ainsi comme l'accessoire d'une transaction. Il ne peut donc constituer un acte à lui seul.
Cf., Heymann-Kötter, Handelsgesetzbuch, 4ème éd., 1971, § 343, 700; Schlegelberger, Handelsgesetzbuch, 5ème éd., 1976, tome IV, § 343, 5; Staub et autres auteurs, Handelsgesetzbuch, 3ème éd., 1978, tome 3, volume 1, § 343, n°7; K. Schmidt, Handelsrecht, précité, 461; A. Baumbach, K. Duden et K. J. Hopt, Handelsgesetzbuch, précité, 839.
Les droits français et allemand ne s'accordent donc que sur un point: le fait que le délit ou le quasi-délit commis par un commerçant dans l'exercice de son commerce présente un caractère accessoire. Pour le reste, les droits français et allemand tirent des conséquences différentes de ce caractère. En raison de ce caractère, le délit ou quasi-délit du commerçant dans l'exercice de son commerce est un acte de commerce aux termes du droit français. Au contraire, aux termes du droit allemand, en raison de ce même caractère, un tel délit ou quasi-délit ne peut être un acte de commerce.
38 L'action en extension de redressement judiciaire de l'article 182 de la loi du 25 janvier 1985, qui sanctionne certaines hypothèses de faute de gestion caractérisées a néanmoins une origine jurisprudentielle. C'est en raison de l'apparition, au début de ce siècle, de besoins économiques que le juge avait en effet conçu la nécessité de sanctionner certains abus de la personnalité morale, manifestant une fraude aux droits des créanciers.
L'action en comblement du passif en revanche est une création du législateur. Cette action a pour objet de faire supporter le passif d'une société en faillite aux dirigeants fautifs de celle-ci. Cette disposition confère, à l'évidence aux juges consulaires français,

Dès lors, il convient de rechercher comment s'exprime la spécificité **32**
de la jurisprudence commerciale dans le domaine de la responsabilité non-contractuelle, dans quelle mesure les juges du commerce ont-
ils adapté aux exigences du commerce les règles du droit civil qu'ils

commerçants élus par leurs pairs et bénévoles, un pouvoir d'appréciation considérable, dont les implications économiques ne sont pas négligeables. Il convient à cet égard
de noter la réticence des juridictions de fond à appliquer la double présomption posée
par la loi de 1967, présomption de faute du dirigeant et de causalité entre cette faute et
le dommage subi par les créanciers de la société. L'article 180 de la loi de 1985 actuellement en vigueur a supprimé ces présomptions. Ce retour aux principes généraux de la
responsabilité non-contractuelle n'est cependant pas total. L'article 180 reconnait en
effet au juge le pouvoir de faire supporter l'insuffisance d'actif de la société,» en tout
ou en partie, avec ou sans solidarité par tous les dirigeants ... ou par certains d'entre
eux».
Cf., P. Bourel, «L'obligation au passif social des dirigeants de sociétés anonyme et à responsabilité limitée», Rev. trim. dr. com. 1960, 785; Y. Guyon, «Redressement et liquidation judiciaires des entreprises, Effets à l'égard des dirigeants sociaux: Obligation au
passif», Jurisclasseur Sociétés, 1987, Fascicule 41-E bis; du même auteur, Droit des affaires, tome 2, précité, n°1370 et s., 414 et s.; A. Martin-Serf, «Redressement et liquidation judiciaires des entreprises, Effets à l'égard des dirigeants sociaux: Domaine d'application de l'action en comblement du passif/ Conditions et résultats de l'action en
comblement du passif/ Redressement judiciaire personnel et responsabilité de droit
commun», Jurisclasseur Sociétés, 1992, Fascicules 41-E-1 et 41-E-2, 1989, Fascicule 41-
F; J.-J. Daigre, «De l'inapplicabilité de la responsabilité civile de droit commun aux dirigeants d'une société en redressement ou en liquidation judiciaire», Rev. soc. 1988,
199.

39 La concurrence déloyale est en effet réglementée en Allemagne par une loi de 1909, mo-
difiée à de multiples reprises depuis cette date. Ce texte comporte, outre quelques interdictions, une disposition de portée générale en vertu de laquelle «quiconque commet,
dans un but concurrentiel, dans les relations commerciales, des actes contraires aux
bonnes moeurs peut être poursuivi en cessation de ses actes et en dommages et intérêts». L'intérêt de cette disposition réside dans le fait que, contrairement à l'article 826
du Code civil allemand, elle ne fait pas du caractère intentionnel de l'atteinte portée
aux bonnes moeurs une condition de la responsabilité de l'auteur de l'atteinte. Le domaine d'application de cette disposition a en outre connu une évolution importante au
cours de ce siècle. Le juge allemand s'est en effet efforcé d'adapter cette disposition aux
exigences d'une économie moderne. A l'origine, elle avait pour fonction de transcrire
certaines règles sociales sous la forme des «usages du bon commerçant». N'était pas
alors contraire aux bonnes moeurs ce que la morale commerciale ne considérait pas
comme un tabou. Plus tard, la jurisprudence a étendu la notion de bonnes moeurs qui
est devenue une arme entre les mains du juge, permettant à ce dernier de prendre des décisions de politique économique. L'article 1 de la loi de 1909 a pris de ce fait, dans la
jurisprudence allemande une importance capitale. Les normes morales sont en effet
inadaptées aux exigences nouvelles d'une société industrialisée. C'est au juge qu'il appartient, par une exacte appréciation des intérêts économiques, de définir les règles modernes du jeu économique.
H. Lehmann, «Grundlinien des deutschen Industrierechts», précité, 2 (25 et s.);
K. Droste, «Die Generalklausel des § 1 und das Richterrecht», précité, 719 et s.; du
même auteur, «Recht, Moral und Sitte im Wettbewerb. Zugleich ein Beitrag zur Rechtsprechung zur vergleichenden Werbung», WRP 1964, 3, 66.

appliquent, dans quelle mesure également ils se sont inspirés des solutions du droit civil dans la mise en oeuvre des règles spécifiques posées par le législateur en certaines matières, quelles considérations économiques expliquent les choix opérés à cet égard. La responsabilité non-contractuelle en matière commerciale constitue donc un terrain de prédilection pour l'étude de l'approche économique du droit par la jurisprudence.

Pour s'en convaincre pleinement, il suffit de prendre un exemple tiré de la comparaison des droits français et allemand.

§ 4 Un exemple: concrétisation de la norme et comblement de ses lacunes

33 Les droits civils français et allemand de la responsabilité non-contractuelle divergent nettement en ce qui concerne les conditions de mise en cause de la responsabilité du fait de l'homme. En France en effet, de par la forme dans laquelle est rédigé l'article 1382 du Code civil[40], la violation de toute obligation préexistante – selon la célèbre formule de Planiol[41] - est à priori susceptible d'engager la responsabilité de son auteur. En Allemagne, au contraire, le refus de l'adoption d'une clause générale de responsabilité a conduit les rédacteurs du Code civil allemand à distinguer trois cas de responsabilité du fait de l'homme[42]. Le droit allemand oppose à cet égard une atteinte

---

40 Aux termes de cet article, «Tout fait quelconque de l'homme, qui cause à autrui un dommage, oblige celui par la faute duquel il est arrivé, à le réparer».

41 Planiol, Traité élémentaire de droit civil, tome 2, 11ème éd., n°863, cité par Geneviève Viney, Les obligations, La responsabilité conditions, in Traité de droit civil sous la direction de Jacques Ghestin, 1982, n°443, 531.

42 Le droit français a accordé une place considérable aux conceptions de l'Ecole du droit naturel. C'est en effet le grand jurisconsulte Domat qui, au XVIIème siècle, s'inspirant de l'oeuvre magistrale du hollandais Hugo Grotius, formule en termes généraux le principe de la responsabilité civile, principe dont s'inspireront les rédacteurs du Code civil français pour écrire ses articles 1382 et 1383.
Cf., J.-L. Gazzaniga, «Notes sur l'histoire de la faute», Droits 1987, 5, 17.
En Allemagne, Samuel Pufendorf, Professeur à Tübingen en 1661, auteur des «Elementa jurisprudentiae universalis», a également fait connaître les travaux de Grotius, la philosophie de l'Ecole du droit naturel. Le premier projet de Code civil allemand comportait ainsi une clause générale de responsabilité imitée des articles 1382-1383 du Code civil français. Pourtant cette clause générale disparut au cours de l'élaboration du second projet de Code civil, projet qui devait être adopté par le Reichstag en 1896. Les rédacteurs de ce projet s'inquiétèrent en effet du pouvoir d'appréciation considérable que conférait, aux juges chargés de l'appliquer, une formule aussi générale et imprécise que celle des articles 1382–1383. Ils craignaient qu'un tel pouvoir d'appréciation ne conduise les juges à porter atteinte à la sécurité des relations juridiques. Aussi se sont-ils orien-

portée à un droit absolu[43], à un intérêt spécifiquement protégé par la loi[44], ou aux bonnes moeurs[45].

En raison de cette divergence, les juges du commerce français et allemands se trouvèrent donc confrontés à des difficultés distinctes dès lors qu'ils durent appliquer ces principes en matière commerciale.

1. Le droit français de la concurrence déloyale

En France, le problème de la détermination du fondement de la responsabilité non-contractuelle en matière commerciale ne se posait pas. L'article 1382 du Code civil avait un champ d'application suffisamment large pour que l'ensemble des activités économiques puisse tomber sous l'empire de ses dispositions, c'est à dire de la clause générale de responsabilité ainsi posée[46].   **34**

Il n'en résulte pas pour autant que les principes de la responsabilité non-contractuelle empruntés au droit civil n'ont pas fait l'objet d'une adaptation aux nécessités économiques. Ces principes, au contraire, ont fait l'objet de plusieurs adaptations importantes.   **35**

---

tés dans une autre voie reprenant les conceptions développées de l'Antiquité à la Renaissance sur le fondement de la loi Aquilia (287 ou 286), distinguant plusieurs cas de responsabilité non-contractuelle, construisant en outre cette responsabilité sur des principes différents de ceux sur lesquels elle repose en droit français.
Cf., K. Zweigert et H. Kötz, Einführung in die Rechtsvergleichung auf dem Gebiete des Privatrechts, tome 1, précité, 316 et s.; E. Deutsch, «System und Aufbau der Schadenshaftung im Deliktsrecht», Festschrift F. Weber, 1975, 125.

43 En vertu de l'article 823 al. 1 du Code civil allemand, «celui qui, intentionnellement ou par négligence, porte illicitement atteinte à la vie, au corps, à la santé, à la liberté, à la propriété ou à un autre droit d'autrui, est tenu de réparer le dommage en résultant».

44 En vertu de l'article 823 al. 2 du Code civil allemand, «la même obligation pèse sur celui qui viole une loi dont le but est la protection d'autrui. Si, aux termes de la loi, cette violation peut exister en l'absence d'imputabilité, l'obligation de réparer ne s'impose que dans le cas d'imputabilité».

45 En vertu de l'article 826 du Code civil allemand, «celui qui, intentionnellement et contre les bonnes moeurs, cause un dommage à autrui, est tenu de réparer le dommage en résultant pour autrui».

46 Philippe Le Tourneau note en ce sens: «La formule très générale de l'article 1382 est irremplaçable ... L'article 1382 permet de protéger les victimes de quelque dommage que ce soit, y compris les plus inédits, suscités par les développements techniques, en attendant une éventuelle intervention législative. Le droit de la responsabilité subjective a une vocation universelle ... elle est un remède général aux lacunes du droit, aux défaillances du législateur et aux modifications des données».
P. Le Tourneau, «La verdeur de la faute dans la responsabilité civile ou de la relativité de son déclin», Rev. trim. dr. civ. 1988, 505 (507); du même auteur, «Des mérites et vertus de la responsabilité civile», Gaz. Pal. 1985, 1, Doctr. 283.

36 La concurrence déloyale constitue un excellent exemple d'une telle adaptation[47]. Cette théorie, fondée à l'origine sur l'application pure et simple de l'article 1382 du Code civil français[48], s'est développée, peu à peu, sous l'influence du juge commercial. Conçue à ses débuts comme un moyen de faire régner une certaine morale dans la concurrence commerciale, elle est aujourd'hui de plus en plus dominée par des considérations spécifiquement économiques. Au moyen de cette action, le juge sanctionne des comportements anti-économiques, c'est à dire des comportements qui portent atteinte à certaines valeurs économiques de l'entreprise, valeurs qui, autrement, sont dépourvues d'une protection légale particulière. Ainsi la jurisprudence sanctionne t-elle désormais des agissements parasitaires qui consistent pour une entreprise à s'insérer dans le sillage économique d'une autre entreprise, en vue de tirer profit de la réputation acquise par cette dernière[49]. Cette application de la concurrence déloyale soulevait pourtant des difficultés importantes dans la mesure où il apparaissait particulièrement difficile de circonscrire le préjudice subi par l'entreprise victime de tels agissements. Le juge n'en a pas moins condamné de telles pratiques au prix, il faut le reconnaître, d'une certaine déformation des principes de la responsabilité non-contractuelle[50]. Il en va également ainsi dans d'autres hypothèses dans lesquelles la théorie de la concurrence déloyale trouve une application. Celle-ci, à plus d'un titre, a essentiellement pour objet de protéger l'activité de l'entreprise dans ses différents éléments soumis à la loi de la concurrence.

---

47 Cf., P. Roubier, «Théorie générale de l'action en concurrence déloyale», Rev. trim. dr. com. 1948, 541; A. Pirovano «La concurrence déloyale en droit français», Rev. int. dr. comp. 1974, 468.

48 Comme le note Philippe Le Tourneau, «la Cour de Cassation a su admirablement poser ce principe de suppléance et d'universalisme de la responsabilité pour faute en affirmant, à propos de la concurrence déloyale, qu'elle a pour objet d'assurer la protection de celui qui ne peut se prévaloir d'un droit privatif».
Cass. com. 3 oct.1978, Bull. civ. IV, n°208, 6 déc. 1984, Bull. civ. IV, n°335, décisions citées par l'auteur in «La verdeur de la faute dans la responsabilité civile ou de la relativité de son déclin», précité, 508.

49 Cf., J. Dupichot, «Pour une réflexion doctrinale sur la (nécessaire) sanction du parasitisme économique: vers un particularisme des sanctions ou vers un retour au droit commun», Gaz. Pal. 1987, 1, Doctr., 348.

50 Cf., J. Hamel., G. Lagarde et A. Jauffret, Traité de droit commercial, tome 1, précité, 284–285; G. Ripert et R. Roblot, Traité de droit commercial, tome 1, 14ème éd. 1991, n°464, 336–337.

En Allemagne, les nécessités économiques ont également imposé une adaptation des principes de la responsabilité non-contractuelle issus du droit civil.

2. La reconnaissance du «droit à l'entreprise» et la création d'une «troisième voie»

Cette adaptation aux nécessités économiques[51] a consisté essentielle- **37** ment, compte tenu de la spécificité du droit allemand en ce domaine, à donner un fondement adéquat à la responsabilité non-contractuelle dans l'exercice d'une activité économique. L'article 823, alinéa 1, du Code civil ne permet pas en effet d'obtenir l'indemnisation d'un préjudice exclusivement financier. Les articles 823, alinéa 2, et 826, s'ils admettent la possibilité d'une telle indemnisation, la soumettent cependant à des conditions restrictives.

Quelques années après l'introduction du Code civil allemand, la juris- **38** prudence allemande a donc ressenti le besoin d'élargir la responsabilité délictuelle au delà des termes de la loi. Dans une décision de principe de 1904[52], la Cour de Cassation allemande (Tribunal d'Empire) a donc ajouté à la liste des droits absolus figurant dans l'article 823, alinéa 1, un droit absolu supplémentaire, «le droit à l'activité de l'entreprise». Ce droit a vu son domaine d'application progressivement élargi par la jurisprudence et protège aujourd'hui l'entreprise, d'après la Cour de Cassation allemande, non plus seulement contre les atteintes portées à son existence, mais d'une manière plus générale, contre toutes les atteintes directes portées à son exploitation[53]. L'illicéité d'un comportement qui pourrait s'analyser en une atteinte portée à l'entreprise sera déterminée par référence à un bilan des intérêts en jeu en tenant compte de toutes les circonstances pertinentes. Les juges, afin de répondre aux exigences de l'économie, ont donc surmonté la rigidité des termes dans lesquels l'article 823, alinéa 1, est rédigé, se reconnaissant ainsi un pouvoir d'appréciation à la fois considérable et indispensable.

---

51 Cf., H.-J. Mertens, «Deliktsrecht und Sonderprivatrecht – Zur Rechtsfortbildung des deliktischen Schutzes von Vermögensinteressen», AcP 178 (1978), 226, (256 et s.).
52 RG 27 février 1904, «Krimmerläufer», RGZ 58, 24.
53 Cf., W. Fikentscher, «Das Recht am Gewerbebetrieb (Unternehmen) als sonstiges Recht im Sinne des § 823 Abs. 1 BGB in der Rechtsprechung des Reichgerichts und des Bundesgerichtshofs», Festgabe Kronstein, 1967, 261; R. Wiethölter, «Zur politischen Funktion des Rechts am eingerichteten und ausgeübten Gewerbebetrieb», KJ 1970, 121; M. Löwisch et W. Meier-Rudolph, «Das Recht am eingerichteten und ausgeübten Gewerbebetrieb in der Rechtsprechung des BGH und des BAG», JZ 1982, 237.

La responsabilité fondée sur l'atteinte portée au droit à l'activité de l'entreprise n'a pas cependant une portée aussi large que celle de l'article 1382 du Code civil français.

39 Afin d'étendre encore le champ d'application de la responsabilité non-contractuelle en matière commerciale, les juges du commerce allemands sont donc allés encore plus loin dans leur effort d'adaptation du droit applicable. La jurisprudence a eu en effet recours à d'autres constructions, contractuelles ou quasi-contractuelles, les premières étant fondées sur la volonté supposée de l'auteur du dommage de s'obliger vis à vis de la victime de celui-ci, les secondes, sur les principes de la culpa in contrahendo, c'est à dire de la responsabilité pré-contractuelle. Les juges du commerce allemands ont ainsi créé une «troisième voie», c'est à dire une voie intermédiaire entre les responsabilités contractuelle et non-contractuelle, une classification qui apparaîtra, sans doute, quelque peu artificielle aux éminents juristes français ici présents[54]. Mais ces constructions présentent un avantage économique important. Fondées sur la prévisibilité du dommage, elles font peser sur les auteurs de préjudices une responsabilité correspondant aux risques qu'ils font courir à autrui[55].

Conclusion

40 Les juges du commerce français et allemand, eu égard au pouvoir créateur dont ils disposent, eu égard également au fait qu'ils ont compris très tôt, les uns et les autres, la nécessité de faire intervenir dans l'exercice de ce pouvoir un certain nombre de considérations économiques ont donc contribué à l'institution d'un droit spécifique de la responsabilité non-contractuelle en matière commerciale.

---

54 Cf., C.-W. Canaris, «Schutzgesetze – Verkehrspflichten – Schutzpflichten», Festschrift Lorenz, 1983, 27; A. Wiegand, Die «Sachwalterhaftung» als richterliche Rechtsfortbildung, 1990.

55 La matière de la responsabilité des agences de renseignement manifeste assez bien ce que la jurisprudence peut avoir d'artificiel dans la mise en oeuvre des notions qu'elle utilise. Ainsi elle reconnait aux victimes de renseignements erronés la possibilité d'invoquer à son profit une stipulation pour autrui. Le fondement de cette stipulation réside non pas dans l'interprétation de la convention passée par l'agence avec l'entreprise demandeur du renseignement, mais dans la confiance manifestée par les victimes à l'égard de l'information livrée par l'agence.

Cf., notamment, R. Schulze, «Grundprobleme der Dritthaftung bei Verletzung von Auskunfts- und Beratungspflichten in der neueren Rechtsprechung», JZ 1983, 81.

Ce droit n'est pas, ou plus précisément n'est pas seulement, la trans- noch **40**
position en matière commerciale des règles de la responsabilité civile non-contractuelle. Ce droit a été aussi l'objet de certaines adaptations rendues nécessaires par la prise en compte des considérations
économiques propres à cette matière. Ces adaptations ont été le plus
souvent le fait du juge, parfois celui du législateur, d'un législateur
s'inspirant le plus souvent d'ailleurs de solutions jurisprudentielles
anciennes.

Mais l'apport des juges de commerce dans le domaine de la responsabilité non-contractuelle en matière commerciale ne s'est pas limité à
apporter certains correctifs aux règles de la responsabilité civile non-
contractuelle. Il a consisté également jusqu'à aujourd'hui à soumettre l'activité des entreprises dans ses différents aspects à un régime
de responsabilité adéquat, fut-il conçu sur le modèle des règles du
droit civil. Prenant en compte les considérations économiques propres à cette matière, les juges du commerce français et allemand se
sont efforcés dans chacun des domaines d'application de la responsabilité en matière commerciale, de poser des règles, de rendre des décisions répondant aux exigences de l'économie.

C'est cette adéquation, adéquation du droit de la responsabilité non-
contractuelle en matière commerciale aux exigences de l'économie
qui est l'objet de l'ensemble des études qui ont été menées dans les
domaines les plus divers, adéquation qu'il convient de mesurer – elle
n'est jamais parfaite, elle n'est pas toujours identique d'un pays à un
autre –, adéquation d'autant plus importante que ce droit est appelé
à jouer un rôle très important dans le cadre de la Communauté européenne, qu'il s'agisse de la sanction de certaines règles communautaires ou de l'harmonisation des règles nationales au plan européen.

Les aspects spécifiques du droit commercial français et des jurisprudences chargées de l'appliquer

Pierre Bézard

Monsieur le Ministre, Mesdames, Messieurs, chers amis allemands et français.

41 Je tiens à vous dire tout d'abord l'intérêt et le plaisir que j'ai à me trouver parmi vous et à remercier ceux qui ont organisé cette réunion. Elle permet à des magistrats professionnels français en coopération étroite avec des magistrats consulaires, comme ils le font souvent, mais peut-être encore plus chaleureusement ici, à Constance, de rencontrer leurs collègues allemands et des membres des universités des deux pays, dans une recherche commune d'une meilleure efficacité du droit économique et d'un rapprochement des pratiques et des législations à l'ombre de ce drapeau qui nous est cher, au-dessus de la tribune: le drapeau européen.

Responsable de la Chambre commerciale de la Cour de Cassation, laquelle se trouve au sommet de la pyramide des juridictions qui ont à connaître du droit commercial, j'ai la chance de pouvoir appréhender ce qui se passe dans les différentes parties de l'hexagone français et de tenter, avec mes collègues de cette chambre, conformément à la mission qui nous a été confiée, d'interpréter et d'unifier ce droit.

Monsieur le professeur Ebenroth a souhaité que j'apporte quelques précisions sur ce rôle. Si vous le permettez, de façon un peu plus large, je vais vous entretenir du caractère original de l'approche française du droit commercial (I), puis je vous exposerai les caractéristiques de l'organisation et du fonctionnement des juridictions compétentes dans le domaine commercial en France. (II)

Section 1: Les caractéristiques du droit commercial français

42 Le droit commercial en France est né des pratiques des foires dans les grandes villes. Les commerçants faisaient des transactions avec des gens venus des villes d'Italie et flamandes. Ces commerçants avaient besoin de résoudre leurs difficultés d'une manière souple et rapide. Le droit commercial est né des usages, comme les juridictions commerciales sont nées des collèges d'arbitres. Donc ce droit se distinguait du droit civil classique. Et ce droit se développait un peu marginalement dans une France qui à l'époque était avant tout agricole. Le commerçant a créé sans bruit et efficacement le début d'un monde économique que la royauté, vu son intérêt grandissant, a entendu réglementer. Louis XIV, sur l'initiative de Colbert, a pris deux ordonnances, l'une sur le commerce de terre en 1673 et une autre en 1681 sur le commerce de mer. On ne manquera pas de souligner qu'en matière civile la première réglementation n'est intervenue qu'un siècle plus tard et que la réglementation commerciale française est la première qui ait été consacrée en Europe. Il faut souligner aussi l'importance des règlements corporatifs qui déterminaient avec grande précision l'exercice des diverses professions commerciales. La révolution, sur l'initiative de Le Chapelier, supprima les corporations et proclama la liberté du commerce. Mais elle respecta les lois commerciales.

Napoléon, le grand codificateur, a voulu doter la France d'un Code **43** de Commerce, comme il l'avait fait d'un Code Civil. Ce code a été établi en 1807. Il n'a pas la valeur du Code Civil. La raison en est que ses auteurs n'étaient pas de la même qualité, mais surtout que ce texte, à peine consacré, a déjà été dépassé en raison de l'évolution rapide des pratiques commerciales.

La réglementation commerciale a subi dans les deux siècles qui vont **44** suivre l'influence des régimes et des idéologies qui vont se succéder au pouvoir. Capitalisme libéral pendant tout le XIXème siècle, sous la Royauté, l'Empire ou la République, mais avec établissement de lois pour organiser les structures et lutter contre certains abus. Développement du socialisme prenant à plusieurs reprises les responsabilités du pouvoir, économie dirigée, planification et nationalisations avec toutes les conséquences qu'emporte une telle idéologie sur la réglementation. Mais à partir de 1986, retour au libéralisme, liberté des prix, libre jeu de la concurrence, dénationalisation, dans le cadre d'une réglementation européenne prenant de plus en plus d'importance.

Par delà cette agitation, ces bouleversements, ces aller-retours, le **45** droit commercial conserve quelques fortes constantes qu'il convient de rappeler. Pour ce qui est de l'esprit du droit commercial, on peut dire que c'est un droit intéressé, car le commerce vise à la création de richesses. C'est un droit qui se veut aussi souple, efficace et laissant une grande place à la liberté contractuelle. Mais ces principes fondamentaux se sont trouvés contrebalancés et limités par des solutions qui consacrent l'idée que l'exercice du commerce présente des aspects dangereux et qu'il faut donc créer des incapacités et établir des règles de publicité. De même la volonté d'assurer la sécurité des transactions a développé le formalisme. Enfin et surtout le désir d'assurer la protection des plus faibles a conduit à la multiplication des règles d'ordre public par la construction d'un droit strict de la concurrence, de la consommation, des sociétés et des procédures collectives.

46 D'un point de vue technique, il faut indiquer que le droit commercial est un droit d'exception et un droit subsidiaire par rapport au droit établi par le Code Civil. Le Code civil est le code-mère de toutes les règles. Toutes les législations de droit privé se situent par rapport à lui. Ses solutions s'imposent sauf si des dispositions particulières ont été prévues par des régimes spécifiques. C'est bien ce qu'a établi le Code de Commerce de 1807 qui a donné une énumération d'actes de commerce dont l'exercice à titre habituel et rémunéré qualifie le commerçant. On peut dire que les activités de production, de distribution et de services entrent dans le domaine du droit commercial. Celles concernant l'agriculture, l'immobilier et l'exercice des professions libérales sont du domaine civil. Un certain nombre de règles particulières sont donc applicables aux activités commerciales en vertu des lois commerciales. Cependant lorsque ces lois sont muettes sur certains points, il convient de se reporter aux solutions du Code Civil. Ainsi les commerçants utilisent quotidiennement des contrats que le Code Civil réglemente. C'est dans cette mesure que l'on peut dire que le droit commercial est un droit subsidiaire. Mais ce caractère subsidiaire ne correspond plus à la réalité. On peut même dire, sans exagérer, que le droit commercial a véritablement colonisé le droit civil dans la plupart des domaines. Ce qui constituait pendant très longtemps la richesse des français, l'immobilier, a été dans une très large mesure supplanté par des sociétés et par des brevets relevant des lois commerciales. Par ailleurs les techniques commerciales plus modernes, plus adaptées, des pratiques bancaires, des chèques, des lettres de change, des procédures collectives, des sociétés ont dominé toute l'activité économique. On a constaté que la plupart des français, bien que n'ayant aucun rapport direct avec une activité commerciale, du fait qu'ils étaient actionnaires ou obligataires d'une société, ou qu'ils étaient salariés d'une société ayant déposé son bilan, se sont trouvés très intimement concernés par le droit commercial dont relèvent les sociétés commerciales et les entreprises en difficulté. Cette considérable extension du domaine commercial explique l'importance qu'a pris la jurisprudence commerciale, même s'agissant de l'interprétation d'articles du Code Civil, la grande qualité de la doctrine commerciale française et le succès de l'enseignement du droit commercial en France qui attire de plus en plus d'étudiants.

Pourtant, ce développement du droit commercial, son dynamisme, **47** la qualité de sa technique qui est prise en compte par les autres droits, la diminution des différences entre droit civil et commercial ont amené certains à s'interroger sur le point de savoir s'il ne conviendrait pas d'unifier le droit privé. On rappellera ainsi qu'en Angleterre, selon une formule célèbre: «Le droit des marchands et le droit du royaume ne font qu'un». En réalité, même dans ce pays, l'exercice du commerce est réglementé par des lois spécifiques.

En tous les cas, en France, les pouvoirs publics ne s'engagent pas dans cette voie. Confirmant l'originalité du droit français ils viennent de déposer un projet de réforme du Code de Commerce. Il ne s'agit pas d'une réforme de fond concernant les solutions consacrées par ce texte, mais de forme. Le Code de 1807 qui comprenait 648 articles s'est peu à peu vidé de sa substance pour n'en compter plus que 150 dont 30 seulement ont conservé leur rédaction d'origine. Les principales réformes intervenues ont détaché du code des pans entiers du droit commercial et des plus importants: droit des procédures collectives, des sociétés, vente et nantissement du fonds de commerce, règles de concurrence. Le projet de loi propose de réintégrer ces textes dans le code.

Le droit commercial français conservera donc son originalité et il continuera à être appliqué par des juridictions à caractère particulier dont je vais maintenant vous indiquer l'organisation et le fonctionnement.

Section 2: Les aspects spécifiques des juridictions commerciales françaises

48 Les tribunaux de commerce sont en France une très vieille institution. Ils se rattachent aux juridictions des consuls, d'où leur nom de tribunaux consulaires et aux juridictions des foires. Mais c'est par l'édit de novembre 1563, pris par Charles IX sur proposition du chancelier Michel de l'Hospital que ces tribunaux ont été institutionalisés de façon permanente. La Révolution les a maintenus et a étendu leur compétence aux affaires maritimes. Le Code de commerce leur a donné compétence pour trancher les litiges entre commerçants. La juridiction commerciale du premier degré présente en France une grande originalité, puisqu'elle est composée de juges élus par les commerçants et personnes assimilées, ce qui est unique maintenant en Europe.

49 Les juges consulaires évoquent traditionnellement le nom de Michel de l'Hospital et la tradition séculaire pour justifier cette solution. Cela ne serait pas suffisant s'il n'y avait pas leur efficacité, leur compétence née de leur volonté de respecter une forte déontologie. Lorsqu'ils revêtent la robe, ils savent qu'ils doivent se détacher de leur métier de commerçant pour s'intégrer totalement dans leur mission de justice. Les tribunaux consulaires font partie intégrante de l'organisation judiciaire. Le procureur de la République du tribunal de grande instance assure son ministère public exposant dans les procédures le point de vue de l'Etat, donnant son avis sur l'interprétation de la loi, veillant à l'application de sanctions à l'égard des dirigeants et commerçants indélicats. Sur appel, ce sont les Cours d'Appel, composées de juges professionnels, qui sont compétentes et sur pourvoi, la chambre commerciale de la Cour de Cassation. Magistrats professionnels et consulaires sont, dans une démarche complémentaire, au service du même droit. C'est une originalité de notre système juridique auquel le monde économique tient.

50 Les solutions pourraient sans doute être améliorées. Il serait souhaitable que soit revue la carte judiciaire des Tribunaux de Commerce, pour en regrouper certains. Il pourrait aussi être prévu un plus grand amalgame entre juges consulaires et juges professionnels. Il serait souhaitable que des jeunes juges professionnels puissent faire partie des tribunaux de commerce, ceux-ci conservant pleinement leur spécificité et en particulier leur présidence élue. Des juges consulaires devraient pouvoir être nommés dans les Cours d'Appel et pour ceux ayant fait preuve d'une compétence judiciaire exceptionnelle, à la chambre commerciale de la Cour de Cassation. Ainsi pourrait être plus complètement consacrée ce qui fait la force du système français: l'apport de juges, connaissant la réalité de l'entreprise et d'autres juges de haute technicité juridique.

51 Pour ce qui est de la compétence des juridictions commerciales, elle est très vaste, comme on l'a montré en évoquant le domaine du droit commercial. Les juges consulaires qui ne traitaient autrefois que des contestations entre commerçants ont été chargés des problèmes maritimes en 1807. Mais c'est surtout le développement du rôle des sociétés commerciales et aussi – hélas – l'augmentation toujours plus importante du nombre des procédures collectives suite aux dépôts de bilan, qui ont multiplié leurs interventions. Il n'était pas évident que ce soient des juges commerçants qui tranchent à ces occasions des problèmes concernant des épargnants et des salariés. Pourtant leur action n'a guère été discutée et les statistiques établissent que les tribunaux consulaires ne sont pas plus réformés par les Cours d'Appel que les Tribunaux de Grande Instance.

52 Il faut relever cependant que cette extension de la compétence des Tribunaux de Commerce a subi un coup d'arrêt ces dernières années par la création d'autorités administratives indépendantes qui, dans le domaine boursier et de la concurrence, ont reçu du législateur le droit de prononcer des sanctions administratives. Ainsi les tribunaux de commerce de même que les tribunaux correctionnels en matière pénale ne sont plus le passage obligé des contentieux et des sanctions aux manquements dans ces domaines. Mais ces autorités administratives indépendantes n'échappent pas au contrôle du juge. En effet, la Cour d'Appel de Paris et, sur pourvoi, la chambre commerciale de la Cour de Cassation, ont reçu mission de contrôler leurs décisions et accomplissent cette tâche avec beaucoup d'attention.

53 Pour terminer je voudrais mettre l'accent sur l'importance du rôle du juge dans le domaine du droit commercial. Peut-être plus qu'ailleurs, le juge y a une place éminente car il lui faut adapter la règle à une réalité souvent difficile à saisir, qui évolue vite et qui s'internationalise. Si j'ai un souhait à formuler, c'est que cette règle, qu'elle soit d'origine nationale ou européenne, ne soit pas trop précise, trop détaillée, en un mot trop étouffante, que l'on fasse un retour aux sources et que l'on se souvienne que le droit commercial a été, à ses

noch
53

débuts, un droit d'équité, un droit d'efficacité, un droit contractuel. Bien sûr les techniques et la recherche d'un meilleur équilibre entre divers intérêts en cause a nécessairement conduit à des réglementations. Mais que celles-ci restent souples! Que dans des démocraties, comme les nôtres, on fasse confiance aux juges!

Teil I – Ière Partie

Darstellung des deutschen und des französischen Deliktsrechts – Présentation des droits français et allemand de la responsabilité non – contractuelle

Das deutsche und das französische Recht der außervertraglichen Haftung aus der Sicht eines deutschen Juristen

Ulrich Hübner

54 Der für die dogmatische Erfassung aller hier erörterten Themenkreise wichtigste Unterschied zwischen der außervertraglichen Haftung im deutschen und im französischen Recht besteht in der speziellen tatbestandlichen Erfassung einerseits und den deliktischen Generalklauseln andererseits.

Der Code civil ist als Gesetzeswerk der Aufklärung dem rationalistischen Prinzip der generalisierenden Erfassung der Voraussetzungen des Schadensersatzes gefolgt, während das BGB unter dem Einfluß der Pandektistik und der Rückbesinnung auf das klassische Römische Recht der einzeltatbestandlichen Erfassung den Vorzug gegeben hat. Diese Tendenz hat sich in der Rechtstradition beider Länder fortgesetzt. Zu erwähnen ist hier die – auch wirtschaftlich bedeutende – Fortentwicklung der Gefährdungshaftung.

Während der französische Kassationshof schon 1896 aus einem nur als Ankündigung gedachten Passus „on est responsable ... du dommage ... qui est causé par ... des choses que l'on a sous sa garde" einen allgemeinen Gefährdungshaftungstatbestand entwickelt hat[1] beschritt auch hier das deutsche Recht – von Anfang an bis heute – einen anderen Weg, und zwar den der Einzelgesetze, vom Reichshaftpflichtgesetz bis heute zum Umwelthaftungs- und Gentechnikgesetz.

Dieselbe Tendenz läßt sich auch im hier unmittelbar interessierenden wirtschaftsrechtlichen Bereich feststellen. Während das französische Recht die Problemkreise über weite Bereiche bei den deliktischen Generalklauseln angesiedelt hat, kennt das deutsche Recht eine Anzahl von Spezialgesetzen. Vorab seien nur das UWG, das GWB und das im AktG enthaltene Konzernrecht genannt.

---

1 Cass. Civ. v. 16. 06. 1896, D.P. 1897, I, 433 (Sarrut) mit Anm. Saleilles = S. 1897, 1, 17, mit Anm. A. Esmein; vgl. hierzu auch Hübner, Die Haftung des Gardien im französischen Zivilrecht, 1972.

Im folgenden soll in zwei Abschnitten zunächst auf die erwähnten **55** allgemeinen Strukturunterschiede und deren Konsequenzen für die jeweilige Deliktsrechtsproblematik näher eingegangen werden und im Anschluß hieran auf deren Auswirkungen im wirtschaftsrechtlichen Haftungsbereich.

Abschnitt 1: Die allgemeinen Strukturen der Deliktshaftung nach Bürgerlichem Gesetzbuch und Code civil

Die allgemeinen Strukturen sind heute weithin bekannt. Art. 1382, **56** 1383 Cc gehen davon aus, daß jeder, der einem anderen schuldhaft (vorsätzlich oder fahrlässig – letzteres ist in Art. 1383 Cc klargestellt) Schaden zufügt, zum Ersatz verpflichtet ist. Die §§ 823 ff. BGB sehen hingegen eine Einzelregelung vor, bei der Vermögensschäden nicht generell ersatzfähig sind. Im vorliegenden Zusammenhang ist insbesondere folgendes von Bedeutung:

- § 823 Abs. 1 BGB nennt nur einzelne sogenannte absolute Rechtsgüter wie Leben, Gesundheit, Eigentum, Freiheit. Nicht ersetzt werden danach, wie gesagt, reine Vermögensschäden. Allerdings hat die Rechtsprechung – im vorliegenden Zusammenhang wichtig – insbesondere das Recht am eingerichteten und ausgeübten Gewerbebetrieb[2] und das Persönlichkeitsrecht[3] anerkannt, deren Verletzung Schadensersatzpflichten nach sich zieht.
- Nach § 823 Abs. 2 BGB verpflichtet die Verletzung von Schutzgesetzen auch zum Ersatz der Vermögensschäden.
- Gleiches gilt nach § 824 BGB bei schuldhafter Verbreitung unwahrer Tatsachen.
- Eine allgemeine Ersatzpflicht – auch für Vermögensschäden – gibt es bei vorsätzlicher, sittenwidriger Schädigung (§ 826 BGB), wobei die Rechtsprechung die Merkmale des Vorsatzes und der Sittenwidrigkeit sehr weit auslegt und sehr „rasch" als gegeben ansieht[4].

---

2 So RGZ 28, 238 vor Einführung des BGB; grundlegend ferner RGZ 58, 24 (27); zur Entwicklung vgl. Kötz, Deliktsrecht, 5. Aufl. 1991, Rdnr. 77 ff.

3 Vgl. hierzu die grundlegende Entscheidung BGHZ 13, 334 (338); zur Entwicklung vor und nach dieser Entscheidung vgl. Kötz, a. a. O. (Fn. 122) , Rdnr. 85 ff., 626 ff.

4 Nach BGH WM 1986, 904 (906), soll aus einem besonders leichtfertigen Verhalten des Schädigers auf seinen bedingten Vorsatz zur Schadenszufügung zu schließen sein; BGH NJW-RR 1986, 1150 (1151): grob leichtfertige Begutachtung ist sittenwidrig.

57 Es gilt hier nicht, über die Vorzüge des einen oder anderen Systems zu debattieren; beide haben ihre spezifischen, vom Ausgangspunkt her vorgegebenen Folgeprobleme:

Wer zu weit ist, muß Grenzen finden; wer zu eng ist, muß die Grenzen überschreiten.

58 Um mit den Problemen des deutschen Rechts zu beginnen, seien stichwortartig genannt:

– Die Ausdehnung der Vertragshaftung in Gestalt der positiven Forderungsverletzung und culpa in contrahendo. Die Rechtsprechung hat hier gerade auch im wirtschaftsrechtlichen Bereich bedeutsame Aufklärungs- und Informationspflichten kreiert, die bei Falschberatung, bei Falschinformation oder fehlender Information Schadensersatzpflichten nach sich ziehen. Diese können heute insbesondere im Beratungsbereich bei Banken[5] etc., jedoch auch im Zusammenhang mit der Haftung von Geschäftsleitern (bei fehlender Aufklärung von Vertragspartnern)[6] eine wichtige Rolle spielen. Vor allem hat die Rechtsprechung hierauf auch eine „Prospekthaftung" bei nicht börsengängigen Geschäftsanteilen gestützt[7]. In letzter Zeit wichtig geworden ist auch die Treuepflicht (eine Nebenpflicht) des Gesellschafters, deren Verletzung ebenfalls Schadensersatzpflichten auslöst[8].

– Die zum Teil extrem extensive Auslegung des § 826 BGB, womit Vermögensschäden im wirtschaftsrechtlichen Bereich ersatzfähig werden; beispielhaft seien erwähnt der Haftungsdurchgriff im Architektenfall[9] und die Haftung der Banken bei der Kollision von Globalzession und verlängertem Eigentumsvorbehalt[10].

Erwähnenswert ist in diesem Zusammenhang auch, daß diese Pflichten – und hier zeigt sich wieder deutlich die Enge des deutschen Deliktsrechts im Vergleich zur Regelung des C.c. – auch auf Dritte ausgedehnt wurden. In jüngerer Zeit hat der BGH insbesondere über die Rechtsfigur des Vertrages zugunsten Dritter

---

5 Aus neuerer Zeit BGHZ 111, 117 (124): Hinweispflicht der Bank auf die Nachteile der Kombination eines Kreditvertrages mit einer Lebensversicherung.
6 Dazu neuerdings wieder BGH NJW 1988, 2234 (2235).
7 BGHZ 71, 284 (286) für Publikums-Kommanditgesellschaften; BGHZ 111, 314 (317) für Bauherrenmodelle; BGHZ 115, 213 (218) für Mischformen dieser Anlagemodelle.
8 BGH WM 1985, 1444 (1445); zum speziellen Fall des Wettbewerbsverbotes vgl. § 113 HGB.
9 BGH WM 1979, 229 = GmbH-Rdsch. 1979, 89.
10 BGH BB 1970, 821 (822).

Vermögensschäden Dritter auf vertraglicher Basis für ersatzfähig erklärt (z. B. wenn ein Wirtschaftsprüfer ein falsches Wertgutachten abgibt, das in die Hände eines Dritten gelangt)[11].

– Zu § 823 Abs. 2 BGB ist in der Literatur weiter die These entwickelt worden, daß auch richterlich statuierte Verkehrspflichten eine Haftung für Vermögensschäden auslösen können[12]. Wenn auch die höchstrichterliche Rechtsprechung dem bislang nicht gefolgt ist[13], so erscheint gleichwohl dieser Vorschlag von Mertens im gesellschafts- und wirtschaftsrechtlichen Bereich bemerkenswert, z. B. bei der Schädigung von Minderheitsgesellschaftern.

Während das deutsche Recht also mit der Erweiterung der Ersatzfä- **59** higkeit von Vermögensschäden „zu kämpfen hat", sieht sich das französische Recht mit dem entgegengesetzten Problem einer angemessenen Einschränkung der zu ersetzenden Vermögensschäden konfrontiert. Zu erwähnen sind hier insbesondere das Prinzip des Vorrangs der Vertragshaftung (non-cumul) und der Abgrenzung des nicht ersatzfähigen „dommage indirect" vom „dommage direct".

– Das Prinzip des „non-cumul" besagt[14], daß die vertragliche Haftungsordnung der deliktischen vorgeht. Das ist wichtig, wenn die deliktische weiter reicht als die vertragliche infolge – möglicherweise durchaus legitimer – Haftungsbeschränkungen. Das deutsche Recht kennt dieses Problem auch bei Haftungsprivilegierung dem Grunde und der Höhe nach (z. B. bei Leihe, unentgeltlicher Verwahrung, im Transportrecht und bei Verjährungsfragen)[15].

---

11 BGH NJW-RR 1986, 1307.

12 Mertens, Deliktsrecht und Sonderprivatrecht – zur Rechtsfortbildung des deliktischen Schutzes von Vermögensinteressen, ACP 178 (1978), 227 (248 ff.); ders., in: MünchKomm., 2. Aufl. 1989, § 823 Rdnr. 469 ff.; v. Bar, Verkehrssicherungspflichten, 1980, S. 233 ff.; vgl auch schon Larenz, Rechtswidrigkeit und Handlungsbegriff im Zivilrecht, in: FS Dölle 1963, 169 (189).

13 Eine ausdrückliche Ablehnung ist seitens des BGH bisher nicht erfolgt; er hat aber die Diskussion in der Literatur trotz mehrfacher Gelegenheit (etwa in den Entscheidungen NJW 1984, 355; NJW-RR 1986, 484; NJW-RR 1986, 1307) nicht aufgegriffen.

14 Dazu Hübner/Constantinesco, Einführung in das französische Recht, 2. Aufl. 1988, S. 145; Renner, Der franz. Grundsatz des non-cumul vertraglicher und deliktischer Schadensersatzansprüche als Vorbild für eine Reform des dt. Schuldrechts, Diss. Mainz 1988.

15 In BGHZ 46, 140 (145) werden Leihe und Verwahrung zwar nur kurz erwähnt, jedoch ist die Anwendbarkeit der vertraglichen Haftungsmaßstäbe in diesem Bereich heute h. M.; vgl. zum ganzen Schiemann, in: Erman, Bd. 1, 9. Aufl. 1993, vor § 823 Rdnr. 25 f.; zum Transportrecht vgl. BGHZ 46, 140; 76, 32 (33); 86, 234 (237); wegen der Übertragbarkeit der Verjährungsregeln s. BGHZ 55, 392 (395); 93, 23 (29).

Dieses Problem wird naturgemäß virulenter bei deliktischen Generalklauseln. Und es ist kein Wunder, daß das französische Recht die Vertragsordnung grundsätzlich durch den Ausschluß der Haftung nach den deliktischen Generalklauseln gewährleistet.

Das zweite Problem ist im Rahmen der deliktischen Haftung das Kausalitätsproblem. Es ist im deutschen Recht ein „Klassiker", im französischen Recht aber angesichts der Generalklauseln noch viel virulenter, gilt es doch dort angesichts der weiten Haftung, die „zu entfernt liegenden Schäden" auszusortieren[16]. (Beispiel: Verletzung eines Geschäftsleiters und Konkurs des Unternehmens, Folgeschäden für die Gesellschafter und Gläubiger).

Die Abgrenzung des „dommage indirect" vom „dommage direct" gehört, obwohl oder gerade weil von der französischen Rechtswissenschaft, die weniger zur Selbstkasteiung neigt, nicht theoretisierend vertieft, zu den heikelsten Problemen des französischen Deliktsrechts.

Welche Konsequenzen hat nun diese unterschiedliche Ausgangsposition für die einzelnen auf diesem Kolloquium zu erörternden Themenbereiche?

Abschnitt 2: Das System der Spezialregelungen und seine Auswirkungen auf die einzelnen Haftungskomplexe

§ 1 Der haftungsrechtliche Rahmen erlaubter Konzernleitung

60 Was das erste Thema der Haftung bei erlaubter Konzernleitung betrifft, zeigt sich besonders deutlich das beschriebene Phänomen einer – für den Vertragskonzern im übrigen prinzipiell weitgehend akzeptierten – speziellen Regelung in den §§ 291 ff. AktG.

Sie ist im übrigen außer der brasilianischen die einzige Spezialregelung des Konzernrechts. Während beim sogenannten faktischen Konzern eine strenge spezielle Haftung für das herrschende Unternehmen und die Geschäftsleitung des herrschenden und beherrschenden Unternehmens (§§ 317 f. AktG) vorgesehen ist, gibt es beim Vertragskonzern eine legitime Leitungsmacht. Bei letzterem sind nachteilige Weisungen nicht ausgeschlossen (vgl. §§ 308, 311 AktG).

---

16 Vgl. Hübner/Constantinesco, a. a. O. (Fn. 1), S. 146 m. w. N.

Was nun den haftungsrechtlichen Rahmen angeht, so ist § 302 AktG – über ihre unmittelbare Regelung hinaus – eine Schlüsselrolle zugefallen.

Die Rechtsprechung des Bundesgerichtshofs hat hier in kühner **61** Doppelanalogie die Haftung für Gesellschaftsschulden beträchtlich ausgeweitet. Die an sich nur für die vertragsrechtlich beherrschte AG geltende Vorschrift soll auch für jede anderweitige qualifiziert beherrschte Kapitalgesellschaft (auch die GmbH) gelten[17]. Wieweit diese Haftung geht, ist nach dem TBB-Urteil[18] wieder zweifelhaft. Soweit bekannt, schwebt nach der in der Begründung nicht sehr konsistenten Entscheidung des Bundesverfassungsgerichts ein Verfahren vor dem Europäischen Gerichtshof, letzteres, weil die Einmann-GmbH-Richtlinie[19] eine Erweiterung der Haftung des Gesellschafters nur durch Gesetz erlaubt (während es sich hier um eine Erweiterung durch die Rechtsprechung handelt)[20].

§ 2 Eigenhaftung des Management

In unmittelbarem Zusammenhang mit der konzernrechtlichen **62** Haftung in qualifizierten faktischen Konzernen steht die Frage der persönlichen Haftung der Geschäftsleiter, die heute auch über den beschriebenen Weg der analogen Anwendung des § 302 AktG befürwortet wird[21]. Vorab ist zu bemerken, daß sie bei Pflichtverletzungen nach § 93 AktG haften, wobei sie die Beweislast tragen, daß sie die Sorgfalt eines ordentlichen Geschäftsleiters angewandt haben.

Die persönliche Haftung ist im übrigen eine seit langem im deutschen Recht diskutierte Frage: Der Haftungsdurchgriff in Anlehnung an US-amerikanische Vorstellungen (pierce the corporate veil)[22] tritt

---

17 BGHZ 95, 330 (334) (Autokran); BGHZ 107, 7 (15) (Tiefbau); BGHZ 115, 187 (189) (Video); zur Verfassungsmäßigkeit dieser Rspr. vgl. BVerfG ZIP 1993, 1306.

18 BGH ZIP 93, 589.

19 12. Richtlinie 89/667/EWG auf dem Gebiet des Gesellschaftsrechts betreffend Gesellschaften mit beschränkter Haftung mit einem einzigen Gesellschafter v. 21. 12. 1989, ABl. Nr. L 395/40.

20 Vgl. hierzu auch Kindler, Gemeinschaftsrechtliche Grenzen der Konzernhaftung in der Einmann-GmbH, ZHR 157 (1993), 1 (7 ff.)

21 S. o. Fn. 17.

22 Vgl. Merkt, US-amerikanisches Gesellschaftsrecht, 1991, S. 216 ff.; vgl. hierzu schon Hübner, Der Durchgriff bei juristischen Personen im europäischen Gesellschafts- und Unternehmensrecht, JZ 1978, 703 ff.

heute in ganz anderer Form in Erscheinung: § 302 AktG analog, wie erwähnt, und vor allem auch die Lehre von den kapitalersetzenden Darlehen wie sie heute – nach Ansicht der Rechtsprechung nicht erschöpfend[23] – in den §§ 32 a ff. GmbHG geregelt ist. Darlehen des Gesellschafters, die an die Stelle von Kapital treten, die ein ordentlicher Geschäftsmann dem Unternehmen zugeführt hätte, werden – vor allem im Konkurs – als Eigenkapital betrachtet. Bei Krediten an die Gesellschaft werden persönliche Sicherheiten zur Konkursmasse gezogen.

Beides ist übrigens ein zentrales Problem der angemessenen Kapitalausstattung, wie es für Teilbereiche im Dienstleistungssektor (Banken und Versicherungen) aufsichtsrechtlich zum Teil europaweit geregelt ist und für die restlichen beträchtlichen Teile der Wirtschaft mangels häufig nicht angemessenen Eigenkapitals sozusagen durch die Lehre von den kapitalersetzenden Darlehen (sozusagen „von hinten durch die Brust") erledigt wird.

63 Das französische Recht hat hier ganz andere, dogmatisch ebenso bemerkenswerte Wege beschritten: Zum einen naturgemäß die Begründung der Haftung über die deliktischen Generalklauseln, zum anderen (ausnahmsweise) aber auch die spezielle Regelung einer konkursrechtlichen Haftung der „action en comblement du passif social" (Art. 180–182 Insolvenzgesetz 1985), die sich auch auf die Hintermänner („dirigeant de fait") erstreckt[24]. Rechtsvergleichend interessant ist, daß in Frankreich das allgemeine zivilrechtliche und konkursrechtliche Arsenal aktiviert wurde, während in Deutschland das Gesellschaftsrecht und das spezielle Konzernrecht zur Lösung der Probleme herangezogen wird. Nur am Rande hingewiesen werden kann auf die Versicherung der Haftung des Management, die in den USA viel weiter fortgeschritten ist und bei uns nur von zwei US-amerikanischen Versicherungsunternehmen angeboten wird[25].

---

23 BGHZ 90, 370 (376).
24 Jeantin, Droit des sociétés, 1989, Nr. 268; Merle, Droit commercial, Sociétés commerciales, 2. Aufl. 1990, Rdnr. 142.
25 Küpper, Die neue Manager-Haftung, VP 1986, 196.

§ 3 Pflichten der Banken bei Sanierung

Interessant sind auch die unterschiedlichen Begründungen der Haf- **64**
tung von Banken bei Sanierungsversuchen. Hier zeigt sich ein dogmatischer „chassé-croisé".

In Frankreich operiert man bei Krediten von Banken an Gesellschaf- **65**
ten mit einer „faktischen Gesellschaft" (société de fait)[26], um die
Bank in die Haftung einzubeziehen, während man in Deutschland
bei Kreditgewährung wie -versagung (je nach Lage der Dinge) über
vertragliche Nebenpflichten oder das Deliktsrecht (§ 826 BGB)
eine Haftung begründet[27]. Die Banken finden sich offenbar in beiden Ländern in einer mißlichen Lage, einer „Zwickmühle zwischen
Kreditgewährung und Nichtgewährung", die je nach dem Ergebnis
eine Haftung gegenüber Unternehmen auslösen kann. Die Rechtsprechung erinnert hier nicht selten an den Titel einer Chronik von
Paul Esmein: „prendre l'argent où il est".

§ 4 Haftung bei Erteilung von Auskünften

Aus deliktsrechtlicher dogmatischer Sicht werfen die Kündigung **66**
und Verweigerung der Verlängerung von Absatzmittlungsverträgen keine Besonderheiten auf, so daß nun auf die sich hier zwanglos
anschließenden Bankenpflichten im Zusammenhang mit Auskünften eingegangen werden soll. Der Wagemut der deutschen Rechtsprechung zeigt sich weiter bei der Rechtsprechung zur außervertraglichen Haftung bei Auskünften. Das BGB schließt hier in § 676
eindeutig eine Haftung aus. Dies ist aber heute nicht mehr der Stand
der Dinge.

Das französische Recht kann hier naturgemäß außerhalb von Verträ- **67**
gen auf die Art. 1382, 1383 Cc zurückgreifen, wenn die Erteilung
von professionellen Auskünften unkorrekt ist.

Das deutsche Recht hat demgegenüber eine Reihe dogmatisch frag- **68**
würdiger Ersatzlösungen entwickelt: Haftung der Bank nicht nur
infolge von Verletzung von Nebenpflichten eines bestehenden In-
vestmentvertrages, sondern auch Haftung aufgrund eines Aus-

---

26 Zur Haftung der Banken bei Kreditvergabe vgl. Vasseur, Droit et économie bancaires,
  Les Opérations de Banque I, 4. Aufl. 1987–88, S. 226 ff.
27 RG JW 1938, 862; ausführlicher Schiemann, in: Erman, a. a. O. (FN. 135), § 826
  Rdnrn. 31 ff.

kunftsvertrages, dessen Abgrenzung zur Raterteilung problematisch ist; Haftung vor allem auch aus culpa in contrahendo wegen falscher Bonitätsauskünfte an Dritte; Haftung aus culpa in contrahendo vor allem aber auch bei Werbung mit falschen Prospekten.

69 Die deutsche Rechtsprechung hat hieraus in Fällen, die nicht wie bei börsengängigen Anteilen der Haftung nach dem Börsengesetz unterliegen, eine dieser Haftung ähnliche Schadensersatzpflicht aus dem allgemeinen Rechtsinstitut der culpa in contrahendo hergeleitet, die übrigens anders als in Frankreich nicht als deliktische, sondern als vertragliche Haftung angesehen wird. Das hängt mit dem beschriebenen Phänomen zusammen, daß das deutsche Recht die Vermögensschäden im Deliktsrecht nur für begrenzt ersatzfähig erklärt und über die culpa in contrahendo zu einer Erweiterung der Ersatzfähigkeit von Vermögensschäden gelangt – ein Weg, den das französische Recht angesichts der Generalklauseln, die Vermögensschäden einschließen, nicht beschreiten muß.

§ 5 Deliktische Verhaltenspflichten des Wettbewerbers

70 Im Wettbewerbsrecht werden die Unterschiede in den dogmatischen Ansätzen nochmals deutlich. Das französische Recht des unlauteren Wettbewerbs ist im allgemeinen Deliktsrecht angesiedelt. Die „concurrence déloyale" löst Schadensersatzansprüche nach Art. 1382, 1383 Cc aus, wobei spezielle Regelungen das allgemeine Recht überlagern. Dabei fällt aus deutscher Sicht auf, daß in Frankreich beim „droit de la concurrence" sich Kartellrecht und Recht des unlauteren Wettbewerbs überlagern – ein Phänomen übrigens, was zu denken geben kann, in bezug auf die strikte Zweiteilung von UWG und GWB.

71 Das französische Recht der „concurrence déloyale" kennt zum einen Tatbestände, die in Deutschland eingehender im UWG geregelt sind. Nach der Generalklausel wird unlauterer Wettbewerb ähnlich wie § 1 UWG sanktioniert, wobei im Detail Unterschiede bezüglich der Unlauterkeit bzw. der Sittenwidrigkeit des Wettbewerbs bestehen (man denke z. B. an die in der EG unterschiedliche Einstellung zur vergleichenden Werbung). Neben dieser Generalklausel haben beide Rechtsordnungen Spezialtatbestände entwickelt.

Aber hier ist erneut der erwähnte, im Ergebnis vielleicht weniger gravierende Unterschied festzustellen. Das französische Recht entwickelte Unterfälle im Rahmen der allgemeinen Deliktsklage: „détournement de clientèle" (Abwerbung von Kunden), „débauchage" (Abwerbung von Arbeitnehmern; ein in Deutschland besonders aktueller Fall); „dénigrement" (Anschwärzung), „confusion et imitation" (Nachahmung).

Das deutsche Recht hat demgegenüber mit dem UWG seit längerem ein Spezialgesetz, das neben der Generalklausel im § 1 (Verstoß gegen die guten Sitten im Wettbewerb) eine Anzahl von Tatbeständen enthält, die zum Teil in der Sache auch im französischen Wettbewerbsrecht anerkannt sind: **72**

Irreführende Angaben (§§ 3, 4), unerlaubte Verkaufsformen (§ 6 ff.), die eine besonders günstige Einkaufsmöglichkeit vortäuschen, wie Aus-, Saison-, Räumungsverkäufe, wenn sie realiter nicht vorliegen, Bestechung von Angestellten (§ 12), Anschwärzung und Verleumdung (§§ 14 f.), Verrat von Geschäftsgeheimnissen (§§ 17 f.).

Besondere Bedeutung hat schließlich das deutsche GWB, das wettbewerbswidrige Absprachen, abgestimmte Verhaltensweisen und Empfehlungen grundsätzlich verbietet (§§ 1, 25, 38 Nr. 11). Das deutsche Recht erscheint hier strikter als das französische Wettbewerbsrecht, dessen Ursprung das „délit de refus de vente" in Art. 419 Code pénal ist und das heute auch eine „commission des ententes" besitzt. **73**

Gleiches gilt übrigens für die französische Fusionskontrolle, die sehr viel stärker als das deutsche (trotz Möglichkeit der Ministererlaubnis) von der Industriepolitik als von der Wettbewerbspolitik geprägt ist.

Es gibt also eine Fülle diskussionswürdiger Materien und Unterschiede zwischen deutschem und französischem Haftungsrecht, deren nähere Betrachtung sich lohnt.

Les droits allemand et français de la responsabilité non-contractuelle envisagés du point de vue d'un auteur français

Dominique Schmidt

Monsieur le Président, Mesdames, Messieurs,

74 Les organisateurs de ce Premier Colloque Franco-Allemand ont bien voulu m'inviter à traiter de la responsabilité non-contractuelle en droit des affaires et je les en remercie. Mais cette question a déjà été traitée brillamment hier après-midi par le Professeur Ebenroth lors de sa contribution introductive. Et il y a quelques instants, mon collègue le professeur Hübner a présenté, de façon détaillée, savante, argumentée l'essentiel de la matière. Peut-être ma planche de salut réside-t-elle dans l'énoncé complet de l'intitulé du rapport que je suis en charge de présenter, puisqu'il est demandé en effet de traiter de cette question de droit comparé du point de vue d'un juriste français. Alors est-ce que l'approche française permettrait de donner à ce sujet déjà si brillamment évoqué un aspect nouveau? Fut-il faible, mon espoir est de retenir votre intérêt.

«Tout fait quelconque de l'homme qui cause à autrui un dommage, oblige celui par la faute duquel il est arrivé à le réparer».

75 Ce texte ne se retrouve pas en droit allemand. Il n'y a pas dans la législation allemande une «clausula generalis» à l'image de cet article 1382 du Code civil. Ce n'est pas le fruit du hasard. En effet, dans le premier projet de texte du Code civil allemand – vous savez que ce code a été élaboré pendant 23 ans avant d'arriver à la vie juridique – figurait un article 704 qui était rédigé de la façon suivante: *«Si quelqu'un, par intention ou négligence, a commis un acte illicite ayant causé un dommage à autrui, il est tenu de réparer le préjudice résultant de cet acte.»* Nous nous rendons compte qu'il existait dans ce premier projet de BGB un texte vraiment très proche de l'article 1382 du Code civil. Mais à l'occasion des discussions ayant donné lieu à l'élaboration définitive du Code allemand, ce texte a disparu. Il a disparu par la volonté du législateur qui ne souhaitait pas introduire en droit allemand un texte similaire à notre article 1382 du

Code civil. Pourquoi ne pas introduire cette disposition générale? Les travaux préparatoires font état de deux motifs principaux:

Premier motif: Le législateur allemand n'a pas voulu permettre la réparation de n'importe quel dommage.

Deuxième motif: Le législateur allemand a hésité à donner au juge un pouvoir aussi grand que celui que le Code civil français lui donne.

Ces deux motifs principaux doivent être examinés dans leurs consé- **76** quences.

Premier motif:

Le Code allemand n'a pas voulu permettre la réparation de n'impor- **77** te quel dommage ou de tout dommage. Et de fait, en droit allemand, seuls sont réparables de façon indiscutable dans le domaine de la responsabilité extra-contractuelle, les dommages aux personnes (Personenschäden) et les dommages aux biens (Sachschäden). Les dommages aux biens s'entendent des dommages qui altèrent la substance du bien, le détruisent ou le font disparaître. Même chose en France. En revanche, le code allemand n'a pas dans l'idée de pouvoir réparer ce que l'on appelle le dommage purement patrimonial: le «reiner Vermögensschaden» ou comme le disent les anglais le «pure economic lost». Et de fait, ce dommage strictement financier, strictement patrimonial qui est réparable chez nous n'est pas aussi aisément réparable dans l'optique allemande. En voici trois exemples.

Le premier concerne un ouvrier qui a été blessé. Par suite de cette blessure, l'ouvrier n'a pu exécuter son travail en sorte que l'entreprise s'est trouvée désorganisée dans la production à laquelle était affecté l'ouvrier. L'employeur en a subi un préjudice. Ce préjudice est-il réparable? Non, car c'est un préjudice purement financier qui ne porte pas atteinte à un bien mobilier ou immobilier appartenant à l'entreprise.

De la même façon, la Cour fédérale a rendu un arrêt, abondamment commenté en Allemagne, le 21 décembre 1970. L'Etat allemand était propriétaire d'un canal qui allait d'un port jusqu'à un moulin. Une berge du canal s'est affaissée et des travaux ont dû être entrepris pour remettre en état de navigabilité ce canal. Pendant ces travaux, le canal n'était pas praticable. Un armateur était propriétaire d'un navire immobilisé entre le moulin et l'endroit où le canal était endommagé, et de trois navires qui se trouvaient dans le port, mais qui ne pouvaient accéder au moulin pendant la durée des travaux. L'armateur a alors introduit un procès en responsabilité pour obtenir réparation de son préjudice résultant de ce que d'une part l'un de ses navires était immobilisé et d'autre part les trois autres ne pouvaient plus rejoindre le moulin. Il a obtenu gain de cause partiellement. En effet, le préjudice se rapportant au navire immobilisé entre le moulin et le lieu du sinistre a été indemnisé: l'immobilisation de ce navire consistait en une atteinte à un bien, le navire, qui ne pouvait plus être utilisé dans sa fonction normale. En revanche, pour les trois autres navires qui étaient au port, il n'a pas reçu d'indemnisation. Les magistrats ont considéré que ce navire pouvait voguer vers d'autres ports et par conséquent remplir leur fonction, si bien que le préjudice subi du fait de cette immobilisation partielle des trois navires n'était qu'un préjudice purement financier. Et donc non réparable.

Enfin un dernier exemple: Un câble électrique est coupé et de ce fait une entreprise n'est plus alimentée en électricité. Il en résulte une première conséquence. Pendant quelques heures l'entreprise ne peut plus exercer son activité de production. Préjudice purement financier, non réparable. Mais, pendant cette coupure de courant, les couveuses qui abritaient des poussins en train de croître sont arrêtées et des poussins sont morts. Ici atteinte aux biens et réparation possible.

78 Voilà le système dans ses grandes lignes. La différence avec le droit français est considérable puisque, de notre côté, nous admettons que tout dommage est réparable et non point seulement un dommage résultant d'une atteinte portée à l'un des intérêts strictement définis par le législateur. A cet égard, je voudrais présenter une anecdote historique. Au 19ème siècle, la Cour de Cassation française avait décidé, au vu de l'article 1382 du Code civil, que ce texte permettait la réparation du préjudice résultant d'une atteinte à un intérêt moral. La même question fut posée en Allemagne dans l'un de ces pays du Rheinland qui connaissaient l'article 1382 du Code Civil. En effet, ce texte français a continué à trouver application dans certaines régions qui ont fait partie de l'Empire allemand. Et les tribunaux allemands se sont posés la question de savoir si cet article 1382, applicable dans le «Reich», permettait ou non la réparation d'un dommage moral. Le Tribunal d'Empire avait répondu par la négative en énonçant que l'article 1382 du Code Civil ne permettait que la réparation du préjudice porté à un bien ou à une personne, et non la réparation d'une atteinte à un intérêt moral, en ignorant totalement la position opposée qu'avait prise la Cour de Cassation française sur le même texte. Anecdote historique, puisque depuis lors, le droit allemand s'est rapproché de notre droit, notamment en jouant sur l'article 823 du BGB, dont je vais parler dans un instant. Voilà donc le premier motif: le législateur allemand ne voulait pas permettre la réparation de tout dommage.

Second motif:

La «clausula generalis» ne s'est pas retrouvée en droit allemand par **79** la volonté du législateur de ne pas conférer au juge un trop grand pouvoir. Le droit allemand de la responsabilité non-contractuelle procède essentiellement de l'édiction de règles spécifiques, de corps de règles particuliers. On parlera volontiers de droit de la concurrence, droit des ententes, droit des sociétés en cherchant dans ces réglementations les textes spécifiques adéquats, alors que de notre côté, le législateur a donné aux juges un large pouvoir d'apprécier la faute. Le système allemand, qui procède par réglementation spécifique, a quand même des limites. Pourquoi? Parce que les opérateurs, les agents économiques avancent plus vite que le législateur. Celui-ci est toujours en retard. Même lorsqu'il n'est pas en retard, il ne peut pas appréhender la totalité des situations. Mais, le législateur allemand ayant prévu cette objection a lui-même édicté certaines règles dans un Titre 25 du Code civil allemand intitulé les actes illicites. Et à raison de ces actes illicites, un opérateur pourra engager sa responsabilité délictuelle. Dans ce titre, il y a deux textes qui nous intéressent. C'est l'article 823, puis l'article 826. Ils ont déjà été évoqués, mais voici comment un français les lit.

Selon l'article 826, celui qui, agissant intentionnellement, et d'une **80** manière portant atteinte aux bonnes moeurs, cause un préjudice à autrui, est obligé envers celui-ci à la réparation du dommage. Ce texte est très restreint dans son champ d'application, puisque deux conditions doivent être remplies.

Première condition: il faut une action intentionnelle, le texte ne vise que la faute intentionnelle.

Seconde condition: il faut ensuite, que cette action intentionnelle porte atteinte aux bonnes moeurs. La faute intentionnelle est une notion précise. Mais celle de «bonnes moeurs» ne l'est pas: c'est un concept mou, élastique. Sous «bonnes moeurs», le juriste français peut faire entrer tout ce que l'on désire faire entrer.

81 Cette réaction bien française n'est pas celle de la jurisprudence allemande, puisqu'il semble bien que cette notion de bonnes moeurs ait elle-même fait l'objet de cas répertoriés par la Cour de Cassation allemande. Voici quelques uns de ces cas. Il y aura violation des bonnes moeurs en cas d'utilisation abusive de la procédure de faillite dans le seul but de permettre de dénouer des contrats dont on veut se défaire, ou en cas de délivrance de faux renseignements pour conduire une personne à contracter, ou en cas d'utilisation par un créancier, pour la mise en oeuvre de ses droits, de moyens déloyaux et préjudiciables aux autres créanciers. Ou encore, sera également considérée contre les bonnes moeurs la réticence abusive d'informations ayant trait à la passation d'un contrat à venir. On constate que l'article 826 a un champ d'application beaucoup plus restreint que l'article 1382.

82 Selon l'article 823 BGB, alinéa 2, l'obligation de réparation du préjudice suppose une contravention à une loi protectrice des intérêts d'autrui. Si d'après le texte de la loi une contravention est possible en dehors de toute faute, l'obligation de réparer n'intervient que s'il y a faute. Et l'on constate ainsi que ce texte pose pour la réparation de dommages deux conditions: une illicéité objective. Il faut avoir contrevenu à une loi et une faute. Illicéité objective, faute subjective: c'est la célèbre distinction entre l'illicéité et la faute mise en lumière à l'époque par le grand juriste Ihering. Le droit français n'est pas aussi net et ne distingue pas dans l'application de l'article 1382 illicéité et faute. Certes, lorsqu'une personne a commis un acte illicite nous dirons que cet acte est fautif, mais dans bien des hypothèses, une personne pourra commettre un acte jugé fautif, alors même qu'il ne serait pas illicite (rechtswidrig), contraire à une loi. Nous avons entendu Monsieur le Président Domain rapporter, avec le talent qu'on lui sait, l'affaire Nasa. Rappelons que le groupe de sociétés Nasa avait une façon particulière de trouver des appoints de financement: il pratiquait l'escompte de chèques pour des volumes considérables: des millions de francs, des centaines de chèques par jour. L'escompte de chèques n'est pas illicite. L'escompte de chèques ne viole aucune loi et pourtant le Tribunal de Commerce de Paris a condamné les dirigeants du groupe Nasa à 500 millions de francs de dommages et intérêts.

Les dirigeants furent condamnés pour avoir commis un acte licite, mais fautif. Pourquoi fautif? Parce que les juges ont considéré que ce comportement se heurtait à une appréciation d'ordre moral. On a considéré que du point de vue du bon ordre social, il fallait sanctionner ce comportement et à cette fin le juger fautif. Le droit français se situe bien loin du deuxième alinéa de l'article 823, puisqu'il permet de constater une faute là où il n'y a rien d'illicite, là où il y a même un comportement licite.

Enfin, quelques mots sur l'alinéa 1 de l'article 823 BGB qui édicte: **83** *«quiconque, agissant intentionnellement ou par négligence, porte atteinte illégalement, à la vie, au corps, à la santé, à la liberté, à la propriété ou à tout autre droit d'autrui est tenu à l'égard de celui-ci à la réparation du préjudice qui en résulte».* Au vu de ce texte, ce n'est pas tout fait quelconque de l'homme qui cause un dommage à autrui qui oblige celui-ci à le réparer. On ne répare en vertu de l'article 823 que certaines atteintes, celles qui ont un caractère illicite et compromettent certains intérêts protégés: la santé, la vie, le corps, la liberté, la propriété d'autrui. Le texte ajoute: «ou tout autre droit d'autrui». On peut penser, en juriste français, que ces derniers mots ouvrent le champ de la responsabilité délictuelle: il suffirait de caractériser l'existence d'un droit pour pouvoir sanctionner. En droit français, il suffit de constater le manquement à une obligation préexistante pour constater la violation d'un droit et par conséquent la faute susceptible de générer une réparation. Mais le droit allemand réagit différemment: lorsque l'article 823 parle de «tout autre droit», il vise des droits assimilables à ceux qui protègent la vie, le corps, la santé, la liberté, la propriété à savoir les droits «absolus». Est-ce que sont protégés au titre de ce texte des droits relatifs, des droits personnels, des droits subjectifs, des droits issus de conventions? Pas du tout. Le texte, dit la Cour de cassation allemande, ne protège que des droits absolus, identiques au droit de propriété par exemple. Quels sont ces droits absolus? Les droits réels en général, les droits intellectuels récemment ajoutés à la liste, les droits de la personnalité et «le droit à une activité professionnelle, établie et effective». Que signifie cette formule curieuse, longue et contournée? Elle veut dire simplement que la jurisprudence allemande désormais protège l'entreprise contre certaines atteintes qui lui font grief. L'entreprise industrielle et commerciale n'était pas protégée en tant que telle et l'on sait que le préjudice purement financier n'est pas un préjudice normalement réparable dans le droit délictuel allemand. Grâce à cette extension des «autres droits» visés par l'article 823, on arrive à ménager à l'entreprise en tant que telle une certaine protection contre des atteintes aux droits dont elle dispose.

Les exemples ne sont pas très nombreux. A l'origine, on a protégé l'entreprise contre des actes de boycott ou des actes de dénigrement. Et puis, la jurisprudence est allée plus loin. C'est sur la base de ce texte que l'on a condamné des manifestants qui empêchaient la distribution du journal allemand «Bild» appartenant au Groupe «Springer». De la même façon, c'est sur la base de ce texte qu'on a pu interdire ou sanctionner des grèves de solidarité ou des piquets de grève qui empêchaient l'accès des ouvriers non-grévistes à l'usine. De la même façon, c'est sur la base de ce texte qu'on peut sanctionner la responsabilité pour rupture abusive de crédit.

84 Au terme de ce rapide survol, nous observons essentiellement deux points: le premier, c'est que l'approche française et l'approche allemande des problèmes de responsabilité non-contractuelle en matière commerciale sont totalement différentes. Nous avons un texte général. L'Allemagne a une réglementation spécifique. Mais, deuxième observation, lorsque l'on considère non plus l'approche de la matière, mais les décisions qui sont rendues, on constate qu'il n'y a pas de divergences fondamentales entre les deux droits quant aux solutions concrètes données chacune dans leur approche respective. Cela est important. On parle beaucoup d'unification et d'harmonisation du droit au sein de l'Europe. C'est bien. Mais ce qui est plus important, c'est d'essayer de dégager dans nos pays un concept largement partagé de justice. Un concept qui permet dans chaque pays de donner des solutions qui sont reçues et reconnues justes, adaptées, appropriées par les ressortissants des autres pays. Ce concept commun de justice me parait très largement exister entre les droits français et allemand. Je m'en réjouis profondément et suis convaincu que la suite de nos travaux montrera comment, sur les six thèmes qui seront abordés, les solutions française et allemande se rapprochent dans leurs résultats.

Je vous remercie vivement pour votre attention.

Teil II – IIème Partie

Fallstudien – Etudes de cas

Thema 1:
Der haftungsrechtliche Rahmen erlaubter Konzernleitung

Thème 1:
La responsabilité délictuelle dans la gestion des groupes de sociétés

La responsabilité non-contractuelle dans la gestion des groupes de sociétés dans la jurisprudence française

Louis Domain

85 Pour traiter ce sujet de façon aussi concrète que possible, nous avons choisi d'évoquer un cas récemment tranché par les instances judiciaires, celui du groupe de la société Nasa Electronique S.A, composé d'une société-mère et de 95 filiales et sous-filiales, ayant toutes fait l'objet d'une procédure de redressement judiciaire ouverte en octobre 1986.

86 Dans une première partie on trouvera une présentation générale. Dans la deuxième partie nous exposerons en détail le contenu du jugement du Tribunal de Commerce de Paris en date du 18 janvier 1991 qui a condamné les dirigeants à payer des sommes importantes. Enfin, dans la troisième partie nous évoquerons plus rapidement quelques décisions judiciaires connexes, avant de conclure brièvement.

Section 1: Présentation générale

§ 1 Sujet à traiter

87 En France, le Code civil a posé les règles de constitution et de fonctionnement des sociétés. La Loi a ensuite défini les dispositions spécifiques applicables aux différents types de sociétés, en particulier les sociétés commerciales, le dernier texte en vigueur étant la loi du 24 juillet 1966.

88 L'évolution socio-économique a généré des complexes de sociétés (groupes de sociétés): sociétés holding, sociétés-mères, sociétés filiales / sous-filiales, participations etc. dont la définition propre peut varier en fonction des dispositions civiles ou fiscales.

89 La loi ne prescrit pas de modalités particulières de gestion des groupes de sociétés. Cette gestion est souvent, en pratique, assurée dans

60

des conditions qui ne sont pas toujours définies expressément, quand bien même les structures en seraient elles fixées concrètement, notamment par des organigrammes. En outre, même si la définition des fonctions assurées par les organes sociaux d'une société résulte des dispositions légales et des décisions prises en assemblée générale, les interférences dues aux rapports socio-économiques et aux liens de dépendance ou d'interdépendance entre sociétés d'un même groupe rendent souvent difficile l'analyse des responsabilités de gestion à l'intérieur d'un groupe de sociétés.

En effet, la loi française ne vise pas particulièrement les responsabilités susceptibles d'être encourues dans la gestion de tels groupes. Les responsabilités en jeu relèvent alors des seuls textes ayant trait aux responsabilités imputables aux personnes physiques (dirigeants sociaux) ou aux personnes morales elles-mêmes, ainsi qu'aux organes sociaux qui assurent leur gestion.

§ 2 Textes applicables (article 180 de la loi du 25 janvier 1985)

En droit français existent des sources non conventionnelles d'obliga- **90** tions, parmi lesquelles figurent les délits et quasi-délits, résultant d'actes illicites et dommageables, intentionnels ou non, et de tous les cas de responsabilité civile sanctionnés par la Loi, essentiellement par les articles 1382 et suivants du Code civil:

Art. 1382: «Tout fait quelconque de l'homme, qui cause à autrui un dommage, oblige celui par la faute duquel il est arrivé, à le réparer».

L'auteur des faits ainsi sanctionnés peut être une personne physique, ou une personne morale, à raison des faits dommageables commis par son ou ses organes de direction. Sans négliger les causes multiples de sanctions légales applicables aux responsabilités encourues dans le cadre de la gestion d'une société, l'illustration du sujet retenu oblige à limiter notre examen aux conditions d'application de la loi du 25 janvier 1985 aux sociétés défaillantes (redressement judiciaire et liquidation judiciaire) et à ses conséquences pratiques.

Plus particulièrement, les articles 180 et suivants de cette loi, repre- **91** nant l'esprit des dispositions de l'article 1382 du Code civil, permettent d'impliquer la responsabilité des dirigeants sociaux et de les sanctionner en considération de faits, dommageables pour les tiers (créanciers ...), qui leur seraient imputables.

Art. 180: «Lorsque le redressement judiciaire ou la liquidation judiciaire d'une personne morale fait apparaître une insuffisance d'actif, le tribunal peut, en cas de faute de gestion ayant contribué à cette insuffisance d'actif, décider que les dettes de la personne morale seront supportées, en tout ou en partie, avec ou sans solidarité, par tous les dirigeants de droit ou de fait, rémunérés ou non, ou par certains d'entre eux.»

Ce même principe de responsabilité dans la gestion des sociétés peut trouver application, par voie d'extension, à l'égard de la gestion des groupes de sociétés.

Tel a été le cas de l'affaire Nasa Electronique dans laquelle l'article 180 de la loi du 25 janvier 1985 a trouvé application.

§ 3 Description du groupe de Nasa Electronique SA

92 La SA Nasa Electronique (Nasa), créée en 1980, avait pour objet la distribution de biens d'équipements dans le domaine de l'électronique grand public (télé, hifi, vidéo …). Elle constituait une holding financière qui détenait des participations majoritaires dans onze sociétés régionales, détenant elles-mêmes des participations majoritaires dans diverses sociétés de distribution et de magasins.

En décembre 1983, la Sa Compagnie Fives Lille (C.F.L.) prenait une participation de 51% dans le capital de Nasa. C.F.L., par l'intermédiaire du représentant permanent qu'elle désignait, et certains de ses dirigeants personnes physiques étaient nommés membres du conseil d'administration de nasa. En 1986, C.F.L. détenait 63% du capital de Nasa. Or, par jugement des 23, 28 et 30 octobre 1986, le Tribunal de Commerce de Paris ouvrait des procédures de redressement judiciaire à l'égard de Nasa et de 95 de ses filiales ou sous-filiales et prononçait la confusion des patrimoines.

En raison de l'importance de l'insuffisance d'actif constatée, deux experts étaient désignés avec mission de «relever tous faits pouvant entrainer la mise en cause de la responsabilité de tous intervenants dans la gestion et dans l'exploitation des sociétés du Groupe Nasa Electronique antérieurement à l'ouverture des procédures collectives, en vertu des dispositions des articles 178 à 195 de la loi du 25 janvier 1985».

A la suite du dépôt des rapports des experts, les organes de la procédure, mandataires et administrateurs judiciaires, ont poursuivi en responsabilité et en comblement de passif (article 180 de la loi du 25 janvier 1985), pour fautes de gestion, les dirigeants sociaux du Groupe Nasa Electronique, dont C.F.L.

Section 2: Le jugement du 18 janvier 1991

§ 1 Les moyens des parties

Les **organes de la procédure** reprochent aux dirigeants sociaux du **93** groupe «Nasa» les faits suivants:

- Certains administrateurs du groupe n'ont pas mis en place les moyens de financement nécessaires à l'expansion décidée;
- Une augmentation de capital décidée par le conseil d'administration de la société d'arlod (qui allait devenir Nasa Electronique) a été réalisée dans des conditions irrégulières. Les apports en nature auraient dû faire l'objet d'une estimation par un commissaire aux apports; cette augmentation de capital a été effectuée au moyen de l'incorporation de créances que la C.F.L. détenait sur la société d'arlod d'une part, et de délégations de créances que les fondateurs détenaient sur les autres sociétés du Groupe. Cette augmentation de capital a eu pour effet de renforcer à tort la crédibilité du Groupe Nasa vis-à-vis des tiers, alors que sa masse de manoeuvre n'était pas renforcée. Cette opération constitue une faute puisqu'elle a doté le Groupe de manière artificielle de moyens qui lui ont permis de poursuivre son activité déficitaire;
- Les dirigeants du Groupe ont, de propos délibéré, profité de divers avantages fiscaux réservés aux entreprises nouvelles, alors que le Groupe ne remplissait pas les conditions requises;
- Les dirigeants du Groupe ont pris la décision de mettre à l'actif du bilan des frais financiers sous la rubrique «Charges à répartir», faussant ainsi la situation réelle de Nasa;
- Différents actes ont été commis qui ont eu pour effet de faire disparaître artificiellement une dette de la société Haussmann Parfums d'un montant de 2 380 784 F, le gérant de cette société étant le président de Nasa;
- Les dirigeants ont eu recours à des moyens ruineux de financement. Notamment, ils ont utilisé le procédé dit de la «chenille» qui peut être défini comme suit: un chèque tiré le jour J sur une banque A se trouve usuellement crédité par la banque B le jour J,

s'il est remis avant midi à la banque B alors qu'il ne sera débité qu'au jour J+2 par la banque A. Ce procédé permettait aux sociétés du Groupe Nasa de rester dans les limites des autorisations de découvert sur les relevés de comptes établis à partir des dates d'opération, mais permettait aux banques de facturer des agios sur des montants considérables. En conséquence, le Groupe qui se trouvait en cessation de paiements dès le 31 mars 1984 n'a pu survivre que grâce à ce procédé (qui a pris fin en avril 86) en supportant une charge financière supplémentaire de plus de 50 millions de F;

– Le Groupe a financé ses besoins à moyen et long terme en ayant recours à des avances précaires de la C.F.L. et à des reports d'échéances en 1984.

En conclusion, les demandeurs relèvent entre 84 et octobre 86 des fautes de gestion dont le nombre et la gravité justifient l'action entreprise à l'encontre des dirigeants de droit ou de fait du Groupe sur le fondement de l'article 180 de la loi du 25 janvier 1985.

94 Les **défendeurs**, dirigeants sociaux du Groupe Nasa, et en particulier C.F.L., présentent différents moyens de défense. Ils contestent le rapport des experts qui aurait été ordonné par un juge incompétent, les experts n'auraient rempli qu'incomplètement leur mission.

Pour l'essentiel, les dirigeants se renvoient la responsabilité les uns aux autres, C.F.L. accuse les dirigeants de Nasa, et en particulier son président; en outre, C.F.L. dit que les dirigeants de Nasa ne l'ont pas tenu informée et ont embrouillé les comptes, alors qu'elle-même prétend être restée dans son rôle d'actionnaire administrateur n'intervenant pas dans la gestion. Elle dit avoir fait le nécessaire pour que cesse la pratique de la «chenille» dès 1985.

Plusieurs défendeurs déclarent avoir agi au nom et pour le compte de C.F.L., actionnaire de Nasa, et disent ne pouvoir être poursuivis à titre personnel. Tous affirment que la preuve n'est pas rapportée qu'ils aient commis des fautes de gestion ayant pu être à l'origine de l'insuffisance d'actif.

§ 2 Les motifs du Tribunal

1. Sur la nullité du rapport d'expertise

Sur la nullité du rapport d'expertise, le tribunal relève que l'alléga- **95** tion de non-respect du contradictoire ne repose sur aucune pièce probante et que l'examen des pièces prouve le contraire. Il estime que les experts lui ont fourni suffisamment d'éléments pour établir sa religion.

2. Sur les fautes de gestion

– Sur la défaillance dans la mise en place des moyens de financement **96** nécessaires, le tribunal estime que les torts sont partagés mais que les erreurs de gestion relevées dans la stratégie du groupe Nasa ne peuvent être considérées comme des «fautes» de gestion.
– Sur l'augmentation de capital décidée par le conseil d'administration d'Arlod (devenue Nasa Electronique), le Tribunal relève que les demandeurs ne rapportent pas la preuve que Nasa était en déficit lors de l'entrée de C.F.L. dans son capital. Cette augmentation de capital était la matérialisation de l'aide de C.F.L. à sa nouvelle filiale; la prise de participation de C.F.L. a eu auprès des banques et fournisseurs un impact sans commune mesure avec cette augmentation de capital. Elle ne constitue pas aux yeux du Tribunal une faute de gestion.
– Sur le régime fiscal adopté alors que les conditions n'en étaient pas remplies, le tribunal remarque que ce choix a été fait à une époque de crise de trésorerie, et qu'il pouvait paraître judicieux de repousser un paiement à une date ultérieure même s'il devait être majoré de pénalités.
– Sur l'inscription à l'actif du bilan de charges à répartir, le Tribunal relève que cette pratique est courante dans la grande distribution quand il s'agit de charges non répétitives, quand elles présentent un caractère bénéfique et durable et quand elles sont engagées dans un contexte où la continuation de l'activité est assurée pour le futur. Les propositions du Groupe telles qu'elles étaient à l'époque envisagées par l'ensemble du conseil d'administration pouvaient justifier cette inscription de charges à l'actif. Le Tribunal ne voit donc pas là une faute de gestion.
– Sur les actes qui ont fait disparaître la dette de Haussmann Parfums, le Tribunal considère qu'il s'agit d'une faute mais qu'il n'est pas démontré qu'elle ait contribué à l'insuffisance d'actif.

– Sur l'utilisation du procédé de financement dit de la «chenille», le Tribunal dit que le recours à ce procédé pour les sommes indiquées par les experts et pendant une période aussi longue représente incontestablement une faute de gestion qui a pour le moins contribué à l'insuffisance d'actif pour un montant de 58 millions de F.

En conclusion, parmi toutes les fautes de gestion évoquées par les demandeurs, le Tribunal ne retient que le recours à des moyens ruineux de financement, à savoir l'utilisation du procédé de la «chenille», les autres fautes invoquées n'étant pas prouvées ou d'une importance très faible pour avoir été parmi les causes déterminantes de l'insuffisance d'actif.

3. Sur les dirigeants du Groupe Nasa Electronique

97 Le Tribunal étudie, pendant la période où a été pratiqué le procédé de financement de la «chenille», le rôle tenu par les différents défendeurs dans la gestion du Groupe et, en premier lieu, au sein de la société holding Nasa Electronique Sa. Le Tribunal constate que la pratique de la «chenille» a été organisée et mise en place par le Groupe dit des «fondateurs» puisqu'elle était utilisée dès 1983, c'est à dire avant l'entrée de C.F.L. au sein du Groupe. Cette pratique a continué à fournir la trésorerie factice quand C.F.L. est entrée au conseil d'administration de Nasa Electronique et ce, jusqu'au 10 janvier 1986, c'est à dire, pendant une période au cours de laquelle figuraient au conseil d'administration de Nasa Electronique, à côté de trois des fondateurs, la C.F.L. représentée par le P.D.G. de C.F.L., par son Directeur Général et par le Président d'honneur de C.F.L. Cette pratique a été suivie et dirigée par Nasa Electronique Sa. Seules les sociétés parisiennes ont été concernées. Il est impossible de déterminer la responsabilité individuelle de chacun des dirigeants parisiens dans l'utilisation de la «chenille». En revanche, il est possible de mettre hors de cause ceux qui n'ont pas connu l'existence de la «chenille» et n'y ont, en tous cas, pas participé.

98 De ce raisonnement le Tribunal déduit qu'il est équitable de ne retenir dans la cause que les personnes physiques ou morales suivantes en tant que participants actifs ou muets de la pratique de la «chenille»:

– Tous les administrateurs de Nasa Electronique sa en fonction le 10 janvier 1986,

– M. Gaillard qui n'a pas été administrateur de Nasa Electronique mais l'est demeuré de GED (Société Régionale Ile de France) jusqu'au 30 septembre 1985 et a été nommé gérant de certaines sociétés du Groupe à compter de 1984,

– Les représentants de C.F.L. et de la Société Charter-House ne sont pas retenus à titre personnel, rien ne prouvant qu'ils aient contrevenu à des instructions de leurs mandants,

– Sont retenues la société C.F.L. et deux de ses filiales.

4. Sur le montant de la somme au paiement de laquelle il convient de condamner

Le Tribunal examine les explications données par C.F.L. à l'écroulement du Groupe Nasa Electronique. Le Tribunal ne peut suivre C.F.L. lorsqu'elle déclare qu'il ne lui appartenait pas, en qualité de simple investisseur, de faire en sorte que le développement du Groupe reste adapté au marché. Elle aurait dû faire procéder à des investigations sur les méthodes de gestion de Nasa. **99**

Le montant du passif évoqué au cours des débats s'établit à 2188 millions de F qui doit être considéré comme un maximum.

Dans ces conditions:

– En raison du fait que le recours au procédé de la «chenille» n'est pas l'unique cause de l'effondrement du Groupe Nasa Electronique et par voie de conséquence de l'important passif matérialisé lors du dépôt de bilan;

– En raison de l'impossibilité dans laquelle se trouvent encore aujourd'hui les demandeurs pour arrêter définitivement le montant de passif;

– En raison du fait que le législateur, et ce, contrairement à l'esprit de l'article 1382 du code civil, par les dispositions de l'article 180 de la loi du 25 janvier 1985 n'a pas voulu établir une quelconque relation entre la part du passif, conséquence directe de la faute de gestion ayant contribué à l'insuffisance d'actif, et le montant global des dettes que devraient supporter les dirigeants retenus dans la cause; du fait que le procédé de financement de la «chenille» a été considéré par les experts comme ayant entraîné un coût supplémentaire d'agios de 58 millions de F mais que ce procédé a eu des conséquences commerciales et financières sans commune mesure avec ce montant;

il est apparu au Tribunal équitable de fixer à 500 millions de F le montant de la somme globale au paiement de laquelle doivent être condamnés les défendeurs.

5. *Sur la répartition*

100 Réexaminant le rôle de chacun, le Tribunal conclut que C.F.L. et les autres administrateurs de Nasa Electronique Sa. portaient la responsabilité du passif du Groupe, que les fondateurs ont utilisé un procédé de financement ruineux, et que C.F.L. et ses administrateurs ont fait preuve d'une passivité coupable face aux prémisses d'une catastrophe qu'ils auraient dû prévoir.

Il a rappelé l'impossibilité de répartir les responsabilités entre les dirigeants de Nasa Electronique d'une part et C.F.L. et les administrateurs désignés par elle d'autre part.

Il condamne solidairement les «fondateurs» à payer aux demandeurs 30 millions de F, solidairement C.F.L., ses 2 filiales et les administrateurs la représentant, à payer aux demandeurs la somme de 468 millions de F et enfin, la société Charter-House à leur payer la somme de 2 millions de F.

Section 3: Décisions connexes

§ 1 L'arrêt de la Cour d'Appel de Paris du 18 juin 1991

101 Après avoir relevé 2 fautes de gestion qu'elle estime imputables aux dirigeants, la Cour d'Appel a notamment déclaré:

– Considérant en conséquence que toutes les personnes physiques et morales ayant exercé la fonction de dirigeants de droit de Nasa Electronique, celles qui appartenaient au Groupe des «fondateurs», comme celles qui relevaient de la C.F.L. et de la société Charter-House, dès lors qu'elles ont selon leurs attributions diverses mais complémentaires coopéré aux actions ou omissions fautives ci-dessus relevées en relation avec la formation du passif, doivent être déclarées solidairement responsables de la dette,
– Que les représentants permanents encourent suivant l'article 90 alinéa 1 de la loi du 24 juillet 1966 la même responsabilité que s'ils étaient administrateurs en leur nom propre, sans préjudice de la responsabilité solidaire des sociétés représentées par eux,

- Considérant que la multiplicité des fautes de gestion relevées exclut d'en isoler une pour en faire le fondement unique d'une lourde sanction pécuniaire imposée aux dirigeants,
- Qu'il convient de retenir ces fautes dans leur pluralité,
- Qu'on ne peut négliger les causes extérieures de l'échec, tel le basculement du marché,
- Que l'incidence sur le préjudice final des créanciers de l'extrême modicité des prix de cession ne doit pas être sous-estimée,
- Qu'eu égard à ces différents paramètres et aux fautes contributives des débiteurs, la Cour fixe à 400 millions de F la somme que ceux-ci devront verser entre les mains des mandataires de justice,
- Qu'étant donné l'extrême imbrication des causes du fait dommageable, la cour ne procédera pas à une répartition des contributions de chacun des responsables à la réparation due aux créanciers.

§ 2 L'action des fournisseurs contre Fives-Lille: le jugement du Tribunal de Commerce du 8 juin 1990 / l'arrêt de la Cour d'Appel de Paris du 18 juin 1991

Des sociétés qui avaient fourni des produits aux sociétés du Groupe **102** Nasa avant leur mise en redressement judiciaire ont assigné Fives-Lille devant le Tribunal de Commerce de Paris pour demander la réparation du préjudice qu'elles soutenaient avoir subi du fait qu'elles avaient été amenées à maintenir leurs encours et à poursuivre leurs livraisons sur la foi des communiqués trompeurs diffusés par Fives-Lille qui masquaient la situation réelle du Groupe. Elles prétendaient leur action recevable car fondée sur la responsabilité de droit commun, distincte d'après eux, de la responsabilité des dirigeants sociaux prévue par la loi du 25 janvier 1985 en son article 180. Elles faisaient valoir qu'elles n'assignaient pas Fives-Lille en sa qualité de dirigeant mais en qualité de tiers.

Dans son jugement du 8 juin 1990, le Tribunal de Commerce de Pa- **103** ris a déclaré l'action irrecevable au motif que le préjudice subi ne procède pas d'une cause ou d'une origine spécifique et que ces fournisseurs doivent suivre le sort commun et laisser le représentant des créanciers poursuivre seul l'action qu'il avait initiée en leur nom et dans leur intérêt.

Ce jugement a été confirmé par l'arrêt de la Cour d'Appel de Paris **104** du 18 juin 1991.

§ 3 L'action des banques contre Fives-Lille: jugement du Tribunal de Commerce de Paris du 7 septembre 1990 / l'arrêt de la Cour d'Appel de Paris du 18 juin 1991

105 Plusieurs banques ou établissements financiers ont assigné Fives-Lille devant le Tribunal de Commerce de Paris pour lui demander le paiement des créances dont ils étaient titulaires sur des sociétés du Groupe Nasa.

Ils fondent leurs demandes sur la solidarité présumée en matière commerciale entre co-débiteurs.

106 Le Tribunal de Commerce de Paris a déclaré cette action irrecevable aux motifs qu'il n'était pas démontré que C.F.L. se fût constituée co-débitrice des sociétés du Groupe Nasa ayant des dettes envers les banques et établissements financiers et que les banques et établissements financiers ne pouvaient intenter une action individuelle, alors qu'aux termes de l'article 46 de la loi du 25 janvier 1985, seul le représentant des créanciers a qualité pour agir au nom et dans l'intérêt des créanciers dans leur ensemble.

107 La Cour d'Appel de Paris, dans son arrêt du 18 juin 1991, a déclaré que les banques et établissements financiers devaient être déboutés de leur demande en relevant que la solidarité commerciale ne se présume pas et qu'aucune pièce ne démontrait que C.F.L. se soit engagée par contrat à payer les dettes des sociétés du Groupe Nasa aux banques et établissements financiers.

Conclusion:

108 La notion de «groupe de sociétés» n'existe pas en droit français, à l'exception du droit fiscal. Dans la procédure collective relative aux nombreuses sociétés composant le Groupe de Nasa Electronique que nous avons présentée pour illustrer notre propos, un débat intéressant aurait pu s'ouvrir sur les critères d'appartenance à un groupe de sociétés et sur les conséquences pouvant en découler.

En fait, ce débat n'a pas eu lieu car, dès l'ouverture de la procédure collective en octobre 1986, tous les dirigeants de la société-mère et de ses 95 filiales et sous-filiales ont été d'accord pour qu'une procédure unique soit ouverte à leur égard en raison des liens de subordination existant entre elles et de la confusion de leurs patrimoines.

Malgré l'absence de ce débat, le cas de Nasa présente un intérêt certain en raison notamment du montant assez exceptionnel des condamnations pécuniaires prononcées.

Der haftungsrechtliche Rahmen erlaubter Konzernleitung in der deutschen Rechtsprechung

Christof Ertl

Wir können aus den Ausführungen unseres französischen Kollegen **109** entnehmen, daß es das, was wir unter Konzernhaftungsrecht verstehen, in Frankreich so nicht gibt. Anknüpfungspunkt im französischen Recht ist offensichtlich immer ein bestimmtes Fehlverhalten im Zusammenhang mit der Konzernführung. In Deutschland gibt es ein Haftungssystem, das bestimmt, wann durch die juristische Person hindurchgegriffen werden kann und wann die Hintermänner oder Geschäftsführer in Anspruch genommen werden können.

Zunächst müssen wir definieren, was eigentlich ein Konzern in **110** Deutschland bedeutet. Hier haben wir Ansatzpunkte im Bilanzrecht, die ich nicht weiter vertiefen will und die im HGB geregelt sind. Dann haben wir im Aktienrecht Regelungen für Aktienkonzerne darüber, wann ein Konzern vorliegt und wann dies haftungsrechtliche Folgen auslösen kann.

Danach gibt es zwei Arten von Konzernen. Beim Vertragskonzern, **111** bei dem Beherrschungs- oder Gewinnabführungsverträge zwischen einem herrschenden Unternehmen und einer beherrschten Aktiengesellschaft vorliegen, ist im Gesetz genau geregelt, wann und inwieweit gehaftet wird.

Nach § 302 AktG hat das herrschende Unternehmen jährlich die Bilanzverluste der abhängigen Aktiengesellschaft auszugleichen. Gemäß § 303 AktG hat das herrschende Unternehmen nach Beendigung des Unternehmensvertrags den Gläubigern der Aktiengesellschaft auf Verlangen Sicherheit zu leisten für deren während der Dauer des Konzernvertrags begründete Forderungen. Das herrschende Unternehmen sieht sich also zwei möglichen Anspruchsberechtigten ausgesetzt, der beherrschten Aktiengesellschaft selbst sowie deren Gläubigern.

Wenn kein Unternehmensvertrag vorliegt und rein tatsächlich Lei- **112** tungsmacht ausgeübt wird, spricht man vom faktischen Konzern.

71

Auch hier gibt es genaue Haftungsregeln. Nach § 311 AktG ist das herrschende Unternehmen verpflichtet, Nachteile auszugleichen, die der beherrschten Aktiengesellschaft dadurch entstehen, daß sie nach dem Willen des herrschenden Unternehmens handelt. Werden die Nachteile nicht vor Ablauf des Geschäftsjahres ausgeglichen, ist das herrschende Unternehmen der Aktiengesellschaft nach § 317 AktG zu Schadensersatz verpflichtet. Um die Ausgleichsansprüche in der Praxis auch realisierbar zu gestalten, hat der Vorstand der beherrschten Aktiengesellschaft nach § 312 AktG einen Abhängigkeitsbericht zu erstellen, in dem Buch geführt wird über alle mit oder auf Veranlassung des herrschenden Unternehmens vorgenommenen Rechtsgeschäfte und sonstige Maßnahmen.

113 Die Diskussion konzentriert sich im deutschen Konzernrecht in erster Linie auf die Frage, inwieweit die Regelungen aus dem Aktienrecht auf die GmbH angewandt werden können, für die entsprechende Vorschriften nicht bestehen. Für die abhängige GmbH besteht – das ist inzwischen ausgestanden – die Möglichkeit, analog den §§ 291 f. AktG Unternehmensverträge abzuschließen. Für den faktischen Konzern besteht dagegen weitgehende Einigkeit darüber, daß die §§ 311 ff. AktG nicht entsprechend auf die GmbH anwendbar sind. Es bestehen deshalb grundsätzlich nur interne Ersatzansprüche der Gesellschaft gegen die Geschäftsleitung sowie der GmbH-Gesellschafter untereinander unter dem Gesichtspunkt der Treuepflichtverletzung. Hier nähert sich unser deutsches Recht im Ergebnis den französischen Lösungen insofern an, als wir pflichtwidrige Handlungen feststellen müssen. In erster Linie kommen da natürlich mehr die Geschäftsführer in Betracht als die Anteilsinhaber, aber besonders bei der GmbH können auch die Anteilsinhaber Einfluß auf die Geschäftsführung nehmen und somit Haftung auslösen.

114 Darüber hinaus gibt es bei uns die, ich möchte fast sagen: Sphinx, des sogenannten qualifizierten faktischen Konzerns. Es handelt sich hierbei um einen faktischen Konzern, der insofern qualifiziert ist, als die Leitungsmacht ohne Rücksicht auf die eigenen Belange der abhängigen Gesellschaft ausgeübt wird.

Beim qualifizierten faktischen Aktienkonzern, der bisher in der Praxis allerdings keine Rolle gespielt hat, ist man sich einig, daß er die Haftung nach den §§ 302, 303 AktG auslöst.

72

Beim qualifizierten faktischen GmbH-Konzern will die Rechtsprechung und ein großer Teil der Literatur ebenfalls in analoger Weise auf die aktienrechtlichen Haftungsvorschriften der §§ 302, 303 AktG zurückgreifen. Bisher noch nicht in befriedigender Weise geklärt sind die Haftungsvoraussetzungen im einzelnen. Nach der früheren Rechtsprechung des Bundesgerichtshofs, die ich hier nicht im Detail vorstellen will, sah es so aus, als führe bereits allein die Tatsache, daß ein qualifizierter Konzern vorliegt, zu einer Haftung des herrschenden Unternehmens. Besonders pikant war, daß auch der Mehrheitsgesellschafter-Geschäftsführer selbst als qualifiziert herrschendes Unternehmen seiner GmbH galt, sofern er außerhalb der GmbH noch anderweitig unternehmerisch tätig war. Einige Professoren und Kautelarjuristen waren deshalb sehr beunruhigt und sahen hierin eine Durchbrechung des Prinzips der Haftungsbeschränkung bei juristischen Personen.

Im jüngsten TBB-Urteil hat der Bundesgerichtshof dies korrigiert und klargestellt, daß die Haftung nur dann ausgelöst wird, wenn die Herrschaftsmacht zum Nachteil der abhängigen GmbH dermaßen mißbraucht worden ist, daß eine konkrete Zuordnung von Einzelschäden nicht mehr möglich ist und das herkömmliche System des Einzelausgleichs deshalb leerläuft. Nur dann sei eine analoge Anwendung der §§ 302 und 303 AktG gerechtfertigt.

Nach dieser Klarstellung durch den BGH muß sich der deutsche **115** Richter also im Prinzip auf dasselbe Glatteis begeben, auf das sich die französischen Kollegen in der Nasa-Entscheidung begeben mußten, nämlich im Einzelfall – gegebenenfalls unter Zuhilfenahme von Sachverständigengutachten – die gesamte Geschäftsführung auf Unregelmäßigkeiten durchzuforsten.

Synthese / Rapport de synthèse

Yves Chaput

116   J'essaierai dans les cinq minutes qui me restent de présenter une synthèse, une tâche d'autant plus compliquée qu'il s'agit non seulement d'une synthèse de droit comparé, droit français et droit allemand, mais aussi d'une synthèse dans l'optique du marché unique européen.

Je présenterai d'abord les droits allemand et français des groupes de sociétés et ensuite je m'interrogerai sur la possibilité d'unifier ces droits dans la perspective d'un marché unique européen. Alors en schématisant pour respecter le temps qui m'est imparti, que peut-on dire?

117   La première remarque que l'on peut faire, c'est qu'il n'existe, ni en droit français, ni en droit allemand, une définition unique des groupes de sociétés. Ni le droit français, ni le droit allemand ne connaissent les groupes de sociétés comme un concept unique. Les deux droits ne confondent pas non plus l'entreprise avec la personnalité morale. C'est, je crois, un point de départ déterminant. L'entreprise ne se confond pas avec la personne morale. L'entreprise composée de différentes sociétés n'a pas un patrimoine, n'a pas de créanciers, n'est pas elle-même débitrice. Ce sont chacune des sociétés du groupe qui ont un patrimoine, des créanciers propres, et chacune de ces sociétés est elle-même débitrice.

118   Le point de départ est donc le même. Ensuite cependant, lorsqu'il s'agit de la responsabilité du groupe constitué par ces différentes sociétés, certaines divergences apparaissent entre les droits allemand et français. Des divergences, parce que le droit allemand, contrairement au droit français, organise le fonctionnement de certains groupes de sociétés, non pas de tous les groupes de sociétés, non pas du groupe qui reposerait sur des brevets par exemple, du groupe qui reposerait sur des marques, du groupe qui reposerait sur des accords personnels, mais du groupe qui est constitué d'une société qui est actionnaire d'une autre société.

119   Dans ce cas, il existe en effet des possibilités de contrat entre société dominante et sociétés dominées, s'agissant notamment de sociétés anonymes. Dans cette hypothèse il y a un contrat, un contrat de groupe de sociétés, entre sociétés anonymes dominantes et dominées, un contrat qui emporte des conséquences précises, la société dominante garantissant les pertes de ses filiales. Dans l'hypothèse où ces filiales cesseraient leur activité, il faut en outre que des garanties soient données aux créanciers que l'on pourrait appeler les créanciers du groupe. Donc, dans l'hypothèse où il existe un contrat de domination, à l'existence de ce contrat sont attachées des conséquences juridiques précises en Allemagne, conséquences consistant notamment en une sorte de garantie des pertes. Ceci nous rapprocherait du droit français en ce qui concerne la société créée de fait où il y a une garantie des pertes avec, en supplément, en cas de cessation d'activité, ou de disparition de la société, l'obligation d'accorder des sûretés aux créanciers qui voient disparaître un garant. Mais il faut ajouter tout de suite, si j'en crois les explications qui nous ont été données hier, que ce type de contrat se rencontre de façon tout à fait exceptionnelle en Allemagne et que le droit allemand est fondé essentiellement sur deux jurisprudences dans ce domaine, que ce soit pour des sociétés qui n'auraient pas conclu de contrat d'affiliation ou pour d'autres formes de sociétés, notamment la société à responsabilité limitée.

C'est ce que l'on peut appeler le groupe de fait, et pour le groupe de **120** fait, on va rencontrer une situation qui n'est peut-être pas si éloignée du droit français. Dans l'hypothèse où une société dominante aura imposé certaines décisions à une société dominée lorsqu'il s'agira de décisions qui sont défavorables – on dirait contraire à l'intérêt social de la société dominée – on peut engager la responsabilité de la société dominante sur le fondement d'une sorte d'abus de domination (et non pas d'abus de position dominante au sens de l'article 86 du traité C.E.), abus de domination résultant des fautes qui ont été commises par l'actionnaire majoritaire. La question pourrait donc être vue sous l'angle de la responsabilité des actionnaires. Mais ce n'est pas uniquement la responsabilité de l'actionnaire ou de l'associé qui est en cause, mais la responsabilité de celui qui va imposer certaines décisions, certaines mesures défavorables pour la société filiale.

Pour résumer, on peut donc dire qu'il existe en droit allemand soit une situation contractuelle, mais qui a été prévue par la loi, soit une situation de responsabilité qui est presque une responsabilité de droit commun. Mais il existe également une troisième catégorie de situations en ce qui concerne ce que l'on appelle le «groupe qualifié».

121 Pour le groupe qualifié, si j'ai bien compris, il existe actuellement une évolution jurisprudentielle, mais qui n'a pas encore fait l'objet d'analyses doctrinales parfaitement indiscutables. Dans cette hypothèse, lorsqu'un contrôle permanent est exercé par une société dominante sur une société dominée, on est en présence d'un groupe qualifié. La société dominante peut voir sa responsabilité engagée à l'égard des créanciers de la société dominée placée sous le contrôle permanent de la société dominante, ce qui ne nous éloigne peut-être pas tellement du droit français.

122 Comment se présente maintenant le droit français? Pour le droit français, en principe, il n'y a pas de particularité notable. C'est le droit commun qui s'applique, bien que certains aient souhaité que nous adoptions le système allemand du contrat d'affiliation entre société dominante et sociétés dominées. On pourrait le regretter si ce système n'était d'une application tout à fait ponctuelle et exceptionnelle en Allemagne.

123 En droit français, le groupe de sociétés dans le domaine de la responsabilité est soumis au droit commun. Quel droit commun? Chaque société dotée de la personnalité morale est indépendante. Les créanciers d'une filiale ne sont pas les créanciers de la société mère. Les créanciers de la société mère ne sont pas les créanciers de la filiale. La Cour de Cassation rappelle très souvent le principe de l'autonomie patrimoniale des sociétés de groupe, lesquelles ont chacune leur intérêt social à défendre et n'ont pas normalement à tenir compte des intérêts d'une autre société du groupe. Il existe quand même des passerelles.

Des passerelles de droit commun d'abord. La responsabilité civile, contractuelle ou délictuelle, les créations de sociétés fictives ou de façade, toutes les fraudes auxquelles on peut songer en droit commun. Sur ce point, le droit français des groupes de sociétés ne connait pas de solutions spécifiques. En revanche, et cela a été dit tout à l'heure par d'autres orateurs, lorsque certaines sociétés ou toutes les sociétés du groupe sont l'objet d'une procédure de redressement judiciaire, l'intitulé change, non pas parce qu'il existe un droit des groupes de sociétés en redressement judiciaire, mais simplement parce que le droit du redressement judiciaire a une portée extensive.

124 Il existe en effet en droit français un article 180 de la loi de 1985 qui permet de condamner les dirigeants de droit ou de fait qui ont commis des fautes de gestion à combler le passif d'une société en redressement judiciaire. Le raisonnement étant donc fixé sur le plan théorique, l'application est facile à trouver. Si une société mère a été désignée comme administrateur ou si une société mère se comporte ainsi bien qu'elle n'ait pas été désignée à cet effet, on pourra la condamner à combler le passif lorsque sera démontré qu'elle a commis des fautes de gestion. Tout à l'heure, mon collègue Dominique Schmidt a rappelé les débats d'hier portant sur le groupe Nasa. Le groupe Nasa était un groupe de distribution de produits dans le domaine de l'électronique, de l'électro-ménager. L'ensemble du groupe a eu des difficultés financières. Il a été possible de condamner les administrateurs à combler le passif parce qu'ils avaient commis des fautes de gestion. Je signale aux participants qui connaissent mal le droit français que l'exemple pris tout à l'heure par mon collègue Schmidt ne concerne pas l'article 1382 du Code civil. C'était l'article 180. L'article 180, quant à lui, prévoit un acte illicite précis. C'est la faute de gestion qui a contribué à l'insuffisance d'actif. Ainsi, dans l'affaire NASA, ce qu'avaient fait les administrateurs de la société NASA, c'est qu'en tant qu'administrateurs ils avaient commis des fautes de gestion qui avaient contribué à l'insuffisance d'actif. Ce qui fait qu'on pourrait se demander si, dans ce domaine, on ne se rapproche pas du droit allemand. A ce premier texte instituant l'action en comblement du passif, s'ajoutent d'autres textes qui prévoient des possibilités d'extension.

La jurisprudence, quant à elle, prend en considération ce que l'on appelle la confusion de patrimoines. Lorsqu'il y a une confusion des activités, une confusion de locaux, une confusion du personnel, une confusion de la comptabilité et une confusion éventuelle de la direction, les sociétés apparemment isolées n'en font plus qu'une seule, un ensemble. On parle de confusion de patrimoines et on va pouvoir mettre à la charge de chacune des sociétés du groupe l'ensemble du passif. **125**

Le droit de la faillite permet donc, lorsque les sociétés d'un groupe sont en difficulté, aux créanciers de l'une d'entre elles de poursuivre toutes les sociétés, les sociétés-mères ou filiales.

Il existe aussi des dispositions spécifiques aux groupes de sociétés **126** dans le domaine fiscal, dans le domaine du droit du travail. Dans le domaine du droit du travail, la notion de sociétés groupées diffère parce que cette fois c'est l'entreprise qui est déterminante. Il existe en effet des obligations qui pèsent sur les employeurs quelle que soit la structure juridique de l'entreprise. Ceci nous éloigne cependant de notre propos.

127   Notre propos est la responsabilité délictuelle dans la gestion des groupes de sociétés. La responsabilité délictuelle passe en droit français très largement par le droit de la faillite. En droit allemand au contraire, elle fait largement intervenir un droit spécifique. Alors peut-on harmoniser des droits qui sont par leur concept, par leur point de départ si différents?

Dans notre réflexion il y a quand même un élément rassurant. Comme ont dit les orateurs précédents, si les concepts sont différents, il semble que les solutions concrètes, pratiques soient assez voisines. Alors pour quelle raison? La raison en est peut être que des cheminements intellectuels et théoriques différents peuvent parfois aboutir au même résultat. Il existe aussi une autre raison qui est évidemment plus inquiétante pour les théoriciens un peu naifs que sont les universitaires. C'est que les juges trouveraient peut-être d'abord la solution pour reconstituer ensuite un raisonnement. Il est vrai que lorsque l'on veut reconstituer un raisonnement, on dispose d'un arsenal juridique assez complet, droit des contrats, droit de la responsabilité délictuelle, droit de la faillite etc. ... Alors la raison de la convergence observée dans la pratique est peut-être qu'il existe une forme de droit naturel qui éclairerait les juges de tous les pays européens et qu'ensuite les législateurs auraient la bonne idée de mettre à leur disposition une série d'armes ou une série de concepts dont ils pourraient se servir. Si on poursuit ce raisonnement, on se demandera s'il faut une harmonisation européenne. Pourquoi à ce moment-là ne pas permettre une certaine diversité?

128   Pour terminer avec cette question d'harmonisation européenne, je prendrai un exemple particulier de groupe de sociétés. Jusqu'à présent on a raisonné comme si les groupes de sociétés étaient établis dans le même pays, comme si une seule législation, française ou allemande, était applicable à un groupe qui serait en réalité un groupe de nationalité française ou de nationalité allemande. L'ennui, c'est que le plus souvent les groupes ont des ramifications dans plusieurs pays. Et lorsqu'un groupe international a des difficultés, que va-t-il se passer? La société-mère étant de droit allemand, elle sera mise en redressement judiciaire ou l'équivalent en Allemagne. La filiale de droit français sera mise en redressement judiciaire en France. La filiale de droit belge sera mise en redressement judiciaire en Belgique, etc. Et notre groupe va éclater en autant de sièges sociaux situés dans des pays différents, soumis à des droits différents. Ce qui manque actuellement dans notre réflexion, c'est un droit de la faillite internationale. On aura beau parler d'unification conceptuelle du droit des groupes de sociétés, on aura toujours une territorialité du droit de la faillite. C'est là la grande difficulté actuellement. C'est que les sociétés ont chacune leur personnalité, chacune leur siège social. On s'aperçoit que lorsqu'un groupe international est en difficulté on retombe sur les particularismes locaux. Alors que faudrait-il? Il y a plusieurs procédés. On pourrait considérer qu'il y aura un droit de la faillite internationale. Mais jusqu'à maintenant, personne n'a réussi à mettre au point le droit de la faillite uniforme. On pourrait considérer qu'il y a un droit dominant parce que la société-mère appartient à tel ou tel système juridique et que le droit de la société-mère s'applique à ses filiales. Mais ce ne sont pas les projets actuels. Les projets actuels raisonnent non pas en termes de groupe de sociétés, mais en termes d'entreprises ayant des départements dans des pays étrangers. Mais c'est alors une seule société qui a des départements, c'est une seule personne morale qui a des ramifications à l'étranger. Ce qui manque dans notre réflexion, c'est le problème posé par un groupe composé de personnes morales différentes ayant leur siège social dans des pays distincts. Actuellement aucun projet ne résout la question. Je m'arrête donc en posant une question. Est-ce que nos travaux ne pourraient pas proposer aux différents législateurs un droit de la faillite internationale ou en tout cas des solutions au problème de la faillite internationale?

Auszug aus der Diskussion /
Extraits de la discussion:

Chaput:

129 Je comprends très bien le groupe de droit entre société dominante et sociétés dominées parce qu'il y a un contrat et que beaucoup d'auteurs français ont souhaité que ces dispositions soient introduites en droit français.

J'avoue en revanche que j'ai un petit peu de mal à suivre la notion de groupe qualifié. Ce que j'ai compris, c'est qu'il existe deux groupes, le groupe contractuel entre la société dominante et les sociétés dominées, et puis un groupe de fait, une société en fait dominante intervenant dans la gestion et le comportement d'une société qui est de ce fait dominée. En ce qui concerne le groupe qualifié, vous m'excuserez si je n'ai pas parfaitement suivi.

Müller-Gugenberger:

Dieses Merkmal der Qualifikation ist nicht leicht zu greifen. Es ist vom Bundesgerichtshof entwickelt worden, vor allem im berühmten Video-Urteil, und es besteht in einer intensiven, fortdauernden Leitung der Tochter durch die Mutter. Dieses Merkmal der starken Ausübung der Leitungsfunktion, die zu dieser Qualifikation führen soll, ist in der Literatur sehr bestritten worden. Es ist deshalb im TBB-Urteil wieder zurückgenommen worden. Jetzt ist klargestellt, daß zu dieser Leitung doch noch etwas dazukommen muß, nämlich eine Interessenverletzung, eine Verletzung der Interessen der Tochter.

Ertl:

Nehmen wir das Beispiel Video. Etwas vereinfacht haben wir hier einen Kaufmann, der einen Teil seiner Aktivitäten in einer GmbH konzentriert, deren Geschäftsführer und einziger Gesellschafter er ist. Er bestimmt unmittelbar, was in der GmbH läuft und was nicht läuft, d. h. wir haben einen klaren Fall der Konzernierung, sofern man eine Einzelperson überhaupt als Konzernmutter anerkennen will. Das ist übrigens in der Literatur umstritten. Die Frage war nun, ob diese Situation ausreicht, um einen Durchgriff auf den Ge-

schafter zu ermöglichen, der diese starke Stellung in der Gesell- noch **129**
schaft hat. Und da kam man zu dem Ergebnis und muß man zu dem
Ergebnis kommen, daß dies allein nicht ausreichen kann. Es muß
noch etwas dazu kommen, das diesen Konzern irgendwie qualifiziert und zwar als schlecht qualifiziert. Im letzten Urteil, der sogenannten TBB-Entscheidung, ist jetzt klargestellt worden, daß es
sich um Mißbräuche bei der Ausübung der Leitungsmacht handeln
muß. Vorstellbar sind hier fast alle Punkte, die wir auch im französischen NASA-Fall, der uns vorhin berichtet wurde, auffinden können. Wir haben hier z. B. die Vermögensvermischung, das Auftreten
von Bilanzverschleierungen oder allgemein die Tatsache, daß nicht
ordnungsgemäß bilanziert wird. Das fällt mir jetzt so aus dem Steg-
reif ein. Wenn ich den BGH richtig verstanden habe, muß man unterscheiden, ob man die Folgen der mißbräuchlichen Konzernleitung konkret ausgleichen kann oder nicht. Im ersteren Fall kommt
der Konzerndurchgriff nicht zum Tragen. Die Regeln greifen dann,
wenn dem Fehlverhalten ein Einzelschaden nicht mehr zuzuordnen
ist, so wie es letztendlich auch bei dem Beispiel der Scheckreiterei
aus dem NASA-Fall war. Dort fiel es schwer, den Einzelschaden zu
konkretisieren, weil ja offensichtlich auch eine Konkursverschleppung betrieben wurde. Diese kann bei uns auch zu Haftungsfolgen
führen. Die unsaubere Bilanztechnik ist im Einzelfall mit keinem
konkreten Schaden zu korrelieren, sie führt einfach dazu, daß ir-
gendwelche Vermögensgegenstände verschwinden oder verscho-
ben werden. In so einem Fall kommt dann die Haftung unter dem
Gesichtspunkt eines qualifizierten Konzerns zum Tragen. Ich gebe
zu, daß das sehr schwer zu fassen ist und es gibt auch Überlegungen,
ob diese Konstruktion nicht eigentlich zu weit gegriffen hat, ob
man nicht versuchen sollte, die Fälle einfach mit den klassischen
Möglichkeiten der Durchgriffshaftung zu lösen. Diese wären dann
ähnlich wie der Weg, den auch das französische Recht geht, auch
wenn bei uns natürlich andere Normen zum Tragen kommen als
der Art. 1382 c.c. oder die konkursrechtlichen Vorschriften, die es
bei uns so im einzelnen nicht gibt.

Auch ich selbst muß, wenn ich mich mit dem qualifiziert faktischen
Konzern – rein theoretisch, weil ich es in der Praxis noch nicht gehabt habe – befasse, immer wieder versuchen, mir genau klarzuma-
chen, was das eigentlich ist, weil der Begriff noch im Fließen ist. Ich
hoffe, daß Sie es jetzt besser verstanden haben.

Chaput:

130 Quand il s'agit d'un groupe contractuel, la réparation est en réalité une forme de garantie, sans nécessité de faute ou de lien de causalité. Les partenaires de l'entreprise dominée doivent garantir les pertes et éventuellement fournir des sûretés. Quel que soit en réalité leur comportement, c'est une obligation légale mais qui provient de la volonté des parties. S'il s'agit d'un groupe de fait ou d'un groupe qualifié, l'indemnisation suppose qu'il y ait un lien entre la faute et le dommage. Le groupe qualifié ne modifie donc pas les règles générales de responsabilité. On indemnisera les victimes parce qu'il y a eu un contrôle abusif exercé de façon permanente, mais en recherchant quelles sont les conséquences de ce contrôle sur la gestion et donc sur les insuffisances d'actif, sur le préjudice subi par les victimes. On ne va pas dire que si un contrôle permanent et abusif a été exercé, les pertes de la société dominée sont automatiquement supportées par la société dominante. On recherchera quand-même si ces pertes proviennent des abus commis par la société dominante. En ce qui concerne la réparation, il n'y a donc pas de différence notable entre les groupes de fait simples et les groupes de fait caractérisés. Mais je me trompe peut-être ...

Müller-Gugenberger:

Die Konzernhaftung im GmbH-Recht war in der Tendenz eine Art Gefährdungshaftung, die man jetzt wieder zurückgenommen hat, indem man noch schadensstiftende Elemente, eben den Interessenumbruch oder die Interessenverletzung der Tochter, fordert. Die Beweissituation wird erleichtert, indem gewisse Vermutungen aufgestellt werden. Es muß dargetan werden, daß Interessenverletzungen vorgekommen sind oder daß sie naheliegen. Dann kann das betroffene herrschende Unternehmen versuchen, dies zu widerlegen. Aber Kausalität ist im Grunde erforderlich.

Ertl:

Es ist vielleicht vorher nicht so klar herausgekommen: Soweit wir nur einen einfach faktischen GmbH-Konzern haben, bei dem die Leitungsmacht nicht generell mißbraucht wird, haben wir im deutschen Recht keine Konzernhaftung. Hier verweist man auf den Ausgleich der Einzelverstöße. Die eigentliche Konzerndurchgriffshaftung im GmbH-Recht wird aufgehängt an dem Begriff des sogenannten qualifizierten faktischen GmbH-Konzerns. Nur der kann unter den von mir grob erläuterten Umständen dazu führen, daß die Muttergesellschaft zu einem Verlustausgleich verpflichtet wird. Beim einfach faktischen Konzern haben wir, wenn Verstöße vorliegen, immer nur Einzelverstöße, ansonsten würde sich der einfach faktische Konzern begrifflich in einen qualifiziert faktischen Konzern umwandeln. Das ist aber vielleicht alles noch nicht so scharf herausgearbeitet, wie es vielleicht sein müßte.

Müller-Gugenberger:

Wir haben keinen gefestigten Rechtszustand, sondern wir sind sehr in der Entwicklung und in der Diskussion. Es geht darum, wie man die Gefährdung vor allem der Gläubiger und auch der Arbeitnehmer, die von einer Konzernierung ausgeht, in den Griff bekommen kann. Abschließende Lösungen sind auch bei uns noch nicht da, abgesehen von dem Teil, der im Aktienrecht geregelt ist.

Chaput:

Je vous remercie. Quand on parle de responsabilité pour risque, on **131** pense à l'article 99 de l'ancienne loi de 1967 sur la faillite auquel il a déjà été fait allusion. Cet article a en effet créé une présomption de faute et une présomption de causalité entre la faute et le dommage subi. Certes cet article a été supprimé et avec lui la double présomption de faute et de causalité. Il faut donc aujourd'hui prouver une faute de gestion qui a contribué à l'insuffisance d'actif. Mais à partir du moment où la preuve d'une telle faute est rapportée, le tribunal dispose d'un pouvoir d'appréciation considérable qu'on ne retrouve pas, me semble-t-il, dans le droit allemand. A partir du moment où il est démontré que cette faute de gestion a eu une influence sur l'insuffisance d'actif, le tribunal peut condamner l'auteur de cette faute à payer la totalité de cette insuffisance, quelles que soient en réalité les conséquences de la faute. Autrement dit, même si la faute ne porte que sur un centime, le tribunal peut condamner le dirigeant à plusieurs milliards de dommages-intérêts. L'affaire Nasa en est une parfaite illustration. Des condamnations très lourdes ont été prononcées sans constater toujours très nettement le lien de causalité entre la réparation et les conséquences des fautes de gestion commises. Sur le plan juridique, c'est une décision qui est incontestable puisque l'article 180 de la loi de 1985 n'exige pas que la condamnation ait un lien direct dans son montant avec la faute et les conséquences de la faute. Mais quand on fait attention, on s'aperçoit quand-même qu'il y a une sorte de décrochage dans le raisonnement. Personnellement, la condamnation me parait lourde par rapport à la faute et compte tenu de l'absence de démonstration de ses conséquences financières exactes. L'article 180 permet de rendre une telle décision en théorie. Mais en fait, je me pose la question de savoir si l'on ne se rapproche pas plus ou moins du système de l'article 99.

Courtière:

Est-ce qu'on ne peut pas qualifier cette sanction de peine privée parce qu'elle n'a pas de lien dans son montant avec la faute commise?

Chaput:

Bien sûr, M. le Président, mais la Cour de Cassation nous a appris à l'occasion d'une question de droit transitoire concernant l'application de l'article 99 de la loi de 1967 qu'on est encore dans le droit de la responsabilité et non pas dans le droit de la peine auquel cas il aurait fallu appliquer la loi pénale plus douce. Donc sur ce point, je crois quand-même qu'on est dans le système de la responsabilité, mais il se pose une autre question, celle du cumul de l'article 180 de la loi de 1985 et de l'article 1382 du Code civil. Le Tribunal de Commerce de Paris ne l'a pas admis contrairement à la Cour de Cassation.

Bézard:

132 En dehors de cette affaire Nasa, je voudrais évoquer plus largement le problème des groupes en France. D'abord pourquoi une absence de réglementation des groupes en France, y compris dans la loi de 1966? C'est un problème que j'ai bien connu à une certaine époque où j'étais à la Chancellerie. Il y a eu des projets de loi. Mais la pratique française ne paraissait pas mûre pour accepter de tels projets, en particulier la mise en cause automatique de la responsabilité de la société-mère ayant passé un contrat de domination avec sa filiale. A l'époque le gouvernement français avait dit: «les problèmes que posent les groupes de sociétés sont des problèmes présentant des aspects internationaux. Attendons donc ce qui se passera à Bruxelles». Bruxelles, vous le savez, a longuement débattu de ces questions, en particulier à partir de textes qui étaient inspirés des solu-

tions allemandes. J'ai moi-même participé à ces débats pendant des années. En fait, cela a été un échec. Les experts des différents pays, pratiquement à l'unanimité, se sont montrés hostiles à une réglementation du droit des groupes de sociétés, une telle réglementation posant trop de problèmes pas encore assez mûrs. Depuis lors, nous avons vécu en France, avec un système difficile à interpréter. Mais je crois quand-même que finalement la jurisprudence telle qu'elle s'est dégagée est prudente. Elle parait résoudre de façon relativement satisfaisante en l'état actuel les problèmes qui se posent, non sans soulever certaines difficultés d'analyse pour les juges.

Je voudrais maintenant évoquer les notions de société fictive et de **133** confusion de patrimoines. Le droit français considère que les sociétés, même quand elles font partie d'un même groupe, ont une personnalité distincte qu'il faut respecter. C'est le postulat de départ. A partir du moment où des fondateurs de sociétés ont fait ce choix économique, ont entendu créer des entités distinctes, il faut le respecter. Ce n'est qu'en cas de faute ou d'abus que l'on peut faire sauter ce verrou et déroger au principe de la personnalité distincte des sociétés membres du groupe. La fictivité des sociétés souvent relève de la fraude proprement dite, la confusion des patrimoines relève plutôt d'un certain laisser-aller. Sur ce plan-là, nous avons énormément de jurisprudence.

A cet égard, je voudrais dire qu'il faut sortir du cadre trop étroit du **134** droit des procédures collectives. Notre jurisprudence, en particulier celle de la Cour de Cassation, nous permet de constater que la responsabilité de la société-mère d'un groupe de sociétés peut être mise en cause dans de nombreux autres cas. Nous avons en particulier, cela se multiplie, ces lettres d'intention, ces lettres de garantie où une société-mère s'engage à côté d'une filiale pour dire au créancier: «je suis là, je suis prête à aider ma filiale etc.». Si elle s'engage en termes précis, elle risque de voir sa responsabilité mise en cause parce qu'elle s'est véritablement engagée. De même vous avez des interventions de la société-mère à un contrat passé par sa filiale. C'est alors à la jurisprudence de répondre et je crois qu'à partir de la faute, on a pu construire quelque chose qui est assez satisfaisant. Je ne crois pas que le législateur sera très à l'aise s'il tente de figer ces cas. Je crois qu'en matière de faute en ce domaine, il faut aller avec prudence, sauf à reconnaître qu'il a y une personnalité morale du groupe et que finalement automatiquement toutes les sociétés du groupe sont solidaires les unes des autres. Mais si on ne veut pas aller jusque-là, je crois qu'il faut être prudent.

135 N'oublions pas non plus l'aspect pénal du problème. Le droit français condamne pour abus des biens sociaux les personnes, les dirigeants de sociétés qui abusent des biens de la société. Dans le cas des groupes de sociétés, on admet cependant qu'il n'y a pas abus de biens sociaux, si l'action du dirigeant respecte l'esprit du groupe et si cette action n'épuise pas les finances de la filiale. Il y a donc une limite à ne pas dépasser. S'il y a des relations de groupe, on les respecte et elles conduiront à la non-application des textes sur les abus des biens sociaux, mais uniquement s'il s'agit bien d'une action de groupe et à condition que cette action ne soit pas abusive. Le fait que des sociétés vivent dans le cadre d'un groupe n'est donc pas condamnable en France. Ce n'est que l'abus du fonctionnement de ce groupe qui est sanctionné.

Chaput:

136 M. le Président, je voudrais vous poser une question sur la confusion de patrimoines. On ne peut pas dire que juridiquement ce soit une notion parfaitement claire. On comprend très bien la jurisprudence lorsque des sociétés ont des intérêts imbriqués, les mêmes locaux, le même personnel, le même objet etc. ... Mais parfois il y a des décisions dans lesquelles, alors que l'on est en présence de sociétés qui ont le même objet, les mêmes locaux, la Cour de Cassation estime que les Cours d'Appel n'ont pas suffisamment caractérisé l'imbrication des intérêts. Personnellement je n'arrive pas à trouver un critère précis de la confusion de patrimoines. Existe-t-il un critère précis de la confusion de patrimoines?

Bézard:

Effectivement le fait que les sociétés vivent dans un même local, ont le même personnel etc. parait être le signe d'une confusion de patrimoines. Mais, il me semble que c'est seulement dans la mesure où ces sociétés n'ont pas des organes qui fonctionnent parfaitement, qu'elles n'ont pas une comptabilité qui leur est propre etc. que l'on peut vraiment dire que l'on se trouve en présence d'un cas de confusion de patrimoines. Le fait qu'il y ait les mêmes locaux ou certains autres aspects constituent seulement une indication. Je ne sais pas si ma réponse vous suffit. Mais je crois qu'on peut trouver certains

critères qui permettent de dégager un petit peu une ligne directrice. noch
Tout dépend effectivement de l'optimisme dont on fait preuve et de **136**
la faveur que l'on montre à l'égard des groupes.

Reiner:

Pourrait-on, du point de vue d'un juriste français, essayer un rapprochement entre le groupe de fait caractérisé du droit allemand d'une part et la confusion de patrimoines du droit français d'autre part? Quelles sont les différences et est-ce qu'il y a des points de convergence entre ces deux institutions?

Bézard:

En France, le fort respect de la personnalité morale des sociétés est évident. Donc l'exception doit être regardée avec prudence et elle doit être caractérisée. Nous sommes sur un point difficile. A l'origine de la confusion de patrimoines peuvent être une faute ou de mauvaises habitudes. Dans ce dernier cas, on part sur des bonnes bases et finalement, en prenant de mauvaises habitudes, on arrive à une confusion et une apparence vis-à-vis des tiers qui consacrent cette confusion.

M. le Professeur Chaput, vous me faisiez l'observation très justifiée que vous ne comprenez pas toujours certaines jurisprudences. Alors que des sociétés avaient des dirigeants communs, des domiciles dans un même lieu, pourtant la Cour de Cassation n'a pas considéré ces faits comme consacrant la confusion de patrimoines. Il est exact que la Cour de Cassation, qui contrôle les motivations des juges de fond, construit le droit dans des matières où on reste un peu dans le flou, faute de définition légale. Elle le construit, elle l'unifie, parce qu'il ne faut pas qu'il y ait une confusion de patrimoines à Marseille et que dans les même faits il n'y en ait pas à Lille. C'est notre travail. Ainsi nous avons jugé que le domicile commun n'était pas forcément satisfaisant et convaincant parce que le législateur a consacré la possibilité d'une domiciliation des entreprises en un même lieu. De même nous avons considéré que le fait qu'il y ait des dirigeants communs au sein d'un groupe n'est pas forcément critiquable. Je vous ai dit que lorsque deux sociétés ont chacune leur vie de société, c'est à dire que les organes prennent des décisions, que les assemblées se réunissent, que les comptabilités sont nettement séparées, ces éléments n'impliquent pas une confusion de patrimoines, même s'il y a ce domicile commun, même s'il y a ces dirigeants communs. Je pourrais multiplier les exemples. C'est une invitation au juge à creuser un peu sa motivation et à n'aller pas trop rapidement à conclure à une confusion de patrimoines pour les seuls besoins de la faillite.

Hübner:

137 Eine kleine Bemerkung noch zu den Unternehmensverträgen, damit keine Mißverständnisse aufkommen. Sie sagten, Herr Chaput, daß diese Unternehmensverträge in der Bundesrepublik ganz exzeptionell seien. Das ist nicht der Fall. Es gibt eine ganze Reihe von solchen Unternehmensverträgen und das hat vor allem steuerliche Ursachen, nämlich den Organschaftsvertrag. Das ist eine deutsche Spezialität. Bis zur Körperschaftsteuerreform war es unbedingt notwendig, um Doppelbelastungen mit der Körperschaftsteuer zu vermeiden, im Konzern solche Verträge abzuschließen. Das ist seit 1977 nicht mehr der Fall, aber diese Organschaftsverträge haben immer noch Bedeutung im Hinblick auf die Verrechnung von Verlusten im Konzern. Meines Wissens spielen sie in der Praxis eine nicht ganz unmaßgebliche Rolle. Das Konzept des deutschen Gesetzgebers war es ja, diese Unternehmensverträge zu regeln und Leitungsmacht zu legalisieren um den Preis der Verlustübernahme. Die Idee war, im faktischen Konzern eine scharfe Haftung einzuführen mit den §§ 317, 117 AktG und so die Unternehmen zum Abschluß solcher Verträge zu drängen. Dieses Konzept ist allerdings gescheitert, weil sich viele Gesellschaften mit dem faktischen Einfluß begnügt haben, ohne Unternehmensverträge abzuschließen, weil so die entsprechenden Kauteln der §§ 304 f. AktG zugunsten des Minderheitsaktionärs nicht Platz gegriffen haben. Diese Unternehmensverträge spielen im deutschen Recht aus diesem steuerrechtlichen Hintergrund eine erhebliche Rolle.

Chaput:

Pour me défendre je voudrais préciser que je ne disais pas qu'il n'y avait pas en droit allemand d'utilisation de ces contrats, mais qu'il n'y avait pas semble-t-il une jurisprudence abondante sur les actions en responsabilité à partir de ce contrat. Je sais qu'il existe une jurisprudence en Allemagne, une décision récente, je crois que c'est l'affaire «Video», qui a quelque peu compliqué le raisonnement.

Hübner:

Zwei Fragen sind voneinander zu unterscheiden, die der Haftung im Rahmen der Unternehmensverträge und die des berühmten qualifizierten faktischen Konzerns, von dem, ich möchte mein Ergebnis vorwegnehmen, niemand weiß, was es ist. Bei den Unternehmensverträgen gibt es den berühmten VW/Audi-Fall. Ich muß vielleicht ein bißchen weiter ausholen. Diese Unternehmensverträge sind ja außer den formalen, den Abschluß des Vertrages betreffenden, an zwei inhaltliche Voraussetzungen geknüpft. Das ist die Sicherung der Gläubiger, insbesondere § 302 AktG, von dem heute schon mehrfach die Rede war, und die angemessene Abfindung der Aktionäre, die nach Wahl des Minderheitsaktionärs in bar oder in Aktien der Muttergesellschaft zu erfolgen hat. Im VW/Audi-Fall hatten nun die Minderheitsaktionäre von Audi Schadensersatzansprüche geltend gemacht, weil sie VW vorwarfen, den schlechtesten Moment abgewartet zu haben, den Moment, in dem sich die übernommene Gesellschaft Audi in der prekärsten wirtschaftlichen Situation befunden hat, und deshalb zu wenig bezahlt zu haben. Das ist ein Mißbrauch, das ist eine Verletzung der gesellschaftsrechtlichen Treuepflicht. Hier liegt in der Tat ein Strukturproblem im Vertragskonzern. Man ist sich weitgehend darüber einig, daß dieses Schutzsystem im Vertragskonzern im wesentlichen funktioniert. Aber es bleibt eben das Problem, daß die Obergesellschaft ihr Angebot auf den Zeitpunkt hinauszögern kann, in dem es der zu übernehmenden Gesellschaft am schlechtesten geht. Das ist gewiß eine Lücke.

Ebenroth:

Ich möchte dazu noch ganz kurz ergänzen, daß wir die Mutter-**138** Tochter-Richtlinie in Deutschland in das internationale Steuerrecht umgesetzt haben. Damit sind grenzüberschreitende Verlustverrechnungen möglich. Ich weiß, daß einige Mitgliedsländer Schwierigkeiten haben, nicht nur in der Umsetzung dieser Richtlinie, sondern auch – was sehr viel bedeutender ist – in der Anwendung des neuen Steuerrechts. Die Steuerprüfer, die diese Konzerne dann veranlagen müssen, müßten auch für diese grenzüberschreitenden Funktionen rechtsvergleichend ausgebildet werden.

Chaput:

139 En ce qui concerne la protection des créanciers, il y a des différences notables, même en pratique, entre les droits français et allemand. Tout à l'heure, j'ai un petit peu schématisé. Je crois cependant que le droit allemand admet beaucoup plus facilement l'action des créanciers contre la société-mère que ne le fait le droit français qui part toujours de l'idée qu'il y a un croisement patrimonial entre la société-mère et la filiale. Pour éclairer cet aspect, je citerai un exemple de droit comparé. J'ai fait cette année un cours à Bruxelles sur la faillite internationale. Alors que j'expliquais aux étudiants combien il est difficile de mettre en cause la responsabilité de la société-mère, l'un d'entre eux m'a dit: «Mais ce n'est pas si difficile que ça, parce que j'ai eu un dossier où il fallait mettre en cause une société-mère allemande. Et le droit allemand avait accueilli généreusement notre action». Aussi je pense qu'il doit y avoir sur ce point quelques différences notables entre les droits français et allemand. Le droit allemand tient davantage compte du contrôle qui est exercé au sein d'un groupe. A cet égard, je voudrais attirer votre attention sur une thèse qui a été faite par M. Charley Hannoun sur les groupes de sociétés. Il parle de l'idée de gouvernementalité. Le groupe reposerait sur un gouvernement unique, c'est à dire, sur le pouvoir d'ordonner, d'organiser le groupe. L'auteur fait de cette idée d'organisation, de gouvernement, le critère du groupe, un critère qui conduit à permettre éventuellement de mettre en cause la responsabilité du gouvernant. On retombe ainsi sur le principe démocratique: laisser gouverner pour mettre en cause la responsabilité du gouvernant.

Il faut cependant prendre garde à ne porter atteinte à la liberté contractuelle et à la liberté d'entreprendre. Après tout, on doit permettre aux entrepreneurs de choisir les formes de leur action. S'ils veulent avoir une seule société qui couvre l'ensemble de l'entreprise, ils sont libres de le faire. S'ils préfèrent cloisonner, créer des départements et introduire une limitation de responsabilité, libre à eux d'agir ainsi. Les tiers sont prévenus, les créanciers sont prévenus. On parlait tout à l'heure de transparence. Mais un créancier sait très bien, lorsqu'il s'agit d'une filiale, qu'il ne traite pas avec la société-mère. Donc c'est une question d'information juridique. Et après tout, si un créancier ne veut pas s'engager avec une filiale, il peut, le Président Bézard l'a rappelé, demander des cautionnements, demander des lettres d'intention.

Il faut donc se méfier d'une solution qui aboutirait à un résultat d'une excessive rigidité. Je crois que le fait d'avoir un cloisonnement peut être une bonne chose. Si on veut que le droit, comme vous le souhaitez, contribue au développement de l'économie, il faut éviter les catégories trop fermées. Il faut au contraire privilégier une très grande souplesse, tout en développant l'information et la transparence. Si on faisait des groupes une seule société, un seul patrimoine, on perdrait, je crois, cette souplesse nécessaire. La seule manière de combattre l'abus, la fraude, c'est d'accroître la transparence. Pour le reste, il faut partir d'une idée de liberté contractuelle afin de favoriser l'esprit de l'entreprise. Donc je crois qu'il n'est pas souhaitable que le groupe de sociétés se transforme en une seule personne morale.

noch **139**

Bézard:

En ce qui concerne la protection des créanciers, je suis tout à fait d'accord pour des interprétations souples dans des domaines difficiles, même lorsqu'il s'agit de groupes nationaux et à plus forte raison, comme vous l'avez dit, dans des groupes qui sont transfrontaliers. Je dirais que si la jurisprudence française est finalement relativement tolérante, c'est parce que les groupes en France – jusqu'à nouvel ordre et sauf peut-être quelques exceptions dont j'ai entendu parler – tiennent à une certaine moralité au regard de leurs filiales. Si les choses changeaient, je crois que la jurisprudence ferait preuve d'une certaine rigueur à cet égard et elle en a les moyens.

En ce qui concerne la protection, non plus des créanciers, mais des minoritaires qui n'appartiennent pas au groupe, le droit de sociétés français et la loi du 24 juillet 1966 sont en revanche assez courts. Mais le droit boursier français a pris le relais en ce domaine et prévoit toute une série de techniques qui conduisent la société-mère lorsqu'il y a des changements fondamentaux dans la gestion de la filiale comme par exemple quand il n'y a plus de bénéfice ou quand il y a des transformations, à racheter les actions des minoritaires, soit parce que le texte de la réglementation boursière l'impose, soit parce que les autorités boursières poussent la société-mère à le faire. Et on en arrive finalement à un système d'accords arbitré par les autorités boursières que j'avais proposé dans le cadre des projets de directives européennes.

Boizel:

140 En ce qui concerne la responsabilité dans la gestion des groupes de sociétés, les droits français et allemand, on l'a bien vu, attachent une grande importance au pouvoir de direction exercé par la société-mère sur sa filiale. Le droit français cependant ne semble pas distinguer selon que ce pouvoir est exercé ou non d'une façon permanente et étendue. Le droit allemand, quant à lui, au moins jusqu'à une période récente, ne semblait pas tenir compte du caractère illicite ou fautif ou non de l'exercice de ce pouvoir. Ces différentes distinctions manifestent l'approche différente, au moins à l'origine, qu'ont eu les droits français et allemand du phénomène que constituent les groupes de sociétés. Cette différence s'est cependant aujourd'hui nettement atténuée en raison notamment de l'intervention de la jurisprudence.

Thema 2:
Die Eigenhaftung von Geschäftsleitern gegenüber den Gesellschaftsgläubigern

Thème 2:
La responsabilité personnelle des dirigeants envers les créanciers de la société

La responsabilité non-contractuelle des dirigeants de sociétés dans la jurisprudence française

Claude Brézillon

141 Pour cadrer le sujet, on précisera qu'il s'agit ici de **la responsabilité civile personnelle d'essence délictuelle ou quasi-délictuelle des dirigeants de sociétés envers les créanciers.** Afin de situer le thème dans son contexte, on rappellera un point d'histoire et un point de droit:

Section 1: Point d'histoire et de droit

§ 1 Evolution du droit des sociétés en France depuis la loi du 24 juillet 1966

142 Les dispositions pénales de ce texte qui occupent ses art. 423 à 489 dénotaient une volonté d'institutionalisation des sociétés qui s'est effectivement particulièrement développée entre 1966 et 1978, l'extension du domaine de l'ordre public s'accomplissant ici au détriment de la liberté contractuelle.

La conception étatique selon laquelle l'intérêt général devait coïncider avec celui de l'entreprise avait amené, dès l'origine, le législateur à réserver une place considérable aux sanctions à l'encontre des dirigeants. Cette conception conduit également le législateur à renforcer un ordre public de protection non seulement au profit des épargnants, du personnel, mais aussi aux tiers, comme le sont les créanciers, en instituant au profit de ces derniers l'inopposabilité des clauses statutaires limitatives du pouvoir des dirigeants.

143 A partir de 1978, de nouveaux textes, applicables à la matière financière, ont emprunté la voie de la déréglementation, tout en cherchant à éviter que les grandes entreprises ne fassent du capitalisme sans capital et ne recourent par trop au crédit bancaire, aux emprunts obligataires et tablent ainsi sur le marché financier pour en faire leur mode normal de financement. Ce sont ces deux courants d'«institutionalisation» et de «déréglementation» qui, se superposant, tirent dans deux directions opposées le droit français des sociétés et peuvent lui donner un aspect nébuleux aux yeux des observateurs étrangers.

§ 2 Le droit civil allemand n'a pas l'équivalent de l'art. 1382 du code français

On soulignera certaines particularités de son application: réparation **144** intégrale du préjudice; obligation de s'en tenir à la responsabilité délictuelle et quasi-délictuelle, si l'on a choisi ce mode de mise en oeuvre, excluant un recours à la responsabilité contractuelle. On rappellera également que tous les cas de responsabilité civile sont gouvernés en France par des règles communes (nécessité d'un préjudice subi, relation directe de cause à effet entre le fait générateur de la responsabilité et le préjudice subi, absence d'exonération pour cause d'autorisations administratives ou judiciaires, non distinction de la force majeure et de la faute éventuelle de la victime, prescription de 3 ans).

Ces préliminaires étant posés, on peut envisager le développement **145** du thème spécifique en cause, sous trois angles: 1. cas des dirigeants de la société «in bonis»; 2. cas des dirigeants de la société en redressement judiciaire; 3. cas des dirigeants de la société après le redressement judiciaire, en privilégiant le deuxième, dès lors que l'on aura défini de quels créanciers et de quels dirigeants il s'agit.

Qui sont les créanciers susceptibles d'invoquer la responsabilité personnelle des dirigeants?

Les privilégiés, les chirographaires et dans une certaine mesure les obligataires dès lors qu'ils ne bénéficient pas de la convertibilité en action de leurs «droits de créance».

Qui sont les dirigeants en cause?

Ceux de droit, ceux de fait, ainsi que les mandataires de justice ayant exercé un pouvoir de direction de personnes morales. Le mouvement de privatisation n'ayant pas, à ce jour, connu son plein effet et le secteur de l'économie mixte étant particulièrement développé, mention devra être faite du cas particulier des dirigeants de telles sociétés.

Section 2: la responsabilité personnelle des dirigeants sociaux envers les créanciers dans les sociétés «in bonis»

146 On se bornera dans cette brève introduction à mentionner les principales questions posées. En effet, le sujet de la responsabilité non-contractuelle des dirigeants sociaux de sociétés in bonis, est vaste, complexe et intéressant.

Intéressant parce qu'il touche à quelques principes généraux; vaste et complexe parce qu'il ne peut être appréhendé que comme une série d'exceptions à la règle générale, que si la société est in bonis, il n'y a pas lieu de rechercher la responsabilité personnelle de ses dirigeants. Or ces exceptions ont diverses origines: elles tiennent à l'existence de droits spécifiques dont les dispositions trouvent application au sein même du droit des sociétés (droit du travail, droit fiscal, etc.) et aussi à la persistance de la responsabilité individuelle des dirigeants parce que la frontière entre leurs actes personnels et ceux d'organes de la société n'est pas toujours évidente, qu'elle soit fixée par la loi (cas de la responsabilité des fondateurs), ou qu'elle résulte des circonstances (cas des fautes de gestion détachables de la fonction elle-même), ce qui pose le problème de l'application aux dirigeants du droit commun de l'article 1382 du Code civil.

§ 1 L'application des droits spécifiques

147 On mentionnera simplement l'existence de dispositions particulières pouvant entraîner la mise en jeu de la responsabilité personnelle des dirigeants sociaux.

1. Les règles relatives au droit du travail

148 Elles font prévaloir la notion d'autorité hiérarchique sur la personnalité juridique de l'employeur. D'où la responsabilité personnelle du dirigeant comme étant titulaire de l'autorité, et les problèmes liés à la délégation de responsabilité, notamment en matière de sécurité. On remarquera qu'il y a là un aspect de sanction plus proche des mécanismes du droit pénal et plus liés à la prévention des infractions qu'à la réparation du préjudice subi. La société étant «in bonis», il est en effet plus avantageux pour les tiers, c'est-à-dire les salariés, de poursuivre le patrimoine social.

2. Les règles relatives au droit fiscal

Elles ne peuvent être explicitées dans la présente introduction, sauf à **149** souligner qu'ici encore il s'agit plus de la prévention et de la répression d'éventuelles infractions que de la recherche de la réparation du préjudice.

3. D'autres régimes particuliers

D'autres régimes particuliers peuvent contenir des dispositions **150** dont l'application conduira à écarter les règles habituelles pour la mise en jeu de la responsabilité des dirigeants sociaux (cas de la réglementation boursière, par exemple).

§ 2 Le maintien de la responsabilité personnelle des dirigeants sociaux

Ce maintien peut trouver son origine dans les textes liés à certaines **151** situations (celle de fondateur) ou dans l'application du droit commun.

1. La responsabilité des fondateurs de société

Elle est prévue par l'article 1840 du Code civil ainsi que par l'article **152** 7 de la loi du 24 juillet 1966 sur les sociétés commerciales. En raison de la nature dérogatoire de ces textes, il y a lieu de les appliquer strictement, en relevant qu'ils ne trouvent application que dans l'accomplissement des formalités prescrites pour la constitution de la société.

Par ailleurs, ne sont concernées que les personnes mentionnées par le texte, c'est-à-dire les premiers membres des organes sociaux de gestion, de direction ou d'administration.

On a discuté du point de savoir si cette énumération pouvait s'éten- **153** dre aux dirigeants de fait. Cela semble en effet possible s'ils ont la qualité de fondateurs, fonction que le texte ne définit pas clairement.

Pour intéressante qu'elle soit, cette discussion demeure assez théorique vu le petit nombre de cas d'application.

Il convient en effet de rappeler qu'il ne s'agit que des préjudices liés au non accomplissement des formalités de constitution et qu'il reste toujours possible de rechercher la responsabilité des dirigeants de fait sur la base du droit commun.

2. *L'application du droit commun*

154 On remarquera que par droit commun on vise les actions fondées sur l'article 1382 du Code civil. En effet, les actions sociales proprement dites ne sont pas ouvertes aux tiers créanciers. Elles ne le sont qu'aux associés.

Seuls les obligataires peuvent bénéficier d'une action à l'encontre des dirigeants, mais cette action ne peut être que collective et exercée par le ou les représentants de la masse.

155 Le cas le plus fréquent est donc celui du recours à l'article 1382 du Code civil. Bien qu'il s'agisse ici de l'application du droit commun, il est remarquable que la prescription de l'action en responsabilité soit non pas la prescription décennale, qui est la durée commune en matière commerciale, mais la prescription triennale.

156 La mise en jeu de la responsabilité du dirigeant ne peut prospérer que pour autant que sont réunies les conditions d'application de l'article 1382: un préjudice, qui est la conséquence de la faute du dirigeant. Comme celui-ci agit en tant qu'organe social, c'est bien la société qui est l'auteur du dommage. Pour qu'il en aille autrement, il faut une faute de gestion détachable de la fonction. On a souligné à cet égard l'analogie avec la faute détachable du service du droit administratif.

Cependant, on peut remarquer qu'en commettant une faute détachable de sa fonction, ce n'est plus le dirigeant ès-qualités qui encourt sa responsabilité personnelle, mais l'auteur du dommage purement et simplement. C'est là la difficulté et le paradoxe de la matière. Dès l'instant que l'action aboutit, ce n'est plus le dirigeant social qui est condamné.

157 Il reste que la «panoplie» des fautes de gestion détachables est infinie. Un cas particulièrement paradoxal est celui du dirigeant créant une société dont les moyens financiers ne lui permettent pas de survivre à terme.

Comme lorsque le préjudice apparaîtra, la société par hypothèse ne sera plus «in bonis», nous nous trouvons déjà au cas de figure étudié dans l'exposé suivant.

Section 3: Cas des dirigeants dont la responsabilité est recherchée alors que leur société est en redressement judiciaire

Lorsque dans le cadre d'une procédure collective ouverte au bénéfice d'une société, les dirigeants de cette dernière se voient assignés personnellement en responsabilité par un ou plusieurs créanciers, le tribunal doit tout d'abord rechercher si le préjudice invoqué par lesdits créanciers est dissociable ou non du préjudice subi pour l'ensemble des créanciers. **158**

§ 1 L'article 31 du Nouveau Code de Procédure Civile (NCPC)

Si l'article 31 du Nouveau Code de Procédure Civile (NCPC) dispose: «l'action est ouverte à tous ceux qui ont un intérêt légitime au succès ou au rejet d'une prétention, sous réserve des cas dans lesquels la loi attribue le droit d'agir aux seules personnes qu'elle qualifie pour élever ou combattre une prétention, ou pour défendre un intérêt déterminé», la loi précitée de 1985 a expressément réservé au seul représentant des créanciers et/ou liquidateur le droit d'agir «au nom et dans l'intérêt des créanciers …» (art. 46). **159**

Dès lors, toute action ayant un objet patrimonial ne peut être exercée que par le représentant des créanciers qui se voit seul attribuer le droit d'agir, paralysant ainsi, selon l'article 31 du NCPC sus visé, l'action individuelle des créanciers.

En outre, l'action prévue par l'article 180 de la loi du 25 janvier 1985 tendant à faire supporter par les dirigeants de fait ou de droit tout ou partie de l'insuffisance d'actif d'une personne morale est interdite au créancier agissant individuellement; le droit d'agir n'étant ouvert qu'au tribunal et aux personnes visées à l'article 183 au nombre desquelles se trouve le représentant des créanciers ou le liquidateur.

La jurisprudence et la doctrine dominantes écartent dans ces conditions les actions individuelles des créanciers lorsque celles-ci prennent leur source dans un intérêt collectif par opposition à l'intérêt individuel[1].

---

1 Derrida, Gode et Sortais Redressement et Liquidation Judiciaire des Entreprises, 3ème ed. 1991, p. 378: «L'intérêt individuel est distinct de celui d'être payé de sa créance ce qui est pris en compte dans l'intérêt collectif».

§ 2 Hypothèse où le tribunal retiendrait la dissociabilité du préjudice individuel de certains créanciers du préjudice collectif de la totalité des créanciers

160 Dans l'hypothèse où le tribunal retiendrait la dissociabilité du préjudice individuel de certains créanciers, du préjudice collectif de la totalité des créanciers et déclarerait recevables leurs actions, le produit de celles-ci devrait néanmoins entrer dans le patrimoine du débiteur et non dans celui du créancier.

Cette solution est commandée par les dispositions des articles 46 et 180 de la loi du 25 janvier 1985 qui précise que: «les sommes recouvrées à la suite des actions du représentant des créanciers (article 46 alinéa 2.) les sommes versées par les dirigeants (article 180 alinéa 3.) entrent dans le patrimoine du débiteur (articles 46 et 180) et sont réparties entre tous les créanciers …»

Ainsi, même si l'action individuelle est retenue, elle ne pourra prospérer que dans l'intérêt de l'ensemble des créanciers: exercice individuel mais produit collectif. Dès que l'action, fut-elle exercée individuellement prend sa source dans l'intérêt collectif des créanciers, elle ne peut avoir d'autre finalité que la reconstitution du patrimoine du débiteur au profit de l'ensemble des créanciers. C'est-à-dire que de telles actions procurent le même résultat que l'exercice de l'action de l'article 180: même des actions qui auraient, sur le fondement de l'article 1382, un autre terrain que celui de la faute de gestion, n'appartiendrait qu'au Représentant des Créanciers. Mais, en aucun cas, pour l'application de l'art 180, un créancier individuel ne saurait être titulaire de cette action, **ni ut singuli**, faute de personnalité morale de la masse qui a disparu dans les nouveaux textes de 1985, **ni personnellement et individuellement**, puisque le législateur a voulu que le résultat de l'action soit obligatoirement collectif[2].

---

2 Les propos précédents se rapportent à plusieurs questions qu'il convient de distinguer:
La première concerne le cumul éventuel des dispositions de l'article 180 de la loi de 1985 et de l'article 1382 du Code civil. Selon une première conception, le préjudice collectif subi par les créanciers ne peut être réparé que dans le cadre de l'action en comblement du passif de l'article 180 précité. C'est la conception du Tribunal de Commerce de Paris. Selon une autre conception, qui semble être celle de la Cour de Cassation française, la réparation du préjudice collectif subi par les créanciers pourrait également être fondée sur les dispositions de l'article 1382 du Code civil dans la mesure où l'action en comblement du passif ne permettait pas la réparation intégrale de ce préjudice.
La deuxième concerne la possibilité pour un ou plusieurs créanciers d'agir au nom des créanciers – que ce soit sur le fondement de l'article 180 de la loi de 1985 ou de l'article 1382 du Code civil – lorsque le représentant des créanciers n'agit pas lui-même. Aux

§ 3 Justification de l'impossibilité de faire coexister de telles actions

Cette impossibilité de faire co-exister de telles actions pouvant trouver leurs fondements d'une part dans la responsabilité d'une faute de gestion, et d'autre part dans celle de droit commun, se justifie, de surcroît, en raison des échelles différentes prévues pour la réparation du préjudice. **161**

En effet, l'article 180 de la loi du 25 janvier 1985 fonde la responsabilité sur la faute de gestion prouvée et laisse cependant le pouvoir au juge de modérer le montant de la réparation: «... Le tribunal peut, en cas de faute de gestion ayant contribué à cette insuffisance d'actif, **décider que les dettes de la personne morale seront supportées, en tout ou en partie ...»**

Même en cas de faute prouvée, le tribunal a donc la faculté de ne pas mettre à la charge des dirigeants, dont la faute serait reconnue, l'intégralité de l'insuffisance d'actif. Les responsabilités organisées par cet article sont donc une simple application particulière du principe général posé par l'article 1382 du code civil, avec pour seule dérogation la faculté pour le juge de modérer la réparation. On pourrait en déduire que la co-existence des actions du Syndic et des créanciers agissant individuellement, telle qu'elle existait sous l'ancienne loi sur la faillite du 13 juillet 1963, ne saurait subsister. Elle ne se justifierait plus, puisque ces actions auraient le même fondement et tendraient à la réparation d'un même préjudice. Leur caractère inconciliable est mis en évidence par le pouvoir modérateur du Juge, même en cas de faute prouvée, qui n'existe que dans le cadre de l'article 180.

Admettre le contraire serait accepter l'hypothèse de deux actions concurrentes, fondées sur le même principe tendant à un même objet et aboutissant à des décisions possiblement différentes et, par conséquent, antagonistes.

Les créanciers, agissant individuellement dans le cas d'une faute de gestion sur le fondement de la responsabilité de droit commun, apparaîtraient donc aujourd'hui irrecevables. La Cour d'Appel de Paris

---

termes de la loi de 1985, le groupement des créanciers n'a plus la personnalité morale. Dès lors, il semble qu'un créancier ne puisse plus intenter l'action «ut singuli».

La troisième et dernière question concerne la possibilité pour un créancier de demander – sur le fondement de l'article 1382 du Code civil – la réparation d'un préjudice individuel de celui subi par l'ensemble des créanciers.

dans un arrêt du 18 juin 1991 a du reste jugé: «qu'il importe peu que les fautes de gestion invoquées par les mandataires de justice soient différentes de celles invoquées par les Sociétés appelantes, puisque l'exercice de l'action en comblement du passif leur est interdit; considérant enfin que le régime institué par l'article 180 de la loi du 25 janvier 1985 qui, en cas de faute de gestion prouvée, permet au tribunal de mettre à la charge des dirigeants de fait ou de droit tout ou partie de l'insuffisance d'actif, exclut qu'un créancier dont la créance est née antérieurement à l'ouverture du redressement judiciaire puisse agir sur le même fondement en demandant la réparation totale du préjudice causé par la perte de da créance ou par l'immobilisation de celle-ci».

Section 4: La responsabilité des dirigeants après la procédure de redressement judiciaire

162 A la suite de l'ouverture d'une procédure de redressement judiciaire, trois possibilités sont à envisager quant au devenir de l'entreprise. Celles-ci sont successivement la liquidation judiciaire, la cession de l'entreprise ou enfin la mise en place d'un plan de continuation.

Il convient donc d'examiner la question de la responsabilité des dirigeants de l'entreprise à l'égard des créanciers dans le cadre de ces trois éventualités. Nous suivrons en cela l'architecture de la loi du 25 janvier 1985. Pour ce faire, il convient de préciser pour chacune d'entre-elles, qui doit être ou peut être considéré comme dirigeant de l'entreprise.

§ 1 La liquidation judiciaire

163 En vertu de l'article 152 de la loi de 1985, le débiteur est dessaisi, lors de la déclaration de liquidation, de l'administration et de la disposition des biens de l'entreprise. Un liquidateur est désigné par le tribunal. Sa mission consiste à réaliser l'actif et à apurer le passif de l'entreprise.

Il est investi de larges pouvoirs qui vont de la représentation de la société à la faculté de céder les différents éléments qui composent son actif. Il peut également engager l'entreprise, continuer l'activité de celle-ci, ou payer les créanciers (art. 412 de la loi de 1966 sur les sociétés commerciales).

Le liquidateur est, ainsi que le précise l'art. 400 de la loi de 1966, «responsable, à l'égard tant de la société que des tiers des conséquences dommageables des fautes par lui commises dans l'exercice de ses fonctions».

En plus de cette responsabilité civile, le liquidateur encourt des sanctions pénales définies aux art. 486 et suivants de la loi de 1966, dès lors qu'il n'aura pas respecté des obligations liées à ses fonctions.

La responsabilité du liquidateur se prescrit par trois ans à partir du fait dommageable ou de sa révélation. Si un administrateur est maintenu en fonction, sa responsabilité suit les mêmes règles ou principes.

§ 2 La cession de l'entreprise

Il convient de préciser que l'objet de la cession de l'entreprise comme le choix des repreneurs relève du Tribunal de Commerce (L. 1985, art. 91). **164**

L'administrateur passe tous les actes nécessaires à la réalisation de la cession, il peut également confier la gestion de l'entreprise cédée au cessionnaire.

Sa responsabilité pourra donc être engagée en vertu de ces deux dispositions prévues par l'art. 87 de la loi de 1985. La question, source de nombreux conflits, qui se pose ici est de savoir à quel moment la cession a-t-elle eu lieu ou en d'autres termes quand les responsabilités civile et/ou pénale seront transférées du liquidateur voire de l'administrateur, au(x) repreneur(s).

Le commissaire à l'exécution est désigné par le tribunal, il répartit le prix de cession entre les différents créanciers. Ses fonctions ne prennent fin que lorsque le paiement intégral aura été effectué. Sa responsabilité sera de même nature que celle de l'administrateur.

Le ou les repreneurs seront une fois la cession opérée, considérés comme les véritables dirigeants de la société, le mandat de l'administrateur prenant fin avec leur entrée en fonction.

§ 3 La continuation des activités de l'entreprise

165 «Lorsqu'il existe des possibilités sérieuses de redressement et de règlement du passif» (L. 1985, art. 69), le tribunal décide de la continuation de l'entreprise.

Le plan de continuation restitue au débiteur l'administration de son
entreprise, sous réserve du contrôle exercé par le commissaire à l'exécution du plan.

Le débiteur doit régler son passif antérieur au jugement déclaratif,
dans les conditions arrêtées par le tribunal, sous la menace de cession ou de liquidation. Des délais ont pu être accordés soit directement par les créanciers, soit imposés uniformément par le tribunal.
Le débiteur est tenu de respecter la priorité accordée aux créances
nées au cours de la période d'observation (L. 1985, art. 40).

Les responsabilités du dirigeant ou débiteur au cours du plan de continuation sont identiques à celles qui peuvent être invoquées lorsque
la société est «in bonis». A cette responsabilité du dirigeant, il convient d'ajouter celle du commissaire à l'exécution du plan qui ne varie pas par rapport au cas précédent de la cession de l'entreprise.

Die Eigenhaftung von Geschäftsleitern gegenüber den Gesellschaftsgläubigern in der deutschen Rechtsprechung

Horst Roesner

Wir unterscheiden in der Haftung des Geschäftsleiters gegenüber **166** den Gesellschaftsgläubigern zwei Arten von Gesellschaften. Das wären einmal die Personengesellschaften, hier speziell die Personenhandelsgesellschaften. Das sind bei uns die offene Handelsgesellschaft, die Kommanditgesellschaft und die Kommanditgesellschaft auf Aktien. Sie sind keine juristischen Personen, der personelle Charakter steht da im Vordergrund. Andererseits gibt es bei uns die Kapitalgesellschaften, die juristische Personen sind. Das sind die Aktiengesellschaft, die Gesellschaft mit beschränkter Haftung und die Genossenschaft.

Nun zur Eigenhaftung der Geschäftsleiter. Sie ist unterschiedlich ge- **167** regelt: Bei den Personenhandelsgesellschaften sind die Gesellschafter oder mindestens einige von ihnen zugleich die Geschäftsführer. Die Kommanditisten, die nur beschränkt haften, sind von der Geschäftsführung ausgeschlossen. Demzufolge sind es immer persönlich haftende Gesellschafter, die die Geschäftsführung innehaben. Wie schon der Name sagt, haften sie für alle Handlungen, die sie vornehmen, auch persönlich mit ihrem gesamten privaten Vermögen. Anders bei den Kapitalgesellschaften, die juristische Personen sind. Bei diesen haftet grundsätzlich nur das Gesellschaftsvermögen.

Davon gibt es im deutschen Recht verschiedene Ausnahmen: Sie gründen einmal auf deliktrechtlichen Bestimmungen, die bestimmte Tatbestände kennen, und schließlich auf dem Institut des von der Rechtsprechung herausgebildeten Verschuldens bei Vertragsschluß, der culpa in contrahendo. Diese Ausnahmen darf ich Ihnen in einzelnen Fallgruppen kurz vorstellen.

Das wäre einmal eine Haftung des Geschäftsführers wegen vorsätzli- **168** cher sittenwidriger Schädigung, nach § 826 des Bürgerlichen Gesetzbuches. Wenn der Geschäftsleiter vorsätzlich handelt und sein Verhalten als sittenwidrig zu bewerten ist, dann muß er persönlich für die Folgen einstehen. Im Vordergrund steht da die Täuschung über die Geschäftslage. Wenn das Unternehmen schlecht dasteht, in einer Krise ist oder die Krise kurz bevorsteht, dann nimmt man an, daß eine Aufklärungspflicht demjenigen gegenüber besteht, der mit dieser Gesellschaft in Beziehung treten will; der Geschäftsleiter muß also dann aufklären, wenn er weiß oder damit rechnet, daß die Gesellschaft die eingegangenen Verpflichtungen nicht wird erfüllen können, weil sie zahlungsunfähig ist oder weil eine Überschuldung bevorsteht. Eine sittenwidrige Schädigung hat man nicht angenommen, wenn der Geschäftsleiter berechtigterweise der Ansicht sein kann, daß das Unternehmen in kürzerer Zeit gerettet werden kann, daß eine Sanierung, die schon vorgeplant sein muß, gelingen wird. Dann hält man eine Nichtaufklärung jedenfalls nicht für sittenwidrig.

169 Dann gibt es Fälle strafrechtlichen Verhaltens, die ebenfalls zu einer persönlichen Haftung führen, nämlich Betrug, wenn der Geschäftsleiter über eine schlechte Vermögenslage täuscht oder wenn er die gebotene Aufklärung unterläßt und dadurch einen Dritten dazu veranlaßt, Leistungen an die Gesellschaft zu erbringen, für die er keine Gegenleistung bekommen wird. Wenn der Geschäftsführer das weiß und in der Absicht handelt, sich einen ungerechtfertigten Vorteil zu verschaffen, dann begeht er einen Betrug und muß für die Folgen einstehen.

Weiter gibt es strafrechtliche Regelungen über den Bankrott. Bei solchen Bankrotthandlungen wird auch eine persönliche Haftung ausgelöst. Das sind z. B. die Veräußerung von Vermögensgegenständen in der Krise oder kurz bevor die Gesellschaft in die Krise gerät, die Verschleuderung von auf Kredit beschafften Wertpapieren oder Waren oder eine fehlerhafte Buchhaltung oder Bilanzierung. Hier wird auch fahrlässiges Verhalten zu einer persönlichen Haftung führen.

170 Es gibt schließlich eine besondere Regelung über die Konkursantragstellung. Der Geschäftsführer muß den Konkurs beantragen, wenn die Gesellschaft zahlungsunfähig geworden ist oder wenn sie überschuldet ist. Diese Regelung ist als Schutzgesetz zugunsten der Gesellschaftsgläubiger zu verstehen. Wenn dieses Schutzgesetz vom Geschäftsleiter verletzt wird, dann hat er auch persönlich dafür einzustehen. Zu unterscheiden ist bezüglich des daraus abgeleiteten Schadensersatzanspruchs zwischen Altgläubigern und den Neugläubigern. Maßgeblich ist der Zeitpunkt, in dem diese Personen in Geschäftsbeziehungen zur Gesellschaft treten. Geschieht das vor Eintritt der Krise, vor Konkursreife, dann sind das Altgläubiger und diejenigen, die erst danach in Unkenntnis der Lage in Beziehung zur Gesellschaft treten sind, also die Neugläubiger. Bei Altgläubigern ist der Schadensersatzanspruch beschränkt auf den Betrag, um den sich ihre Konkursquote verschlechtert hat durch die verspätete Antragstellung. Es muß also die Differenz gebildet werden zwischen der tatsächlich erzielten Quote, der zugewiesenen Quote und der hypothetischen Quote, die sich ergeben hätte, wenn schon vorher rechtzeitig der Konkursantrag gestellt worden wäre. Da ist oftmals nur eine geringe Spanne, die sehr schwer nachzuweisen ist. Bei Neugläubigern hat man bis vor kurzem auch eine Beschränkung auf den Quotenschaden angenommen. Der Bundesgerichtshof möchte an dieser Auffassung aber nicht mehr festhalten. Neugläubigern gegenüber soll jetzt bei Konkursverschleppung voller Schadensersatz geleistet werden. Denn wenn der Konkurs rechtzeitig beantragt worden wäre, hätte sich wohl niemand mehr auf Geschäfte mit dieser Gesellschaft eingelassen und ein Schaden wäre dadurch vermieden worden. Das rechtfertigt es, Neugläubigern gegenüber einen vollen Schadensersatz zu gewähren.

Wir haben dann Ansprüche aus culpa in contrahendo. Sie haben weniger Bedeutung, weil sie nur in ganz engen Fällen anwendbar sind. **171** Viel wichtiger sind die eben genannten deliktischen Ansprüche. Ich möchte aber auch die Anspruchsmöglichkeiten aus culpa in contrahendo kurz darlegen. Da wäre einmal eine Haftung wegen Inanspruchnahme besonderen persönlichen Vertrauens, wenn ein Geschäftsleiter bei den Verhandlungen mit einem Geschäftspartner eine besondere persönliche Gewähr abgibt für die Richtigkeit und Vollständigkeit seiner Erklärungen. Wenn er eine Erklärung abgibt, die zwar keine direkte Garantie ist, aber so etwas Ähnliches, dann muß er, wenn er dieses Vertrauen enttäuscht, dafür einstehen und Ersatz leisten. Das sind hauptsächlich Fälle, in denen der Geschäftsleiter eine eigene, besondere Sachkunde oder eine besondere Zuverlässigkeit in den Vertragsverhandlungen herausstellt, so daß ein besonderes Vertrauen in ihn persönlich begründet wird, oder wenn verwandtschaftliche Beziehungen oder enge freundschaftliche Beziehungen vorhanden sind.

Dann gibt es noch die Möglichkeit einer Haftung wegen wirtschaftlichen Eigeninteresses. Wenn ein Geschäftsführer besonderes per- **172** sönliches Interesse an dem Geschäft hat, weil er daraus einen eigenen Nutzen erstrebt und quasi in eigener Sache tätig wird, kann eine persönliche Haftung möglich sein. Bisher hat man diese Fälle nur

noch
172 sehr eng ausgelegt und nur in seltenen Ausnahmefällen eine Haftung angenommen. Es genügt z. B. nicht eine hohe kapitalmäßige Beteiligung, selbst wenn der Geschäftsführer zugleich der alleinige Gesellschafter, also wirtschaftlich der Inhaber des Unternehmens ist. Es genügen auch keine Provisionsinteressen, die der Geschäftsführer an den einzelnen Geschäften hat, um eine persönliche Haftung zu begründen. Nur wenn zusätzliche besondere Umstände hinzutreten, dann kann man zu einer persönlichen Haftung gelangen.

Hier hat sich in jüngster Zeit auch ein Wandel in der Rechtsprechung gezeigt. Der Bundesgerichtshof hat zu erkennen gegeben, daß er eine weitere Einschränkung vornehmen möchte. Bislang hat man nämlich angenommen, daß dann, wenn ein Geschäftsführer neben der kapitalmäßigen Beteiligung auch noch Bürgschaften oder Sicherheiten geleistet hat für die Gesellschaftsgläubiger, ein solches Eigeninteresse gegeben wäre, das eine persönliche Haftung gegen ihn begründen kann. Diese Auffassung möchte der Bundesgerichtshof aufgeben. Solche Gesellschaftersicherheiten sollen also nicht mehr einen Haftungsgrund abgeben. Das beruht darauf, daß solche Leistungen, wenn sie in der Krise gewährt werden, eigentlich Kapitalersatz sind und kapitalersetzende Leistungen nach bestimmten Vorschriften des GmbH- und Aktienrechtes nicht zurückgefordert werden können, solange die Krise andauert. In Wirklichkeit ist es eine verdeckte Kapitalzufuhr, eine Kapitalaufstockung auf indirektem Wege. Wenn das nun nach außen hin formell als Einlage, als Kapitalerhöhung ausgewiesen wäre, dann ist anerkannt, daß dies keine persönliche Außenhaftung begründet, und dann ist nicht einzusehen, warum eine persönliche Haftung gegeben sein soll, wenn solche Sicherheitsleistungen auf indirektem Wege geschehen.

Beim sogenannten wirtschaftlichen Eigeninteresse bleiben nach der bisherigen Rechtsprechung unter Berücksichtigung dieser neuesten Entwicklung eigentlich nur noch zwei weniger bedeutsame Fallgruppen übrig. Das ist dann, wenn die Tätigkeit des Vertreters auf die Beseitigung von Schäden abzielt, für die er andernfalls von der Gesellschaft in Anspruch genommen würde, wenn er also hier quasi einen eigenen Fehler ausgleichen will durch das Geschäft, oder wenn er die Leistung des Vertragspartners nicht der Gesellschaft, sondern an dieser vorbei sich selbst zuführt.

173 Erwähnen möchte ich noch einen weiteren Fall der persönlichen Eigenhaftung. Nach deutschem Recht werden juristische Personen erst rechtlich existent, wenn sie im Handelsregister eingetragen sind. Man kann aber schon vor Eintragung Geschäfte tätigen, und wenn der Geschäftsleiter das in dieser Phase tut, dann haftet er nach ausdrücklicher gesetzlicher Bestimmung persönlich für solche Geschäfte im Gründungsstadium. Nur kommt dieser Haftung keine besondere Bedeutung zu. Nach der Rechtsprechung geht dann, wenn die Gesellschaft eingetragen wird, diese persönliche Haftung automatisch auf die Gesellschaft über, und der Handelnde wird dann frei. Diese Haftung besteht also nur in einer Zwischenphase. Es kann natürlich vorkommen, daß die Gesellschaft nicht eingetragen wird. Dann bleibt es bei dieser persönlichen Haftung. Aber auch hier hat die Rechtsprechung Institute geschaffen, die dieser Haftungsregelung weniger Gewicht verleihen, weil man nämlich annimmt, daß die Vorgesellschaft auch selbst haftet. Wenn sie zustimmt, daß schon vor Eintragung Geschäfte getätigt werden, dann gehen die Rechte und Pflichten auf diese Vorgesellschaft über. Es ist auch weiter sichergestellt, daß im Gründungsstadium das aufzubringende Kapital erhalten werden muß, wenn es durch Geschäfte vor Eintragung teilweise verlorengeht. Dann müssen die Gesellschafter, die diese Gesellschaft gegründet haben, diesen fehlenden Betrag wieder ersetzen; das ist eine Differenzhaftung wegen Unterkapitalisierung. Also ist dann immer ein Anspruch gegen die Gesellschafter da, auf die die Gesellschaftsgläubiger zugreifen können, so daß die persönliche Haftung selbst hier in diesem Gründungsstadium keine große Bedeutung hat.

noch **173**

Auszug aus der Diskussion /
Extraits de la discussion:

Facques:

174 Je voudrais simplement indiquer que les administrateurs provisoires encourent la même responsabilité que les dirigeants d'entreprise. Il arrive en effet que des entreprises rencontrent des difficultés de fonctionnement au niveau soit de leur direction, soit de leur actionnariat, sans pour autant être en faillite. Dans cette hypothèse, un administrateur provisoire peut être désigné par le président du tribunal, cet administrateur provisoire ayant pour mission de remplacer momentanément soit le gérant de la société, soit le président-directeur-général. L'administrateur provisoire dirige alors l'entreprise et, à ce titre, encourt les mêmes responsabilités que le dirigeant normal de l'entreprise, c'est-à-dire le gérant ou le président-directeur-général ou les administrateurs. Cette responsabilité peut même être plus lourde que celle du dirigeant normal, compte tenu du professionnalisme de l'administrateur judiciaire, qui est un juriste, un opérateur de droit, et qui ne peut ignorer le fonctionnement de l'entreprise, ses contraintes, à la différence souvent du chef d'entreprise qui, s'il est un excellent gestionnaire, n'est pas toujours au fait des règles juridiques. La responsabilité des administrateurs est, il est vrai, parfois atténuée par rapport à celle des dirigeants normaux dans la mesure où bien évidemment, il n'y a pas d'intérêt capitalistique de la part de l'administrateur qui gère l'entreprise. Il intervient en effet dans une période de crise, une période troublée, et la jurisprudence comprend par certains côtés qu'il se trouve dans une situation complexe et difficile, ce qui peut lui valoir quelques circonstances atténuantes.

Dans le cas où l'entreprise est en faillite, la loi de 1985 prévoit, au moins pour les entreprises d'une certaine importance, la désignation d'un administrateur judiciaire qui peut avoir trois fonctions selon les cas. Il peut être désigné soit pour exercer une surveillance sur l'entreprise et rendre compte au tribunal, soit pour assister le dirigeant en titre de l'entreprise, soit pour gérer directement l'entreprise, se substituant ainsi au dirigeant en titre.

Dans ce dernier cas, la responsabilité de l'administrateur judiciaire est absolument identique à celle de l'administrateur provisoire,

110

étant entendu que la loi de 1985 le soumet à certaines obligations particulières.

Lorsque l'administrateur judiciaire a pour mission d'assister le dirigeant normal, la responsabilité de l'administrateur se trouve déjà beaucoup plus atténuée, dans la mesure où le chef d'entreprise conserve son pouvoir de gestion. La seule chose, c'est que, lorsqu'il y a des décisions importantes, le chef d'entreprise doit avoir l'accord préalable de l'administrateur, lequel est susceptible de voir sa responsabilité engagée à cette occasion.

Enfin, lorsque l'administrateur est simplement appelé à surveiller l'entreprise, la responsabilité de l'administrateur est évidemment encore plus atténuée. Il peut cependant commettre des fautes susceptibles d'engager sa responsabilité s'il n'est pas suffisamment vigilant. Il en va de même du représentant des créanciers dont la responsabilité peut également être engagée s'il manque à ses obligations.

Les administrateurs judiciaires et mandataires liquidateurs, pour l'exercice de leurs fonctions, ont une caisse de garantie instituée par la loi. Cette caisse couvre leur garantie professionnelle.

Roesner:

Es ist ausgeführt worden, daß der Geschäftsleiter, wenn er eine persönliche Pflichtverletzung begangen hat, außerhalb seiner Funktion als Geschäftsleiter wie ein Dritter dasteht, der hierfür ebenfalls in Anspruch genommen werden könnte. Ist diese Haftung des Geschäftsleiters auch möglich, solange die Gesellschaft noch in bonis ist? Oder kommt das in dieser Phase nicht in Betracht? **175**

Ballot-Léna:

Le cas que j'avais envisagé tout à l'heure était le cas où la société était in bonis. C'est possible bien entendu lorsque la société est défaillante, mais c'est possible aussi lorsque la société est in bonis.

Tible:

Je pense, comme le Président Ballot-Léna, que l'on peut bien entendu rechercher la responsabilité du dirigeant quand la société est in bonis. Mais le plus souvent, c'est dans le cadre de la procédure de faillite que le dirigeant est poursuivi, le droit de la faillite offrant tout de même plus de facilités. A cet égard, je suis un peu envieux si je songe aux possibilités qu'ouvre le droit allemand en ce domaine. Il est toujours très difficile, même en cas de procédure collective, de démontrer la faute du dirigeant. C'est toujours un problème extrêmement délicat et je pense qu'en Allemagne, il est plus facile de poursuivre les dirigeants.

Häring:

176 Könnte man von französischer Seite auf die Unklarheit eingehen, die sich z. B. aus Art. 52 des Gesetzes von 1966 ergibt, wo es heißt, daß die Geschäftsführer auch gegenüber Dritten bei Fehlern der Geschäftsführung haften? Ist dies eine direkte Haftung oder wie wird das in der französischen Rechtsprechung ausgelegt?

Facques:

C'est la volonté du législateur français que cette action, que nous appelons aussi action ut singuli, soit menée par les actionnaires de la société à l'encontre de leurs dirigeants, président du conseil d'administration ou conseil d'administration.

Nous avons connu personnellement une action ut singuli qui était menée par un administrateur contre son président. C'était assez paradoxal puisque, du fait de la loi de 1966, les administrateurs, à partir du moment où ils ont assisté au conseil d'administration sans protester contre une résolution ou sans quitter l'assemblée ou démissionner, encourent exactement les mêmes responsabilités que leur président. Il est vrai cependant que c'est relativement rare que les administrateurs soient poursuivis au même titre que leur président. Voilà pour ce qui est de cette action sociale que les créanciers à mon sens ne peuvent pas exercer.

Roesner:

177 Ich möchte vielleicht noch ganz kurz versuchen herauszustellen, wo es Parallelen zwischen unseren beiden Rechtsordnungen gibt. Es ist mir jetzt in der Diskussion aufgefallen, daß bei Ihnen das Gesetz vom 25. 1. 1985 zum Insolvenzverfahren eine bedeutende Rolle spielt. Es ermöglicht es dem Handelsgericht, dem Tribunal de Commerce, zu bestimmen, ob die Geschäftsleiter wegen Fehlern bei der Geschäftsführung mit dazu beitragen müssen, die Schulden des Unternehmens zu begleichen. Das Gericht kann wohl je nach den Umständen des Falles und nach dem Verschuldensgrad entscheiden, welcher Betrag aufzubringen ist. Eine Entsprechung gibt es auch im deutschen Recht, wenn nämlich der Geschäftsleiter die Geschäfte schlecht geführt und das Unternehmen vielleicht sogar in den Konkurs getrieben hat. Er hat dann seine Pflichten aus dem Anstellungsvertrag gegenüber der Gesellschaft verletzt und der Gesellschaft durch den Konkurs auch einen Schaden zugefügt. Hier besteht ein Schadensersatzanspruch der Gesellschaft gegen den Geschäftsleiter. Die Frage ist nur, in welcher Höhe dieser Schaden festzustellen ist. Das ist mit Sicherheit sehr schwierig, jedenfalls ist es Aufgabe des Konkursverwalters, diesen Schadensersatzanspruch als Aktivposten der Masse zu verfolgen. Nach Möglichkeit muß der Verwalter den Anspruch einziehen, notfalls einklagen. Der Erlös kommt dann der gleichmäßigen Befriedigung aller Gläubiger zugute. Das ist also vom Ergebnis her etwas Ähnliches wie bei Ihrem Gesetz von 1985. Wenn das auch kein Anspruch der Gesellschaftsgläubiger ist, sondern ein Anspruch der Gesellschaft, kommt er doch den Gesellschaftsgläubigern zugute. Allerdings ist das französische Gericht hier offenbar in einer besseren Position, weil es nach seinem Ermessen Beträge festsetzen kann. Das deutsche Gericht müßte dann ganz genau prüfen, wie hoch der Schaden war, den der Geschäftsleiter durch seine schlechte Unternehmensführung angerichtet hat. Das kann sehr schwierig sein und in Frankreich ist es hier leichter möglich, einen solchen Ersatzanspruch festzulegen.

Vielleicht eines noch: Der Konkursverwalter und der Vergleichsverwalter entsprechen dem französischen Insolvenzverwalter. Der Vergleichsverwalter muß bei uns auch überwachen und dafür sorgen, daß das Unternehmen wieder saniert werden kann. Diese vom Gericht eingesetzten Verwalter sind in Deutschland ebenso persönlich verantwortlich, wenn sie ihre Pflichten verletzten. Dann können von allen Beteiligten, die dadurch einen Schaden erlitten haben, Ansprüche gegen sie erhoben werden. Hier ist also eine ähnliche Regelung gegeben wie nach dem französischen Recht, wo auch die Verwalter haften, wenn sie ihre Pflichten verletzen. Darüber hinausgehend ist vielleicht nach deutschem Recht die Möglichkeit, einen Anspruch gegen die Geschäftsführer geltend zu machen, etwas weitergehender als im französischen Recht, weil dort allenfalls diese „faute détachable" in Frage kommt. Das ist aber insofern auch wieder etwas Ähnliches, als es auf ein besonderes persönliches Verschulden

178

abstellt. Wenn man sich die deutschen Tatbestände mal vor Augen hält, die den Anspruch eines Gläubigers gegen den Geschäftsleiter zulassen, dann sind es auch besondere persönliche und schuldhafte Verhaltensweisen, etwa wenn der Geschäftsleiter eine strafbare Handlung begangen hat, z. B. einen Betrug. Das ist etwas ganz Persönliches, mehr, als nur ein Geschäftsleiterverschulden; das geht schon darüber hinaus. Vielleicht entspricht es der „faute détachable", so daß wir auch hier gewisse Parallelen haben. Das würde ich aus meiner Sicht dazu sagen wollen.

Forman:

179 Une question particulière: La notion de cessation de paiement en droit allemand est-elle mieux définie qu'en droit français et quelles conséquences emporte-t-elle en ce qui concerne la responsabilité des dirigeants qui n'auraient pas respecté la date de cessation de paiement fixée à posteriori par le tribunal?

Roesner:

Die Zahlungsunfähigkeit ist mitunter sehr schwer zu ermitteln. Es hängt davon ab, ob die Gesellschaft in der Lage ist, die fälligen Schulden im wesentlichen zu begleichen. Das ist die deutsche Definition der Zahlungsunfähigkeit. Da muß man also wissen, welche fälligen Verbindlichkeiten vorhanden sind, und dann prüfen, ob sie jetzt im wesentlichen erfüllt werden können oder nicht. Wenn das nicht der Fall ist, dann liegt die Zahlungsunfähigkeit vor. Die Folge ist die, daß der Geschäftsleiter Konkurs anmelden muß. Wenn er das versäumt, haftet er wegen dieser Verspätung den Altgläubigern und den Neugläubigern. Das kann natürlich im gerichtlichen Konkursverfahren eine Rolle spielen. Man muß im einzelnen durch eine mitunter schwierige Beweisaufnahme klären, wann die Zahlungsunfähigkeit eingetreten ist, weil davon wieder abhängt, ob Schadensersatzansprüche gegeben sind oder nicht. Das ist, wie gesagt sehr schwierig und das wird meistens nur durch Sachverständige geklärt werden können. Diese müssen dann die Unterlagen, die Geschäftsbücher der Gesellschaft prüfen, um zu sehen, zu welchem Zeitpunkt die Zahlungsunfähigkeit eingetreten ist.

114

Facques:

Dans le droit allemand, il est possible de ne pas ouvrir du tout de procédure lorsqu'à l'évidence, il n'y a plus aucun actif à répartir. A partir du moment où aucune procédure n'est ouverte, comment peut-on définir l'insuffisance d'actif que l'on mettra à la charge du dirigeant? Il convient en effet d'examiner quelle est cette insuffisance, et si on n'ouvre pas du tout de procédure, comment fait-on?

Häring:

Es muß geklärt werden, ob das Verfahren überhaupt eröffnet wird, d. h. ob wenigstens eine kostendeckende Masse vorhanden ist. Wenn festgestellt wird, daß so gut wie nichts da ist und noch nicht einmal die Kosten des Verfahrens gedeckt werden, dann wird nach deutschem Recht das Konkursverfahren mangels Masse eingestellt, wie das offiziell heißt, d. h. ein Konkursverfahren findet dann eben nicht statt, weil nichts da ist. Das wird vom Gericht festgestellt. Es wird zunächst ein Konkursverwalter bestellt und dieser prüft die Vermögenslage der Gesellschaft. Wenn er zum Ergebnis kommt, daß es nicht ausreicht, dann stellt das Gericht das Verfahren ein. Unabhängig vom Konkursverfahren kann der Geschädigte aus Deliktsrecht oder aus culpa in contrahendo gegen den Geschäftsleiter persönlich vorgehen. Meistens ist da allerdings nicht viel zu holen, weil der Geschäftsleiter ebenfalls vermögenslos ist, so daß im Endergebnis eben in einem solchen Fall, wenn keine Masse mehr da ist, die Gläubiger auf ihrem Schaden sitzen bleiben. Man sollte vielleicht noch zur Erläuterung sagen, daß, wenn die Eröffnung eines Konkursverfahrens mangels Masse abgelehnt wird, die Gesellschaft kraft Gesetz aufgelöst und liquidiert wird.

Brézillon:

Puisque l'on a abordé ce problème des sociétés qui, en Allemagne, **180** sont tellement impécunieuses qu'elles font l'objet d'un traitement en quelque sorte purement administratif, il y a lieu de remarquer qu'il est extrêmement difficile de comparer les statistiques dites de faillite entre la France et l'Allemagne, puisqu'en France, nous comptabilisons dans nos statistiques aussi bien les sociétés qui, en totale impécuniosité, passent immédiatement en liquidation judiciaire, et les autres qui font l'objet d'une procédure de redressement. La question que je voudrais poser est de savoir si, dans les statistiques alle-

115

noch
180
mandes sur les faillites des entreprises – statistiques qui sont extrêmement importantes au plan économique, au plan européen, pour
comparer la situation de deux pays voisins – vous faites entrer les sociétés que vous traitez administrativement faute de masse? Lorsque
l'on regarde les statistiques de faillite dans les deux pays, on s'aperçoit qu'il y a disproportion. Est-ce vraiment là la réalité économique?

Facques:

En Allemagne, en 1992, il y avait 11 042 déclarations de faillite. En
France, nous en avions 61 233. Au Royaume-Uni, on en compte
62 467, soit à peu près autant qu'en France. La progression est très
curieuse.

Tible:

Il faut bien penser qu'en France, nous avons pratiquement 95 % d'affaires en procédure collective qui vont immédiatement en liquidation, et seulement 5 % qui vont au redressement. Et toutes sont dans
les chiffres que vous citez, 62 000, et cette année c'est 75 000 faillites
que nous pouvons envisager.

Reiner:

Que nos amis français se rassurent. Dans les statistiques que vous citez, ne sont prises en compte que les procédures de faillite qui sont
effectivement ouvertes et non les hypothèses dans lesquelles la masse ne suffit même pas pour couvrir les seuls frais de la procédure.

Thema 3:
Die Verhaltenspflichten der Banken und der öffentlichen Hand im Zusammenhang mit der Sanierung von Unternehmen

Thème 3:
Les obligations pesant sur les banques et les différentes collectivités publiques à l'occasion de l'assainissement des entreprises

Les obligations pesant sur les banques et les différentes collectivités publiques à l'occasion de l'assainissement des entreprises dans la jurisprudence française

Bernard Piot et Serge Allain

Introduction:

181 Dès la fin des années soixante, le souci des pouvoirs publics de dissocier le sort de l'entreprise en difficulté de celui de ses dirigeants oriente la réforme du droit de la faillite.

La loi du 13 juillet 1967, puis l'ordonnance du 27 septembre suivant, opéraient une première rupture avec la traditionnelle idée de la faillite – sanction héritée du droit romain. L'objectif du législateur était alors «d'assurer toutes les chances raisonnables de survie aux entreprises compétitives victimes d'une défaillance accidentelle…»

Inspirée du «concordat amiable» et des recherches de solutions négociées créées par la pratique, l'ordonnance de 1967 instaurait une procédure «tendant à faciliter le redressement économique et financier de certaines entreprises» au bénéfice d'entreprises dont la situation, bien que difficile, «n'était pas irrémédiablement compromise et dont le redressement pouvait être accompli, sous le contrôle d'un juge-commissaire dans un délai maximum de trois années. L'ouverture de la procédure suspendait toute poursuite des créanciers à l'encontre de l'entreprise débitrice pendant trois mois, délai nécessaire à la présentation d'un plan de redressement économique et financier assorti d'un plan d'apurement collectif du passif».

Les réformes du droit des procédures collectives promulguées en 1984 et 1985 accentueront cette orientation.

La loi du 1er mars 1984 relative à la prévention et au règlement amiable des difficultés des entreprises reprend l'idée d'organiser une phase précontentieuse permettant la recherche d'une solution amiable en la complétant par un ensemble de mesures d'alertes, d'encadrement et de traitements préventifs.

La loi du 25 janvier 1985 relative au redressement et à la liquidation judiciaire des entreprises vient, dans l'esprit de ses promoteurs, parachever un dispositif qui vise à donner la primauté à la sauvegarde de l'entreprise, au sort des salariés et à l'intérêt de l'économie sur le remboursement des créanciers, fussent-ils détenteurs de sûretés réelles.

Par ailleurs, la loi du 24 janvier 1984 relative à l'activité et au contrôle des établissements de crédit redéfinit les opérations de banque (et notamment les opérations de crédit) et réforme intégralement le cadre institutionnel de la profession bancaire. Le chapitre V de ce texte traite «du crédit d'exploitation aux entreprises». **182**

Tel est pour l'essentiel le contexte législatif et réglementaire auquel doit se référer tout établissement de crédit, sollicité pour l'octroi, le renouvellement, l'augmentation ou la modification d'une opération de crédit ou estimant de son intérêt de mettre fin ou de réduire ses concours. L'établissement sera en premier lieu amené à vérifier par référence aux notions introduites aux termes des textes précités et aux interprétations de la jurisprudence que l'entreprise ne se trouve pas: **en situation financière difficile, en état de cessation des paiements ou en situation irrémédiablement compromise.** **183**

En situation financière difficile, l'entreprise aura pu ou pourra recourir à la procédure du règlement amiable.

En état de cessation des paiements, l'entreprise aura pu ou pourra être admise au bénéfice du redressement judiciaire et se trouver en période d'enquête, d'observation ou en cours d'exécution d'un plan de redressement.

Si sa situation est irrémédiablement compromise, sans issue, elle sera justiciable de la liquidation judiciaire.

D'une manière générale, dans chacune de ces situations, l'établissement de crédit, en tant que professionnel des opérations de crédit, s'expose, non seulement à la perte de ses encours mais aussi à voir rechercher sa responsabilité civile, voire même pénale. **184**

A l'égard de son client, le banquier est tenu de certaines obligations dont le non-respect relève de l'action en responsabilité contractuelle.

A l'égard des tiers susceptibles de démontrer qu'ils ont subi un préjudice du fait du comportement fautif de l'établissement de crédit, l'action sera engagée sur le fondement de la responsabilité délictuelle gouvernée par l'article 1382 du Code civil.

Enfin, en cas d'immixtion ou d'ingérence dans la gestion de l'entreprise conduite à déclarer ou à être reconnue en état de cessation des paiements, l'établissement de crédit peut voir sa responsabilité engagée comme dirigeant de fait ou de droit.

Section 1: La responsabilité civile de l'établissement de crédit

§ 1 La responsabilité à l'égard du client

1. Le refus de crédit et la rupture abusive

185 Un principe constamment réaffirmé par la jurisprudence est qu'un banquier, lorsqu'il n'est pas tenu par une promesse antérieure, a toujours le droit discrétionnaire de refuser l'octroi d'un crédit – ou le renouvellement d'un crédit à durée déterminée venu à échéance.

En présence d'un découvert qui se renouvelle de mois en mois, les tribunaux estiment qu'il y a promesse tacite de crédit et la banque qui souhaitera interrompre ou réduire le niveau de ses concours devra notifier sans ambiguïté sa décision à l'entreprise bénéficiaire en lui consentant un délai de préavis raisonnable (art. 60, alinéa 1 de la loi du 24 janvier 1984).

A défaut, la banque pourra voir rechercher sa responsabilité pour rupture brutale d'un crédit à durée indéterminée, mais seulement dans la mesure où la suppression des concours aurait entrainé des conséquences dommageables pour le bénéficiaire.

186 Toutefois, l'alinéa 2 de l'article 60 de la loi précitée du 24 janvier 1984 autorise dans deux cas la rupture sans préavis: le comportement gravement répréhensible de l'entreprise, sa situation irrémédiablement compromise.

La marge d'appréciation de l'établissement est le plus souvent très étroite entre la situation simplement difficile qui n'autorise pas la rupture brutale de la relation de crédit et l'existence d'une situation irrémédiablement compromise.

En pratique, la dégradation de la situation financière de l'entreprise se manifeste par des tensions de trésorerie non justifiées par l'évolution de l'exploitation, voire par des rejets d'échéances de prêts à moyen ou long terme.

La banque est rarement en mesure de porter rapidement (l'exercice du crédit commercial d'escompte exige des prises de position dans des délais très brefs) un jugement de fond sur les origines et la nature de la dégradation; aussi aura-t-elle, dans un premier temps, tendance à renforcer la sévérité de ses conditions d'intervention: tri du papier accepté, constitution ou augmentation du dépôt de garantie prélevé sur les crédits d'escompte. Ces mesures de prudence raisonnablement appliquées et notifiées ne sauraient être considérées comme fautives.

2. L'octroi de crédit

L'on conçoit difficilement qu'une banque ou plus généralement un établissement de crédit puisse engager sa responsabilité contractuelle à l'égard d'une entreprise cliente par le seul fait de lui consentir un crédit. **187**

Il appartient aux dirigeants de l'entreprise qui sollicitent le concours d'apprécier l'opportunité du financement et son adéquation aux besoins d'investissement ou d'exploitation.

Toutefois, les juridictions du fond ont eu à connaître d'un certain nombre d'actions en responsabilité émanant de bénéficiaires de prêts, défaillants à leurs remboursements ou dont la situation avait périclité postérieurement à la mise en place du crédit.

Les demandes se fondent sur l'existence d'une obligation de conseil et d'information de l'établissement, en tant que professionnel du crédit. **188**

Dans une décision récente[1], la chambre commerciale de la Cour de Cassation a rejeté le pourvoi formé contre une décision qui avait conclu à l'absence de responsabilité de l'établissement dispensateur du crédit incriminé.

A cette occasion, la cour suprême a énuméré les diligences requises d'un crédit à moyen ou long terme.

L'étude préalable à la décision de crédit doit notamment prendre en considération: l'environnement et le contexte économique du projet d'investissement, l'appréciation de la situation économique et financière de l'emprunteur, ainsi que la compétence et l'expérience de

---

1 Décision du 12 décembre 1990.

121

ses dirigeants et enfin, mais seulement à titre complémentaire, la valeur des garanties offertes.

Plus fréquemment, l'action en responsabilité du fait de l'octroi ou du maintien d'un crédit est introduite à l'initiative des cautions ou des tiers.

§ 2 La responsabilité civile de l'établissement de crédit à l'égard des tiers

189 C'est en effet essentiellement par les tiers, fournisseurs créanciers de l'entreprise qui fait l'objet d'une procédure collective, ou par les cautions que la responsabilité du banquier est recherchée. Il est alors reproché à l'établissement de crédit d'avoir par l'octroi imprudent de concours bancaires permis la poursuite d'une exploitation déficitaire génératrice d'un accroissement du passif ou encore d'avoir donné aux autres partenaires de l'entreprise une image trompeuse de sa solvabilité, les incitant par là, à contacter et à subir des pertes qu'autrement ils auraient évité.

190 A défaut de textes particuliers en la matière, la responsabilité des établissements de crédit est mise en jeu sur le fondement de la responsabilité de droit commun des articles 1382 et 1383 du Code civil.

Il est donc nécessaire que soit apportée la démonstration d'un comportement fautif, de l'existence d'un préjudice et enfin d'un rapport de causalité entre la faute et le préjudice invoqué.

C'est en qualité de professionnel dispensateur de crédit que la responsabilité du banquier est le plus souvent poursuivie.

191 Toutefois, à titre exceptionnel, certaines décisions ont retenu sa responsabilité en tant que dirigeant de fait, ce qui suppose qu'ait été préalablement relevé à charge de l'établissement l'accomplissement en toute indépendance d'actes positifs de gestion ou de direction.

La distinction n'a de conséquence pratique qu'au niveau de la fixation du montant de la somme compensatoire du préjudice relevé.

1. La faute

a. Le moment de l'appréciation

192 Le comportement du banquier doit s'apprécier en fonction de la situation apparente de l'entreprise au moment où le crédit incriminé a été consenti et non en fonction de la situation réelle qui se révèle par la suite et souvent à l'issue de travaux d'expertise.

b. Le devoir d'investigation

193 La banque doit exercer les diligences nécessaires pour acquérir une information exacte sur la situation réelle de l'entreprise. Elle doit notamment procéder à un examen critique des bilans et comptes de résultats des deux ou trois années précédentes. La jurisprudence exige que la banque se soit assurée que les documents comptables présentés ont été certifiés par les commissaires aux comptes.

Le devoir de vigilance impose au banquier d'être attentif aux anomalies et irrégularités manifestes.

La banque peut être fautive en raison «de l'information qu'elle omet de recueillir, de celle qu'elle recueille mais interprète mal, de celle qu'elle interprète bien mais sans en tirer les conséquences qui s'imposaient pour toute autre banque placée dans les mêmes circonstances[2].

194 Toutefois, la banque n'est pas requise de faire preuve d'une méfiance systématique impliquant des investigations particulières dès lors que l'entreprise présente des bilans assortis du satisfecit sans réserve des commissaires aux comptes, des résultats bénéficiaires et que les comptes bancaires fonctionnent sans incidents de paiement.

«Lorsque rien ne vient éveiller sa suspicion», le banquier n'est pas tenu d'exercer un contrôle particulier.

Comme tout autre partenaire de l'entreprise, le banquier peut être victime de la présentation de bilans inexacts. Le devoir d'investigation est en règle générale limité par celui de non ingérence, de non immixtion.

c. L'affectation des fonds

195 En principe, le devoir de non ingérence exonère le banquier de toute obligation de surveiller que les fonds sont effectivement employés à l'objet prévu par la convention de prêt.

Il n'en est autrement qu'en cas de circonstances particulières et notamment dans l'hypothèse où parmi les conditions d'octroi du cré-

---

2 Feduci, «La responsabilité contractuelle du donneur de crédit en droit comparé», 1984, p. 230.

dit figurait une clause donnant au prêteur la faculté d'en contrôler l'affectation.

196 Par contre, l'établissement de crédit est tenu, lorsque l'affectation est de son ressort, de respecter celle conventionnellement prévue avec son client.

Ainsi la Cour de Cassation a reconnu comme fautive la conduite d'une banque qui affecte à l'apurement du solde débiteur d'un compte courant le montant d'un prêt à moyen terme dont l'objet était l'amélioration du fonds de roulement.

d. Crédit à une entreprise en situation désespérée

197 Nous avons évoqué précédemment dans le cadre de la responsabilité contractuelle du banquier à l'égard de son client l'obligation pour l'établissement prêteur de veiller à ce que ses concours ne soient pas manifestement «inappropriés» à l'intérêt de l'entreprise.

Le non-respect de cette obligation est un motif fréquemment invoqué par les tiers à l'appui d'une action en recherche de responsabilité.

198 Ainsi le banquier devra s'abstenir de consentir tout crédit supplémentaire qui eu égard à son importance, aux frais financiers engendrés et aux résultats bruts d'exploitation constituerait «un moyen ruineux» ne pouvant conduire l'entreprise qu'à une situation sans issue.

Une décision récente de la cour suprême[3] a approuvé une Cour d'Appel d'avoir accueilli l'action en dommages et intérêts exercée par les fournisseurs impayés d'une société en liquidation judiciaire à l'encontre d'une banque aux motifs «que cette dernière avait commis une faute en consentant des crédits à la société alors qu'elle connaissait la gravité de la situation financière de celle-ci, notamment le poids de ses frais financiers qui étaient anormalement élevés, qui résultaient d'un déficit important et durable et qui étaient incompatibles avec toute rentabilité».

A noter qu'en l'espèce la cour suprême a précisé que la responsabilité de la banque pouvait être mise en cause sans qu'il soit nécessaire de rechercher si elle était exactement informée de l'impossibilité de tout redressement de l'entreprise.

---

3 Décision de la Cour de Cassation, Chambre commerciale, du 26 janvier 1993.

Est évidemment fautif le crédit consenti à une entreprise dont la si- **199** tuation est «irrémédiablement compromise» au moment de la mise en place du concours dès lors que l'exploitation de l'entreprise ne permettait pas d'en assurer le remboursement.

La doctrine s'accorde pour estimer que la situation irrémédiablement compromise se distingue de la simple cessation des paiements.

C'est «la situation d'une entreprise qui, non seulement est vouée à déclarer la cessation de ses paiements parce qu'elle n'a pas des actifs disponibles suffisant pour répondre du passif exigible, mais qui est encore vouée, semble-t-il, à la liquidation judiciaire»[4].

Outre l'existence d'une situation irrémédiablement compromise, il faut pour caractériser le comportement fautif de l'établissement de crédit que le ou les concours aient apporté des moyens supplémentaires de trésorerie et, élément subjectif, que le prêteur avait ou aurait dû avoir, par l'exercice raisonnable de son devoir d'information, une connaissance de la gravité de la situation.

A noter une décision de la chambre commerciale de la Cour de Cassation[5] qui approuve une Cour d'Appel d'avoir écarté l'action en responsabilité dirigée contre un établissement bancaire aux motifs que les pouvoirs publics qui en l'espèce avaient accordé des subventions à l'entreprise étaient peut-être plus en mesure que la banque d'apprécier si la subvention ou le crédit était ou non opportun.

2. Le préjudice

La responsabilité des établissements de crédit étant recherchée essen- **200** tiellement lorsque l'entreprise bénéficiaire a fait l'objet d'une procédure collective de redressement ou de liquidation judiciaire, le préjudice à l'égard des autres créanciers de l'entreprise résulte de l'accroissement du passif causé par la prolongation artificielle de l'activité du débiteur.

L'octroi d'un nouveau financement ou le maintien des crédits accordés ont contribué à retarder la constatation de la cessation des paiements.

A l'inverse, dans le cas où la responsabilité de la banque est fondée **201** sur la rupture abusive de crédit, le préjudice résulte de la diminution

---

4 J. L. Rives-Langes: Revue Banque, n° spécial 1990, p. 27.
5 Décision du 10 octobre 1989.

de l'actif et de la perte de résultats due à l'interruption prématurée de l'activité du débiteur.

Les cautions excipent de la responsabilité des banques pour tenter de s'exonérer de l'exécution de leurs engagements. Le préjudice avancé est alors égal au montant de ces engagements.

3. Le lien de causalité

202 La causalité est au même titre que la faute et le dommage, l'une des conditions de la mise en jeu de la responsabilité.

a. Droit commun

203 Un arrêt récent de la Cour de Cassation[6] rappelle ce principe en accueillant le pourvoi formé par une banque à l'encontre d'une Cour d'Appel qui l'avait condamnée à payer une «somme» équivalente à la totalité de l'insuffisance d'actif du débiteur, alors que seul le préjudice résultant directement de la faute imputée à la banque peut être mis à la charge de cette dernière.

Le lien de causalité doit donc être apprécié «in concreto» en fonction de la connaissance que la victime pouvait avoir de la situation réelle du débiteur et dans la mesure où l'intervention de la banque est à l'origine de sa méprise sur les capacités de survie et de paiements de son co-contractant.

b. La banque dirigeant de droit ou de fait

204 Lorsqu'il est démontré que la banque avait la qualité de dirigeant de droit ou de fait, les tribunaux peuvent faire application des dispositions de l'art.180 de la loi de 1985 et «décider ... que les dettes de la personne morale seront supportées, en tout ou en partie, avec ou sans solidarité, par tous les dirigeants de droit ou de fait, rémunérés ou non, ou par certains d'entre eux».

4. Cas particulier: participation de l'établissement de crédit à un plan de redressement amiable ou à une tentative de redressement

205 Le banquier est un partenaire indispensable de toute tentative de redressement d'une entreprise en difficulté qui fait généralement appel au maintien des concours à court terme par escompte de créan-

---

6 Décision du 24 mars 1992.

ces professionnelles, à la restructuration de la dette par consolidation d'une fraction des concours à court terme, à des cessions d'actif susceptibles de dégager des plus-values dans le cadre d'opérations de portage ou de crédit-baux immobiliers avec retour (lease-back).

Dans une telle situation, la prise de décision est particulièrement délicate. Entre l'intérêt de participer à une tentative de sauvetage (susceptible de sauvegarder au moins pour partie ses encours de crédit) et le risque, en cas d'échec, de voir rechercher sa responsabilité pour soutien abusif, la mesure des chances de succès est d'autant plus aléatoire que les éléments d'appréciation sont le plus souvent incertains et incomplets.

Les tribunaux se sont prononcés à plusieurs reprises, dans un sens favorable à l'exonération de la responsabilité de l'établissement de crédit et à une certaine reconnaissance du droit à l'erreur. **206**

Dans un arrêt du 9 mai 1978, la Cour de Cassation a jugé que «les banques n'avaient pas commis de faute, imprudence ou négligence en maintenant leurs crédits» à une entreprise dès lors que la «plupart de ceux qui avaient connu la situation réelle de cette entreprise (les experts commis par le tribunal, juge rapporteur) ont estimé que malgré les pertes subies, son redressement était tout à fait possible; que le plan avait un caractère sérieux et que son échec n'avait été provoqué que par le refus du groupe dirigeant de faire les apports de patrimoine auxquels ils s'étaient engagés».

De même, une décision plus récente[7] écarte la responsabilité des banques «qui avaient accordé» à l'entreprise depuis lors en liquidation des biens, un soutien mesuré dans le cadre d'une politique de redressement présentant des chances raisonnables de succès, telles que les banques avaient pu les apprécier au moment de leur intervention et que l'échec de ce plan tenait à des causes extérieures, non sérieusement prévisibles.

Section 2: Obligations de la banque au regard de la responsabilité pénale

Outre la responsabilité civile, la responsabilité pénale du banquier **207** peut être poursuivie sur le terrain de la complicité. Le préposé de la

7 Décision de la Cour de Cassation du 23 octobre 1990.

banque et l'établissement lui-même pourront être recherchés pour avoir fourni des moyens ou porté aide ou assistance à l'auteur principal du délit (art. 60 du Code pénal).

Aux termes des articles 196 et 197 de la loi du 25 janvier 1985 «sont coupables de banqueroute les dirigeants de droit ou de fait de toute personne morale de droit privé ayant une activité économique, tout artisan ou commerçant contre lesquels, en cas d'ouverture d'une procédure de redressement judiciaire ont été relevé ... le fait d'avoir, dans l'intention d'éviter ou de retarder l'ouverture de la procédure de redressement judiciaire ... employé des moyens ruineux pour se procurer des fonds».

Les peines prévues pour les auteurs du délit de banqueroute comme pour leurs complices sont des peines d'emprisonnement et/ou d'amendes.

Pour que la complicité à une infraction de banqueroute puisse être pénalement punissable, le tribunal doit établir le fait principal et que l'acte constitutif de la complicité a été accompli en connaissance de cause c'est-à-dire que le préposé de la banque a agi en sachant que les moyens ou le crédit consenti étaient non seulement ruineux pour le débiteur, mais encore qu'ils étaient destinés à retarder la constatation de la cessation des paiements.

La définition du crédit ruineux est semblable à celle retenue pour la recherche de la responsabilité civile du banquier dispensateur de crédits. Les autres cas de banqueroute simple ou frauduleuse n'ont que rarement donné lieu à l'ouverture de poursuites à l'encontre d'établissements bancaires.

Conclusion:

208 Au terme de cette présentation volontairement succincte et limitée des obligations qui pèsent sur les établissements de crédit et sur les responsabilités qu'ils sont susceptibles d'encourir du chef de leurs activités bancaires au bénéfice d'entreprises en situation difficile, il faut être conscient que même si, en définitive, les tribunaux adoptent des solutions somme toute assez mesurées, la charge contentieuse supportée par la profession bancaire du fait des actions engagées sans pratiquement d'autre risque pour les demandeurs que d'avoir à conserver à leur charge les frais de procédure, est loin d'être négligeable.

Si l'on prend en outre en considération les conséquences de l'applica- noch
tion des dispositions notamment des articles 37 et 40 de la loi du 25 **208**
janvier 1985 aux ouvertures de crédit en cours et même aux prêts ga-
rantis par des sûretés non contestées, l'on peut comprendre «la frilo-
sité» des établissements de crédit à apporter leur concours à des entreprises dont la situation pourrait à posteriori être jugée difficile.

Die Verhaltenspflichten der Banken und der öffentlichen Hand im Zusammenhang mit der Sanierung von Unternehmen in der deutschen Rechtsprechung

Fridhilde Steidel-Sigrist

209 Für die deutschen Banken oder, genauer gesagt, Kreditinstitute haben wir keine speziellen Regelungen, sondern es gelten die allgemein gesetzlichen Vorschriften. Eine Bank, an die die Frage herangetragen wird, ob sie einen Kredit verlängert, erhöht, gewährt oder ob sie den Kredit kündigt, kann eine unternehmerische Entscheidung treffen ebenso wie das Unternehmen selbst. Maßgebend ist der Zeitpunkt der Kreditgewährung. Die Bank unterliegt nur den allgemeinen Regeln, insbesondere der Vorschrift des § 826 BGB, d. h. sie haftet nur dann, wenn ihr schuldhafter Verstoß einen gleichzeitigen Sittenverstoß, d. h. einen Verstoß gegen das Anstandsgefühl aller billig und gerecht Denkenden darstellt. Und das ist sehr gut in der Praxis. Denn sonst würden viele Banken das Risiko, einer notleidenden Firma Kredit zu geben, nicht auf sich nehmen. Eine Firma, die genügend Geld hat, genügend Eigenkapital, braucht keinen Kredit; wer zur Bank geht, der braucht Geld, aus welchem Grunde auch immer – und dann muß die Bank wissen, ob der Unternehmer in der Lage ist, diesen Kredit zurückzuzahlen. Dann ist es die Entscheidung der Bank und sie kann nur unter ganz beschränkten Voraussetzungen in eine zivilrechtliche Haftung genommen werden.

210 Wir haben vor allem die Vorschrift des § 826 BGB, der in der Praxis – und ich spreche ja als Praktiker – kaum nachweisbar ist. Wir brauchen nicht nur Kausalität zwischen einem Schaden und dem Verschulden, sondern vor allem diesen Sittenverstoß. Und den kann man in der Praxis kaum nachweisen.

211 Die Bank haftet dem Unternehmen auch dann, wenn sie etwa ihre Aufklärungspflicht verletzt hat. Aber Aufklärungspflicht ist ein Ausfluß von Treu und Glauben, d. h. die Bank ist nur dann zur Aufklärung und zur Beratung verpflichtet, wenn sie selbst einen Wissensvorsprung gegenüber dem Kreditnehmer hat und nach Treu

130

und Glauben der Kreditnehmer von ihr auch erwarten kann, daß sie ihm diesen Wissensvorsprung mitteilt.

Außenstehende wie Bürgen, Lieferanten haben keinen Anspruch gegen die Bank auf Auskunft, denn dafür haben wir das Bankgeheimnis. Die Bank ist zur Loyalität gegenüber ihrem Kunden verpflichtet. Und es ist Sache des einzelnen Lieferanten, sich kundig zu machen, ob er diesem Unternehmen etwas liefern kann. Er kann sich ja auch schützen durch den Eigentumsvorbehalt.

Das klingt alles sehr positiv, aber das hat in Deutschland auch seine **212** Schattenseiten. Unser tägliches Geschäft in unserem Bankensenat beim OLG Stuttgart ist die Haftung von Bürgen und da ist es oft sehr schlimm, daß die Bürgen uns sagen, wir haben doch gebürgt nur für eine Summe bis 500 000,– DM. Es steht genau da in der Rubrik: bis 500 000,– DM. Zusätzlich steht aber in der Rubrik darunter: einschließlich Zinsen, Kosten, Provisionen, und das kann natürlich ausmachen, daß am Schluß nicht 500 000,– DM geschuldet werden, sondern 800 000,– DM. Die Existenz des Bürgen kann darunter kaputtgehen.

Überhaupt haben wir in Deutschland eine sehr starke Stellung der **213** Allgemeinen Geschäftsbedingungen der Banken. Die Banken legen allen ihren Geschäftsvorfällen ihre Allgemeinen Geschäftsbedingungen zugrunde, ansonsten bekommen Sie keinen Kredit. Sie müssen unterschreiben und die Allgemeinen Geschäftsbedingungen anerkennen. Die Rechtsprechung kontrolliert natürlich diese Allgemeinen Geschäftsbedingungen darauf, ob sie keine überraschenden Klauseln enthalten, ob sie transparent sind. Teilweise gestatten die Allgemeinen Geschäftsbedingungen der Bank eine Erhöhung der Sicherheiten unter Fristsetzung zu verlangen, etwa, wenn sie den Eindruck hat, daß es dem Unternehmen nicht mehr so gut geht. Dann verlangt sie eine Erhöhung der Sicherheiten und setzt dafür eine Frist. Wenn das Unternehmen in der Frist dann nicht weitere Sicherheiten leistet, kann die Bank ihren Kredit kündigen, in der Regel sogar fristlos. Es ist überhaupt immer auch eine Frage der Allgemeinen Geschäftsbedingungen, ob sie mit Frist oder ohne Frist kündigen kann. Auch da ist immer erforderlich – so steht es in den Allgemeinen Geschäftsbedingungen, sie würden sonst ja nicht von uns anerkannt werden –, daß die Bank Rücksicht nehmen muß auf das wohlverstandene Interesse des Unternehmens und dritter Kreditgeber. Dieses wohlverstandene Interesse des Unternehmens und des

Kreditgebers muß sie auch bei der Kündigung aus wichtigem Grund berücksichtigen. Dann muß dieser wichtige Grund wieder am wohlverstandenen Interesse des Unternehmers und anderer Kreditgeber geprüft werden.

214 Um es zusammenzufassen: Grundsätzlich ist bei uns die Bank offensichtlich freier gestellt als in Frankreich und es zeigt sich in der Praxis, daß dies oft sehr gut ist, weil man im Augenblick der Kreditgewährung noch nicht weiß, wie es ausgehen wird. Man kann das natürlich prüfen und man wird es prüfen. Die Bank möchte ja kein Geld verlieren, und das ist an sich auch die treibende Kraft, die bei uns an sich fast immer ausreicht. Wenn wir jetzt die Bank auch noch unter eine zivilrechtliche Haftung stellen würden, dann würden viele Banken davor zurückschrecken, einem Unternehmen, dem wirklich geholfen werden sollte, einen Kredit zu geben, zu verlängern oder zu erhöhen. Als Grenze haben wir die sittenwidrige Schädigung nach § 826 BGB, eine allgemeine Deliktsvorschrift, die jeden von uns treffen kann, auch Sie heute abend, wenn Sie über die Straße gehen. Wir haben darüber hinaus Aufklärungspflichtverletzungen, Beratungspflichtverletzungen, u. U. auch eine Pflichtverletzung der Bank, wenn sie zur Unzeit kündigt. Hier liegt die Schwelle aber sehr hoch, weil die Bank ohne weiteres eine Erhöhung der Sicherheiten verlangen kann. Ein Unternehmen, das notleidend ist, hat aber keine Sicherheiten mehr, so daß die Bank dann ohne weiteres wieder aus der Kreditgewährung herauskommt. Im übrigen hat die Rechtsprechung nur ganz dicke Fälle entschieden, wo etwa eine Bank ein bißchen Kredit gegeben hat, um das Unternehmen gerade noch am Leben zu halten, um in dieser Zeit sich weitere Sicherheiten zu besorgen. Daß das natürlich sittenwidrig ist und unter die allgemeine Vorschrift des § 826 BGB fällt, ist klar. Aber ausgenommen von diesen sehr seltenen Fällen, die man einmal in 10 Jahren erlebt, ist die Bank weitgehend frei und das ist für die Wirtschaft ausgesprochen gut, weil nämlich das Interesse der Bank, zu verdienen und kein Geld zu verlieren, bisher immer noch Anreiz genug war, daß sie sich vernünftig verhält.

Auszug aus der Diskussion /
Extraits de la discussion:

Chaput:

Le marché commun est ouvert désormais aux mouvements des capi- **215**
taux. Les banques établies dans un Etat peuvent prolonger leurs activités dans un autre Etat. Les propos précédents montrent qu'il
subsiste cependant des disparités, notamment en ce qui concerne les
risques que vont courir les établissements de crédit dans les différents Etats membres. Le fait que les responsabilités encourues ne soient pas les mêmes, peut peser lourdement à la fois sur les choix des
banques d'intervenir ou non dans un pays donné et par conséquent
sur l'implantation d'une entreprise dans cet Etat.

Ebenroth:

Ich würde gerne noch eine ganz kleine Ergänzung beifügen. Wir ha- **216**
ben in Deutschland einen Fall gehabt in der höchstrichterlichen
Rechtsprechung, nicht des Bundesgerichtshofs, sondern des Bun-
desfinanzhofs, wo im Jahre 1963 bei einer notleidenden Textilfirma
in Nordrhein-Westfalen die Bank als sekundärer Steuerschuldner in
Anspruch genommen worden ist. In diesem Fall ist es beim Bundes-
finanzhof so ausgegangen, daß die Bank gemäß dem Kreditvertrag
der Geschäftsleitung und dem Vorstand lediglich erlaubt hatte, die
laufenden Geschäfte ohne ihre Genehmigung durchzuführen. Diese Entscheidung ist leider nicht veröffentlicht. Man muß sehr deutlich sagen, daß die Grenzen in der deutschen Rechtsprechung, wann
Banken unter welchen Voraussetzungen haften, sehr schwierig zu
ziehen sind. Sie haben wohl mit Recht gesagt: Die deutschen Banken sind sehr vorsichtig, sich in die täglichen Entscheidungen der
Unternehmen, die sie finanzieren, einzuschalten. Ich weiß das aus
meinen eigenen Erfahrungen, daß amerikanische Banken diese Lük-
ke des deutschen Marktes quasi ausnützen und in diesem Bereich tätig sind, also Verträge mit deutschen Unternehmen machen, in denen letztlich alle Entscheidungen von der Bank getroffen werden.
Das ist deshalb etwas, was der deutschen Landschaft nicht ganz
fremd ist. Die herrschenden deutschen Banken tun dies aber nicht.

Hübner:

217 Es gibt noch einen weiteren Aspekt, der für Kreditinstitute gefährlich werden kann und das ist die Haftung wegen eigenkapitalersetzender Darlehen. In der Rechtsprechung gab es Fälle, in denen die Finanzierung durch Kreditinstitute so gestaltet war, daß mindestens für eine Übergangszeit auch Geschäftsanteile der Kreditnehmenden durch den Kreditgeber gehalten wurden. Damit waren sie in dieser Phase Gesellschafter. Die Kredite, die zur Finanzierung des Projekts gegeben waren, wurden dann plötzlich zu Gesellschafterdarlehen. Von daher ergab sich die Haftung nach den Regeln, die wir seit 1980 im GmbHG haben. Die §§ 32a und b GmbHG sind von Ihnen, Herr Ebenroth, schon genannt worden. Diese Vorschriften werden eigentlich – und auch durch den Bundesgerichtshof – sehr exzessiv gehandhabt, eine Tatsache, die die Kreditinstitute beunruhigt.

218 Und dann ergibt sich neuerdings noch eine Zurechnungsproblematik. Kreditinstitute sind ja große Unternehmen, das sind keine natürlichen Personen. Wenn es nun um die außervertragliche Schadensersatzhaftung geht, dann taucht die Frage auf, nach welchen Personen sich es eigentlich richtet, ob ein Verschulden gegeben ist. Handelt es sich um den Vorstand, dann ist es klar, denn der Vorstand ist Organ und das Organwissen ist das Wissen der juristischen Person, also des Trägers der Bank. Ist es aber die nächste Stufe im Management oder sogar die dritte Stufe auf der Ebene der Abteilungsleiter, Kreditsachbearbeiter, dann taucht die Frage auf, ob deren Wissen noch Organwissen ist. Dafür haben wir noch keine wirklich zuverlässigen Kriterien entwickelt. Das Stichwort, unter dem das in Deutschland diskutiert wird, heißt Wissenszurechnung in größeren Unternehmen. Das spielt gerade auch in der Bankenhaftung im außervertraglichen Bereich zunehmend eine Rolle. Eine besondere Pikanterie ist dabei, daß auf der einen Seite gefordert wird, daß alles, was irgendwo irgendeinem Angestellten im Unternehmen bekannt ist, als Wissen des Unternehmens betrachtet werden soll. Auf der anderen Seite wird gerade für Kreditinstitute unter dem Stichwort „Maßnahmen gegen Insiderhandel" erwartet, daß sie im Unternehmen sogenannte „chineese walls" errichten, d. h. daß sie sich so organisieren, daß die Kreditsachbearbeiter nicht wissen, was die Wertpapierhändler machen und umgekehrt. Auf der anderen Seite sagt man, daß, wenn es der Filialleiter der Deutschen Bank in Hamburg weiß, es auch der Aktiengesellschaft als Wissen zugerechnet wird, obwohl die konkreten Verhandlungen nur der nichtsahnende Filialleiter in München geführt hat.

Dann tauchen zusätzliche Probleme bei der Anwendung des § 826 BGB auf. Frau Steidel-Sigrist hat mit Recht gesagt, daß die Fälle, in denen es praktisch zu Schadensersatzpflichten von Kreditinstituten gekommen ist, nicht allzu häufig sind. Aber die Sorge der Kreditinstitute ist trotzdem nicht gering. Die Rechtsprechung hat das Vorsatzerfordernis so ausgelegt, daß auch das leichtfertige Sich-Verschließen der Erkenntnis schon als bedingter Vorsatz angesehen wird. Dieses leichtfertige Sich-Verschließen ist ja eigentlich so etwas wie grobe Fahrlässigkeit und wird vom Gesetzestext nicht gedeckt.

219 Schließlich möchte ich noch auf etwas Interessantes hinweisen. Die französischen Kollegen haben mit Recht danach gefragt, was wir eigentlich unter culpa in contrahendo verstehen. Nun, Frau Kollegin hat das durchaus zutreffend erklärt. Man muß aber wissen, woher diese Rechtsfigur kommt, mit der man auf außervertragliche Situationen doch gleichsam die vertragliche Schadenersatzhaftung projeziert. Sie resultiert aus einer Besonderheit des deutschen Deliktsrechts, nämlich der Haftung für Verrichtungsgehilfen. Wir haben ja nicht nur die Eigenhaftung des Handelnden, sondern man haftet auch für das schuldhaft falsche Auswählen oder Nicht-Beaufsichtigen von Angestellten, sogenannten Verrichtungsgehilfen. Aber diese Haftung entfällt, wenn man beweist, daß man den Betreffenden gut ausgesucht hat. Hier hat die deutsche höchstrichterliche Rechtsprechung den sogenannten dezentralisierten Entlastungsbeweis zugelassen mit der Folge, daß sich der Vorstand einer Aktiengesellschaft damit exkulpieren kann, daß er den Manager auf der nächstunteren Ebene gut ausgesucht hat. Ob der dann auf der nächsten Ebene ebenfalls richtig ausgesucht hat, spielt keine Rolle mehr. Die deliktische Haftung für Verrichtungsgehilfen ist also ein stumpfes Schwert. Deswegen ist es im wesentlichen dazu gekommen, daß man über diese Rechtsfigur der culpa in contrahendo das vertragliche Haftenmüssen für Erfüllungsgehilfen anwendbar gemacht hat.

220 Das hat daneben zur Entwicklung einer weiteren Rechtsfigur, des Vertrags mit Schutzwirkung für Dritte, geführt. Der Vertrag mit Schutzwirkung für Dritte ist natürlich kein Vertrag mit dem Dritten. Der Dritte ist gerade nicht Vertragspartner. Aber die Recht-

135

sprechung sagt, daß, wenn für die Vertragschließenden erkennbar war, daß auf der Seite des einen Vertragspartners bestimmte Personen mit der Leistung in Berührung kommen, also z. B. bei Mietverträgen die Angehörigen des Mieters, diese Personen dann, obwohl sie nicht Partner des Mietvertrages sind, bei Pflichtverletzungen des anderen Vertragspartners einen eigenen Schadensersatzanspruch gegen den Vermieter haben. Das ist also der Vertrag mit Schutzwirkung für Dritte, der eigentlich keinen vertraglichen Anspruch gewährt, sondern nur anknüpft an den Vertrag eines anderen. Auch hier wird wiederum die vertragliche Haftung für Erfüllungsgehilfen, bei der man sich nicht exkulpieren kann, nutzbar gemacht, weil die Regelung des § 831 BGB ein stumpfes Schwert wäre. Nun kann man feststellen, daß im Bereich der Bankenhaftung diese Figur kurioserweise bisher noch überhaupt keine Rolle gespielt hat, während sie dann bei Thema Nr. 5, der Haftung bei Rat und Auskunft, inzwischen eine unglaublich große Rolle spielt, obwohl die Ausgangsfrage eigentlich in beiden Fällen gleich ist.

In Frankreich sind solche Fragen wie Vertrag mit Schutzwirkung für Dritte wegen des Prinzips des non-cumul überhaupt nicht aufgetaucht. Aus deutscher Sicht sollte man sich, gerade auch wenn man Europa im Blick hat, klarmachen, daß wir hier zum Teil Rechtsfiguren haben, die man niemanden vermitteln kann und die man zweckmäßigerweise in möglichst engen Grenzen hält und nur dann benutzt, wenn im Einzelfall echte Defizite des Deliktsrechts auftauchen. Dann haben sie vielleicht eine Funktion. Sie sollten aber nicht zur gängigen Münze werden, die man anderen nicht als Ecu verkaufen kann.

Brézillon:

221 Une question se pose s'agissant des contacts organisés avec des banques étrangères et plus spécialement avec des banques allemandes, en raison notamment du fort développement que connaissent les opérations de prévention dans la crise immobilière urbaine, en fait la crise du financement d'un immobilier dont les prix se sont effondrés. Ces activités de prévention sont totalement méconnues du système bancaire allemand. Dans le prolongement de notre travail d'aujourd'hui, nous allons essayer de faire une pédagogie active de ce que nous faisons de telle manière que l'appréciation que portent les

juristes bancaires allemands sur la prévention ne contrarie pas trop la démarche que nous suivons.

Chaput:

Le Président Bernard Piot nous a précisé que si, en France, on parle **222** beaucoup de sanctions, finalement on n'en prononce que très peu. En ce sens, les systèmes de responsabilité français et allemand, s'agissant des banques, sont peut-être beaucoup plus proches qu'il apparaît au premier abord. Mais, puisque nous avons la chance d'avoir ici le Président Bézard et que je crois savoir qu'une décision récente de la Cour de Cassation a été rendue à ce sujet, peut-être pourrait-on savoir précisément quelle est la dernière position de la Cour à ce sujet?

Bézard:

C'est un sujet fondamental que celui du rôle des banques. Je me demande d'ailleurs si la différence sur le plan de la responsabilité ne tient pas aux conditions diverses de l'implication des banques dans les différents pays. Les banques chez nous s'impliquent, je crois, dans tous les domaines. Dans d'autres pays, elles sont peut-être un peu plus en recul. J'en ai du moins l'impression.

Je pense effectivement comme vous, Monsieur le Président, que la responsabilité civile des banques est raisonnable en France. Le nombre de cas dans lesquels la responsabilité des banques est mise en cause est peu important. Peut-être un peu trop nombreux pour les banques qui trouvent que même s'il y en a peu, il y en a toujours trop. C'est tout à fait normal. Pour ma part j'avoue que je suis un peu réservé en ce qui concerne un système qui imposerait une responsabilité totale. Peut-être qu'il y a quelque chose à combiner avec le contrôle que pourrait exercer une juridiction. Peut-être dans le cadre d'un plan de redressement. Après tout c'est peut-être dans cette direction qu'il faut réfléchir.

Monsieur le Professeur Chaput évoque une jurisprudence récente de la Cour de Cassation. Je ne l'ai pas parfaitement en tête, mais j'en ai quand même la solution. La Cour de Cassation, dans une affaire tout à fait récente, a en effet été confrontée au cas d'une banque qui avait été mise en cause dans le cadre d'une procédure de redressement. A la demande des pouvoirs publics, cette banque avait aidé massivement une société. Des créanciers de la société recherchaient la responsabilité de la banque. Je ne me souviens plus exactement de la motivation donnée par la Cour de Cassation à sa décision dans cette affaire. Mais l'esprit dans lequel la Cour a statué m'est resté en mémoire. La Cour de Cassation a considéré qu'à partir du moment où cette banque avait été impliquée à la demande des pouvoirs publics, sa responsabilité ne pouvait être mise en cause dans le cadre d'une procédure de redressement judiciaire dont serait objet la société ayant bénéficié de l'aide. Dans cette hypothèse en effet, on peut difficilement parler d'un engagement irresponsable de la part de la banque sollicitée par les pouvoirs publics. On disait tout à l'heure qu'il existe en France des organismes publics dont la tâche est d'organiser le sauvetage des entreprises. Dans le cadre de cette démarche, ces organismes mobilisent toutes les bonnes volontés dont celle des banques qui sont aimablement invitées à contribuer au financement de telles opérations. Il n'y a pas là une faute des banques si elles acceptent et que l'opération échoue. Cet arrêt est très important parce que l'on pouvait hésiter effectivement dans l'affaire à adopter une telle solution.

Chaput:

223 Dans le prolongement de ce que vient de dire le Président Bézard, j'indiquerai que nous allons très probablement être amenés à statuer sur la question de la structure des pools bancaires, pire sur les conditions dolosives dans lesquelles ceux-ci ont pu être constitués. Ceci n'a jamais été jugé en France. S'il y a eu des discussions portant sur les conditions de la vie interne des pools bancaires, il n'y en a pas eu sur les conditions de leur établissement. Je crois qu'il est temps maintenant que nous ayons une approche nouvelle des banques étrangères, en particulier des banques allemandes installées en France, parce que l'on aura de la peine à sortir des contradictions actuelles.

Boizel:

224 Dans son ouvrage de droit des affaires, Monsieur le Professeur Guyon évoque une jurisprudence qui n'est pas sans rappeler celle qu'évoquait tout à l'heure Monsieur le Professeur Hübner. Selon cette jurisprudence, lorsqu'une banque avance une certaine somme d'argent à une entreprise cliente de la banque, il est des hypothèses dans lesquelles l'opération ne sera pas considérée comme un prêt mais comme instituant une société entre la banque et l'entreprise, notamment

lorsque le banquier aura subordonné le maintien ou le renouvelle- noch **224**
ment de cette avance à une modification de la gestion de l'entreprise
ou lorsque le banquier aura accepté de courir des risques inhabi-
tuels. Cette jurisprudence n'est pas sans présenter certains points
communs avec la jurisprudence allemande sur le Eigenkapitalersatz.

Thema 4:
Die mißbräuchliche Kündigung und Verweigerung der Vertragsverlängerung bei Absatzvermittlungsverhältnissen

Thème 4:
La rupture et le non-renouvellement abusifs des contrats de distribution intégrée

La rupture et le non-renouvellement abusifs des contrats de distribution selective dans la jurisprudence française

Jean Courtière et Georges-Philippe Zambeaux

Section 1: Le non-renouvellement ou la rupture d'un contrat de distribution sélective

225 On distingue, d'une part, le non-renouvellement d'un contrat de distribution sélective à l'arrivée du terme ou la rupture du contrat justifiés par les manquements du distributeur à ses obligations contractuelles et, d'autre part, la rupture abusive ou le non-renouvellement abusif du contrat.

§ 1 Le non-renouvellement ou la rupture d'un contrat justifiés par les manquements du distributeur à ses obligations contractuelles

1. Contrat à durée déterminée: non-renouvellement à l'arrivée du terme

226 Dans la mesure où le distributeur ne remplit plus les conditions d'agrément au réseau de distribution sélective, le fournisseur fabricant peut décider de ne pas renouveler le contrat à l'arrivée du terme. De même, en cas de manquements du distributeur à ses obligations contractuelles, le fournisseur fabricant peut décider de ne pas renouveler le contrat à son échéance.

2. Contrat à durée déterminée: résiliation en cours de contrat

227 S'agissant d'un contrat à durée déterminée, les parties ne peuvent y mettre fin unilatéralement avant l'arrivée du terme, sauf à faire jouer la clause résolutoire expressément stipulée au contrat, ou demander, en l'absence de clause résolutoire, la résolution judiciaire du contrat (article 1184 du Code civil).

La clause résolutoire permet au fournisseur de résilier ou ne pas renouveler le contrat en cas de manquement(s) par le distributeur à l'une de ses obligations ou en cas d'agissements de sa part de nature à porter atteinte ou causer un préjudice matériel ou moral au fabricant. Dans un contrat de distribution sélective, les manquements sanctionnés par la clause résolutoire peuvent être: vente des produits en dehors du point de vente agréé, vente des produits dans des conditions non conformes portant atteinte à l'image et au prestige de la marque, non-paiement des factures, non-respect des obligations en matière de stock et d'approvisionnement, perte des critères de sélection qualitatifs retenus pour être distributeur agréé de la marque (emplacement et aménagement du point de vente, qualification professionnelle du distributeur, enseigne, présence insuffisante de marques concurrentes), non-respect du chiffre d'affaires minimum, etc.

§ 2 Rupture abusive ou abus de droit de ne pas renouveler le contrat

Si le contrat de distribution sélective est à durée déterminée, en l'absence de faute du distributeur et en l'absence de modification des critères de sélection à l'arrivée du terme, il doit être renouvelé. **228**

Le non-renouvellement ou la rupture d'un accord de distribution qui ne seraient pas fondés, entraineraient des refus de vente engageant la responsabilité du fabricant (ordonnance du 1er décembre 1986, article 36.2).

On distingue:

1. La faute civile du fabricant

Elle ouvre une action en responsabilité délictuelle devant les juridictions civiles ou commerciales compétentes au profit du distributeur évincé. Ce dernier devra, pour obtenir réparation du préjudice causé par le refus de vente, faire la preuve de la nature et de l'étendue de ce préjudice (fondement: art. 1382 du Code civil). **229**

Ce préjudice peut résulter d'un manque à gagner ou d'une atteinte à sa réputation commerciale du fait de l'indisponibilité, dans la gamme des produits, d'articles de qualité bénéficiant d'une notoriété de marque[1].

---

1 Décision de la Cour d'Appel de Paris du 29 octobre 1990.

Les tribunaux peuvent également apprécier de façon distincte le préjudice calculé à partir de la perte de chiffre d'affaires du distributeur, celui dû au non-renouvellement du contrat, celui causé par la perte de clientèle, celui causé par l'amoindrissement de la valeur du fonds de commerce[2].

2. La faute pénale du fabricant

230 Lorsque le refus de vente est causé par une situation de domination du fournisseur qui exploite abusivement cette position pour rompre ou ne pas renouveler le contrat à son terme, celui-ci encourt non seulement une condamnation dans le cadre de la responsabilité civile délictuelle telle qu'évoquée ci-dessus, mais également des sanctions pénales (art. 8, 9 et 17 de l'ordonnance du 1er décembre 1986).

Ces sanctions pénales sont: emprisonnement de 6 mois à 4 ans et/ou amende de 5000 à 500 000 F.

231 Encore faut-il cependant que le distributeur démontre l'effet anti-concurrentiel, la situation de dépendance économique, et/ou l'abus de position dominante. Ce dernier peut se révéler par l'offre de conditions injustifiées et particulièrement lorsqu'il s'agit de conditions appliquées de manière discriminatoire dans le but d'évincer un distributeur du réseau.

§ 3 Détermination des indemnités de rupture ou de non-renouvellement abusifs

1. Détermination par le juge

232 C'est la mise en oeuvre des principes généraux de la responsabilité civile. Si les juges du fond apprécient souverainement l'évaluation du préjudice, celle-ci est toutefois contrôlée par la Cour de Cassation qui vérifie le lien de causalité retenu entre la faute commise par le fournisseur et le préjudice subi par le distributeur évincé.

Exemple d'évaluation judiciaire: la jurisprudence considère qu'il ne faut pas quantifier systématiquement le préjudice subi par la victime d'une rupture brusque ou abusive par l'ensemble des pertes qu'elle a subi au cours d'un exercice à la suite de la rupture. Le préjudice ne saurait non plus correspondre à la perte de la chance de non-renou-

---

2 Décision de la Cour de Cassation, Chambre commerciale du 25 mars 1991.

vellement du contrat lorsque le fournisseur n'était pas tenu de proposer ce renouvellement, le préjudice n'est alors qu'éventuel.

La jurisprudence accorde parfois au distributeur évincé des dommages et intérêts correspondant à la marge bénéficiaire brute qu'il aurait pu réaliser si son contrat n'avait pas été rompu, à ses pertes d'exploitation, aux ventes «perdues» du fait de la rupture du contrat, aux gains dont le distributeur a été privé pendant la période écoulée entre la date de la rupture et la date d'expiration normale du contrat, au préjudice moral que constitue l'atteinte à la réputation commerciale du distributeur.

Dans l'ensemble, la jurisprudence limite donc le préjudice aux pertes effectivement subies par le distributeur en raison de la faute du fournisseur, ou par le fournisseur en raison de la faute du distributeur.

2. *Détermination conventionnelle de l'indemnité de rupture*

Les parties peuvent stipuler dans le contrat une clause pénale aux termes de laquelle elles déterminent forfaitairement l'indemnité qui sera due par l'auteur d'une rupture abusive ou d'un non-renouvellement abusif du contrat. **233**

Cette clause doit en principe recevoir application. Toutefois, le juge est investi du pouvoir de modifier le montant de l'indemnité ainsi stipulée lorsqu'elle est manifestement excessive ou dérisoire (art. 1152, alinéa 2 du Code civil).

Section 2: La rupture des contrats de distribution sélective constitutive d'un abus de position dominante au sens de l'article 86 du Traité C.E.E

§ 1 En droit communautaire

L'article 86 du Traité de Rome rejoint l'article 8 de l'ordonnance du 1. 12. 1986 puisque, tant en droit communautaire qu'en droit interne, est prohibée l'exploitation abusive par une entreprise, ou par un groupe d'entreprises, d'une position dominante qui constitue une entrave illicite à la concurrence. **234**

235 Au niveau du droit communautaire, sont prévues des sanctions pour les entreprises reconnues coupables d'un abus de position dominante. Il s'agit du règlement n°17 du 6. 2. 1962 qui prévoit la possibilité pour la Commission de prononcer des injonctions afin de mettre fin à l'infraction constatée (art. 3.1), d'imposer aux entreprises des mesures provisoires par des recommandations (art. 3.3), et même d'infliger des amendes de caractère administratif d'un montant de 1000 à 1 000 000 d'Ecus, pouvant être porté à 10% du chiffre d'affaires réalisé au cours de l'exercice social précédent par chacune des entreprises ayant participé à l'infraction (art. 15.2).

§ 2 En droit interne

236 Sur le plan du droit interne à l'Etat membre, les dispositions de l'article 86 (s'agissant d'une norme supranationale) devant recevoir plein effet devant les tribunaux nationaux au même titre que celles de l'article 85, ces tribunaux sont compétents pour constater tout abus de position dominante et peuvent, comme en matière d'entente, prendre toutes sanctions civiles à l'égard de l'entreprise concernée. Les moyens d'action peuvent être les suivants:

1. La nullité

237 En droit français, il peut être fait application de l'article 9 de l'ordonnance de 1986, lequel déclare nuls tout engagement, convention ou clause se rapportant à une pratique prohibée par les articles 7 et 8 de la même ordonnance.

Les juridictions civiles ou commerciales peuvent toujours affirmer la nullité totale ou partielle, s'agissant d'une simple clause, d'un acte juridique à l'origine d'une entente ou d'un abus de domination ou consécutif à l'une de ces pratiques anti-concurrentielles. Cette nullité ne peut en revanche être constatée par le Conseil de la Concurrence qui doit se borner à souligner le caractère anti-concurrentiel de l'acte ou de la clause qui lui sont soumis.

Devant les juridictions civiles ou commerciales, les parties victimes d'une clause ou d'un engagement anti-concurrentiel peuvent réclamer la nullité du contrat dans son ensemble ou simplement la clause anti-concurrentielle qui est déclarée nulle voire inopposable à la partie qui en est victime.

Il existe une jurisprudence abondante sur la question de l'annula- **238** tion de clauses discriminatoires imposée par des sociétés en position dominante à des entreprises dans des contrats d'approvisionnement exclusif, des contrats de franchise où le franchisé est mis en situation de dépendance économique et dans certains contrats de distribution. Il n'existe toutefois pas à ma connaissance de jurisprudence sur ce thème pour la distribution sélective.

2. La demande en dommages et intérêts

La victime de pratiques anti-concurrentielles peut également deman- **239** der des dommages et intérêts devant les juridictions civiles et commerciales et devant la juridiction répressive dans le cadre de l'article 17 de l'ordonnance de 1986.

L'action devant les juridictions civiles ou commerciales est fondée **240** sur la faute (art. 1382 du Code civil), qui apparait du seul fait de la violation des articles 7 et 8 de l'ordonnance ou, ainsi que l'a également admis la Cour de Cassation, de la violation des articles 85.1 et 86 du Traité de Rome, «les dispositions nationales ou communautaires appelant au plan civil une solution identique».

3. L'injonction de cesser de telles pratiques

La juridiction commerciale peut enfin prononcer des injonctions ou **241** confirmer l'injonction déjà prononcée par le Président lors d'une procédure de référé.

§ 3 Conclusion

Le droit français, à l'instar de la plupart des législations occidentales **242** et notamment de la loi allemande, s'est attaché à lutter contre les pratiques anti-concurrentielles que constituent les ententes et abus de domination. Il existe donc en droit français tout un arsenal de moyens – réglementaires ou législatifs – applicables à des pratiques considérées comme illicites dès lors qu'elles entravent la concurrence.

A cette réglementation française, se superposent les dispositions des articles 85 et 86 du Traité de Rome relatifs aux ententes et abus de position dominante qui faussent le commerce entre les états membres de la C.E.E.

Die mißbräuchliche Kündigung und die Verweigerung der Vertragsverlängerung bei Absatzmittlungsverhältnissen in der deutschen Rechtsprechung

Joachim Bornkamm

243 Ich möchte zunächst einmal etwas über das selektive Vertriebssystem im deutschen Recht sagen und dann in einem zweiten Teil auf die Beendigung von solchen Vertriebsverträgen eingehen. Um das Problem der Behandlung des selektiven Vertriebssystems zu erkennen, muß man einerseits das europäische Kartellrecht, Art. 85 und Art. 86 EWG-Vertrag, und andererseits die deutschen Bestimmungen gegenüberstellen. Das ist für die französischen Zuhörer der richtige Weg, denn Art. 85 ist Ihnen bekannt, damit müssen Sie auch arbeiten, und wenn ich versuche, von dort aus eine Brücke zum deutschen Recht zu schlagen, dann besteht die Chance, daß man auf diesem Weg folgen kann.

244 Art. 85 EWGV unterwirft bekanntlich Vereinbarungen, die den Handel zwischen den Mitgliedstaaten beeinträchtigen können, einem generellen per-se-Verbot, einem durchschlagenden Verbot, und nur im Wege von Freistellungen, seien es Gruppenfreistellungen oder seien es Einzelstellungen, kann die zwingende Rechtsfolge der Nichtigkeit – Art. 85 Abs. 2 EWGV – vermieden werden. Die Besonderheit gegenüber dem deutschen Recht liegt beim europäischen Recht darin, daß hier wettbewerbsbeschränkende Vereinbarungen angesprochen sind in Vertikalverträgen, also in Austauschverträgen, ebenso wie wettbewerbsbeschränkende Vereinbarungen in Horizontalverträgen, also zwischen Wettbewerbern, die auf demselben Markt um Abnehmer oder Nachfrager konkurrieren. Unser Recht kennt ein absolutes Verbot, ein per-se-Verbot, wie es Art. 85 Abs. 2 EWGV ausspricht, nur für Wettbewerbsbeschränkungen im Horizontalverhältnis zwischen den Wettbewerbern. Damit ist gesagt, daß das selektive Vertriebssystem, das sich allein im Absatz von Waren im Vertikalverhältnis abspielt, mit dem Kartellrecht keine Probleme zu haben scheint. Im deutschen Recht können Wettbewerbsbeschränkungen im Vertikalverhältnis nur unter bestimmten Voraussetzungen von der Kartellbehörde untersagt werden. In der

Praxis wird davon sehr selten Gebrauch gemacht. Im Ergebnis haben wir im deutschen Recht also eine weitgehende Freistellung, eine generelle Freistellung für wettbewerbsbeschränkende Vereinbarungen im Vertikalverhältnis, anders als im europäischen Recht. Nun ist es aber nicht so, daß etwa der selektive Vertrieb völlig frei agieren könnte.

Wir haben eine Bestimmung in unserem Kartellgesetz, im Gesetz gegen Wettbewerbsbeschränkungen, die sich in erster Linie an marktbeherrschende Unternehmen richtet, aber nicht nur an marktbeherrschende Unternehmen, sondern auch, und das ist sehr wichtig, an Unternehmen, von denen andere Unternehmen abhängig sind. Das ist eine Abhängigkeit, um das gleich vorweg zu sagen, wie sie typischerweise beim Vertrieb von Waren auftaucht, wenn also ein Händler in seinem Geschäft auf eine bestimmte Marke angewiesen ist. Es gehört z.B. zu einem guten Fachgeschäft, daß ein bestimmtes Parfum oder eine von mehreren Parfumsorten angeboten wird. Es ist eine Abhängigkeit zum Hersteller, die diese Bestimmung anspricht und eine solche Abhängigkeit führt dazu, daß das Unternehmen, von dem andere abhängig sind, in seinen Spielräumen beschränkt ist. Das marktbeherrschende Unternehmen oder das Unternehmen, von dem andere abhängig sind, darf nicht unbillig behindern, und es darf nicht ohne sachlich gerechtfertigten Grund ein anderes Unternehmen unterschiedlich behandeln. Das sind die Regeln für das selektive Vertriebssystem. Der Hersteller, der ein selektives Vertriebssystem aufbaut, unterliegt dieser Bestimmung. Er unterliegt diesem Diskriminierungsverbot, er darf nicht unbillig behindern, er darf nicht gleiche Sachverhalte ungleich behandeln. Er darf nicht willkürlich den einen Vertriebspartner auswählen und den anderen nicht. Und hier gibt es eine relativ ausgefeilte Rechtsprechung, die ich nicht nachzeichnen möchte, die aber durchaus auf derselben Linie liegt, wie Sie sie uns für das französische Recht vorgestellt haben und wie wir sie auch aus den Entscheidungen des Europäischen Gerichtshofs kennen oder aus der Kommissionspraxis zu selektiven Vertriebssystemen, was die Angemessenheit einzelner Klauseln angeht. Es läßt sich nur soviel sagen, daß alle Vertriebsklauseln, die z.B. darauf ausgelegt sind, die Exklusivität der Ware zu fördern, als angemessen angesehen werden. Dagegen ist – ich nehme an, ebenso wie im französischen Recht – jede Klausel, die indirekt versucht, die Endpreise zu bestimmen, also eine indirekte Preisbindung zu erreichen, unangemessen.

246 Die Grundstruktur, die sich daraus ergibt, ist also eine sehr ähnliche wie im französischen Recht, und ich darf jetzt überleiten zu der zweiten Fragestellung, nämlich der Beendigung von solchen Vertriebsverträgen, die durch ein Verhältnis der Abhängigkeit geprägt sind. Wir müssen uns vielleicht hier weniger an den Fällen orientieren, die wir beim selektiven Vertriebssystem typischerweise im Sinn haben. Wir denken dabei in der Regel an Parfum, an kleine Dinge, an einen Händler, der eine ganze Reihe von Parfums in seiner Kollektion hat; hier treten die Probleme, die ich Ihnen kurz vorstellen möchte, nicht in dieser Deutlichkeit auf.

247 Ich möchte Sie auf einen anderen Markt führen, und das ist der Markt für Kraftfahrzeuge, weil dort die Probleme, die sich mit der Beendigung von Vertriebsverträgen für uns stellen, sehr deutlich werden. Es geht um Eigenhändlerverträge zwischen Herstellern einerseits und Händlern andererseits, und ich möchte kurz die Interessen der beiden Seiten darstellen: Auf der einen Seite haben wir einen Hersteller, der ein Vertriebssystem aufgebaut hat oder aufbauen möchte. In diesem Vertriebssystem möchte er Auswahlentscheidungen hinsichtlich seiner Vertriebspartner treffen können, er möchte z. B. die Größe der Verkaufsgebiete bestimmen können, er möchte auch ganz konkret den Händler dazu verpflichten können, in großem Umfang Ersatzteile zu lagern, Werbung zu machen usw.; der Händler soll also in einer Weise präsent sein, die große Investitionen seinerseits voraussetzt. Gleichzeitig ist dem Hersteller natürlich nicht an einer extrem langen Bindung gelegen. Er möchte sich also nicht auf Generationen binden, obwohl tatsächlich im Kfz-Vertrieb solche Vertriebsbeziehungen über Generationen bestehen. Auf der anderen Seite steht der Händler, der sich, wenn er neu in ein Vertriebssystem kommt, mit großem investiven Aufwand in das Vertriebssystem einkaufen muß; er muß die Gebäude stellen, er muß seine Leute auf die spezifischen Umstände einer Marke schulen, und er muß ein großes Ersatzteillager aufrechterhalten. Diese Investitionen sind in wenigen Jahren nicht zu armortisieren. Die Probleme entstehen immer dann, wenn – aus welchen Gründen auch immer – der Hersteller z. B. nach 4 Jahren den Entschluß faßt, den Vertrag nicht mehr zu verlängern. Üblicherweise werden derartige Verträge auf etwa fünf Jahre abgeschlossen. Es gibt eine Gruppenfreistellungsverordnung speziell für Kfz-Händler; sie sieht eine Mindestdauer von 4 Jahren vor. Einzelheiten interessieren im Moment nicht. Daran orientieren sich die Hersteller, und sie meinen, wenn sie z. B. 5 Jahre vorsehen, seien sie im sicheren Bereich. 5 Jahre sind aber auf der anderen Seite für das, was der Händler leisten muß, für die Investitionen, die sich amortisieren müssen, viel zu wenig.

Zu der Frage der Vertragskündigung darf ich wieder versuchen, die **248** Brücke zum europäischen Recht zu schlagen. Das europäische Recht bietet hier relativ wenig. Es gibt die Gruppenfreistellungsverordnung, die diese Vertriebsverträge generell von dem Verbot des Art. 85 freistellt. Da müssen bestimmte Voraussetzungen erfüllt sein, z. B. ist ein Vertrag mit einer Kündigungsfrist oder einer Dauer von 5 Jahren bereits im sicheren Bereich und damit freigestellt. Art. 85 kann also hier keine Einzelfallgerechtigkeit bieten. Die Verträge sind ex ante freigestellt und damit hilft uns diese Vorschrift nicht weiter. Es bleibt dann eigentlich nur Art. 86, die Mißbrauchskontrolle für marktbeherrschende Unternehmen. Ich habe vorhin darauf hingewiesen, daß wir im deutschen Recht eine Kontrolle für marktbeherrschende Unternehmen haben, aber nicht nur für marktbeherrschende Unternehmen, sondern auch für Unternehmen, von denen andere abhängig sind. Auf dem Kfz-Markt ist bei uns kein Hersteller marktbeherrschend und in Frankreich vielleicht auch nicht. Gleichwohl sind die Abhängigkeiten überdeutlich. Der Art. 86 würde nicht eingreifen, wenn ich den Markt generell betrachte und den Kfz-Markt als maßgeblich ansehe. Zur Anwendbarkeit von Art. 86 käme man nur, wenn man von einem kleineren relevanten Markt ausginge und dabei die Situation des konkreten Händlers im Blick hätte, der bereits – um im Beispiel zu bleiben – 5 Jahre lang investiert hat und nun plötzlich herausgestoßen bzw. abgehängt werden soll. Stelle ich auf ihn ab und frage ich danach, wen er sich als Hersteller aussuchen kann, käme ich möglicherweise zu einem sehr engen relevanten Markt. Denn ich müßte feststellen: es gibt keinen anderen; er kann nur bei Renault bleiben, alle kennen diesen Händler als Renault-Händler oder als Peugeot- oder als Volkswagenhändler, er hat keine Möglichkeit, von heute auf morgen auf Mercedes oder auf Audi zu wechseln. Das ist allerdings eine Denkweise, wie sie dem Art. 86 EWGV fernliegt. Wir kommen über das europäische Recht nicht zu einer Möglichkeit der Kontrolle.

Hier greift aber im deutschen Recht diese Bestimmung ein, die ich **249** vorhin zitiert habe, nämlich § 26 des Gesetzes gegen Wettbewerbsbeschränkungen, mit dem Verbot der unbilligen Behinderung bzw. dem Verbot, gleiche Sachverhalte ungleich zu behandeln, also dem Diskriminierungsverbot. Ich darf nicht dem einen Vertragshändler

noch
249 kündigen, während ich einen anderen in derselben Situation behalte. Ich darf nicht einem Vertragshändler kündigen und dabei auf angemessene Amortisation seiner Investitionen gerichtete Interessen völlig außer acht lassen. Ich brauche, um es deutlich zu sagen, einen rechtfertigenden Grund für meine Kündigung, und dieser rechtfertigende Grund kann z. B. in irgendeinem Fehlverhalten des Vertriebspartners liegen; er kann aber auch darin liegen, daß ich meine ganze Vertriebsstruktur umwandeln möchte und z. B. zum Mercedes-Modell eines integrierten Vertriebs kommen möchte; bei Mercedes heißt das, daß es mit wenigen Ausnahmen nur eigene Niederlassungen und keine selbständigen Händler gibt, also ein eigenes Vertriebssystem. Kündigungen wären erlaubt, das wären Gesichtspunkte, die als gerechtfertigte Gründe anerkannt wären, immer unter der Voraussetzung, daß dann aber die Abwicklung u. U. noch über eine längere Zeit laufen können müßte; man müßte dem Vertragspartner auch im Einzelfall eine längere Abwicklungsfrist gestatten als das der Vertrag vorsieht. Das Besondere an dieser Regelung ist, daß sie immer nur auf den Einzelfall abstellt. In jedem Einzelfall können die wirtschaftlichen Interessen der Parteien ganz anders sein.

Synthese / Rapport de synthèse
Joachim Bornkamm

Wenn wir uns zu dem Thema der Kündigung von Absatzmittlerver- **250**
trägen zwischen Herstellern und Händlern Gedanken machen, so
müssen wir uns zunächst einmal fragen, warum hier ein scheinbar
vertragsrechtliches Thema erörtert wird, wo es doch um Deliktsrecht geht. Warum ein *scheinbar* vertragsrechtliches Thema? In beiden Rechtsordnungen, um die es hier geht, der französischen und
der deutschen, ist es letztlich kein vertragsrechtliches Thema bzw.
die vertragsrechtliche Komponente möchte ich Ihnen hier gar nicht
vorstellen, sondern es ist ein Problem, das im weiteren Sinne im Deliktsrecht angesiedelt ist. Im französischen Recht ganz unmittelbar.
Da gibt es zwar heute kartellrechtliche Bestimmungen, die wir
gleich näher erörtern wollen. Früher, vor 1986, wurden diese Fälle
noch mit Hilfe der französischen Generalklausel des Art. 1382
Code civil gelöst. Im deutschen Recht gab es eine solche Möglichkeit nicht, weil – wie Sie nun schon wiederholt gehört haben – die
deutsche Generalklausel nur bei Verletzung absoluter Rechte ein-
greift (§ 823 Abs. 1 BGB). Es gibt aber im Kartellgesetz gegen Wettbewerbsbeschränkungen Deliktsnormen, also Normen, die wie ein
deliktischer Tatbestand ausgebildet sind. Letztlich ist es in der zivilrechtlichen Folge Deliktsrecht. Unser Thema gehört als durchaus in
den Rahmen der Gesamtproblematik dieses Kolloquiums. Dies nur
als Vorbemerkung.

Im ersten Teil meines Berichts möchte ich die Grundstrukturen des
Kartellrechts im französischen, europäischen und deutschen Recht
gegenüberstellen. Das erscheint erforderlich, nachdem wir uns die
ganze Zeit im Schuldrecht aufgehalten haben und nun mit einem
Thema konfrontiert sind, das spezielle Verhaltensregeln, die aus kartellrechtlichen Normen entwickelt wurden, zum Thema hat. Der
zweite Punkt ist dann eine kurze, generelle Übersicht über selektive
Vertriebssysteme nach europäischem, französischem und deutschem Recht, um dann schließlich in einem dritten Teil zu der Beendigung von solchen Vertriebsverträgen zu kommen, also zum eigentlichen Thema.

Zunächst zu den Grundstrukturen des Kartellrechts. Ich fange bei **251**
dem an, was für deutsche und französische Juristen sozusagen der

gemeinsame Nenner ist, mit dem europäischen Recht, und möchte
nur ganz kurz die beiden Vorschriften, die im Mittelpunkt des europäischen Kartellrechts im EWG-Vertrag stehen, noch einmal in Erinnerung rufen. Es ist neben Art. 86 EWGV, der den Mißbrauch einer marktbeherrschenden Stellung betrifft, vor allem Art. 85
EWGV. Art. 85 verbietet ganz generell wettbewerbsbeschränkende
Vereinbarungen in Verträgen, die Auswirkungen auf den Handel
zwischen den Mitgliedstaaten haben, die also wettbewerbsbeschrän-
kend sind. „Ganz generell" sage ich deswegen, weil Art. 85 wettbewerbsbeschränkende Vereinbarungen betrifft, die nicht nur in Horizontalverträgen zwischen Wettbewerbern, sondern auch in Austauschverträgen, also in Verträgen zwischen Herstellern und Händlern, in typischen Vertikalverhältnissen begründet sind. Das ist für
den französischen Juristen, wie wir gleich sehen werden, nichts Besonderes, dagegen sehr wohl für den deutschen Juristen, weil das
deutsche Recht hier eine klare Trennung zieht. Art. 85 unterwirft
also alle solchen Verträge mit wettbewerbsbeschränkenden Vereinbarungen der zunächst zwingenden Folge der Nichtigkeit. Dieses
Rasenmäherprinzip, wie es genannt wird, ist nur deswegen erträg-
lich, weil es großzügige Möglichkeiten der Freistellung gibt. Es gibt
die Einzelfreistellung und die Gruppenfreistellung (exception par
catégorie). Hier werden weite Bereiche gerade der vertikalen wettbewerbsbeschränkenden Vereinbarungen wieder aus dem Anwendungsbereich herausgenommen. Das deutsche Kartellrecht, wie
eben schon angedeutet, ist dagegen ganz von der Unterscheidung
der Horizontal- und der Vertikalverhältnisse bestimmt. Die Nich-
tigkeitsfolge, die Art. 85 generell für wettbewerbsbeschränkende
Vereinbarungen kennt, ist im deutschen Recht nur für solche Beschränkungen im Horizontalverhältnis bekannt. Weitgehend zugelassen sind wettbewerbsbeschränkende Vereinbarungen in Vertikalverträgen, also z. B. auch in Absatzmittlungsverträgen, in Vertriebsverträgen zwischen Herstellern und Händlern. Das würde bedeu-
ten, daß wir im deutschen Kartellrecht kein Instrumentarium hät-
ten, um solche Wettbewerbsbeschränkungen zu reglementieren.
Das ist nicht ganz so, die Kartellbehörde *kann* eingreifen (§ 18
GWB). Davon macht sie aber fast gar keinen Gebrauch. Es gibt eine
andere Bestimmung, die in der Praxis viel wichtiger ist. Sie bestimmt stärker als die Möglichkeit des Eingreifens der Kartellbehörde die Praxis der vertikalen Wettbewerbsbeschränkungen. Das ist
§ 26 GWB, der marktbeherrschende Unternehmen und Unternehmen, von denen andere Unternehmen abhängig sind, einem Diskri-

minierungsverbot unterwirft. So viel nur in aller Kürze zum deutschen Recht.

Das französische Kartellrecht war bis 1986 allgemeines Delikts-recht. Es gab Fallgruppen des Art. 1382 Code civil, die vor allem den Mißbrauch einer Marktstellung durch Preisabsprachen betrafen. Es gab die Fallgruppe des Boykotts. Es gab, darauf werden wir gleich zurückkommen, den „refus de vente" als Fallgruppe des allge-meinen Deliktsrechts. Wohl unter dem Einfluß der europäischen Entwicklung hat der französische Gesetzgeber 1986 eine eigene Kar-tellverordnung verabschiedet. Und dort finden wir nun die Grund-strukturen wieder, die wir aus dem europäischen Recht kennen. Wir haben also eine Bestimmung, die vielleicht am ehesten dem Art. 85 EWGV entspricht. Das ist der Art. 7. Er betrifft wettbewerbsbe-schränkende Vereinbarungen wiederum im Horizontal- und im Ver-tikalverhältnis. Dann haben wir Art. 8, eine Bestimmung über den Mißbrauch von Marktmacht, über den Mißbrauch wirtschaftlicher Abhängigkeit. Das entspricht also grundsätzlich dem, was im euro-päischen Kartellrecht in Art. 86 zu finden ist und den Mißbrauch wirtschaftlicher Macht und das Ausnutzen einer wirtschaftlichen Abhängigkeit durch ein marktbeherrschendes Unternehmen be-trifft. Und schließlich sind in die Verordnung vom 1. 12. 1986 auch die Fallbeispiele aus der französischen Rechtsprechung zu Art. 1382 Code civil aufgenommen worden: Es gibt in Art. 36 die Ver-kaufsverweigerung „refus de vente", der vorher ein Tatbestand des allgemeinen Deliktrechts war, und es gibt zusätzlich ein allgemeines Diskriminierungsverbot. **252**

Wenn wir uns jetzt überlegen wollen, wie das selektive Vertriebssy-stem im deutschen, im französischen und im europäischen Recht be-handelt wird, dann müssen wir auf die kartellrechtlichen Grundla-gen zurückgreifen. **253**

Das europäische Recht behandelt ein selektives Vertriebssystem, also einen Vertrag mit wettbewerbsbeschränkenden Vereinbarun-gen im Vertikalverhältnis, in Austauschverhältnissen, ebenso wie alle anderen Verträge und unterwirft die wettbewerbsbeschränken-de Vereinbarung grundsätzlich der Rechtsfolge der Nichtigkeit. Die Kommission hat als Kartellbehörde die Möglichkeit der Steuerung über die Einzel- bzw. die Gruppenfreistellung. Sie kann ganz genau festlegen, wie solche Verträge aussehen sollen, damit sie einer Grup-penfreistellung unterworfen werden. Für selektive Vertriebssyste- **254** me gibt es bislang keine Gruppenfreistellungsverordnung. Es gibt aber eine reiche Spruchpraxis der Kommission und natürlich auch des Gerichtshofs zu der Einzelfreistellung von selektiven Vertriebssystemen. Das französische Recht ist ganz von diesen Beispielen geprägt. Nur ist es hier nicht eine Verwaltungsentscheidung, in der ein solches System freigestellt wird, sondern es gibt etwas, was man als eine faktische Gruppenfreistellung gesetzlicher Natur bezeichnen kann. Die selektive Vertriebsbindung ist im französischen Recht ausdrücklich privilegiert.

255 Das deutsche Recht hat keine generellen Probleme mit dem selektiven Vertrieb, ganz einfach deshalb, weil wir Wettbewerbsbeschränkungen in Austauschverhältnissen, also in Vertikalverhältnissen, keinem per-se-Verbot, keinem generellen Verbot unterwerfen, sondern eine „rule of reason" haben, also ein – wie die Amerikaner sagen – „balancing approach" durch § 18 GWB. Ich habe vorhin schon gesagt, daß die Kartellbehörde von dieser Möglichkeit des Eingreifens kaum Gebrauch macht; es bleibt dann das allgemeine Diskriminierungsverbot für marktbeherrschende Unternehmen oder für Unternehmen, von denen andere Unternehmen abhängig sind. Diese Bestimmung führt dazu, daß der Richter in einem gewissen Rahmen ein selektives Vertriebssystem auf die Angemessenheit der Bedingungen hin überprüfen kann. Die betroffene Partei kann darauf bestehen, daß dieser selektive Vertrieb gleichmäßig, also für alle Betroffenen gleich angewandt wird. Die deutsche Rechtsprechung ist naturgemäß – das liegt in der Struktur – recht großzügig gegenüber dem selektiven Vertrieb. Bis 1973 hatten wir in Deutschland die Möglichkeit der Preisbindung für Markenprodukte. Der herbe Verlust, der der Markenindustrie durch die Abschaffung der Preisbindung zugefügt wurde, wird halbwegs ausgeglichen durch die Möglichkeit des selektiven Vertriebs. Es ist hier alles erlaubt, was notwendig ist, um einem Produkt ein exklusives Image zu geben. Es ist alles verboten, was direkt oder indirekt auf eine Preisbindung hinausläuft. Denn bekanntlich kann man die Exklusivität einer Marke am wirksamsten sichern, indem man möglichst hohe Preise gegenüber dem Endverbraucher durchsetzt. Ein solches Interesse ist aber im deutschen Kartellrecht im Hinblick auf das gesetzliche Verbot der Preisbindung nicht geschützt. So viel generell zu den selektiven Vertriebssystemen.

256 Und jetzt als dritter Punkt zu der Frage der Kündigung solcher Vertriebssysteme, wiederum eingeteilt in europäisches, französisches

und deutsches Recht. Es ist schon deutlich geworden, daß das europäische Recht in dieser Situation, in der ein Vertriebspartner, der
möglicherweise große Investitionen getätigt hat und nach mehreren
Jahren aus dem Vertrag entlassen werden soll, nur recht einge-
schränkt wirksam werden kann. Art. 85 EWGV erlaubt nur eine ex-
ante-Kontrolle der Verträge, die freigestellt werden müssen. Es gibt
z. B. eine Gruppenfreistellungsverordnung für KfZ-Händler-Ver-
träge, in denen Mindestlaufzeiten für die Vertagsdauer festgelegt
sind in der Größenordnung von 4 Jahren mit bestimmten Kündi-
gungsfristen bzw. Fristen, innerhalb deren der Hersteller darauf hinweisen muß, daß er den Vertrag nicht verlängert. Damit kann man
das Problem nicht lösen. Denn auch 4 Jahre sind natürlich viel zu
kurz, wenn sich ein Hersteller mit großem investiven Aufwand in
eine Vertriebsstruktur hineingearbeitet hat. Er muß als Händler
z. B. ein großes Absatzlager vorhalten. Er muß in großem Umfang
die Marke bewerben. Er muß große Ausstellungsräume vorhalten.
Er muß ausgewählte Techniker haben, die für das Produkt ausgebildet sind. Vier oder fünf Jahre ist ein Zeitraum, der selbstverständlich
nicht ausreicht, um die notwendigen Investitionen in einem solchem Vertragsverhältnis zu amortisieren. Das europäische Recht
kann hier nur mit Hilfe von Art. 86 EWGV helfen. Art. 86 ist die
Mißbrauchskontrolle gegenüber marktbeherrschenden Unternehmen. Die meisten dieser Hersteller sind nicht marktbeherrschend.
Man könnte allenfalls – und das ist ein Gedanke, der sehr interessant
ist – durch die Beschränkung des Marktes auf den konkreten Hersteller, in dessen Abhängigkeit sich der Händler befindet, zu einer
marktbeherrschenden Rolle kommen und damit zur Anwendung
von Art. 86. Das liegt allerdings dem deutschen wie wohl auch dem
französischen Kartellrecht eher fern. Unsere Rechtsordnung kennt
eine Regelung für diesen speziellen Fall der Abhängigkeit und be-
handelt eben diese Abhängigkeit, die sogenannte relative Marktmacht, nicht als eine Marktbeherrschung, sondern als ein Minus der
Marktbeherrschung. Deshalb wird es wohl auch bei der Auslegung
des Art. 86 für uns eher ein weiter Schritt sein, hier eine so enge
Marktabgrenzung vorzunehmen. Daß der Händler, der bei Opel einen Vertrag geschlossen hat, nun nur noch mit Opel kontraktieren
könnte und daß Opel insofern eine marktbeherrschende Stellung
hätte, die es auf dem gesamten KFZ-Markt sonst nicht hat, ist eine
gewagte Annahme. Das europäische Recht hilft uns also wenig weiter. Selbst wenn wir eine marktbeherrschende Stellung annehmen
würden, ist es so, daß die Spielräume, die hier verbleiben, wahr-

scheinlich größer sind als im deutschen oder auch im französischen Recht, so daß wir hier das nationale Recht bemühen müssen.

257 Das französische Recht kennt in Art. 8 und in Art. 10 der Verordnung vom 1. 12. 1986 eine Regelung, die unserem deutschen Recht sehr nahe kommt. Und wir beobachten etwas, was bereits vorhin angeklungen ist. Die Rechtsentwicklung in den letzten Jahren hat ohne Harmonisierungsrichtlinien der EG zu einer weitgehenden Annäherung der Systeme geführt. Die Fälle werden bereits heute sehr ähnlich gelöst und auch das Instrumentarium ist aufgrund der Erfahrungen, die man in Europa gemacht hat, schon weitgehend angeglichen. Es ist ein erfreuliches Ergebnis unserer Bemühungen, daß wir jedenfalls insoweit eine Harmonisierung feststellen können. Das französische Recht kennt einen Art. 8, der den Mißbrauch einer marktbeherrschenden Stellung regelt und dann auch den Mißbrauch wirtschaftlicher Abhängigkeit. Die Formulierung, die das französische Recht verwendet, klingt ganz deutlich an das deutsche Recht an. Man hat das Gefühl, der französische Gesetzgeber hätte das deutsche Beispiel mit vor Augen gehabt. Es ist also eine Bestimmung, die nicht nur eine Kontrolle gegenüber dem marktbeherrschenden Unternehmen ermöglicht mit all den Schwierigkeiten, die auf dem Weg zur Bejahung einer Marktbeherrschung warten, sondern eine Bestimmung, die auch die beschriebene Abhängigkeit regelt, z.B. die unternehmensbedingte Abhängigkeit, wie wir sie eben erörtert haben.

258 Der Fortschritt gegenüber dem deutschen Recht ist, daß die Verordnung sogar ausdrücklich Ausnahmen festlegt. Art. 10 regelt, wann z.B. eine Ungleichbehandlung oder eine Behinderung – wie wir es nach deutscher Terminologie nennen würden – erlaubt ist, und spricht ausdrücklich von dem „bilan positif économique", also von der positiven ökonomischen Bilanz, die als Ergebnis einer den Vertriebspartner betreffenden Maßnahme herauskommen muß, um sie als gerechtfertigt erscheinen zu lassen.

259 Wenn ich jetzt zum deutschem Recht komme, dann werden wir ganz ähnliche Ergebnisse feststellen. Auch das deutsche Recht sieht eine Abwägung vor, eine Interessenabwägung zwischen den Interessen des Herstellers einerseits und des Vertriebspartners andererseits, der beispielsweise nach langer Zeit aus seinem Vertrag entlassen werden soll. Eine Besonderheit des deutschen Rechts, die sich im französischen Recht nicht wiederfindet, ist, daß unser Recht einen Kontrahierungszwang kennt, also eine Verpflichtung, mit dem Vertriebspartner erneut einen Vertrag zu schließen oder auch unter Umständen erstmals mit ihm einen Vertrag zu schließen. Dies ist bei uns von den Gerichten aus dem Schadensersatzanspruch entwickelt worden; der Schadensersatzanspruch richtet sich darauf, daß ein Vertrag abgeschlossen werden muß. Ganz augenscheinlich ist dieses Ergebnis für die französischen Kollegen eine fremdartige Vorstellung. Ich glaube, der praktische Unterschied ist nicht so groß. Schadensersatzleistungen in diesen Fällen werden für ein Unternehmen, für einen Hersteller ganz unbequem sein und er wird im Zweifel eher den Vertrag fortsetzen, so daß das Ergebnis im wesentlichen dasselbe sein wird. Wichtig ist, daß der Anspruch auf Fortsetzung des Vertrages auch bei einer ordentlichen Kündigung gilt. Hier lag ein Mißverständnis – oder sagen wir: ein anderes Verständnis –, das bis vor kurzem die Rechtsprechung mancher Oberlandesgerichte beherrscht hat. Stuttgart und München haben immer wieder gesagt, daß eine ordentliche Kündigung immer gestattet sein muß. Der BGH hat aber inzwischen deutlich gemacht, daß dem nicht so ist. § 26 GWB hebelt auch die Möglichkeit der ordentlichen Kündigung aus. Dadurch haben wir hier eine eigentlich für das Kartellrecht eher fremdartige Situation, nämlich eine Verfestigung der Vertriebsverhältnisse mit Hilfe eines kartellrechtlichen Anspruchs. Unter Umständen kann also jemand – theoretisch sogar über lange Zeit – einen Anspruch auf eine Belieferung haben. Die Dynamik, die das Wettbewerbsrecht eigentlich fördern möchte, kann auf der Strecke bleiben. Dies ist eine Gefahr, die allerdings auch in der Rechtsprechung gesehen wird. Für die Abwägung der Interessen, der Interessen des Herstellers einerseits und des abhängigen Vertriebspartners andererseits, gilt etwas Ähnliches wie im französischen Recht. Die „positive ökonomische Bilanz" umschreibt man bei uns so, daß es dem Hersteller gestattet sein muß, seinen Vertrieb nach wirtschaftlich vernünftigen Gesichtspunkten zu strukturieren. Es muß ihm gestattet sein, ihn umzustrukturieren und z. B. unter ökonomischen Gesichtspunkten bestimmte Vertriebsgebiete anders zu strukturieren, so daß einzelne Vertriebspartner aus dem Vertriebssystem herausfallen. Diese können dann im Einzelfall allenfalls Anspruch auf eine relativ großzügige Übergangsfrist, aber in keinem Fall Anspruch auf eine langfristige Verlängerung haben.

Ein anderer Gesichtspunkt, der bei dieser Abwägung eine Rolle **260** spielt, ist der der Amortisation der getätigten Investitionen. Das ist sicherlich der Punkt, in dem sich die Abhängigkeit am stärksten zeigt, und generell ist der Grad der Abhängigkeit ein wichtiger Maßstab, der bei der Interessenabwägung zu berücksichtigen ist. Wir haben, wenn wir dies mit dem französischen Recht vergleichen, eine sehr ähnliche Rechtsprechung gegenüber dem, was die französische Verordnung von 1986 ausdrücklich regelt. Mir scheint es nach dem, was ich gehört habe, daß die französische Praxis bislang recht zurückhaltend mit der Anwendung der Bestimmungen dieser Verordnung ist. Die deutschen Gerichte waren dagegen in der Anfangszeit sehr großzügig, haben häufig zur Belieferung verurteilt, haben häufig auch die Kündigung von Verträgen untersagt, weil ohnehin der Vertrag sofort hätte neu abgeschlossen werden müssen, so daß die Kündigung für rechtsmißbräuchlich erklärt worden ist. Das ist sicher noch ein Unterschied, der auch darin begründet sein kann, daß im französischen Recht der Umgang mit diesen Bestimmungen, die es seit noch nicht einmal sieben Jahren gibt, noch nicht so alt ist.

261 Damit komme ich zum Ende und darf noch einmal die Quintessenz meiner Ausführungen hervorheben: Es ist die beruhigende Aussage, daß sich in Europa eine Harmonisierung abzeichnet, die einfach unter dem Druck der unterschiedlichen Rechtsordnungen geschieht, die neue Ideen bringen – sei es unmittelbar oder über das europäische Recht. Dieser Einfluß ist sicher mindestens genauso wichtig, wie die förmliche Harmonisierung durch die europäischen Rechtssetzungsinstanzen.

Auszug aus der Diskussion /
Extraits de la discussion:

Courtière:

Vous avez soulevé le problème particulier de la restructuration du ré- **262**
seau de distribution. Le fabricant peut en effet décider dans le cadre
d'une stratégie générale de restructurer l'ensemble de son réseau de
distribution. Le distributeur, alors même qu'il n'a pas mérité ce traitement, peut se trouver dans une position difficile, ce qui est malheureusement fréquent. Cependant la stratégie adoptée par le fabricant
désirant restructurer profondément son réseau de distribution est
une raison susceptible de justifier le non-renouvellement ou la rupture de certains contrats de distribution sélective. Cette décision place souvent le distributeur évincé dans une situation financière difficl-
le. Il n'en reste pas moins cependant que le bon distributeur peut
trouver assez facilement une autre marque à représenter.

Je laisse le soin cependant au Président de confirmer ou d'infirmer
mon point de vue.

Rouger:

Les difficultés rencontrées dans l'automobile sont en effet apparues
surtout en raison des restructurations de leur réseau opérées par certains fabricants. Nous avons la particularité en France d'avoir eu un
grand nombre de marques aujourd'hui regroupées au sein de trois
marques. En Allemagne, vous avez eu moins de problèmes lorsque
vous avez opéré des regroupements parce que vous aviez des réseaux identiques. Les regroupements opérés en France ont donné
lieu à de nombreux procès. Ainsi, par exemple, au moment de la restructuration de Talbot et de Peugeot, il y a eu pas moins de 150 procès devant notre Tribunal.

Bornkamm:

Ich würde gerne noch eine Frage zu dem „refus de vente" stellen. Zu- **263**
nächst einmal ist es ja in Ihrem Recht wie auch bei uns eine große
Ausnahme von der Regel. Die Regel lautet „Privatautonomie", also
die Freiheit, Verträge zu schließen, mit wem man möchte und auch
Verträge beliebigen Inhalts zu schließen, soweit dieser rechtlich

161

noch
263 nicht zu beanstanden ist. Diese Freiheit besteht in Deutschland wie in Frankreich und der Kontrahierungszwang, der sich daraus ergibt, daß man einzelne Unternehmen beliefern muß, daß man mit bestimmten Unternehmen Verträge abschließen muß, ist eine große Ausnahme. Das muß man sich immer wieder vergegenwärtigen, wenn man diese Bestimmung anwendet und auslegt. Ich würde gerne die Kriterien nach der Verordnung vom 1. 12. 1986 wissen. Gibt sie selbst Merkmale, gegenüber wem ein solcher „refus de vente" vorliegt. Nehmen wir das Beispiel des Kfz-Händlers, der bereits 5 Jahre lang im Vertrieb tätig war und nun abgehängt werden soll. Oder nehmen wir an, ein anderer, der noch überhaupt nicht im Markt ist, möchte Kfz-Händler werden und wendet sich an einen bestimmten Hersteller, mit der Bitte, ihn auszuwählen. Kann er sich mit Erfolg auf diese Bestimmung berufen?

Schmidt:

Il y a en fait deux types de contrat entre lesquels il faut a priori distinguer: Un contrat à durée indéterminée et un contrat à durée indéterminée. Le non-renouvellement d'un contrat à durée déterminée constitue «l'exercice d'un droit contractuel». Quant à la résiliation d'un contrat à durée indéterminée, cette prérogative est le corollaire de l'interdiction des contrats perpétuels. Là encore la résiliation d'un contrat à durée déterminée constitue l'exercice d'un droit. La liberté est donc le principe, la contrainte l'exception. Il n'en va autrement que lorsque l'exercice du droit est abusif, notamment le contrat est résilié sans préavis. Encore faut-il rappeler que dans cette hypothèse, la victime de l'abus ne reçoit qu'une indemnisation par équivalent en application de l'article 1142 du Code Civil. L'auteur de l'abus, de la résiliation ou du non-renouvellement abusifs ne peut donc en principe être contraint de poursuivre le contrat ou de le renouveler. Il sera seulement tenu d'indemniser la victime du préjudice qu'elle a subi.

Quant à l'article 8-2° de l'ordonnance de 1986, qui sanctionne civilement l'abus de dépendance économique, si ce texte s'inspire du § 26 de la loi allemande du 27 juillet 1957, il n'est pas aisément applicable en l'espèce. Ce texte n'est en effet applicable qu'en cas de dépendance économique. La rupture des relations commerciales non seulement n'est pas abusive en elle-même, mais encore suppose que la victime de cette rupture ne dispose pas de solution équivalente.

162

Bornkamm:

Und noch eine Frage. Der Vertragspartner, dem gekündigt worden **264**
ist, kann sich auf diese Bestimmung als ein subjektives Recht berufen. Hat er u. U. einen Anspruch auf Schadensersatz oder auf Verlängerung des Vertrages, auch wenn die vertragliche Kündigungsfrist
eingehalten wurde?

Courtière:

A des dommages-intérêts. Il ne peut même pas toujours prétendre à
la reprise de son stock de pièces détachées par le concédant.

Bornkamm:

Um die Unterschiede, die hier doch offensichtlich bestehen, zu mar- **265**
kieren, möchte ich ein paar Beispielsfälle für den Kontrahierungszwang unter deutschem Recht geben. Unter Kontrahierungszwang
verstehe ich den Zwang, einen bestimmten Belieferungsvertrag abzuschließen. Beispielsweise hatte ein Händler in der Nähe von München Rossignol-Ski besonders günstig angeboten, zu Preisen, die
zwar legal waren, weil es keine Preisbindung gab, die aber Rossignol nicht gefielen, weil sie zu niedrig waren und der Exklusivität
der Marke schadeten. Rossignol hat daraufhin diesen Händler nicht
mehr beliefert. Dieser hat dann Rossignol verklagt und hat sich auf
den Standpunkt gestellt, in der Nähe von München in einem Fachgeschäft für Ski brauche man u. a. auch Rossignol-Ski. Sein Ansehen
als Händler hinge davon ab, daß er Rossignol verkaufen könne, das
erwarte das Publikum. Und in diesem Fall ist Rossignol zur Belieferung verurteilt worden, d. h. entsprechende Verträge abzuschließen. Auch in anderen Fällen, z. B. in solchen mit Kfz-Händlern, ist
es zu einer Verurteilung des Herstellers gekommen, einen bestimmten Vertrag, der eigentlich ausgelaufen war, zu verlängern. Ich will
noch ein Wort zu der Alternative, die Sie bei den Kfz-Händlerverträ-
gen genannt haben, sagen. Opel z. B. ist dazu übergegangen, nur
noch 5-Jahres-Verträge abzuschließen. Nach 5 Jahren wird der Vertrag erneuert oder er läuft aus. Das hat nach der Verordnung 123 gewisse Vorteile, die man wohl nutzen wollte. Bei jedem dieser vielen
Verträge stellt sich die Frage, ob Opel unter Berufung auf die klare
vertragliche Vereinbarung willkürlich die Verlängerung verweigern
kann. Wenn ich Sie richtig verstehe, kennen Sie in Frankreich nur einen Schadensersatzanspruch, einen Schadensersatzanspruch also,

noch
265
der z. B. auf Kompensation oder darauf gerichtet ist, die Ersatzteile zurückzunehmen, die man auf Lager hat und die man nun nicht mehr verwenden kann. Es gibt aber keine positive Verpflichtung, den Vertrag fortzusetzen.

Seidel:

Ich möchte den Gedanken von Herrn Dr. Bornkamm dahin ergänzen, daß gerade bei einer bestehenden Abhängigkeit eines KFZ-Vertragshändlers vom Hersteller im Falle einer nicht gerechtfertigten Beendigung des Vertragsverhältnisses nach deutschem Recht der Schadensersatz des Händlers gegenüber dem Produzenten darin bestehen kann, daß er eine angemessene Verlängerung des Vertragsverhältnisses verlangen kann. Das ist wohl der Unterschied zum französischen Recht. Nach deutschem Recht wird dieser Anspruch über das Kartellrecht konstruiert, was zu dem etwas seltsamen Ergebnis führt, daß eigentlich ein Gesetz, das dazu dient, die Wettbewerbsfreiheit, Konkurrenzfreiheit sicherzustellen, nun gerade dazu benutzt wird, zu Vertragsverlängerungen zu verpflichten. Insofern ist wohl ein Unterschied zum französischen Recht vorhanden.

Bornkamm:

Also für uns ist es eine Frage des Schadensersatzes, so hat es der Bundesgerichtshof immer konstruiert. Die Vertragsverlängerung ist eine Form der Naturalrestitution, wie wir sagen. Der Vertragshändler muß also so gestellt werden, wie er ohne das verletzende Ereignis, d. h. die ungerechtfertigte Kündigung stünde. Das bedeutet, daß der Vertrag praktisch neu abgeschlossen werden muß. Wenn die Voraussetzungen des Art. 86 EWGV vorliegen, wenden wir ihn in der gleichen Weise an. Art. 86 selbst kennt keinen Schadensersatzanspruch. Er überläßt die Bestimmung der Rechtsfolgen dem Recht der Mitgliedstaaten, in Deutschland also dem deutschen Recht. Das deutsche Schadensersatzrecht würde hier, wenn in der Kündigung oder in der Verweigerung der Verlängerung ein Verstoß gegen Art. 86 EWGV liegt, ebenfalls eine Verlängerung des Vertrages ermöglichen und dem Händler einen subjektiven Anspruch auf den Abschluß eines Verlängerungsvertrages gewähren. Das scheint Ihnen in Frankreich gegen den Strich zu gehen, und es ist auch für uns etwas sehr Besonderes.

164

Schmidt:

Non, parce qu'en droit français, il faut quand même qu'il y ait un comportement abusif. Certes il y aurait une autre voie envisageable mais qui n'a pas encore été suivie en jurisprudence et qui consisterait à dire que le fabricant a manifesté sa volonté de continuer, de renouveler le contrat. Ça serait évidemment une voie très différente de celle que vous suivez et qui, à mon avis, sur le plan du droit de la concurrence, présente un inconvénient. C'est que pour faire jouer les textes de l'article 86, il faut normalement que le comportement puisse avoir pour objet ou pour effet, vous le savez, d'influer sur la concurrence. Sauf si l'on prend les réseaux de distribution sélective qui ont eux-mêmes une influence sur la concurrence, il s'agira de relations bilatérales. Or il n'est pas certain que ces relations bilatérales entrent dans le champ d'application du droit de la concurrence. C'est certainement une des faiblesses du droit français dans le domaine de l'abus de dépendance. Pour que puisse jouer l'abus de dépendance, il faudrait que le comportement ait une influence sur le marché, sur les échanges. Or, la plupart du temps, il n'en a pas, puisque deux personnes seulement sont concernées.

Rouger:

Pardon, je dois vous dire quand même qu'il y a un cas particulier. C'est le cas de la poursuite de la continuation d'un contrat dans le cadre de procédures collectives. Un concédant peut se voir obligé de transférer son contrat dans le cadre d'un redressement d'entreprise, dans le cadre d'un plan ce qui peut poser des problèmes intéressants, si le cessionnaire de l'entreprise est un garagiste qui dispose d'un panonceau différent de celui qu'il est en train d'acquérir et dont on va forcer la continuation. Donc, il y a quand même des particularités. Mais nous nous trouvons alors sur un autre terrain.

Bornkamm:

Um das noch einmal zu pointieren: Für uns ist das deswegen eine **266** kartellrechtliche Frage, weil das Kartellgesetz nicht nur Wettbewerbsbeschränkungen in Verträgen untersagen möchte, sondern auch eine Kontrolle ermöglichen soll gegenüber marktbeherrschenden Unternehmen. Die Besonderheit des deutschen Rechts ist, daß dem marktbeherrschenden Unternehmen das Unternehmen gleichgestellt ist, das von dem anderen abhängig ist. Sie haben zu Recht

noch
266
festgestellt, daß die Anwendung von Art. 86 in diesen Fällen äußerst fraglich ist, und ich meine auch, daß er nicht zu diesem Ziel führen würde. Im deutschen Kartellrecht ist es geregelt. Man könnte zwar sagen, daß es letztlich eine bilaterale Frage des Vertragsrechts zwischen zwei Vertragspartnern ist. Es sind aber zwei besondere Vertragspartner, nämlich einmal einer, der besonders marktmächtig ist, und einmal einer, der abhängig ist.

Schmidt:

Je reviens à ce que j'ai dit tout à l'heure. Vous déformez le débat parce que si l'entreprise se trouve en situation de position dominante et en abuse, il y a bien entendu une influence sur le marché. Le droit français cependant va plus loin. Il va reprocher un abus à une entreprise qui ne se trouve pas forcément en situation dominante sur un marché, mais qui refusera de continuer un contrat à l'égard d'un contractant particulier, alors qu'elle-même, entreprise, n'est pas en situation dominante. Donc, ce sont des relations bilatérales. Si l'entreprise cocontractante est en position dominante et en abuse, c'est en principe le droit commun, et non le droit de la concurrence, qui s'applique. D'où la création complémentaire de l'abus de dépendance économique parce qu'une entreprise dépend d'une autre entreprise en dehors même de toute domination du marché. Vous avez donc en droit français, en principe du moins, une possibilité de sanction non pas pour abus de position dominante mais tout simplement pour abus de dépendance économique. Sinon on n'aurait pas créé une deuxième qualification. La première englobberait la seconde. La difficulté, c'est que l'abus de dépendance étant rattaché lui-même à l'abus de position dominante, on a laissé indirectement la nécessité d'une influence sur le marché qui ne présente aucune justification.

Reiner:

A mon avis, la principale différence entre le droit français et le droit allemand en cette matière réside dans les critères différents employés par les juges français et allemands pour définir l'abus de dépendance économique. Monsieur Bornkamm a fait allusion tout à l'heure à une décision de la Cour de Cassation allemande dans laquelle cette juridiction a considéré que la notoriété de la marque de skis Rossignol suffisait à rendre ses distributeurs en état de dépendance économique. Le Conseil français de la concurrence, s'il tient compte de la notoriété de la marque Mercedes Benz, prend également en considé-

166

ration d'autres critères. En particulier, il tient compte non seulement de la part de marché détenue en France par Mercedes Benz France ce qui rejoint les propos de Monsieur le Professeur Schmidt, mais aussi des solutions de conversion dont disposait le concessionnaire évincé, étant entendu que pour le Conseil, un changement de marque ne constitue pas un obstacle insurmontable à une reconversion, alors qu'en Allemagne une opinion différente semble prévaloir. Dans ces conditions, la notion de dépendance économique semble appelée à jouer en France un rôle beaucoup moins grand qu'en Allemagne.

Zambeaux:

On a évoqué tout à l'heure le cas d'un magasin de sport qui a obtenu **267** qu'on continue à lui fournir une marque qui est indispensable à son standing. Qu'en est-il en droit allemand dans le cas inverse que l'on rencontre fréquemment notamment dans les industries de luxe où un fabricant souhaite imposer la présence d'un certain nombre de marques de prestige pour pouvoir confier sa marque à un distributeur?

Prenons un cas plus particulier, celui de la parfumerie, si vous voulez. Un fabricant dit à un distributeur qui demande sa marque: je vous donne ma marque mais à condition que vous ayez cinq, six, dix autres marques de prestige pour que je puisse vous donnez la mienne.

Bornkamm:

Dies ist eine typische Vertragsbedingung in selektiven Vertriebsverträgen: Also nehmen wir einmal nicht Parfum, obwohl es da genauso geht, sondern die Unterhaltungselektronik. Wenn ich eine bestimmte bekannte Marke vertreiben möchte, dann verlangt der Hersteller, daß ich nicht nur den Marktrenner vertreibe, sondern die ganze Palette. Das wird angesehen als eine angemessene Klausel, gegen die nichts einzuwenden ist. Man kann das ja auch verstehen. Ein Rosinenpicken, wie wir das nennen, also nur die Marktrenner herauszugreifen, das ist nicht unbedingt guter Stil. Der Hersteller darf einen solchen Händler aus dem Vertriebssystem draußen halten, der in dieser Weise nur einzelne Teile des ganzen Sortimentes vertreiben möchte. Ich nehme an, daß Sie auch in Frankreich eine solche Klausel, die – wie ich glaube – üblich ist in selektiven Vertriebsverträgen, für zulässig halten würden.

Hübner:

268 Ich möchte noch ein paar Dinge in Erinnerung bringen. Sie haben sich ja sehr stark auf die kartellrechtlichen Fragen konzentriert, Herr Bornkamm. Das ist in dem Zusammenhang sicher wichtig, insbesondere auch, was den Kontrahierungszwang nach § 26 GWB bei Innehaben einer marktbeherrschenden Stellung betrifft. Aber ich meine, es gibt noch einige andere Aspekte. Im Zusammenhang mit der mißbräuchlichen Kündigung oder Verweigerung der Vertragsverlängerung muß man auch die handelsrechtlichen und die zivilrechtlichen Vorschriften in die Betrachtung einbeziehen, wenn man dieses komplexe Thema, wie Herr Schmidt völlig zu Recht gesagt hat, einigermaßen abdecken will.

Zum einen ist mit Sicherheit die Treuepflicht des § 242 BGB zu erwähnen, die ja auch die ganze Diskussion beherrscht, oder anders ausgedrückt, die die dogmatische Grundlage dafür abgibt, wie im konkreten Fall der Mißbrauch abzugrenzen ist, d. h. ob im konkreten Fall Fristen einzuräumen sind, ob Ausgleichszahlungen zu leisten sind und anderes mehr. Und bei dem Stichwort der Ausgleichszahlung denke ich auch an § 89 b HGB, eine Vorschrift, die wie kaum eine andere im HGB Anlaß zu BGH-Entscheidungen gegeben hat, wenn auch meistens nicht in bezug auf Handelsvertreter, sondern auf Versicherungsvertreter. Dieser Bereich ist nunmehr seit 15 Jahren durch eine einverständliche Regelung zwischen den Verbänden geregelt. Aber ich glaube, daß das auch ein ganz wesentliches Thema ist, nämlich in welchem Maße man die soziale Absicherung des Handelsvertreters im Augenblick der Auflösung des Vertrags gewährleisten muß. Das Ganze hat natürlich auch immer Rückwirkungen auf die andere Frage: Kann gekündigt werden und unter welchen Voraussetzungen kann gekündigt werden? Was muß als Ausgleich oder als Ersatz für getätigte Aufwendungen gezahlt werden? Unter welchen Voraussetzungen kann ich dann den Betreffenden aus dem Vertrag entlassen? Das ist, wie das meiste, was mit § 242 BGB zu tun hat, reichlich düster und aufklärungsbedürftig und kann wahrscheinlich nur im Einzelfall sachgerecht gelöst werden. Ich wollte nur darauf hingewiesen haben, daß unabhängig von der kartellrechtlichen Komponente hier auch diese allgemeinen zivilrechtlichen und handelsrechtlichen Institute in der Praxis eine Rolle spielen.

Bornkamm:

Ich würde das gerne, wenn Sie mir das erlauben, noch an einem kur- **269** zen Beispiel dokumentieren, und zwar mit einem Fall aus der Rechtsprechung zu § 26 GWB, in dem gerade das Verhältnis zu den Ausgleichszahlungen eine Rolle spielte. Das ist der Frankiermaschinen-Fall. Man muß vorausschicken, daß die deutsche Bestimmung des § 89 b HGB, die Sie ja eben erwähnt haben, nicht nur für den Handelsvertreter gilt, wie es im Gesetz steht, sondern von der Rechtsprechung seit langer Zeit auch für den Eigenhändler, der in einer entsprechenden Stellung zum Hersteller steht, angewendet wird. Also auch der Eigenhändler, der aus einem Vertrag entlassen wird, hat bei normaler ordentlicher Kündigung einen Anspruch darauf, daß der Kundenstamm, den er für den Hersteller erarbeitet hat und der nun auf den Hersteller übergeht, durch eine Ausgleichszahlung ausgeglichen wird – eine Regelung wie gesagt, die das Gesetz eigentlich nur für den Handelsvertreter kennt. Dieser Fall handelte von einem Eigenhändler von Frankiermaschinen, der über 40 Jahre lang immer dieselben Frankiermaschinen veräußert hatte, und nun aus Gründen, die im Moment nicht interessieren, aus diesem Vertriebsvertrag entlassen werden sollte. Das Interesse, das er hatte, war, weiterhin mit Ersatzteilen für diese Frankiermaschinen beliefert zu werden. Er hatte inzwischen für die neuen Modelle, für die Neuanschaffungen einen anderen Partner, eine andere Marke im Programm, aber er wollte natürlich seine Kunden nach wie vor mit Ersatzteilen beliefern können. Der Hersteller verweigerte dies und das Oberlandesgericht hat den Hersteller verurteilt unter dem Gesichtspunkt des § 26 Abs. 2 GWB. Ich halte dieses Beispiel für besonders aussagekräftig, weil es die Schwierigkeit zeigt, die Interessen über den Einzelfall hinausgehend in einer allgemeinen Form zu bewerten. Denn in diesem Einzelfall kamen zwei Dinge hinzu, die den Bundesgerichtshof dazu veranlaßt haben, das Urteil der Vorinstanz aufzuheben. Einmal hatte dieser Händler eine Ausgleichszahlung nach § 89 b HGB bereits erhalten. Er wollte also eine Verlängerung des Vertrages, obwohl er eine Ausgleichszahlung bekommen hatte. Das ist eine Verdoppelung des Interessenschutzes, die eigentlich nicht gewollt sein kann. Und zweitens muß man sich einmal überlegen, was denn eigentlich die wirtschaftlichen Interessen der beiden Parteien waren. Der Händler hatte mit der Möglichkeit, Ersatzteile zu liefern, sozusagen die Hand auf den Kunden, denn solche Frankiermaschinen müssen immer gewartet werden. Jeder, der solch eine Frankiermaschine betreibt, muß ein lizensiertes Unternehmen mit der Wartung beauftragen. Und wenn eine solche Maschine nicht mehr repariert werden kann, dann ist es natürlich dieser Wartungspartner, der auch mit der Neubeschaffung beauftragt wird. Also derjenige, der die Ersatzteile liefern konnte, der hatte in dieser konkreten Situation die Hand auf dem Kundenstamm. Unser Kläger hatte sich hier also einerseits die Ausgleichszahlung zahlen lassen und andererseits wollte er über die Ersatzteile den Kundenstamm voll für sich in Anspruch nehmen. Clever kann man sagen. Der Bundesgerichtshof hat das nicht zugelassen und hat hier die überragenden Interessen des Herstellers herausgestellt. Der Kundenstamm sei abgegolten und es könne nicht dem Hersteller zugemutet werden, diese Kunden sozusagen à fond perdu zu betrachten, dadurch daß er an diesen früheren Partner weiterhin Ersatzteile liefern muß. Hier zeigt sich das Zusammenspiel dieser beiden Bestimmungen, die man immer im Auge haben muß.

Ebenroth:

270 Mein Richterkollege Bornkamm muß sich den Freistellungsverordnungen aus Brüssel unterwerfen. Die Freistellungsverordnung für den Automobilsektor läuft bis zum 30. 6. 1995. Wir sind schon dabei, europäische Vertriebssysteme nach qualitativen und quantitativen Selektionskriterien zu entwickeln, die eine Chance haben, nach Art. 85 und 86 durchgesetzt zu werden. Das ist der eine wesentliche Punkt. Der zweite wesentliche Punkt ist, daß wir seit dem 1. 1. 1993 eine andere Situation haben, weil wir die qualitativen und quantitativen Selektionskriterien unabhängig von der Größe eines Landes europaweit durchsetzen können. Früher führte die unterschiedliche Sprache zur räumlichen Marktabgrenzung. Ich will dafür ein Beispiel nennen. Wenn ein französischer Hersteller Nordspanien und das Baskenland von einem Vertriebszentrum in Biarritz aus versorgt, stellt sich die Frage, ob für die Kunden in Spanien spanisch gesprochen werden muß und nicht französisch. Wenn wir diese Sprache als Selektionskriterium für rechtlich relevant erachten würden, dann, glaube ich, können wir diskriminierungsfreie qualitative und quantitative Kriterien für die Selektion von Händlern nur schwer durchsetzen.

Thema 5:
Die außervertragliche Haftung für die professionelle Erteilung von Auskünften

Thème 5:
La responsabilité des professionnels du renseignement commercial ou financier

La responsabilité des professionnels du renseignement commercial ou financier dans la jurisprudence française

André Orth

271 En droit français, il faut distinguer trois catégories de prestataires. Tont d'abord ceux qui s'adressent au public, c'est-à-dire les entreprises de presse ou des associations de consommateurs; ces dernières rendent en général publiques leurs informations par la voie d'organes de presse leur appartenant, donc la réglementation est à peu près la même. Comment la jurisprudence caractérise-t-elle la faute?

272 On reconnait l'existence d'un droit à l'information du public. Mais il faut fixer des limites au-delà desquelles on peut considérer qu'il y a abus de ce droit et faute du prestataire. La loi est bien connue de tous les français, c'est la loi du 27 juillet 1881 sur la liberté de la presse qui distingue la diffamation et l'injure. La diffamation est une allégation ou l'imputation d'un fait qui porte atteinte à l'honneur ou à la considération d'une personne. Cela peut être un fait exact, pas forcément un fait inexact. L'injure consiste à employer une expression outrageante et nous concerne pas tellement. Le diffamateur peut échapper à une condamnation en invoquant sa bonne foi résultant par exemple de son absence d'animosité, de la notoriété des imputations ou de sa croyance en l'exactitude des faits rapportés. Les imputations diffamatoires sont cependant réputées de droit faites avec l'intention de nuire; il y a une présomption d'intention de nuire. La diffamation ne concerne que des personnes, physiques ou morales, et non des produits ou des services. Or, dans notre domaine, il s'agit souvent de produits ou services, et pour établir une diffamation, il faut que des personnes aient été mises en cause. On a l'exemple du jugement Kleber-Colombe, où le Tribunal de Grande Instance de Paris a admis que la société Kleber-Colombe avait été diffamée par un article ayant affirmé qu'il serait coupable, voire criminel, de ne pas procéder au retrait immédiat de certains pneus qu'elle fabriquait. Par là, on mettait en cause les personnes qui dirigeaient la société. La diffamation pouvait donc s'appliquer. Ceci dit, la liberté de l'information en matière de produits et de services ne peut affranchir l'informateur du devoir de prudence et d'objectivité qui lui incombe.

La jurisprudence a donc tracé des limites à la liberté. Elle considère que constituent des allégations de nature à porter atteinte à l'honneur, des imputations relatives à la probité, par exemple le fait de reprocher à quelqu'un d'avoir eu recours à la prescription pour ne pas payer ses dettes ou à la considération des imputations relatives à la situation financière ou aux qualités professionnelles d'une personne. La gravité de la faute est fonction non du préjudice subi par la plaignante, mais du comportement de celui à qui on l'impute. Elle peut être atténuée par le sérieux des vérifications, par le fait qu'il n'y a pas eu de commentaires susceptibles d'influencer le comportement des lecteurs. Quand il n'y a pas diffamation, c'est-à-dire le cas des produits et des services, le prestataire doit contrôler les informations qu'il diffuse, être en mesure de préciser les procédés qui ont été mis en oeuvre pour parvenir au jugement qu'il porte, exercer son droit de critique avec objectivité et prudence. Ainsi, la dénonciation du défaut d'une voiture automobile due à un vice de construction supprimé depuis plusieurs mois constitue une faute. On ne doit pas adopter un ton polémique et agressif. Voilà ce qu'on peut dire pour caractériser la faute.

Quant à la réparation, c'est l'insertion d'une réponse, le droit de réponse avec une position identique du texte dans la pagination, même caractère etc., ou la publication d'un rectificatif, la publication de la décision de condamnation d'un ou plusieurs périodiques, la cessation sous astreinte d'une campagne par affiche – il y a une décision de Paris du 26 janvier 1992, où on a ordonné de cesser une campagne qui diffamait le beurre au bénéfice de la margarine en parlant du bon grain et du mauvais grain – enfin, des communiqués dans la presse écrite ou audio-visuelle, lorsqu'il s'agit de télévision. Evidemment, la grande réparation, ce sont les dommages-intérêts, mais ils sont très difficiles à évaluer, parce que ce n'est pas aisé de délimiter les effets sur la vente d'un produit ou d'une prestation d'une information diffusée à son propos. Aussi, on fait parfois appel à une mesure d'instruction; le Tribunal de Commerce de Paris, dans l'affaire Arthur Martin contre Union Fédérale des Consommateurs avait ordonné une expertise. **273**

En ce qui concerne les titres offerts en souscription publique, s'ils paraissent poser problème en Allemagne, il en va autrement en France. Aucun prospectus d'émission ne peut en effet être diffusé dans le public sans le visa de la Commission des Opérations de Bourse (C.O.B.). Donc, en principe, cela empêche tout litige. Mais **274**

173

nous nous demandons si les entreprises qui font appel au marché financier, si elles s'estiment lésées par les informations que diffuse la COB, ne peuvent pas mettre en jeu sa responsabilité. Il y a déjà eu une décision concernant le créateur d'une société d'investissement en diamant, sur laquelle la COB avait mis en garde les épargnants et avait pris une décision, interdisant de publier la notice. Les dirigeants de cette société sont allés devant la Cour d'Appel, qui est la voie de recours contre les décisions de la Commission des Opérations de Bourse, et la Cour d'appel leur a donné raison. La COB fait ainsi partie des prestataires de renseignements qui s'adressent au public.

275 La deuxième catégorie de prestataires, ce sont ceux qui délivrent des renseignements à leur clientèle, en fait, des banques, des agences de renseignements commerciaux, de recouvrement de créance, des agences de notation financière ou des organismes professionnels qui éditent des bulletins d'information à l'usage de leurs adhérents. La faute, là, peut résulter soit du caractère inexact ou diffamatoire du renseignement, soit du caractère confidentiel des informations communiquées. Voilà donc les deux genres de fautes que l'on peut reprocher à ces prestataires.

276 Pour le renseignement inexact, la jurisprudence ne retient la faute que si la révélation a été faite avec l'intention de nuire ou si l'information dépasse un simple exposé factuel, c'est-à-dire l'indication objective de données générales caractérisant une entreprise. Par exemple, si le prestataire dit que l'entreprise a fait l'objet d'une procédure collective, il commet une faute s'il ajoute que la prudence est conseillée pour une entrée en relations, car en faisant cela, il porterait atteinte à la considération de l'entreprise. Donc, un exposé factuel n'est pas fautif; par contre, si on porte un jugement il y a faute.

277 Quand le renseignement est inexact, il y a en général toujours faute, mais il y a là tout de même un atténuement. Si le prestataire a reçu l'information d'une source officielle, on admet qu'il n'y a pas faute. La Cour d'Appel de Colmar a considéré par exemple qu'un groupement professionnel n'avait pas commis de faute en se limitant à répercuter une communication du Centre National du Commerce Extérieur à son délégué local de Strasbourg, une recommandation de la Chambre de Commerce de Strasbourg selon laquelle une entreprise de Francfort sur le Main serait en très mauvaise posture financière, en sorte que toute affaire avec elle serait aléatoire.

Dans le domaine du renseignement confidentiel, il faut distinguer **278** deux cas. Premier cas, celui qui se plaint qu'on lui ait porté tort est un client du prestataire.

Si c'est un client du banquier, le banquier détient évidemment sur son compte des indications nombreuses et peut en faire état si ces indications sont de nature publique, par exemple les données comptables, puisqu'en France, l'entreprise doit déposer au Greffe du tribunal de commerce ses bilans et comptes d'exploitation. Mais s'il communique des informations qu'il ne détient qu'à raison des relations qu'il entretient avec son client et qui sont confidentielles, il commet une faute. Et en plus, s'il est établissement financier, il commet une infraction pénale, car lorsqu'on enfreint le secret professionnel, on tombe sous le coup de l'article 378 du Code pénal, qui punit ce genre d'agissements.

Si le plaignant n'est pas un client du prestataire, il ne pèse en principe sur le prestataire ni obligation de discrétion, ni secret professionnel, puisque ce n'est pas en tant que confident nécessaire qu'il a obtenu les informations dont il fera état. Mais la jurisprudence considère là aussi qu'il doit se limiter à indiquer la réputation dont l'entrepreneur jouit sur la place ou d'autres informations de nature publique. Il a été jugé par la Cour de Colmar en mars 1961 qu'il n'y avait pas faute si le renseignement communiqué était de nature à préserver la sécurité du crédit, car alors, c'est le silence qui aurait été condamnable. Par exemple, quand une banque avertit un confrère que l'entreprise qui sollicite un crédit est dans une situation irrémédiablement compromise, elle ne commet pas de faute, parce que l'autre confrère pourrait accorder un crédit et se rendre coupable de soutien abusif.

Pour mémoire, on mentionnera le cas des litiges portant sur ce que l'on appelle les listes «noires», c'est à dire les listes de mauvais débiteurs. Ces listes ont aujourd'hui en principe disparu, la Commission Nationale Informatique et Liberté (C.N.I.L.) ayant édicté des règles très restrictives en ce domaine.

On mentionnera également le cas des sociétés d'assurance-crédit. Ces sociétés achètent les factures de leurs clients et les recouvrent. Elles n'achètent bien entendu que les factures dont les débiteurs sont des entreprises sur lesquelles elles ont fait une enquête. Au vu de cette enquête, les sociétés d'assurance-crédit peuvent décider de ne plus acheter les factures de certains débiteurs. Elles retirent alors l'agrément dont bénéficient ces débiteurs. Si ce retrait est fondé sur des renseignements inexacts, la responsabilité des sociétés d'assurance-crédit est engagée, comme le dit un arrêt de Paris du 20 novembre 1982 au sujet d'une chemiserie de Grenoble. En l'espèce les renseignements étaient exacts. On a donc débouté le demandeur.

279 Quant aux réparations, il y a celles dont j'ai parlé tout à l'heure; il y a également l'effacement sous astreinte d'une liste noire ou l'infiché de mauvais payeur; l'envoi d'un bulletin correctif aux abonnés de la publication corporative qui aurait dit que untel était une société avec laquelle il était aléatoire de travailler. En général, il y a à peu près toujours dommages-intérêts qui compensent soit la perte de chance d'obtenir un marché, (difficile à évaluer) soit l'atteinte à l'honorabilité, (difficile à évaluer), soit les suspicions inconsidérées. Mais le plus difficile pour un plaignant, c'est de démontrer le lien de causalité entre le préjudice qu'il allègue et la faute commise.

La troisième catégorie, celle dont je me demande si elle existe aussi en Allemagne, ce sont les prestataires qui sont chargés d'une mission de nature économique ou publique. Ce sont soit des commissaires aux comptes, soit des greffes aux tribunaux de commerce. Ces derniers ont créé un Groupement d'Intérêt Economique (GIE), qui s'appelle Info-Greffe. Il peut arriver que des tiers non liés contractuellement à ces prestataires, s'estiment lésés par des informations émanant de ces prestataires ou certifiées par eux, quand il s'agit de commissaires aux comptes. Sur la foi de ces renseignements, ils ont pris des engagements et assumé des risques qui leur ont porté préjudice. Les greffes des tribunaux de commerce peuvent ainsi délivrer des états disant qu'il n'y a pas nantissement sur le fonds, pas de privilège du Trésor inscrit, pas de protêt, etc., et cela peut très bien ne pas être exact. Ils encourent alors une responsabilité. Les commissaires aux comptes, chargés de vérifier la sincérité des documents comptables et de certifier leur exactitude, encourent eux aussi une responsabilité. La Cour de Cassation française par un arrêt du 27 octobre 1992 a récemment statué sur le cas d'un commissaire aux comptes qui n'avait pas vérifié avec suffisamment d'attention les documents comptables de la société qu'il devait contrôler, alors que les documents étaient falsifiés. Il aurait dû passer 2–3 jours pour examiner les pièces comptables de base, or il n'y avait passé qu'une demi-journée et s'était livré à un examen superficiel. Ces documents falsifiés ont été remis à un co-contractant qui, sur la foi de ces bilans, a accordé des délais de paiement. Quinze jours après, la société était en liquidation judiciaire. Le co-contractant a poursuivi le commissaire aux comptes, et la Cour de Cassation a dit que la Cour d'Appel avait pu en effet le condamner parce qu'il résultait de l'enquête qu'il avait agi avec légèreté. Investi d'une mission publique – les sociétés anonymes ont l'obligation légale de faire vérifier leurs comptes par des commissaires aux comptes – il était responsable, toujours sur la base de l'article 1382 du Code civil, de ces informations qui avaient porté tort à un tiers.

280 Je reviens un peu sur ce qui concernait les prestataires s'adressant à leur clientèle, banques et agences de renseignements. Les victimes sont généralement les gens sur lesquels on donne les renseignements, mais on a également des exemples dans lesquels une banque a communiqué en dehors de tout contrat des indications à un tiers entré en rapport avec l'un de leurs clients. La Cour de Cassation a eu l'occasion de sanctionner, dans un arrêt du 9 juin 1980, le comportement d'une caisse régionale de Crédit Agricole qui avait laissé croire à une relation d'un de ses clients qu'elle serait payée d'une lettre de change relative à une première livraison, ce qui avait conduit l'intéressé à effectuer une seconde livraison. Aucune d'elles ne lui a été payée à raison de la liquidation des biens prononcée peu après. Il a poursuivi la Caisse de Crédit Agricole, et la Cour d'Appel, approuvée par la Cour de Cassation, a reproché à la Caisse de Crédit Agricole des Bouches du Rhône de ne pas avoir assorti sa lettre de nuances et de réserves susceptibles d'éveiller la méfiance du co-contractant, et avait en sorte créé une apparence de crédit, source de la perte subie. Vous voyez la lame du rasoir sur laquelle se trouve le banquier; il ne doit pas en dire trop, parce qu'il se ferait accuser de violer le secret professionnel, mais quand il dit quelque chose, il doit l'assortir de nuances et de réserves, susceptibles d'éveiller la méfiance du co-contractant, sans quoi il est sanctionné. D'où la difficulté pour les juges de statuer dans ce domaine en droit français. L'article 1382 est d'une très grande commodité, mais il n'empêche que son maniement est délicat.

281 Que conclure en ce domaine? Quand on examine la jurisprudence française, il en ressort que les juges tiennent compte, pour qualifier un comportement de fautif et pour fixer une réparation, de la fonction plus ou moins utile à l'intérêt général rempli par le prestataire ou inhérente à l'information communiquée. Et cela peut jouer dans les deux sens: il est sévère vis-à-vis du commissaire aux comptes, parce qu'il a une mission publique; par contre, vis-à-vis des associations de consommateurs, dont l'utilité n'est plus à démontrer, le

177

noch
281 juge se montre relativement bienveillant et condamne la plupart du temps à des dommages-intérêts de principe, qui ne sont pas très élevés, en admettant qu'elles ont pu se tromper. Il faut vraiment qu'il y ait eu une très importante méprise ou, comme je l'ai dit tout à l'heure, le cas de l'automobile dont les défauts avaient été réparés depuis deux ans, ou dans l'affaire Arthur Martin où on affirmait qu'un congélateur avait un volume de 0,8m^3, alors qu'il avait un volume de 2m^3, le tribunal a pu condamner l'association à 50 000 F ou à 100 000 F de dommages-intérêts.

Die außervertragliche Haftung für die professionelle Erteilung von Auskünften in der deutschen Rechtsprechung

Wolfgang Eith

Je voudrais vous donner une illustration pratique de la situation alle- **282**
mande. La responsabilité délictuelle du fait du renseignement commercial ou financier n'est pas résolue de façon satisfaisante en droit
allemand, parce que l'article 823 alié na 1 du Code civil, la disposition générale de la responsabilité délictuelle, ne protège pas le patrimoine, mais seulement certains objets précis comme la propriété, la
santé, etc. C'est la raison pour laquelle la jurisprudence essaie toujours de construire une base contractuelle pour donner une protection efficace au tiers qui a subi un dommage. Ce sont très souvent les
tiers qui subissent un dommage. Contrairement à vous, pour nous
les cas importants, ce sont surtout les tiers-victimes qui les posent.

Dans un cas comme celui dans lequel la Cour de Cassation française **283**
a rendu son arrêt du 27 octobre 1992, c'est à dire dans le cas de la responsabilité civile du commissaire aux comptes, la jurisprudence ren-
contrerait bien des difficultés. La jurisprudence allemande essaierait
dans ce cas de construire un lien contractuel entre le co-contractant
de la société et le commissaire aux comptes. Elle dirait que le co-contractant de la société est «protégé» par le contrat passé entre la société et le commissaire aux comptes. Elle tenterait donc d'élargir le domaine d'application de ce contrat au co-contractant de la société,
considérant que celui-ci est en pratique le destinataire du contrat passé entre la société et le commissaire aux comptes. Mais très souvent,
il est impossible d'envisager une telle construction. Dans cette hypothèse, la victime, faute de pouvoir engager la responsabilité contractuelle du commissaire aux comptes, ne peut pas non plus engager la
responsabilité délictuelle de celui-ci. L'article 823 du Code Civil ne
permet pas en effet la réparation d'un préjudice purement patrimonial. Je vais vous donner encore un exemple emprunté à la jurisprudence pour démontrer l'insuffisance de notre droit en cette matière.
Il s'agit d'un cas qui a occupé la 13ème chambre de la Cour d'Appel
de Karlsruhe, à laquelle j'appartenais jusqu'à la semaine dernière. Le
demandeur était devenu le nouvel associé d'une société. A cette occa-

noch **283** sion, il avait en quelque sorte consenti un prêt aux anciens associés de la société, ceux-ci lui ayant présenté une expertise évaluant à 8 millions DM un terrain leur appartenant. Il devait cependant apparaître par la suite que ce terrain ne valait que 2 millions DM. Le demandeur exigea donc des dommages-intérêts de l'expert. Dans cette affaire, les juges du fond considérèrent qu'il était impossible d'envisager une construction contractuelle de telle sorte que le demandeur puisse bénéficier du contrat passé entre les anciens associés et l'expert en vue de l'expertise du terrain. Le demandeur n'était pas en l'espèce le destinataire de ce contrat. Faute de pouvoir envisager une telle construction, c'est sur le fondement de l'article 826 du Code Civil qu'ils firent droit à la demande en réparation. Ils considérèrent que l'expert avait intentionnellement et contrairement aux bonnes moeurs causé un dommage au demandeur: intentionnellement parce qu'il avait commis un erreur grossière dans l'estimation du terrain, contrairement aux bonnes moeurs parce qu'il avait à tort constaté la constructivité du terrain.

Telle ne fut pas cependant l'opinion de la Cour de Cassation[1] qui cassa la décision de la Cour d'Appel, estimant que la preuve des caractères intentionnel et contraire aux bonnes moeurs n'était pas rapportée en l'espèce.

---

1 BGH NJW 1991, 3282.

Synthese / Rapport de synthèse

Roger Boizel

Introduction

La délivrance de renseignements met en cause trois acteurs: le pres- **284**
tataire qui délivre l'information, le destinataire de l'information
qui la reçoit et la personne sur laquelle porte l'information. La responsabilité qu'encourent les prestataires peut être tout d'abord
une responsabilité contractuelle. Il en va ainsi notamment lorsqu'une personne s'adresse à un prestataire en vue d'obtenir des
renseignements sur autrui. Si l'information communiquée est par
exemple erronée, la responsabilité contractuelle du prestataire sera
engagée à l'égard du destinataire, demandeur de l'information. Il
en ira de même lorsque la personne objet de l'information s'adresse à un prestataire afin qu'il établisse cette information et la communique au public. Encore une fois, si l'information communiquée est par exemple erronée, la responsabilité contractuelle du
prestataire sera engagée, mais cette fois à l'égard de la personne objet et demandeur de l'information. Mais la responsabilité encourue
par les prestataires de renseignements peut être aussi une responsabilité non-contractuelle. Ainsi, pour reprendre les exemples précédents, la responsabilité non-contractuelle du prestataire sera engagée, dans le premier cas, à l'égard de la personne objet de l'information, dans le second cas à l'égard de la personne destinataire de
l'information.

Bien entendu, seule la responsabilité non-contractuelle du prestatai- **285**
re de renseignements nous intéresse ici. Il semble donc que l'on puisse écarter de l'objet de cette étude toute forme de responsabilité susceptible de relever de la responsabilité contractuelle, les droits allemand et français distinguant effectivement entre ces deux types fondamentaux de responsabilité. Il n'en va pas cependant tout à fait ainsi. Les juges allemands en effet, sollicités en cela le plus souvent par
la doctrine, n'hésitent pas parfois à «construire» – en France, on dirait à «découvrir» – une relation contractuelle ou quasi-contractuelle en l'absence de tout contrat, ceci afin de pallier aux insuffisances
du droit délictuel allemand.

De telles constructions, bien qu'elles ne relèvent pas en principe de la matière de la responsabilité non-contractuelle, méritent cependant d'être étudiées ici, précisément parce qu'elles ont pour objet de compenser les insuffisances du droit délictuel allemand, insuffisances que l'on ne retrouve pas en droit français eu égard à la portée très générale des dispositions applicables.

Section 1: le droit français

286 En droit français, les prestataires de renseignements encourent une responsabilité non-contractuelle essentiellement dans deux hypothèses.

§ 1 Atteinte à l'honneur et à la considération d'autrui

En premier lieu, les prestataires de renseignements voient leur responsabilité non-contractuelle engagée s'ils viennent à porter atteinte à l'honneur ou à la considération d'autrui.

287 Il en va tout d'abord ainsi lorsqu'un prestataire de renseignements s'est rendu coupable du délit de diffamation. La loi sur la presse du 29 juillet 1881 définit en effet un certain nombre d'infractions pénales désignées sous l'appellation de «délits de presse». Parmi ces infractions figure la diffamation publique, à savoir l'allégation publique et de mauvaise foi d'un fait de nature à porter atteinte à l'honneur ou à la considération d'autrui. Cette infraction pénale n'engage pas seulement la responsabilité pénale de son auteur. L'article 1382 du Code civil permet en effet à la victime d'obtenir la réparation du préjudice qu'elle a subi.

Mais même si les éléments constitutifs de l'infraction pénale de diffamation ne sont pas réunis en l'espèce, l'auteur d'une atteinte à l'honneur ou à la considération d'autrui peut voir sa responsabilité civile engagée sur le fondement de l'article 1382 du Code civil.

§ 2 Exactitude de l'information et sa présentation

288 Les prestataires de renseignements verront en second lieu leur responsabilité engagée lorsqu'ils auront fourni une information inexacte visant par exemple certains produits fabriqués par une entreprise. Il en ira également de même s'ils ont donné une présentation polémique à une information pourtant exacte. Sur le fondement de l'article 1382 du Code civil, la jurisprudence oblige le prestataire de renseignements à respecter une certaine réserve dans la formulation des renseignements fournis.

La liberté d'informer et d'être informé ne saurait en effet permettre certains abus, que ces abus consistent en une atteinte à l'honneur ou à la considération d'autrui ou qu'ils portent seulement atteinte aux intérêts patrimoniaux d'autrui. La liberté des uns commence où s'arrête celle des autres. Tel est le maître mot de la jurisprudence française étant entendu que celle-ci tient compte de l'ensemble des intérêts en présence, y compris de l'intérêt qui s'attache à la diffusion de l'information.

Tel est également le maître mot de la jurisprudence allemande. La réparation des atteintes portées par des prestataires de renseignements aux intérêts patrimoniaux d'autrui soulèvent cependant d'importantes difficultés.

Section 2: le droit allemand

Le droit délictuel allemand ne comporte pas en effet une clause générale de responsabilité à l'image de l'article 1382 du Code civil. **289**

§ 1 Les insuffisances du droit délictuel allemand

Ainsi l'article 823, alinéa 1 du Code civil allemand, n'est-il applicable que dans l'hypothèse où une atteinte a été portée à un droit absolu, par exemple au droit de la personnalité et non dans l'hypothèse où une atteinte a été portée à un intérêt purement patrimonial de la victime. L'article 824 du même Code, n'est applicable que dans la mesure où un fait inexact est affirmé ou répandu, un fait et non pas une opinion ou une affirmation portant sur un fait futur. L'article 826 du Code civil allemand n'est applicable, quant à lui, qu'en cas d'atteinte portée aux bonnes moeurs et, qui plus est, d'atteinte intentionnelle. **290**

Ce système comporte bien des lacunes que le juge et la doctrine s'efforcent donc de combler en construisant – je dis bien en construisant et non en constatant – la plupart du temps une relation contractuelle ou quasi-contractuelle entre la victime et l'auteur du dommage.

§ 2 Le comblement des lacunes

291 C'est ainsi que, dans le domaine précis de la responsabilité des prestataires de renseignements, le juge allemand est venu consacrer le contrat comportant un effet de protection à l'égard des tiers «Vertrag mit Schutzwirkung für Dritte». Ces tiers ont beau être étrangers à la relation contractuelle établie entre les parties, ils bénéficieront néanmoins d'une certaine protection sur le fondement de ce contrat. La protection que les parties doivent aux tiers entre en effet dans le champ contractuel, la prestation objet du contrat leur étant destinée. Ainsi un contrat ayant pour objet une étude devant être communiquée à des tiers emporte certainement un effet protecteur à leur égard.

292 De la même manière et dans le même domaine de la responsabilité des prestataires de renseignements, sinon le juge allemand, du moins une partie importante de la doctrine allemande, consacrent la «Vertrauenshaftung», c'est à dire la responsabilité qu'encourt celui qui suscite la confiance d'autrui, en dehors de toute relation contractuelle. Il en va ainsi du prestataire de renseignements qui revendique certaines qualités en termes d'indépendance, d'objectivité et de capacité professionnelle. Ces qualités éveillent la confiance des destinataires de l'information. Même s'il n'existe aucune relation contractuelle formelle entre le prestataire et ces derniers, la responsabilité – «quasi-contractuelle» dit la doctrine – du prestataire est engagée à raison de la confiance suscitée.

293 On se doit enfin de mentionner une dernière construction jurisprudentielle et doctrinale dont, il faut l'avouer, ni la nature, contractuelle ou extra-contractuelle, ni la portée ne semblent perçues avec netteté. La loi allemande sur les bourses de valeurs comporte en effet certaines dispositions, articles 45 et 46, en vertu desquelles celui qui publie un prospectus comportant des indications fausses est responsable du dommage causé. D'autres textes comportent des dispositions similaires, instituant une «Prospekthaftung», c'est à dire une responsabilité du fait des prospectus, de certains prospectus du moins puisque, cette responsabilité légale ne s'applique, comme on le voit, que dans certains domaines. En raison même du champ d'application limité de ces dispositions, le juge allemand s'est donc efforcé de construire une responsabilité proprement civile du fait des prospectus, une responsabilité qui aurait un champ d'application générale contrairement aux dispositions précédentes. Le fondement de cette jurisprudence, analogie par rapport à ces dispositions ou émanation de la «culpa in contrahendo», demeure encore incertain, de même que sa portée, une portée néanmoins nécessairement limitée. Cette jurisprudence n'en est pas moins applicable dans le cas où un prestataire de renseignements publie un prospectus comportant de fausses indications.

Conclusion

Le droit allemand offre donc une image bien différente de celle du **294** droit français s'agissant de la responsabilité non-contractuelle des prestataires de renseignements, responsabilité délictuelle ou quasi-délictuelle au sens du droit français, responsabilité délictuelle ou quasi-contractuelle au sens du droit allemand. Le droit français, par delà certaines réglementations spécifiques, dispose en effet d'une clause générale de responsabilité. Le droit allemand, au contraire, connait seulement différents cas de responsabilité délictuelle. En France, le problème essentiel est donc de déterminer la frontière entre la liberté et l'abus de la liberté. En Allemagne, la discussion porte aussi sur les moyens juridiques de combattre l'abus.

Auszug aus der Diskussion / Extraits de la discussion:

Orth:

295 Si je vous ai bien compris, M. Eith, la négligence n'est pas sanctionnée en tant que telle en droit allemand.

Eith:

Non, la négligence ne suffit pas pour une responsabilité délictuelle du moment que uniquement le patrimoine et non pas les droits absolus évoqués dans l'art. 823 al. 1 sont lésés.

296 Je voudrais vous donner un complément d'information sur la protection de l'honneur en Allemagne. En droit français, le diffamateur ne peut pas échapper à une condamnation en invoquant la bonne foi résultant par exemple de son absence d'animosité etc. Il me semble que la protection de l'honneur est beaucoup plus efficace en France. Très souvent il y a seulement une condamnation à 1 F de dommages-intérêts. On peut s'offrir le luxe de condamner, pour ainsi dire. En Allemagne, l'honneur est protégé par l'article 823 du Code civil dont vous avez déjà fait la connaissance. L'auteur d'une diffamation peut toujours dire qu'il avait des raisons justifiant l'allégation ou l'imputation du fait, même s'il ne peut pas prouver le fait. Il peut toujours dire: «j'ai mes raisons pour le dire». Il en est de même quand il s'agit d'une information portant atteinte au crédit de l'autre. Là aussi, il peut donner des raisons, même s'il ne peut pas en prouver la vérité. C'est le cas aussi avec les informations que donnent les associations de consommateurs. Lorsque les raisons invoquées pour la diffusion de l'information sont considérées suffisantes par le juge, c'est la victime qui doit prouver que le fait n'est pas vrai, sinon il ne peut pas demander la réparation de son préjudice. Il me semble que la situation est bien différente en France. Je vous donne encore un exemple pour illustrer cela: c'est un arrêt récent de la Cour de Cassation allemande. Une grande banque avait adressé une lettre confidentielle à toutes ses filiales en disant que certaines personnes et certaines sociétés avaient recours aux méthodes de la mafia. Une des entreprises visées, malheureusement, a obtenu cette information, et elle a demandé la réparation de son dommage. La Cour Fédérale exigea que l'instance de fond fasse le point des intérêts en présence: est-ce que le dommage que la banque peut subir est assez élevé, et est-ce que les informations avaient une certaine valeur? Si ce sont des informations qui ne sont pas du tout fondées, bien sûr, la protection de l'honneur domine, mais dans l'autre cas, le juge peut dire que les intérêts de la banque à donner ces informations sont plus importants. Je crois que c'est très important quand on compare la jurisprudence en France et en Allemagne.

M. de Guillenchmidt:

C'est tout à fait intéressant. Une précision et je demande d'excuser **297** mon approche peut-être un peu de droit public, puisque j'ai été pendant un quart de siècle conseiller d'Etat, et que je suis professeur de droit public.

Qu'il me soit permis cependant de remarquer que les systèmes de responsabilité en droit public et en droit privé reposent en France sur les mêmes principes, et notamment lorsqu'il s'agit de la faute. Parmi les prestataires, M. le Président, vous avez relevé qu'il y avait d'abord cette curiosité que sont certaines personnes privées assumant une mission de service public. Je songe notamment aux greffiers, qui exercent une profession libérale, et qui donnent au public des informations extraordinairement importantes, informations qui peuvent parfois être inexactes ou qui n'ont pas été complétées et donc de nature, éventuellement, à engager la responsabilité des greffiers qui les communiquent. C'est la raison pour laquelle ces personnels sont couverts par tout un système d'assurances. Ils ont la possibilité de s'assurer, et ils en ont même l'obligation.

Je voudrais aussi aborder une question un peu plus compliquée, que **298** vous avez d'ailleurs évoquée et qui est celle des personnes publiques qui donnent des informations. Ce sont ce que l'on appelle des autorités administratives indépendantes, comme l'est la Commission des Opérations de Bourse, que vous avez citée, comme l'est le Conseil de la Concurrence, comme l'est le Conseil Supérieur de l'Audiovisuel, comme l'est la Commission Bancaire. Pendant assez longtemps, en France, on a considéré que pour ces institutions, dont l'origine est parfois ancienne, c'était la faute lourde qui était le principe fondamental de responsabilité. Le problème s'est cependant compliqué dans notre pays aujourd'hui. Je ne veux pas dévoiler certaines turpitudes. Mais il y a un véritable problème parce qu'il y a une floraison de ces institutions administratives indépendantes, à la fois par leur nombre et par leurs pouvoirs. Le problème provient de ce que ces mêmes organismes ne respectent pas bien les droits de la défense, de ce que la procédure n'est pas précise en ces matières, de sorte qu'au bout du compte, on peut assister à la diffusion d'informations un peu légèrement établies, alors que les intéressés concernés au premier chef n'ont pas pu apporter de précisions, de modifications, s'expliquer. Il y a ensuite un cas encore plus grave – et je sais que je sors un peu du sujet – c'est le cas des pouvoirs pénaux, des pouvoirs de sanction, qui sont attribués à ces organismes, par exemple à la Commission des Opérations de Bourse. Ces organismes, travaillant parfois peut-être un peu vite ou subissant parfois l'influence de l'opinion – cela peut arriver dans tous les pays –, peuvent commettre des erreurs. Ce n'est pas du tout une hypothèse d'école. Le 15 janvier 1993, donc de cette année, la Cour d'Appel de Paris n'a-t-elle pas annulé une sanction de la Commission des Opérations de Bourse qui avait été infligée à un dirigeant d'une société qui avait diffusé des informations sur sa société, informations qui étaient trompeuses. Ce dernier annonçait que sa société allait redresser la situation alors qu'en réalité les pertes continuaient de s'accumuler. La Cour d'Appel a annulé la décision prise par la Commission, et pourquoi: elle a annulé sur le fondement du non-respect des droits de la défense. J'entends bien que nous sommes un petit peu en marge du sujet qui a été traité par les rapporteurs, mais je crois qu'en réalité, c'est un sujet qui est extrêmement important. La preuve en est que dans les mois qui viennent, il y aura à Paris et peut-être aussi en province des colloques sur ce sujet, sur les pouvoirs des autorités administratives indépendantes en matière de communication d'information.

299   Voilà, je voudrais terminer par une disposition amusante de notre droit fiscal. Vous savez qu'en matière d'impôt sur le revenu, on ne peut pas diffuser ni divulguer ce que paient les contribuables. On peut aller se renseigner à la mairie pour savoir combien paie le voisin, mais on n'a pas le droit de le dire. Et si on le dit, on est passible d'une amende qui est égale au montant de l'impôt divulgué. Il n'y a pas très longtemps, le problème s'est posé pour une personne qui a raconté que quelqu'un payait 14 millions d'impôts, 4 millions de marks, affaire à suivre.

Maunoury:

Je peux peut-être donner un petit détail. Je ne crois pas que cela ait **300** été cité tout à l'heure. Dans le cas des associations de consommateurs, un point spécifique concernant la réalisation et la publication d'essais comparatifs dans les journaux de consommateurs. Dans ces essais, on compare les mérites des matériels proposés par les différentes marques. C'est tellement fréquent que cela a amené à un certain nombre de difficultés au point que l'Association Française de Normalisation, qui s'appelle l'AFNOR, a cru bon de publier une norme sur la réalisation de ces essais. Dans cette norme, l'Association recommande très vivement – je ne crois pas qu'elle impose – de communiquer les résultats des essais aux professionnels concernés. Il y a eu en effet plusieurs procès parce que l'industriel intéressé prétendait que les mesures avaient été mal faites.

Boizel:

Cette norme n'a pas en effet un caractère obligatoire. Le Tribunal de la Seine a même jugé que le fait pour un enquêteur de ne prendre aucun contact avec les firmes productrices ne constituait pas une faute.

J'ajouterai que le fait de prendre contact avec l'industriel intéressé, s'il présente l'avantage d'éviter la contestation des résultats de l'analyse par l'industriel intéressé, présente aussi des risques. Si cet industriel a critiqué les méthodes employées et que l'auteur des essais n'a pas tenu compte de ces résultats, si les résultats de l'analyse effectuée se révèlent erronés, l'auteur des essais pourra se voir reprocher non pas une simple négligence, mais une faute intentionnelle qui, quoi qu'on en dise, est punie plus sévèrement.

Orth:

C'est exact. Je préciserai seulement que si la norme AFNOR n'a en principe aucun caractère obligatoire, elle a été rendue obligatoire par un décret de 1982 pour les essais réalisés par l'Institut National de la Consommation, qui lui est obligé de s'y conformer et donc d'interroger les producteurs mis en cause.

Eith:

Il y a aussi plusieurs arrêts de la Cour de Cassation allemande sur les essais comparatifs effectués par les associations de consommateurs.

La Cour Fédérale dit que la publication des essais comparatifs est licite, si la recherche était neutre et objective.

Orth:

Il en va de même en France. Les essais comparatifs sont licites dès lors que les analyses sur lesquelles ils reposent ont été effectuées en toute objectivité et donc neutralité. J'ajoute que les résultats de ces analyses doivent être présentés avec une certaine réserve, ce qui ne veut pas dire qu'une critique parfois agressive n'est pas parfois tolérée. En vérité, la tolérance dont fait preuve la jurisprudence à cet égard dépend essentiellement du bien fondé des critiques adressées et de l'utilité du comportement agressif adopté, compte tenu par exemple des dangers que pourrait comporter le produit pour ses utilisateurs éventuels.

Hadding:

301 Der zivilrechtliche Schutz des geschäftlichen Ansehens, die Frage also „Muß man sich falsche Angaben über das Unternehmen gefallen lassen?" ist im deutschen Recht vor allen Dingen auch eine Frage des Gesetzes gegen den unlauteren Wettbewerb unter dem Stichwort der Verleumdung. Daneben allerdings haben wir auch die deliktsrechtlichen Vorschriften und hier insbesondere den § 823 Abs. 2 BGB, der dann mit den entsprechenden strafrechtlichen Vorschriften als Schutzgesetz Anwendung finden kann.

Bézard:

302 Je voulais revenir sur le problème de la responsabilité des commissaires aux comptes et sur le rôle de la Commission des Opérations de Bourse.

303 Dans une affaire récente, un commissaire aux comptes a indemnisé le préjudice subi par un tiers à raison des informations inexactes qu'il avait communiquées. Dans cette affaire, nous nous trouvons dans le cas d'un professionnel qui a une mission légale et qui est tenu de la remplir. En l'espèce, il y avait non pas une faute légère, mais une faute lourde. Le commissaire aux comptes était resté très peu de temps dans les locaux de la société. Plus encore, autant que je me souvienne, un réviseur qu'on avait fait venir après avait découvert la fausseté des comptes en quelques minutes. Or, à partir de ces comptes, un tiers avait été gravement lésé. On a donc considéré qu'il y avait un manquement grave à une mission légale qui est un acte de confiance absolu pour les tiers. Il ne s'agissait pas d'un commerçant qui donne un conseil quelconque, mais d'une personne investie d'une mission légale. La décision a donc été rendue dans un but d'exemplarité. Le commissaire aux comptes a été lourdement condamné.

Deuxième observation concernant la Commission des Opérations **304** de Bourse. Effectivement, il y a un exemple récent de condamnation, puisque la Cour d'Appel de Paris a annulé une décision de la Commission des Opérations de Bourse. Celle-ci avait entamé l'instruction d'un dossier concernant un dirigeant de société. Avant même d'avoir clos l'instruction, elle avait fait paraître un communiqué public destiné à informer la place parisienne et française. Ce communiqué était rédigé dans des termes tels que l'on pouvait considérer l'intéressé comme étant coupable. Il ne s'agissait pas véritablement en l'espèce d'un faux renseignement. Le problème n'était pas là. Il s'agissait d'une question de procédure. La Commission des Opérations de Bourse est un organisme doté par la loi de pouvoirs d'instruction et de sanction. Même si la Commission n'est pas considérée comme une juridiction, pour moi elle est très proche d'une juridiction. Elle doit donc respecter certaines règles de procédure et notamment les droits de la défense. La Commission des Opérations de Bourse est une autorité administrative, certes. Mais cette autorité est investie de pouvoirs qui sont proches de ceux d'une juridiction. De la même manière, elle doit offrir des garanties qui sont proches de celles d'une juridiction. Le communiqué rédigé par la Commission constituait, c'est sûr, un renseignement pour la place. Mais dans cette affaire, c'est sur le terrain de la procédure que la décision de la Commission a été annulée. L'arrêt rendu par la Cour d'Appel prouve bien la volonté des juridictions françaises, Cour d'Appel de Paris et Cour de Cassation, de contrôler étroitement des organismes qui, par ailleurs, on doit le reconnaître, font un excellent travail pour assurer la moralité et la transparence du marché financier. Merci.

Dutertre:

Je voudrais revenir, mais très rapidement, sur le rôle du commissaire aux comptes et sa responsabilité. Je voudrais simplement mettre en évidence la différence existant entre le droit français et le droit allemand à savoir que les commissaires aux comptes français sont tenus de révéler éventuellement aux Procureurs les faits délictueux qu'ils ont relevé dans l'exercice de leur mission. Je ne pense pas que leurs confrères allemands soient tenus aux mêmes obligations.

Eith:

Ich möchte nur nochmals betonen, welche gravierenden Unterschiede in diesem Bereich zwischen der französischen Rechtslage und der deutschen Rechtslage bestehen. Herr Orth hatte den Fall gebildet mit dem Wirtschaftsprüfer, der die Bücher nicht ausreichend kontrolliert hat. Nach deutschem Recht müßte man den § 826 BGB anwenden, was Vorsatz und Sittenwidrigkeit voraussetzt. Das ist ein gravierender Unterschied, das muß wirklich nochmals betont werden. Es ist auch weiterhin so, daß für den Tatrichter die Feststellungen zum Vorsatz und zum Sittenverstoß leicht zu einer Lotterie werden können, die dann möglicherweise von einer Revisionsinstanz nicht bestätigt werden. Und zuletzt möchte ich noch darauf hinweisen, daß, wenn das Gericht eine Haftung nach § 826 BGB bejaht, dem Gläubiger möglicherweise nur Steine statt Brot gegeben wird. In diesem Fall wird die Haftpflichtversicherung des Schädigers nicht für den Schaden einstehen, weil für Vorsatz normalerweise kein Haftpflichtversicherungsschutz besteht. Man sollte solche Überlegungen immer mit einbeziehen, und wenn man dies tut, sieht man, in welchem Umfang die deutsche Rechtslage dann, wenn man keinen vertraglichen Anspruch konstruieren kann, unbefriedigend ist.

Hadding:

305 Das ist ja dann auch der Ausgangspunkt für die von mir vorhin angesprochene Situation, daß gerade dann, wenn wir den strengeren Anforderungen des Deliktsrechts nicht genügen können, überlegt wird, ob wir nicht dem Vertrag eine Schutzwirkung zugunsten Dritter vermitteln können. Denn dann genügt die leichte Fahrlässigkeit, um hier mit den negativen Folgewirkungen für den Dritten einen Schadenersatzanspruch zu begründen.

Dressler:

306 Das bereits erwähnte Urteil des Oberlandesgerichts Karlsruhe ist von dem Senat des BGH aufgehoben worden, dem ich augenblicklich angehöre. Ich selber habe an diesem Fall damals nicht mitge-

wirkt. Aber natürlich ist § 826 BGB im deutschen Recht sicher pro- noch 306
blematisch. Es sind da reine Wertungsfragen, die im Einzelfall so
oder so gesehen werden können. Aber ich möchte ganz gerne noch
einen Fall erwähnen, der noch aus einer anderen Richtung beleuch-
tet, welche Probleme sich ergeben können bei Informationen, die einem Unternehmen sehr schädlich sein können. Wir hatten vor einigen Monaten den Fall, daß die zentrale Kreditabteilung einer großen Bank die Information bekommen hatte, daß Ermittlungsverfah-
ren gegen eine Reihe von Unternehmen laufen, die bei Manipulatio-
nen zum Schaden von Banken zusammenwirken. Und nun wurde
eine Liste erstellt von solchen Unternehmen und die zentrale Kreditabteilung hat diese Liste an ihre ganzen Filialen in Deutschland gegeben mit der Bemerkung, bei diesen Firmen sei Vorsicht geboten,
man möge mit ihnen keine Geschäfte neu anbahnen bzw. schon be-
stehende überprüfen. Andererseits könne natürlich nicht ausgeschlossen werden, daß sich in dieser Liste Unternehmen befänden,
denen am Schluß vielleicht doch keine Manipulation nachzuweisen
seien oder die tatsächlich zu Unrecht hineingekommen seien. Deshalb möge man in den Filialen der Bank diese Liste sehr vertraulich
behandeln. Dabei war der zentralen Kreditabteilung natürlich klar,
das hat sie hinterher auch nicht in Abrede gestellt, daß das mit dem
„vertraulich Halten" so eine Sache ist. So etwas kommt immer irgendwie heraus. Irgendein Kreditsachbearbeiter, der einem Kunden
etwas besonders Gutes tun will, warnt den dann wieder. So geschah
es natürlich auch. Und da stellen sich mehrere Fragen. Es stellt sich
z. B. die Frage, ob hier die Bank gerechnet hat mit der Möglichkeit,
daß die Information, die sie an ihre Filialen gibt, falsch ist. Haftet sie
jetzt auf Schadensersatz und wenn ja unter welchen Umständen?
Hier stellt sich generell die Frage, wie es ist mit Informationen innerhalb eines Unternehmensverbandes bzw. eines Bankverbandes.
Kann man sagen, daß der Informationsfluß hier sozusagen frei ist?
Der BGH hat nein gesagt, das gehe nicht, man könne nicht etwa die
in der deutschen Rechtsprechung anerkannten Grundsätze über
den Freiraum bei ehrkränkenden Äußerungen in der Familie anwenden. Weiter stellt sich die Frage der Wahrnehmung berechtigter Interessen. Man darf nicht einfach nur sagen „unrichtige Tatsachen
darf man nicht verbreiten, richtige schon eher", sondern man darf
eben unter Umständen auch einmal Informationen weitergeben,
von denen man weiß, daß sie möglicherweise nicht zutreffen, sofern
die Interessen, die man damit verfolgt, überwiegen. In diesem Fall
ist der Bank dieser Rechtfertigungsgrund der Wahrnehmung berech-

tigter Interessen zugestanden worden. Es war dann nachher nur zu prüfen, ob gehaftet wird für das undichte Loch, das die Weitergabe nach außen ermöglicht hat. Es ist natürlich möglich, daß hier eine Haftung über § 839 BGB gegeben ist.

Reiner:

307 M. Eith évoquait tout à l'heure certaines difficultés propres au droit allemand eu égard au fait que sur le fondement de l'article 826 du Code civil, la responsabilité d'un commissaire aux comptes n'est engagée qu'en cas de faute intentionnelle alors que les préjudices résultant d'une telle faute ne sont de toute façon pas couverts par l'assurance en responsabilité civile. J'indiquerai seulement qu'en droit français, si la mise en cause de la responsabilité d'un commissaire aux comptes n'implique pas que soit rapportée la preuve d'une faute intentionnelle, si la preuve d'une telle faute est rapportée, les préjudices qui en résultent ne sont pas couverts par l'assurance en responsabilité civile, comme le rappelle l'article 2-2° de l'annexe à l'arrêté du 13 mars 1972 définissant les conditions de l'obligation d'assurance pesant sur les commissaires aux comptes.

Cette comparaison montre bien les limites de la garantie qu'offre aux victimes l'obligation d'assurance pesant en France sur les commissaires aux comptes.

Thema 6:
Deliktische Verhaltenspflichten
des Wettbewerbers

Thème 6:
La concurrence déloyale et sa sanction

La concurrence déloyale et sa sanction

Jean-Marie Fekete

Introduction

308 En droit allemand, la concurrence déloyale est régie par des dispositions législatives, elle fait l'objet d'une interdiction générale et certaines pratiques déterminées sont prohibées.

309 En droit français, la matière relève de la responsabilité délictuelle de droit commun. La jurisprudence, à défaut de droit positif en la matière, fonde l'action en concurrence déloyale sur les articles 1382 et 1383 du Code civil.

1382: «tout fait quelconque de l'homme, qui cause à autrui un dommage, oblige celui par la faute duquel il est arrivé, à le réparer».

1383: «chacun est responsable du dommage qu'il a causé non seulement par son fait, mais encore par sa négligence ou par son imprudence».

C'est dire que l'action est exclusive de toute relation contractuelle entre les parties.

Il s'en suit que l'action en concurrence déloyale est subordonnée aux conditions habituelles de la responsabilité civile délictuelle, c'est à dire l'existence d'une faute, celle d'un dommage et le lien de causalité entre la faute et le dommage. La jurisprudence a ainsi qualifié de faute: le dénigrement, l'imitation, la désorganisation d'une entreprise rivale, la désorganisation générale et la perturbation du marché, le parasitisme. Ces actes traduisent tous une violation des usages de commerce. La faute a été reconnue même en l'absence de l'intention de nuire et en dehors de tout élément de mauvaise foi.

Il s'en suit que la jurisprudence, en cas de faute non intentionnelle et en l'absence de déloyauté, a néanmoins condamné des actes alors qualifiés de «concurrence illicite» et de «parasitisme»[1].

310 Avant que d'exposer deux cas exemplaires de jurisprudence commerciale, confirmés par les Cours d'Appel de Paris et de Versailles, il

---

1 Cass.Com. 17. 5. 1982, Bull.Civ.IV p.157, Compagnie des Cristalleries de Baccarat.

convient toutefois de préciser les règles de compétences applicables en la matière.

Section 1: Les règles de compétence judiciaire applicables à la matière

En effet, bien que commerciale par essence, la concurrence déloyale **311** relève dans trois cas précis des Tribunaux de Grande Instance, dont la compétence est alors d'ordre public: la contrefaçon des brevets; la contrefaçon des marques régulièrement déposées; la copie de dessins, modèles et, d'une façon générale, d'une oeuvre artistique originale (celles-ci constituent des délits et comme tels sont réprimés par le Code pénal et, aujourd'hui, par le Code de la propriété intellectuelle de juillet 1992 dont la France demande avec insistance la reconnaissance internationale dans le cadre des accords du GATT. Les sanctions prévues selon les cas sont une peine d'emprisonnement de deux années et une peine d'amendes de 50 000 et 120 000. Ainsi, la répression des contrefaçons relève-t-elle du Tribunal Correctionnel (Tribunal de Grande Instance), alors que le Tribunal de Commerce connaîtra de la concurrence déloyale ou illicite proprement dite.

Lorsqu'il s'agit de contrefaçon simple, le propriétaire de l'objet prétendument copié, met en oeuvre une procédure de saisie-contrefaçon qui doit être autorisée en vertu d'une ordonnance rendue par le président du Tribunal de Grande Instance, sur requête. Cette saisie est effectuée par un commissaire de police, elle consiste soit en une description des objets présumés contrefaisants, soit en une saisie réelle des dits objets.

L'action en **concurrence déloyale** peut alors être engagée par l'assignation du prétendu concurrent déloyal devant le Tribunal de Commerce mais sur des faits distincts de ceux constitutifs de la contrefaçon.

En effet, si l'action en contrefaçon tend à faire sanctionner les violations d'un droit privatif, l'action en concurrence déloyale a pour objet de sanctionner un comportement qui n'est pas conforme aux usages loyaux du commerce. L'action en concurrence déloyale doit donc **être fondée sur des faits distincts de la contrefaçon**.

Comme nous l'avons déjà précisé, cette action n'est recevable que si la faute peut être prouvée et si le préjudice allégué est certain et conséquence de la faute.

197

Section 2: L'affaire Sté Boulinier c / Sté Gibert Librairie

312   Nous citerons ici une décision rendue sur la base de l'article 1382 du Code civil dans l'affaire **Sté** Boulinier **c / Sté** Gibert Librairie et autres[2]. Les faits étaient très simples: la librairie Boulinier, spécialisée dans la vente de bandes dessinées, et située 20 bd. St. Michel à Paris, avait, au début de l'automne 1988, apposé sur toutes ses vitrines des panneaux publicitaires portant des mentions telles que: «le scolaire, l'universitaire, les facultés, c'est ici ... les prix chocs c'est ici ...les bandes dessinées ici ... les soldes c'est encore ici ... les occasions c'est **vraiment** ici ...»

La célèbre librairie Gibert Jeune située à quelques mètres de la librairie Boulinier ne manqua pas de voir un acte de concurrence déloyale dans cette publicité. Ayant tenté en vain de faire supprimer la mention «c'est ici», Gibert obtint du Tribunal de Commerce de Paris la condamnation de Boulinier.

313   En l'occurrence, les juges du 1er degré, confirmés en appel, ont retenu, entre autre, l'agressivité des slogans publicitaires et l'acte de dénigrement. En effet, Boulinier ne s'est pas contentée de proclamer «c'est ici», elle avait affiché un panneau «les occasions c'est **vraiment** ici», or, tous les autres panneaux se contentaient d'indiquer «c'est ici» mais pas l'adverbe «vraiment». Fallait-il voir un effet du hasard dans le fait que la seule publicité portant l'inscription «c'est vraiment ici» ait eu pour objet, précisément, l'activité dans laquelle Gibert Jeune était notoirement spécialisée, à savoir la vente de livres d'occasion?

Dans le cas d'espèce, la Cour a estimé qu'il s'agissait de dénigrement et une fois encore a fait appel à la notion de «consommateur moyen, normalement intelligent et attentif, pouvant s'imaginer, au vu des panneaux publicitaires, se trouver dans un des magasins des Sociétés Gibert Jeune alors qu'il se trouve dans le magasin de la Société Boulinier qui dissimule «son nom».

En conséquence, Boulinier a été condamnée à modifier ses panneaux et à indemniser le concurrent dont elle avait détourné la clientèle.

---

2 C.A. Paris 4° Ch. B, 9. 4. 92, confirmant Tribunal de Commerce de Paris, 12. 9. 89, Dalloz 1993, 18ème cahier, 152.

Section 3: L'affaire «A2 c/TF1»

De nombreux cas d'espèces font apparaître la notion de parasitisme **314** très largement étudiée par Jean-Jacques Burst, Professeur à la faculté de Droit de Strasbourg et Directeur-Général du Centre d'Etudes Internationales de la Propriété Industrielle de Strasbourg dans son ouvrage «concurrence déloyale et parasitisme» édité chez Dalloz en 1993.

Un récent arrêt de la Cour d'Appel de Versailles (13°Ch.) du 11 **315** mars 1993, rendu dans l'affaire opposant la chaîne de télévision publique Antenne 2 «A2» à la S.A. télévision française 1 «TF1», confirme, et aggrave même le jugement prononcé le 2 décembre 1992 par le Tribunal de Commerce de Nanterre:

Celui-ci avait condamné TF1 à payer à AZ la somme de 25 000 000 de francs à titre de dommages et intérêts et celle de 200 000 de francs en application de l'Art. 700 NCPC pour avoir produit une série d'émissions intitulées «Les marches de la gloire» et le «Défi» disant qu'elles constituaient une concurrence déloyale à l'encontre d'AZ et ce après avoir engagé, à son service, les réalisateurs d'AZ pour la production litigieuse:

«considérant que s'il n'est pas en soi critiquable de produire des émissions en série mettant en scène des personnages réels et relatant des événements vécus, il n'est pas acceptable de plagier l'émission d'un concurrent, en adoptant, outre le thème, la construction, le découpage et la durée, la structure des séquences et le style de présentation».

La cour, après avoir analysé les faits constitutifs de concurrence déloyale, a dit que le comportement de TF1 peut également **être qualifié de parasitaire** ... et que TF1 a pu se dispenser d'investissements de départ, tant pécuniaires qu'intellectuels ... et a «profité du travail effectué pendant une année par AZ, de la réputation et du succès de l'émission, qu'elle a augmenté dès le mois d'août 1992 les tarifs de publicité demandés pour les horaires encadrant l'émission «Les marches de la gloire», et que **ce comportement caractérise des agissements parasitaires fautifs**».

Pour ces motifs, la Cour n'a pas seulement confirmé le Jugement du Tribunal de Commerce de Nanterre mais aggravé la sanction de TF1 en portant la condamnation au paiement de dommages-intérêts de

25 000 000 de francs à 50 000 000 de francs pour préjudice moral et 100 000 francs au titre de l'Art. 700 NCPC pour les frais exposés en appel.

316 Ces deux exemples de jurisprudence retenus parmi des centaines de décisions rendues annuellement sont exemplaires de l'usage fait par les tribunaux et les cours de l'article 1382 du Code civil, fondement de la responsabilité civile en droit français et raison de la quasi absence de textes législatifs propres à la matière de concurrence déloyale en France.

Deliktische Verhaltenspflichten des Wettbewerbers

Georg Pucher

Mein kurzer Überblick über das deutsche Wettbewerbsrecht wird **317** sich auf das Gesetz gegen den unlauteren Wettbewerb (UWG), das die größte Bedeutung hat, beschränken. Die wichtigste Vorschrift dieses Gesetzes ist die Generalklausel des § 1, danach kommt die Vorschrift des § 3, die die kleine Generalklausel genannt wird und die irreführende Werbung verbietet. Ergänzt wird diese Vorschrift durch eine Strafnorm in § 4. Auf diese Vorschriften komme ich dann im einzelnen noch zurück. Neben diesen Vorschriften haben geringere Bedeutung folgende Normen: § 6 regelt den Konkurswarenverkauf, der § 6 a die Hersteller- und Großhändlerwerbung, der § 6 b den Kaufscheinhandel, der § 6 c die progressive Kundenwerbung. Diese Vorschrift ist auch eine Strafnorm. § 6 d regelt die Beschränkung von Abgabemengen, § 6 e die Werbung mit Preisgegenüberstellungen, § 7 Sonderveranstaltungen und Sommer- und Winterschlußverkäufe sowie Jubiläumsverkäufe, § 8 den Räumungsverkauf, § 12 das Schmieren – d. h. die aktive und passive Bestechung – das ist auch eine Strafnorm, § 14 die Geschäftsehrverletzung, § 15 die Geschäftsverleumdung, ebenfalls eine Strafnorm, § 16 den Kennzeichenschutz, § 17 den Geheimnisverrat, ebenfalls eine Strafnorm, § 18 die Vorlagen – „Freibeuterei", auch eine Strafnorm, und schließlich § 20 das erfolglose Verleiten und Erbieten zum Verrat, auch eine Strafnorm.

§ 6e UWG, der die Preisgegenüberstellung regelt, war kürzlich Gegenstand einer Entscheidung des Europäischen Gerichtshofs in einem Fall, der die Werbung einer französischen Firma bzw. der deutschen Tochter einer französischen Firma betraf. Es ging um die Firma Yves Rocher. In diesem Zusammenhang hat der Europäische Gerichtshof festgestellt, daß die Anwendung dieser Vorschrift auf Waren, die vom Ausland eingeführt werden, gegen Art. 30 des EWG-Vertrages verstößt. Damit steht die deutsche Rechtsprechung vor der Frage, ob diese Vorschrift angewendet werden kann auf Waren, die nicht aus dem Ausland kommen, also auf inländische Waren. Es ist die Frage der Inländerdiskriminierung. Hier steht die herrschen- **318**

201

de Meinung in Deutschland auf dem Standpunkt, daß diese Inländerdiskriminierung hingenommen werden muß. Soweit ich weiß, steht die französische Rechtsprechung auf einem gegenteiligen Standpunkt, der mir vernünftiger erscheint. Ich habe gelesen, daß die Cour de Cassation entschieden hat, daß in einem solchen Fall die Vorschrift überhaupt nicht angewendet wird.

319 Nun zur großen Generalklausel des § 1 UWG. Diese Vorschrift lautet: Wer im geschäftlichen Verkehr zu Zwecken des Wettbewerbs Handlungen vornimmt, die gegen die guten Sitten verstoßen, kann auf Unterlassung und Schadensersatz in Anspruch genommen werden. Zur Auslegung des Begriffs des Verstoßes gegen die guten Sitten hat die Rechtsprechung bestimmte Fallgruppen entwickelt, die teilweise denen des französischen Rechts zum Begriff der „faute" entsprechen. Man unterscheidet folgende fünf Hauptgruppen:

320 1. Kundenfang durch Täuschung, Ausnützung der Rechtsunkenntnis, Nötigung, psychischer Kaufzwang, Belästigung, Wertreklame und aleatorische Reize. In diesem Zusammenhang hat die Frage der Telefonwerbung eine größere Bedeutung erlangt, die unter dem Gesichtspunkt der Belästigung verboten wird, wenn die Werbung sich an Private richtet, zu denen noch keine Beziehungen bestehen. Im Verhältnis zu Gewerbetreibenden ist man etwas großzügiger. Da läßt man die Werbung zu, wenn vermutet werden kann, daß ein Interesse des Angesprochenen an dieser Werbung besteht. Unter dem Gesichtspunkt des Ausnützens der Rechtsunkenntnis ist beispielsweise für wettbewerbswidrig gehalten worden, wenn ein Unternehmen Belehrungen über ein Widerrufsrecht systematisch unterläßt. Widerrufsrechte sind beispielsweise gegeben im Zusammenhang mit Haustürgeschäften und beim Abschluß von Verträgen, die sich auf wiederkehrende Leistungen beziehen, beispielsweise Zeitschriftenabonnements. Wenn hier ein Unternehmen diese Widerrufsbelehrungen systematisch unterläßt, kann es auf Unterlassung in Anspruch genommen werden. Die deutsche Rechtsprechung geht neuerdings sogar so weit, daß es auch für wettbewerbswidrig gehalten wird, wenn diese Widerrufsbelehrung nicht deutlich genug von dem übrigen Vertragstext abgehoben ist, wie es die entsprechenden Gesetze vorschreiben.

321 2. Eine zweite Gruppe betrifft die Behinderung durch Boykott, Diskriminierung, Preisunterbietung, Absatz- und Werbebehinderung, Ausspannen von Kunden und Mitarbeitern, Geschäftsehrverletzung durch wahre Tatsachenbehauptungen und Werturteile und dann die persönliche, die kritisierende und die anlehnende vergleichende Werbung. In Frankreich ist ja kürzlich ein Gesetz über die vergleichende Werbung ergangen, das in gewisser Weise die geplante EG-Richtlinie vorwegnimmt. In Deutschland ist man noch nicht so weit. Hier hält man überwiegend und grundsätzlich die vergleichende Werbung für wettbewerbswidrig. Nur wenn ein rechtfertigender Grund vorliegt, läßt man die Werbung jetzt immer öfter zu. Früher war man noch strenger. Aber es ist im allgemeinen unzulässig, den Namen des Konkurrenten zu nennen, nur ganz ausnahmsweise soll dies zulässig sein. Nach der neuen französischen Regelung ist es möglich, den Namen des Konkurrenten zu nennen, nur muß man diesen vorher u.U. darauf hinweisen.

3. Eine dritte Gruppe betrifft den ergänzenden wettbewerblichen **322** Leistungsschutz, die Rufausbeutung durch sklavische Nachahmung mittels unmittelbarer Leistungsübernahme oder nachahmender Leistungsübernahme und sonstige Rufausbeutung.

4. Eine weitere Gruppe ist die Marktstörung in Gestalt der Markt- **323** verstopfung durch die kostenlose Verteilung von Originalware, durch die Einwirkung des Herstellers auf den Händler oder umgekehrt durch die Gewährung besonderer Vorteile wie Prämien, Boni und Sonderrabatte.

5. Eine letzte Gruppe betrifft den Rechtsmißbrauch durch Verstoß **324** gegen Gesetz, Standesrecht oder Vertrag. Dabei muß man unterscheiden, da nicht jedes gesetzwidrige Handeln wettbewerbswidrig ist.

Ohne weiteres wettbewerbswidrig ist nur der Verstoß gegen wertbe- **325** zogene Normen, das sind solche, die sittlich zu mißbilligendes Unrecht verbieten oder wichtige Gemeinschaftsgüter wie den Wettbewerb als Institution, die Rechtspflege oder die Volksgesundheit schützen. Unter diesem Gesichtspunkt wurden für wettbewerbswidrig gehalten der Verkauf von rezeptpflichtiger Arznei ohne Rezept, der Verkauf von Arzneimitteln in einer Drogerie, die Ausübung der Heilkunde ohne Erlaubnis, die Werbung für Arzneimittel unter Verstoß gegen das Heilmittelwerbegesetz, Verstöße gegen das Verbot der Werbung für Tabakwaren im Rundfunk und Fernsehen und die Rechtsberatung ohne Erlaubnis.

Der Verstoß gegen eine wertneutrale Vorschrift – und das ist eine, **326** die nur aus Gründen ordnender Zweckmäßigkeit erlassen wurde – ist erst dann wettbewerbswidrig, wenn der Handelnde dabei bewußt oder planmäßig in der Absicht vorgeht, sich durch den Gesetzesverstoß einen sachlich ungerechtfertigten Vorteil vor gesetzestreuen Mitbewerbern zu verschaffen. Als wertneutrale Vorschrift werden angesehen: das Ladenschlußgesetz, die Preisangabenverordnung, die Handwerksordnung, das Maß- und Gewichtsgesetz. Den § 5 des Tarifvertragsgesetzes für allgemeinverbindlich erklärte Tarifverträge behandelt der Bundesgerichtshof wie eine wertneutrale Vorschrift. Ihre Verletzung durch Lohnunterschreitung stellt danach nur dann einen Wettbewerbsverstoß dar, wenn sie systematisch zu dem Zweck erfolgt, einen Wettbewerbsvorteil vor den Mitbewerbern zu begründen. Das ist der Fall, wenn die durch die Tariflohnunterschreitung gegebene bessere betriebswirtschaftliche Ausgangslage in die Kalkulation der Leistungsangebote einfließt und nicht wettbewerbsneutral genutzt wird. Wertneutral ist auch die Vorschrift, nach der die Einheit PS (Pferdestärke) für die Leistung von Kraftfahrzeugen im geschäftlichen und amtlichen Verkehr nicht mehr allein, sondern nur noch neben der hervorgehobenen Einheit kW (Kilowatt) benutzt werden darf. Der Bundesgerichtshof hat in einer ganz neuen Entscheidung angenommen, daß sich ein Autohändler durch den Verstoß gegen diese Vorschrift einen Wettbewerbsvorsprung verschafft, weil nicht unerhebliche Teile des Verkehrs mit der Leistungsangabe kW noch nicht vertraut seien oder diese Angabe nicht in PS umrechnen könnten und deshalb ihr Augenmerk mehr auf die Anzeigen mit der vertrauten Angabe PS als auf Anzeigen mit der Angabe kW richteten. Der Bundesgerichtshof hat deshalb einen Autohändler zur Unterlassung verurteilt, der die Leistungsangabe nur mit PS gemacht hat. Das ist eine sehr strenge Auffassung, zumal die meisten Menschen immer noch an PS gewohnt sind und die Umrechnung in kW ihnen nicht so vertraut ist. Hier will man die Leute an die neue Einheit gewöhnen.

327 Verträge binden grundsätzlich nur die an ihnen Beteiligten, deshalb handelt derjenige, der mit einem anderen einen Vertrag abschließt, nicht allein deshalb wettbewerbswidrig, weil der andere dadurch eine Vertragsverletzung gegenüber einem Dritten begeht. Wettbewerbswidrigkeit setzt das Hinzutreten besonderer Umstände voraus. Das wird bei der Mißachtung vertraglicher Vertriebsbindungssysteme durch Außenseiter bedeutsam. Wettbewerbswidrig ist danach einmal der Schleichbezug, das ist das Verschaffen vertriebsgebundener Ware durch Tarnung oder Täuschung oder durch den Einsatz von Strohmännern. Nicht Voraussetzung für einen Wettbewerbsverstoß in diesem Zusammenhang ist, daß das Vertriebsbindungssystem lückenlos ist. Wettbewerbswidrig ist auch die Weiterverwertung einer durch Schleichbezug erworbenen Ware. Schließlich ist wettbewerbswidrig auch das Verleiten des gebundenen Händlers zum Vertragsbruch, wenn das Vertriebssystem gedanklich und tatsächlich lückenlos ist. Die Wettbewerbswidrigkeit des bloßen Ausnutzens des Vertragsbruchs eines gebundenen Händlers setzt neben der gedanklichen und tatsächlichen Lückenlosigkeit der Vertriebsbindung weiter voraus, daß besondere Umstände das Ausnutzen des Vertragsbruchs wettbewerbswidrig erscheinen lassen. Dafür genügt ein Wettbewerbsvorsprung, den der Außenseiter durch den Vertrieb der gebundenen Ware erlangt. Lückenhaft ist die Vertriebsbindung schon dann, wenn der inländische Außenseiter die Möglichkeit hat, aus anderen, insbesondere aus EG-Ländern die gebundene Ware ungehindert zu beziehen. Die neuere Rechtsprechung der französischen Cour de Cassation scheint in dieselbe Richtung zu gehen. Soviel zur großen Generalklausel.

Nun zur kleinen Generalklausel, zum Irreführungsverbot, dem § 3 **328** UWG. Dem entspricht in Frankreich ja ein besonderes Gesetz, das wohl auch zum Wettbewerbsrecht zu zählen ist. Nach § 3 UWG kann auf Unterlassung in Anspruch genommen werden, wer im geschäftlichen Verkehr zu Wettbewerbszwecken über geschäftliche Verhältnisse irreführende Angaben macht. Irreführend ist eine Angabe, wenn die Vorstellungen, die die Umworbenen mit der Angabe verbinden, mit der Wirklichkeit nicht übereinstimmen. Für die Anwendung des § 3 genügt es, daß nur eine Minderheit eine mit der Wirklichkeit nicht übereinstimmende Vorstellung hat. Wie groß diese Minderheit sein muß, hängt von den Umständen des Einzelfalls ab und läßt sich nicht allgemein zahlenmäßig festlegen. Im allgemeinen ist eine Irreführungsquote von 10% für die Anwendung des § 3 UWG ausreichend. Bei gesundheitsbezogener Werbung kann sie deutlich darunter liegen. Ein Anteil von nur 6% ist in aller Regel unbeachtlich. Nach der Rechtsprechung des Bundesgerichtshofs kann der Richter Feststellungen über die Vorstellungen der beteiligten Verkehrskreise aufgrund eigener Sachkunde und Lebenserfahrung kraft Zugehörigkeit zum angesprochenen Verkehrskreis in erster Linie dann treffen, wenn er die Irreführungsgefahr bejaht. Die auf eigener Sachkunde beruhende Feststellung, daß kein rechtlich in Betracht kommender Teil des Verkehrs getäuscht werden kann, kommt dann nicht in Betracht, wenn Umstände vorliegen, die eine

noch
328 solche Feststellung als bedenklich erscheinen lassen können. Deshalb kann der Richter nicht aufgrund eigener Sachkunde feststellen, daß beim Verkauf von Kosmetika gehobener Preisklasse nicht über die Unversehrtheit der Verpackung getäuscht wird, wenn Beschädigungen der Verpackung beim Entfernen einer Codierung verdeckt worden sind. Der Bundesgerichtshof hat auch nicht gebilligt, daß ein Oberlandesgericht aufgrund eigener Sachkunde festgestellt hat, ein nicht unerheblicher Teil des Verkehrs erwarte bei einem Möbelhaus aus Schweden, daß die vertriebenen Möbel entweder in Schweden hergestellt oder zumindest einer sorgfältigen Abschlußkontrolle durch ein schwedisches Unternehmen unterzogen seien. Der Richter darf aufgrund eigener Sachkunde auch nicht feststellen, die Angabe „Elsässer Nudeln" werde von keinem ins Gewicht fallenden Teil des Verkehrs als geographische Herkunftsbezeichnung verstanden und ein etwa dennoch bestehender Irrtum habe keine Auswirkung auf die Kaufentscheidung des Verbrauchers. Gegen diesen empirischen Maßstab gibt es Kritik auch unter Hinweis auf die weit weniger strenge Haltung der Nachbarrechte, zu denen auch das französische Recht gehören dürfte. Manche wollen einen normativen Maßstab zugrundelegen, der auf den verständigen, kritischen und wachen Verbraucher abstellt. In der Praxis der Instanzgerichte sind Verkehrsbefragungen schon wegen der damit verbundenen Kosten trotz der strengen Anforderungen des Bundesgerichtshofs selten. Auch wenn der Bundesgerichtshof im Revisionsverfahren weitere Beweiserhebungen vorschreibt, unterbleiben diese oft, weil es die Parteien vorziehen, sich zu vergleichen. Das ist geschehen im Fall der „Elsässer Nudeln". Das Oberlandesgericht Stuttgart hat kürzlich aufgrund eigener Sachkunde festgestellt, daß die Verwendung der Bezeichnung „Optometris" in der Werbung eines Augenoptikers irreführend ist, weil sie den Eindruck einer besonderen Qualifikation hervorrufen kann. In diesem Zusammenhang ist noch zu erwähnen, daß die Strafvorschrift über die irreführende Werbung, der § 4 UWG, weniger strenge Anforderungen stellt. Danach kommt es darauf an, wie ein aufmerksamer Beobachter oder wie der durchschnittliche Beobachter die Angabe versteht. Wegen irreführender Werbung kann der Werbende daher nur in weit weniger Fällen bestraft werden, als er auf Unterlassung im Zivilrechtsweg in Anspruch genommen werden kann.

Die Rechtsprechung geht bei der Anwendung des § 3 UWG sehr weit. Es wird zwar vorausgesetzt, daß die Irreführung geeignet ist, die Marktentscheidung des Irregeführten zu beeinflussen. Man noch sagt, sie muß kaufmotivierende Kraft haben. Nach der Rechtspre- **328** chung des Bundesgerichtshofs genügt dafür schon die Eignung, den Irregeführten zur Beschäftigung mit einem Angebot zu veranlassen, selbst wenn dabei der Irrtum beseitigt wird. Für irreführend gehalten wurde deshalb die blickfangmäßige Herausstellung des Kaufpreises in einer Anzeige, die die Versandkosten nicht enthalten hat. Irreführend ist danach auch die Anzeigenwerbung für eine Bildungsveranstaltung unter der Überschrift „Achtung Berufskraftfahrer", wenn die Anzeige in einer Tageszeitung unter der Rubrik „Stellenanzeigen" erscheint. Die bloße Anlockwirkung sollte aber nicht in jedem Fall der unmittelbar geschäftsabschlußmotivierenden Irreführung gleichgesetzt werden. Das Oberlandesgericht Stuttgart hat keinen Verstoß gegen § 3 UWG angenommen bei der Ankündigung einer Preissenkung für das gesamte Sortiment eines großen Lebensmittelfilialgeschäfts in einer 6-seitigen Werbeschrift, bei der die obere Hälfte der ersten Seite blickfangmäßig herausgestellte Schlagworte mit der Darstellung einer roten geballten Faust enthielt, die geeignet waren, den Eindruck einer Sonderveranstaltung zu erwecken. Der übrige Text hat aber aufgeklärt, daß es nicht um eine Sonderveranstaltung ging.

Synthese / Rapport de synthèse
Pierre Borra

Introduction

329 Le domaine de la concurrence déloyale est celui dans lequel apparaissent le mieux les différences entre le droit français et le droit allemand dans le domaine de la responsabilité non-contractuelle. Ces différences de fondement et de cheminement ont été mises en évidence de façon très approfondie par les exposés de MM. les Professeurs Hübner et Schmidt. C'est pourquoi je ne voudrais pas vous imposer des redites en ce qui concerne les principes et les concepts. Je me bornerai à un point de vue beaucoup plus pragmatique et plutôt que de comparer point par point les conditions d'exercice de l'action en concurrence déloyale dans chacun des droits à partir des catégories juridiques propres à ces droits, il m'a semblé beaucoup plus instructif de dégager dans la pratique quels actes nous qualifions quotidiennement d'actes de concurrence déloyale et comment nous les sanctionnons. Je partirai de la pratique que je connais le mieux, qui est la pratique française, mais les travaux de l'atelier d'hier, m'ont fait comprendre qu'en droit allemand, ces actes sont qualifiés de la même façon. Je décrirai donc dans une première partie les actes que nous rencontrons habituellement dans la pratique que nous qualifions actes de concurrence déloyale et dans une deuxième partie la sanction de ces actes.

Une difficulté méthodologique cependant m'apparait immédiatement. C'est que ma première partie va être beaucoup plus longue que la seconde. Ce qui est un pêché capital pour un exposé, particulièrement pour un exposé français. Mais je vous demande d'excuser ces déséquilibres qui s'expliquent par la richesse des contributions précédentes.

Pour racheter dans une dernière partie ou dans une conclusion ce que ce catalogue pourrait avoir de par trop descriptif, je ferai quelques considérations finales sur ce qui peut paraître souhaitable ou possible en matière d'harmonisation à supposer qu'une harmonisation soit indispensable.

J'en reviens à ma première partie: Quels sont les actes que dans la pratique nous qualifions actes de concurrence déloyale?

Section 1: Les actes de concurrence déloyale

Je les examinerai dans l'ordre de leur fréquence et en fonction de **330**
leur nocivité.

§ 1 Le dénigrement

Il y a tout d'abord le dénigrement qui consiste à jeter le discrédit sur **331**
les produits, le travail ou encore la personne d'un concurrent. L'action en concurrence déloyale fondée sur le dénigrement ne peut
prospérer qu'à la condition que la victime soit identifiée ou identifiable. Les formes que prennent le dénigrement sont variées. Mais la
forme la plus visuelle est la diffusion d'informations. A cet égard, il
est à noter que des informations pour être de notoriété publique,
peuvent constituer des informations discréditantes et par là
sanctionnables.

§ 2 L'utilisation de signes distinctifs

La deuxième catégorie d'actes de concurrence déloyale que nous **332**
voyons, très souvent, c'est l'utilisation de signes distinctifs d'une entreprise concurrente. Cette utilisation peut prendre deux formes: la
première est l'imitation des signes originaux par lesquels une entreprise attire normalement la clientèle. Signes de décoration qu'on
peut trouver dans les documents commerciaux et surtout les enseignes. Une seconde forme dont on a parlé assez longuement, c'est le parasitisme. C'est une des formes de l'utilisation de signes distinctifs
de l'entreprise concurrente. Elle consiste à exploiter la réputation
d'une entreprise sans pour autant nécessairement chercher à créer
une confusion dans l'esprit des clients.

§ 3 L'imitation des produits

La troisième catégorie également très fréquente et particulièrement **333**
affligeante, c'est l'imitation des produits d'un concurrent, imitation
qui crée une confusion dans l'esprit des acheteurs. Il y a l'imitation
des produits protégés par un droit de propriété industrielle ou artistique et puis il y a l'imitation des produits non-protégés. En droit fran-

çais, sur le fondement de l'action en concurrence déloyale, on ne peut invoquer des faits d'imitation de produits que dans la mesure où ces faits ne sont pas constitutifs du délit de contrefaçon.

§ 4 Divulgation et exploitation de savoir-faire

334 Une autre façon de se livrer à des actes de concurrence déloyale, c'est la divulgation et l'exploitation de savoir-faire technique ou commercial. Divulgation évidemment faite sans l'autorisation du titulaire. Une condition essentielle de la mise en oeuvre de l'action en concurrence déloyale à ce sujet, c'est que ces connaissances soient à la fois originales et secrètes.

§ 5 L'appropriation de clientèle

335 Autres actes de concurrence déloyale: l'appropriation de la clientèle. Elle se fait par le démarchage avec éventuellement le dénigrement que nous avons examiné ou l'utilisation de signes distinctifs. Mais aussi, on assiste à des manoeuvres de prospection systématique, par exemple au moyen de détournement de fichiers de clientèle, détournement de commande et de débauchage des salariés. La publicité commerciale offre un champ immense aux concurrents déloyaux: imitation de la publicité de ses concurrents, publicité comparative dénigrante, marque d'appel, suppression pure et simple de la publicité d'autrui. Toutes ces formes tendent à désorganiser l'entreprise concurrente. Une autre forme dont on parle assez peu et qui se révèle difficile à sanctionner, c'est la vente à prix réduit. Elle est difficile à sanctionner, parce qu'elle n'est pas répréhensible en elle-même. Mais dans certains cas, elle peut devenir un acte de concurrence déloyale.

§ 6 La désorganisation d'un réseau de distribution

336 Enfin la désorganisation d'un réseau de distributeurs constitue une autre catégorie, peut-être moins spectaculaire, mais néanmoins très réelle d'actes de concurrence déloyale. Cette désorganisation par exemple peut-être le fait d'un ancien concessionnaire qui approvisionne des détaillants alors qu'il sait qu'ils sont liés à son ancien concédant.

Voici donc un bref panorama des principaux actes de concurrence déloyale que nous voyons quotidiennement et que nous sanctionnons dans la mesure où la faute et le dommage sont prouvés et où existe une causalité entre ces deux éléments.

Section 2: La sanction des actes de concurrence déloyale

Je serai beaucoup plus bref encore sur les sanctions, car elles tombent sous le sens et elles sont les mêmes en droit allemand et en droit français. Elles sont très simples: La réparation se fait par l'allocation des dommages et intérêts, par la cessation ordonnée des agissements, éventuellement en référé sous astreintes, et parfois également par la publication de la décision sanctionnant l'acte de concurrence déloyale. **337**

Alors aux termes de ce petit panorama, une remarque fondamentale me parait devoir être faite, c'est que si, comme l'ont souligné les Professeurs Hübner et Schmidt, les points de départ sont très différents, la clause générale du droit français, les lois spéciales agrémentées quand même de dispositions plus générales du droit allemand, il n'en reste pas moins que les solutions convergent fortement. A partir de cette constatation, on peut se demander, s'il est nécessaire de procéder à une harmonisation dans ce domaine entre les deux législations des Etats-membres des Communautés Européennes. Il faudrait vraiment avoir la démonstration, me semble-t-il, que la sécurité des transactions est compromise notamment entre nos deux pays. **338**

Section 3: La nécessité d'une harmonisation communautaire

On peut même se demander s'il est utile d'introduire une réglementation en ce domaine. Nous, magistrats français, d'une manière générale, nous «créons» les «dispositions spéciales», et ceci par tempérament et par habitude et puis aussi par expérience. Il n'est pas rare en effet en France que des lois introduisent une réglementation qui se superpose à l'article 1382 du Code civil. Je fais allusion à l'article 30 de l'ordonnance du 1er décembre 1986 qui, alors que l'ordonnance du 30 juin 1945 punissait le refus de vente, le refus de vente constitu- **339** ant alors un délit pénal, interdit aujourd'hui le refus de vente, instituant une responsabilité civile particulière. Aux termes de ce texte, le refus de vente, dans certaines conditions, lorsqu'il ne se heurte pas à une demande anormale ou faite de mauvaise foi, est réputé illicite et peut être poursuivi indépendamment de la procédure habituelle de l'action en concurrence déloyale. On s'est ainsi aperçu que cette disposition spéciale n'est pas très utilisée et lorsqu'elle l'est, provoque des difficultés parce que justement, elle entre en concurrence avec la disposition générale qui, lorsqu'elle est maniée avec un doigté suffisant, offre toute satisfaction en France.

Voilà pourquoi je manifeste un certain scepticisme en ce qui concerne un nouveau texte, soit français, soit communautaire.

340 En revanche, il me semble qu'au niveau des juridictions, l'emprunt de certains concepts faits par les juges d'un pays à la doctrine ou à la jurisprudence d'un autre pays peut être très enrichissant. Il m'apparait que c'est une façon beaucoup plus souple de parvenir à une certaine convergence des droits nationaux. C'est pourquoi, personnellement, cette méthode a mes préférences et j'apprécie beaucoup un colloque tel que celui-ci dont le propos est de permettre à des magistrats de comparer leurs jurisprudences respectives afin de permettre éventuellement un rapprochement entre celles-ci. Je terminerai en faisant référence à une réflexion de M. le Professeur Ebenroth qui disait que le droit comparé ne doit pas rester l'affaire de la science. J'ajouterai qu'il doit être d'abord l'affaire des juridictions.

Auszug aus der Diskussion /
Extraits de la discussion

Borra:

Qu'il me soit tout d'abord permis de dire que ce que l'on appelle l'ac- **341**
tion en concurrence déloyale n'est, en droit français, que la mise en
application de la théorie de l'abus de droit. La concurrence déloyale
n'est que l'abus du droit de concurrence qui lui-même dérive de la liberté du commerce et de l'industrie.

Schwend:

Im allgemeinen wird in Deutschland in 98% der Fälle bei unlaute- **342**
rem Wettbewerb auf Unterlassung geklagt und auch auf Unterlassung entschieden. Das hängt mit unserer besonderen, sehr gezielten
Gesetzgebung zusammen, die deutlich unterscheidet zwischen den
einzelnen Straftatbeständen des unlauteren Wettbewerbes. Dies wiederum ist zurückzuführen auf den Einsatz der Verbraucherschutz-
verbände, die sehr oft in Deutschland eingreifen, wenn es um die
Überarbeitung bzw. um die Neuausarbeitung von Verbraucher-
schutzgesetzen oder Wettbewerbsklauseln geht. Die Verbraucher-
schutzverbände können selbst keine Schadensersatzklagen erheben, da sie keinen eigenen Schaden erlitten haben. Wenn keine Ver-
braucherschutzverbände direkt in diese Prozeßführung eingreifen,
müssen zum Nachweis des Schadens die entsprechenden Geschäftsbücher geöffnet werden, was nicht immer einfach ist. Schadenser-
satzforderungen nach amerikanischem Muster sind vom deutschen
Gesetz her nicht möglich. Soweit also kurz zusammengefaßt die der-
zeitige Lage in Deutschland.

Fekete:

La difficulté effectivement, c'est d'apprécier, de mesurer le préjudice afin d'en évaluer la réparation lorsque nous avons affaire à une demande en dommages et intérêts. Il n'est pas rare que les avocats réclam-
ment 2 ou 3 millions de francs de dommages-intérêts sans donner à
cette demande le moindre fondement, sans nous livrer les moyens
de porter une appréciation sur le bien fondé de cette demande. Il arrive cependant que nous prononcions de lourdes condamnations.
Peut-être le Président Borra pourrait-il nous donner son point de
vue à cet égard?

213

Borra:

Il est possible qu'il existe certaines différences entre les droits allemand et français, s'agissant de l'indemnisation accordée à la victime d'un acte de concurrence déloyale. Personnellement je suis surtout frappé par les points de convergence entre le droit français et le droit allemand.

343 Une autre remarque: on a évoqué les avantages que comporte l'article 1382 du Code civil français par rapport aux dispositions spécifiques que comporte le droit allemand. Il est vrai qu'une clause générale de responsabilité est susceptible, en principe, de couvrir n'importe quel acte de concurrence déloyale. Il n'en va pas de même lorsque sont énumérés par le législateur certains actes ou comportements qu'il considère comme tels. Il convient cependant d'ajouter qu'une clause générale du type de celle que comporte l'article 1382 présente aussi certains inconvénients. La mise en oeuvre d'une telle clause donne prise à une certaine insécurité juridique, à une certaine variabilité des solutions.

Pucher:

344 Als ich mich mit dem französischen Wettbewerbsrecht aus Anlaß dieser Veranstaltung befaßt habe, war ich ebenfalls überrascht, daß die Ergebnisse sehr ähnlich sind, und ich meine, daß die beiden Fälle, die eben aus dem französischen Recht detailliert vorgetragen wurden, im deutschen Recht wohl in der gleichen Weise entschieden worden wären. Zum zweiten Fall gibt es einen ähnlichen Fall des Bundesgerichtshofs, der bekannt ist unter dem Schlagwort „Der Mann, der Sherlock Holmes war". Da wurde ein Film unter diesem Titel gedreht mit Figuren, die als Watson und Sherlock Holmes bezeichnet wurden in Anlehnung an die bekannten englischen Detektivgeschichten, und der Bundesgerichtshof hat die Anlehnung an diese Namen für wettbewerbswidrig gehalten. Das entspricht ja genau der Rechtsprechung in dem zweiten Fall der französischen Fernsehserie. Und auch im ersten Fall wäre wohl nach deutschem Recht ein Unterlassungsanspruch in Frage gekommen. Ich sehe Gemeinsamkeiten, die darauf beruhen dürften, daß es sich eigentlich in beiden Rechten um Generalklauseln handelt, wenn es auch im deutschen Recht eine spezielle Generalklausel für das Wettbewerbsrecht ist, während es im französischen Recht eine allgemeine Klausel für das Zivilrecht insgesamt ist. Die Ergebnisse sind wohl gleich. Es

214

würde mich interessieren, ob auch im Fall der Telefonwerbung in noch **344** Frankreich ein Unterlassungsanspruch in Frage kommt. Ich habe in der Literatur nur gelesen, daß es hier Empfehlungen gibt, Telefonwerbung zu unterlassen, und meine Frage wäre, ob der Verstoß gegen diese Empfehlungen wettbewerbswidrig ist. Und interessant wäre auch zu wissen, ob nach französischem Recht die Lage ähnlich ist bei dem Kraftfahrzeughändler, der mit PS wirbt. Ich nehme an, daß auch in Frankreich die Bezeichnung „Kilowatt" zugunsten der früheren Bezeichnung „Pferdestärke" eingeführt worden ist. Die Frage war in Deutschland zwischen den einzelnen Oberlandesgerichten bis zur Entscheidung des Bundesgerichtshofs sehr streitig, und mich hat die Entscheidung des Bundesgerichtshofs eigentlich überrascht. Aufgefallen ist mir bei der Lektüre der französischen Literatur, daß dort weit mehr Entscheidungen der Appellationsgerichte und weniger Entscheidungen der Cour de Cassation zitiert werden. In der deutschen Wettbewerbsliteratur werden überwiegend Entscheidungen des Bundesgerichtshofs zitiert und ich frage mich, ob das vielleicht damit zusammenhängt, daß in Frankreich nicht so viele Fälle zum höchsten Gericht kommen. Bei uns in Deutschland ist es so, daß in den Fachzeitschriften im Jahr ca. 60 bis 70 Entscheidungen des Bundesgerichtshofs zum Wettbewerbsrecht veröffentlicht werden. Ich glaube, in Frankreich werden es nicht so viele Entscheidungen sein. Das hängt vielleicht auch damit zusammen, daß ein Großteil der Entscheidungen in Frankreich von den Strafgerichten gefällt wird, wenn es um irreführende Werbung geht, während bei uns die Entscheidungen der Strafgerichte gerade auch im Fall der irreführenden Werbung kaum ins Gewicht fallen. Überhaupt werden die Strafgerichte sehr wenig angerufen, obwohl es an sich möglich wäre, denn die Verstöße gegen die Strafnormen des Gesetzes gegen den unlauteren Wettbewerb sind Privatklagedelikte. Jeder Verletzte kann im Rahmen der Privatklage vermögensrechtliche Ansprüche geltend machen, wozu auch der Unterlassungsanspruch gezählt wird. Allerdings hat das Strafgericht die Befugnis, von der Entscheidung über den vermögensrechtlichen Anspruch abzusehen, wenn sie das Verfahren verzögern würde. Außerdem werden die Privatklageverfahren beim Amtsgericht anhängig gemacht und das wird wohl die Rechtsanwälte davon abhalten, hier Strafverfahren anzustrengen. Dazu kommt, daß die überwiegende Zahl der Wettbewerbsverstöße nicht strafbar ist. Wir haben ja nur bei den allgemeinen Wettbewerbsverstößen den Fall der irreführenden Werbung, der strafbar ist, und auch da ist nur ein Teilbereich strafbar. Deshalb ist es für den Anwalt sicherer, wenn er auch im Fall der irreführenden Werbung zum Zivilgericht geht, weil er da bessere Möglichkeiten hat. Das ist das, was ich dazu sagen möchte.

Schmidt:

345 Je voudrais simplement faire observer que les derniers rapports nous montrent bien le pouvoir que le législateur a donné au juge en édictant la clausula generalis de l'article 1382 du Code civil. Au fil des cas, le juge dit ce qui est faute et ce qui n'est pas faute. Et ainsi se construit une jurisprudence par laquelle le juge fixe les règles applicables à la matière. Par voie de conséquence, en ces matières dominées par l'article 1382 du Code civil, nous sommes bel et bien en présence d'un droit des juges. Le législateur allemand a peur d'un droit des juges «Richterrecht». Et c'est la raison pour laquelle il n'a pas laissé dans les textes définitifs l'article 704 du premier projet. Je crois que le législateur allemand avait tort et la qualité des magistrats français qui appliquent le texte avec la science, le talent et la modération dont vous avez eu la preuve pendant ces journées, montre que c'est le législateur français, lui, qui avait raison.

Hausmann:

346 Ich möchte im Anschluß daran nur eine kleine Bemerkung machen: Dieses Vertrauen, das der BGB-Gesetzgeber nicht hatte in seine Justiz, das hatte der UWG-Gesetzgeber ja durchaus. Und wenn wir uns ansehen, was die deutschen Gerichte aus § 1 UWG gemacht haben, dann kann man sagen, daß dieses Vertrauen gerechtfertigt war. Man könnte daraus schließen, daß man den Gerichten auch in anderen Bereichen ein solches Vertrauen entgegenbringen könnte. Ich habe noch eine rein praktische Frage zum französischen Wettbewerbsrecht: Der Unterschied besteht ja darin, daß das deutsche Recht im § 1 UWG ausdrücklich die Unterlassungsklage erwähnt. Das französische Recht setzt in Art. 1382 Code civil einen Schaden voraus. Wie rechtfertigt das französische Recht eine vorbeugende Unterlassungsklage im Wettbewerbsrecht, wenn ein künftiger, drohender Wettbewerbsverstoß im Raum steht und kein Schaden in Sicht ist. Und zum anderen, wie rechtfertigt man Klagen von Verbänden, die ja typischerweise selbst keinen Schaden erleiden können. Wie wird das vor dem Hintergrund des Art. 1382 c.c. gerechtfertigt?

Borra:

Si vous songez à l'hypothèse dans laquelle le dommage ne s'est pas encore réalisé, il est vrai que certaines difficultés apparaissent en droit français. Je crois qu'une loi de 1963 avait prévu l'instauration d'une action préventive en cessation de la concurrence déloyale. Mais ce texte n'est jamais entré en vigueur.

Schmidt:

Il est permis d'ajouter qu'une disposition du Code de procédure civile français prévoit que le juge de référé, donc un juge qui statue dans des conditions d'urgence, peut prendre toutes les mesures conservatoires propres à éviter un dommage imminent.

Boizel:

Je crois que nous touchons là à une question essentielle dès lors que l'on se propose de comparer les droits délictuels français et allemand.

Il est vrai, chacun s'accorde à le reconnaître, que dans le cadre de la concurrence déloyale, le préjudice n'est pas apprécié en droit français avec la même rigueur que dans d'autres domaines de la responsabilité civile. On y voit généralement une adaptation des conditions de la responsabilité civile à la matière de la concurrence déloyale. Cette explication, si tant est que l'observation précédente soit exacte, n'est pas pleinement satisfaisante.

On ne comprend véritablement cet «aménagement» des règles de la **347** responsabilité civile que dans la mesure où l'on rapproche ce phénomène de la fonction de la responsabilité civile en droit français. La responsabilité civile en droit français n'a pas seulement pour objet de permettre l'indemnisation des préjudices ou de prévenir la réalisation de ceux-ci. Comme le note Mme Geneviève Viney, elle a aussi un rôle normatif. Elle permet l'affirmation de certains droits, la reconnaissance de droits subjectifs nouveaux. Or dès lors qu'une atteinte a été portée à un droit subjectif, plus précisément à un droit subjectif absolu, c'est à dire d'un droit dont on peut exiger le respect de toute personne selon la terminologie allemande, la configuration du droit de la responsabilité civile change. L'atteinte portée au droit subjectif absolu et la faute tendent à se confondre dans le sens où la faute résulte de l'atteinte portée au droit en question. De la même manière, l'atteinte portée au droit subjectif absolu et le préjudice tendent aussi à se confondre dans la mesure où l'atteinte portée au droit constitue déjà un préjudice. Le débat ne porte plus que sur le lien de causalité pouvant exister entre l'atteinte fautive, illicite, portée au droit subjectif absolu et les autres dommages dont la victime pourrait invoquer la compensation.

348 C'est un peu le même phénomène auquel on assiste en matière de concurrence déloyale, à savoir la reconnaissance d'un nouveau droit subjectif absolu, un droit subjectif qui aurait pour objet la protection de l'entreprise, de la «personnalité» du fond de commerce. Je crois en effet que le rapprochement s'impose avec la reconnaissance, dans le cadre de la responsabilité civile, des droits de la personnalité, droits subjectifs absolus qui seraient l'objet d'une protection spécifique échappant partiellement aux règles de la responsabilité civile de droit commun. Je ne prétends certes pas que les juges français ont d'ores et déjà reconnu l'existence d'un nouveau droit subjectif absolu, d'un droit à l'entreprise ou à la personnalité du fonds de commerce. Il me semble cependant que les observations précédentes manifestent une évolution en ce sens, une évolution qui ne contrarie en rien le mouvement général de la législation puisque le législateur, moins timide que la jurisprudence, n'a pas hésité à reconnaître à certains aspects de la personnalité de l'entreprise, du fonds de commerce, le caractère d'un droit subjectif absolu, je songe notamment aux marques de fabrique et de service.

349 Si j'ai employé certains termes qui sont propres au droit allemand, si j'ai fait référence à la notion de droit absolu, c'est à dessein, parce qu'un rapprochement s'impose entre le droit allemand et le droit français s'agissant de la fonction normative de la responsabilité civile.

350 En droit allemand, compte tenu de la configuration particulière, casuistique, du droit délictuel allemand, il va sans dire que la fonction normative du droit de la responsabilité civile ne peut s'exercer de la même manière qu'en droit français. Le droit de la responsabilité délictuelle repose en effet en Allemagne sur différentes règles contenues dans les articles 823 et suivants du Code civil allemand principalement, chacune de ces règles ouvrant la voie à une responsabilité particulière. Ce système, voulu par les rédacteurs du Code civil allemand afin de restreindre le pouvoir d'appréciation des juges, ne prive pas cependant le droit allemand de la responsabilité civile de toute fonction normative. Pour s'en convaincre, il suffit de rappeler la jurisprudence de la Cour de Cassation allemande en ce qui concerne

218

l'article 823, alinéa 1. Ce texte dispose en effet que quiconque porte atteinte de manière illicite, intentionnellement ou par négligence à la vie, au corps, à la santé, à la liberté, à la propriété ou à un autre droit d'autrui, est tenu de le dédommager pour le préjudice qui en résulte. Pendant longtemps la jurisprudence a donné une interprétation stricte de ce texte, un texte qui ne permettrait de sanctionner que des atteintes portées à des droits absolus, c'est à dire à des droits dont le respect peut être exigé de toute personne, par opposition aux droits relatifs envisagés dans les dispositions suivantes du Code civil allemand. La jurisprudence donnait en outre une interprétation littérale de ce texte dans la mesure où seuls pouvaient être sanctionnées sur son fondement les atteintes portées aux droits mentionnés par les rédacteurs du Code civil allemand, droit à la vie, à la liberté à la propriété etc. Après il est vrai certaines hésitations, la Cour de Cassation allemande n'en a pas moins reconnu, sur le fondement de ce même texte l'existence d'un droit général de la personnalité se substituant par conséquent aux droits – au pluriel – expressément mentionnés. Plus encore, cette juridiction a reconnu l'existence d'un nouveau droit absolu, le «droit à l'entreprise», un droit protégeant les atteintes portées à l'activité de l'entreprise, un droit qui n'est pas sans présenter certains points communs avec le droit à l'entreprise ou au fonds de commerce tel qu'il transparait au travers de la jurisprudence des juridictions françaises en matière de concurrence déloyale.

Nous voici donc face à un nouvel élément de convergence entre les **351** droits français et allemand de la responsabilité délictuelle. Convergence, le mot est juste. Car, comme nous avons pu le remarquer tout au long de ce colloque, si les droits français et allemand de la responsabilité délictuelle, ou non-contractuelle pour prendre une dénomination plus large, englobant ce que l'on désigne en Allemagne sous le terme de «troisième voie», si les droits français et allemand convergent largement quant aux résultats, ils divergent tout aussi largement quant aux moyens, aux techniques juridiques, employés pour y parvenir. Plus précisément, les droits allemand et français, pour utiliser des concepts voisins, ne les ont pas agencés d'une manière identique. Ils instituent chacun un système de responsabilité civile différent, le premier s'inspirant partiellement, on l'a déjà dit, d'une logique casuistique, le second faisant prévaloir une clause générale de responsabilité. Encore doit-on préciser que le système français a beaucoup évolué depuis l'adoption du Code civil. Il fait en effet aujourd'hui une plus grande place à la logique casuistique, étant entendu qu'il reste fidèle à ses racines ne distinguant pas, comme le fait le droit allemand, selon l'objet de l'atteinte portée, atteinte à un droit absolu, à un intérêt spécifique juridiquement protégé ou aux bonnes moeurs, mais selon l'auteur de l'atteinte, cette distinction s'exprimant au travers de la trilogie: fait de l'homme, fait d'autrui, fait de la chose, articles 1382–1383 et 1384 et suivants du Code civil. Certes, cette distinction, on la retrouve également en droit allemand (articles 831 et 833 du Code civil allemand notamment). Elle n'a cependant pas la même portée qu'en droit français. La jurisprudence française en effet n'a pas hésité à généraliser la portée de l'alinéa 1er de l'article 1384, dans un arrêt Jand'heur du 13 février 1930 s'agissant de la responsabilité du fait des choses, dans un arrêt Blieck du 29 mars 1991 s'agissant de la responsabilité du fait d'autrui. Le droit délictuel français repose donc désormais essentiellement non pas sur une mais trois clauses générales s'appliquant respectivement à la responsabilité du fait de l'homme (art.1382), à la responsabilité du fait d'autrui (art.1384, al.1, 1ère partie), à la responsabilité du fait des choses (art.1384, al.1, 2ème partie).

352 J'ajouterai, et ce sera ma conclusion, que cette convergence précédemment observée n'a pas toujours existé. Elle est au contraire, pour l'essentiel, récente. Ce n'est qu'après la seconde guerre mondiale qu'elle a pris l'ampleur qu'on lui connait aujourd'hui. Si les droits français et allemand ont pu exercer l'un sur l'autre une influence réciproque, au moins en temps de paix, c'était dans la perspective d'une concurrence entre les ordres juridiques français et allemand. Aujourd'hui, elle est, chaque jour un peu plus, le fait d'une véritable coopération, une coopération juridique dont le colloque qui nous réunit ici à Constance, est la plus parfaite expression.

Feldges:

353 Eine Frage zu der praktischen Bedeutung des Schadensersatzanspruches im französischen Recht des unlauteren Wettbewerbs: Ich stelle mit einer gewissen Bewunderung im praktischen UWG-Prozeß fest, daß durchweg und in der Regel gestützt auf § 1 UWG ein Feststellungsurteil ergeht, daß der Verletzer den Schaden zu ersetzen hat, den er dem Wettbewerber zugefügt hat. Ferner wird der Verletzte automatisch zu der sehr lästigen Auskunftserteilung verurteilt. Und damit ist die Sache genauso regelmäßig beendet. Ich kenne also im Bereich des § 1 UWG aus der Praxis eigentlich keinen Fall, in dem es dann später nach der Auskunftserteilung zu irgendeinem

konkreten Schadensersatz gekommen ist, weil fast nie die Ursächlichkeit eines bestimmten Schadens nachgewiesen werden kann. Ist das im französischem Recht genauso? Und dann erlauben Sie mir, Herr Professor Hausmann, vielleicht noch einen kurzen Kommentar: Auch wenn ich grundsätzlich von Anwaltsseite dem zustimmen darf, daß die deutschen Richter im Bereich des UWG sicherlich Großes vollbracht haben, mehren sich doch in letzter Zeit die kritischen Stimmen, weniger im Bereich des § 1 UWG als in dem des § 3 UWG. Es stellt sich die Frage, ob man nicht über das Ziel weit hinausgeschossen ist und sich im Gemeinsamen Markt nicht Probleme daraus ergeben, daß der deutsche Verbraucher soviel dümmer ist als der französische, weil er nämlich ständig irregeführt wird.

Borra:

Je répondrai à votre deuxième question. C'est assez difficile, mais on peut penser que le consommateur allemand est très materné par ses juges.

Quant à la première question, nous retombons dans l'hypothèse du référé dont a parlé le professeur Schmidt. Chez nous, je ne peux pas dire que le référé résolve la question. Enfin, il faut qu'il y ait un trouble manifestement illicite ou un dommage tellement imminent qu'il soit évident. Les conditions ne sont donc pas toujours remplies. Mais c'est devant les juridictions du fond que se règle quand même la question de la réparation et des dommages-intérêts.

Rouger:

Pour éclairer notre collègue, il faut savoir que la même fonction **354** chez vous et chez nous, le consumérisme, n'a pas créé les mêmes organes. Chez vous, les organes de défense sont fortement structurés et disposent de moyens importants. Alors ne vous étonnez pas qu'ils viennent souvent requérir la décision du juge. Chez nous, ils se plaignent beaucoup de la faiblesse ou de l'absence de leurs moyens. Ce qui fait qu'on les voit beaucoup moins. C'est peut-être là qu'il faut trouver la vérité et non pas dans un système de droit positif différent.

Hausmann:

Ich möchte den Gesichtspunkt, den sie eben angeführt haben, noch **355** einmal etwas vertiefen und vielleicht damit auch das Bild des deut-

221

noch
355
schen Wettbewerbsrechts in diesem Aspekt vervollkommnen. Es geht um die irreführende Werbung und die Vereinbarkeit mit dem EG-Recht, die bislang noch nicht angesprochen worden ist. Es gibt im Bereich der irreführenden Werbung bekanntlich eine Richtlinie, die Mindestforderungen setzt und ausdrücklich ausspricht, was dem deutschen Gesetzgeber damals am Herzen lag: Daß weitergehende, also strengere Bestimmungen möglich bleiben. Das hat die Rechtsprechung dazu veranlaßt, bei ihren alten Regeln zur irreführenden Werbung zu bleiben. Und hiermit gerät sie in den letzten Jahren immer mehr unter Druck. Es gibt ein ganz neues Urteil vom Mai dieses Jahres, wo es um das Verbot der Preisgegenüberstellung als typisierten Irreführungstatbestand geht. Diese Bestimmung verstößt gegen Art. 30 EWGV, soweit der Handel zwischen den Mitgliedstaaten betroffen ist. Der deutsche Gesetzgeber wird gezwungen sein, sie zu streichen. Es geht aber auch darum, daß sich im Bereich unserer kleinen Generalklausel, § 3 UWG, die Fälle mehren, in denen der Europäische Gerichtshof die konkrete Ausformung der Generalklausel durch die deutschen Gerichte nicht mehr akzeptiert. Bekanntlich hat der EuGH zu Art. 30 EWGV eine bestimmte Rechtsprechung zum Schutz der Lauterkeit des Handelsverkehrs und des Verbraucherschutzes erlassen. Bestimmte Unterschiede und Diskriminierungen, die sich aus Hemmnissen für den Handelsverkehr ergeben, können toleriert werden, soweit zwingende Erfordernisse vorliegen. Der Europäische Gerichtshof sieht es als seine Pflicht an, immer stärker darauf hinzuweisen, daß die deutschen Gerichte hier zu weit gehen, zwingende Erfordernisse insofern nicht vorliegen, so daß sich unsere Rechtsprechung zu § 3 UWG hier wahrscheinlich sehr stark wird ändern müssen. Und das trotz einer Richtlinie, die ausdrücklich weitergehende, strengere nationale Bestimmungen erlaubt.

Pretner:

Gerade zu der Richtlinie über irreführende Werbung und der Ausnahmemöglichkeit, die dort für strengere nationale Rechtsvorschriften eingeräumt wird, ist zu sagen, daß sie gemäß Art. 30 EWGV unter dem Vorbehalt steht, daß diese strengen nationalen Regeln keine Beschränkung des zwischenstaatlichen Handelsverkehrs begründen dürfen. Wir finden das heute auch in den neuen Richtlinien immer mehr ausgeformt. Diese Richtlinien lassen strengere nationale Regeln zu, machen dabei aber die Einschränkung, daß dies nicht auf

222

eine Beschränkung des Handels zwischen den Mitgliedsstaaten hinauslaufen darf. So muß man auch die Richtlinie über irreführende Werbung verstehen und was jetzt passiert, liegt genau in diesem Rahmen.

Pierrel:

Je voudrais faire deux observations. Les travaux d'aujourd'hui révèlent que face à des réalités économiques identiques, le travail du législateur et du juge allemand ou français aboutit à des solutions semblables ou à peu près semblables. Ma deuxième observation aura seulement pour objet d'insister sur l'effort considérable, accompli par le juge pour répondre presque spontanément aux besoins de l'économie. **356**

Ma question est alors la suivante. Compte tenu de la relative lenteur du législateur à répondre aux problèmes de l'économie, est-ce que le juge n'est pas devenu la principale source du droit?

Borra:

La question posée par Maître Pierrel est très vaste. Elle évoque la crainte exprimée dans plusieurs domaines de ce qu'on appelle le «gouvernement des juges». Il est certain que les nécessités de la vie économique obligent les juges dans nos pays à intervenir beaucoup plus qu'avant et à le faire d'une façon qui se ressent beaucoup chez les justiciables. Mais, c'est une question philosophique, de philosophie politique.

Europäische Perspektiven – Perspectives européennes

Cour de Justice des Communautés européennes: Quelles réponses à de nouvelles interrogations?

Marco Darmon

357 Le droit comparé révèle les divergences, voire les oppositions, entre droits nationaux. Il renvoie à des traditions juridiques séculaires qui ont pris naissance et se sont développées dans des pays aux frontières qui, longtemps, n'ont été qu'entrouvertes.

Vos travaux – dont je salue ici l'extrême qualité – ne pouvaient se conclure sans un **constat**: nous, Allemands, Français, comme tous autres ressortissants communautaires, appliquons un **droit** qui nous est **commun** et qui doit être appliqué uniformément sur l'ensemble du territoire de la Communauté.

Je veux parler bien sûr du droit communautaire.

M'adressant à des juristes éminents, j'ai eu, en préparant ce propos, le souci de dire des choses qui ne leur soient pas trop familières – cela est difficile – et qui aient, autant que faire se peut, lien avec le thème de vos travaux: la responsabilité extracontractuelle.

358 N'attendez pas de moi des précisions sur la réglementation communautaire en la matière ou des révélations avant l'heure sur des projets de directive. J'appartiens, en effet, à la Cour de Justice qui n'est pas le législateur communautaire, mais l'institution juridictionnelle de la Communauté.

C'est donc la Cour qui sera au centre de mon propos.

359 Qu'évoque la notion de responsabilité extracontractuelle pour le praticien généraliste du droit communautaire?

Ainsi que vous l'avez relevé, M. le professeur Ebenroth dans la lettre que vous m'avez adressée en votre nom et au nom de M. le président Rouger, «cette matière pour importante qu'elle soit pour les entreprises est (...) demeurée largement à l'écart de l'influence du droit communautaire». Or, les problèmes juridiques qu'elle pose intéressent, je vous cite encore, «les entreprises de dimension nationale ou européenne (…)», et ce «dans un contexte marqué par une compétition internationale exacerbée».

Faut-il souligner l'intérêt d'étudier une notion telle que celle de responsabilité non-contractuelle en matière commerciale **en droit comparé**? Son importance, la richesse de la jurisprudence et de la doctrine en la matière dans nos Etats respectifs ont donné lieu à de fructueux débats.

Pour un juriste communautaire, l'action en responsabilité extracontractuelle, c'est essentiellement celle dont a à connaître un juge national chargé d'appliquer une réglementation interne à l'occasion d'un litige. Le juge peut se trouver confronté au problème posé par la compatibilité de ladite réglementation au regard du droit communautaire, originaire et dérivé. Or ce droit prime le droit interne. Juge communautaire de droit commun, il lui appartiendra de résoudre cette question, au besoin, en interrogeant la Cour au moyen du renvoi préjudiciel prévu à l'article 177 du traité. C'est en ce domaine, en effet, plus qu'en matière de manquement, que les décisions les plus significatives ont été récemment rendues ou doivent l'être prochainement. **360**

Quel que soit le type d'action intentée devant le juge national (actions en paiement, en responsabilité, en cessation, par exemple), la Cour interviendra en contrepoint, si l'on peut dire, comme interprète définitif du droit communautaire.

Une question me parait avoir été **au centre** de vos travaux. Vous avez évoqué toutes sortes de réglementations étatiques en matière commerciale: celles prohibant la concurrence déloyale, concernant l'assainissement des entreprises, etc. … **361**

Quelle est l'étendue du contrôle de la Cour de Justice des Communautés Européennes sur ce type de réglementations?

J'ai relevé à cet égard un faisceau de préoccupations: le professeur Ebenroth a mis l'accent sur le poids économique des décisions de justice, le professeur Chaput a émis le voeu que le droit aide l'économie, le professeur Schmidt s'est référé au «concept partagé» de justice. **362**

J'ajouterai que la Cour de Justice assure également l'unité d'interprétation de la Convention de Bruxelles concernant la compétence judiciaire et l'exécution des décisions en matière civile et commerciale.

De tout cela, la Cour a à tenir compte.

363 Précisément, dans cette perspective et tout en prenant quelques libertés avec le thème de la responsabilité, je tenterai de faire le point sur l'étendue du contrôle de la Cour sur les réglementations étatiques en matière commerciale. Qu'est-ce que la Cour appréhende dans le cadre de la mission d'interprétation que lui confère l'article 164 du Traité?

Toute réglementation économique qui restreint les échanges ou la concurrence intracommunautaires peut-elle être contrôlée?

Quelle ligne de partage sépare le champ d'application de la norme communautaire et l'autonomie des réglementations nationales?

La Cour se dirige-t-elle vers une redéfinition de son contrôle sur les réglementations en matière économique?

Autant d'interrogations dont certaines ont reçu et d'autres attendent réponse.

Je terminerai en évoquant brièvement l'action en responsabilité extracontractuelle, objet du récent et célèbre arrêt Francovich[1]. Par cet arrêt, la Cour a reconnu l'existence d'un droit d'agir dans le chef du particulier qui se prévaut du droit communautaire et qui demande réparation du dommage résultant de la non-transposition par un Etat membre d'une directive communautaire.

Quel contrôle la Cour exerce-t-elle?

Section 1: Le contrôle par la Cour des réglementations étatiques restreignant la concurrence

364 L'article 85 du traité CEE prohibe tout accord entre entreprises ayant pour effet de fausser ou de restreindre la concurrence.

La Cour de Justice considère qu'une réglementation étatique qui impose un **accord** entre entreprises ou qui en favorise, en facilite ou en entérine la conclusion est contraire au droit communautaire: c'est la combinaison bien connue des articles 3, sous f), 5 et 85 du traité CEE sur laquelle la Cour se fonde pour déclarer contraires à ce traité certaines réglementations étatiques anticoncurrentielles[2].

---

1 Arrêt du 19 novembre 1991 (C-6/90 et C-9/90, Rec. p. I-5357).
2 Voir l'arrêt du 3 décembre 1987, Bureau national interprofessionnel de cognac/Aubert (136/86, Rec. p. 4789).

Mais qu'en est-il de la réglementation étatique **prise en dehors de** 365
tout comportement d'entreprises et qui a un effet restrictif sur la
concurrence? Peut-elle s'avérer contraire au droit communautaire?

Le Traité de Rome ne contient pas d'interdiction générale faite aux
Etats membres d'adopter des réglementations restreignant la concurrence. On le comprend: ces réglementations sont loin d'être ex-
ceptionnelles! De la fixation du taux d'escompte au prix du livre, en
passant par l'interdiction d'ouvrir les commerces le dimanche, la réglementation de tel ou tel type de publicité ou même la réglementation fiscale, les Etats membres ont fréquemment recours à des réglementations limitant la concurrence.

On n'a pas manqué de constater que certaines réglementations, bien
que prises en dehors de tout comportement d'entreprises, **ont le**
même effet qu'une entente. On n'a pas manqué de soutenir que les
valider là où l'entente serait proscrite constituerait une prime au
«lobbying intelligent». Par exemple, une réglementation qui fixerait
des prix minima ou des quotas aurait pour principal effet de rendre
inutile une entente: elle aurait les mêmes effets que celle-ci.

Toutes ces règles doivent-elles, même en l'absence de tout accord et 366
uniquement en raison de leurs effets, être soumises au test des articles 3, sous f), 5 et 85? En l'absence de toute entente identifiable, y a-
t-il lieu de s'interroger sur le point de savoir si un accord aurait pu,
abstraitement, avoir les mêmes effets que la réglementation exami-
née?

Les partisans les plus ardents du libre jeu de la concurrence ne man- 367
quent pas d'arguments.

Ils font notamment valoir que, d'ores et déjà, l'article 90 du traité interdit aux Etats membres d'adopter des mesures restrictives de concurrence en ce qui concerne les entreprises publiques et celles auxquelles ils accordent des droits spéciaux et exclusifs.

Plusieurs affaires relatives à ce problème sont pendantes devant la 368
Cour.

Si j'étais juge, le principe du secret des délibérations m'imposerait
ici le silence. Je suis avocat général, et à ce titre, je bénéficie d'une totale liberté de parole.

Ayant eu à conclure dans l'une d'elles, j'ai indiqué que, pour ma
part, je ne voyais pas comment on pourrait appliquer l'article 85

dans des circonstances où l'un de ses éléments essentiels, constitutifs – l'existence d'un comportement d'entreprises – fait défaut.

On sait qu'une entente interdite en vertu du paragraphe 1 de l'article 85 peut être exemptée si les conditions posées par son paragraphe 3, sont réunies: amélioration de la production ou de la distribution des produits, promotion du progrès technique sous réserve qu'une telle entente n'élimine pas la concurrence.

Si la jurisprudence de la Cour devait évoluer dans le sens souhaité par certains, pourrait-on déclarer conformes au droit communautaire des réglementations restreignant la concurrence pour la seule raison qu'elles seraient justifiées par un motif supérieur d'intérêt général?

369 Enfin, détacher l'application des articles 3, sous f), 5 et 85 de tout comportement d'entreprises ne serait-il pas source d'insécurité juridique et n'ouvrirait-il pas la voie à des violations non intentionnelles du Traité par les Etats membres, donc à une contestation systématique des réglementations nationales prises en matière économique?

370 L'enjeu de telles questions ne vous échappera pas. C'est la marge de manoeuvre des Etats membres dans la définition de leur politique économique et le principe même de toute politique qui associe les partenaires économiques à l'élaboration de la réglementation qui sont ici en cause.

D'autres affaires, également en cours d'examen, s'inscrivent dans la même problématique. Ainsi, une réglementation étatique qui interdit, en matière d'assurance aux intermédiaires, de consentir à leurs clients des ristournes sur commissions, adoptée en dehors de toute entente, est-elle contraire au droit communautaire?

C'est dire avec quel intérêt sont attendues les réponses que la Cour doit apporter à ces interrogations[3].

---

3 Postérieurement à la date de cette conférence, la Cour a rendu, le 17 novembre 1993, ses décisions dans les affaires Reiff (C-185/91), Meng (C-2/91) et Ohra (C-245/91). Dans la première, elle a jugé que les articles 3, sous f), 5, deuxième alinéa, et 85 du traité CEE ne s'opposent pas à ce qu'une réglementation d'un Etat membre prévoie que les tarifs des transports routiers des marchandises à grande distance sont fixés par des commissions tarifaires et rendus obligatoires pour tous les opérateurs économiques, après approbation par l'autorité publique, si les membres de ces commissions, quoique choisis par les pouvoirs publics sur proposition des milieux professionnels intéressés, ne constituent pas des représentants de ces derniers appelés à négocier et à conclure un accord sur les prix mais des experts indépendants appelés à fixer les tarifs en fonction de considérations d'intérêt général et si les pouvoirs publics n'abandonnent pas leurs pré-

Section 2: Le contrôle par la Cour des réglementations étatiques qui affectent les échanges intracommunautaires

Le problème est ici différent puisque le Traité interdit clairement **371** aux Etats membres d'adopter une réglementation qui fait obstacle ou qui restreint les échanges (articles 30 et suivants).

La question est ici de savoir quel est le **champ** d'application de cette interdiction.

On le sait, la jurisprudence de la Cour est marquée, en la matière, **372** par deux arrêts clés:

– l'arrêt Dassonville[4], qui donne la définition suivante, extrêmement large, de la mesure d'effet équivalant à une restriction quantitative[5]:

«Toute réglementation commerciale des Etats membres susceptible d'entraver directement ou indirectement, actuellement ou potentiellement, le commerce intracommunautaire est à considérer comme mesure d'effet équivalant à des restrictions quantitatives» (point 5).

– l'arrêt Rewe-Zentral dit «Cassis de Dijon»[6], qui étend le champ des exceptions en admettant que des réglementations non discriminatoires puissent être justifiées par des exigences impératives.

Ce schéma simple ne traduit plus désormais qu'imparfaitement la ju- **373** risprudence la plus récente de la Cour.

A cet égard, j'évoquerai deux affaires.

---

rogatives en veillant notamment à ce que les commissions fixent les tarifs en fonction de considérations d'intérêt général et en substituant, si besoin est, leur propre décision à celle de ces commissions.

Dans l'arrêt Meng, la Cour a jugé que les articles 3, sous f), 5 et 85 du traité CEE ne font pas obstacle à ce que, en l'absence de tout lien avec un comportement d'entreprises visé par l'article 85, paragraphe 1, du traité, une réglementation étatique interdise aux intermédiaires en assurance de céder à leurs clients tout ou partie des commissions versées par les compagnies d'assurance.

Dans l'arrêt Ohra, elle a jugé que les articles 3, sous f), 5, deuxième alinéa, et 85 du traité CEE ne font pas obstacle à ce que, en l'absence de tout lien avec un comportement d'entreprises visé par l'article 85, paragraphe 1, du traité, une réglementation étatique interdise aux compagnies d'assurances qu'elles travaillent ou non par l'intermédiaire de courtiers, ainsi qu'à ces courtiers, d'accorder des avantages financiers aux preneurs d'assururances ou aux bénéficiaires des polices.

4 Arrêt du 11 juillet 1974 (8/74, Rec. p. 837).

5 La plupart des réglementations commerciales des Etats membres tombent sous le coup de l'interdiction, dès lors qu'elles affectent les échanges.

6 Arrêt du 20 février 1979 (120/78, Rec. p. 649).

374 La première a pour origine la loi allemande sur la concurrence déloyale (Gesetz gegen unlauteren Wettbewerb, UWG). Cette loi donne lieu à un contentieux communautaire assez abondant.

375 Son article 6 e interdit la publicité consistant à annoncer une baisse de prix, notamment lorsque l'indication du nouveau prix est mise en relief pour accrocher le regard («blickfangmäßige Werbung»).

La filiale allemande de la société Yves Rocher vend en Allemagne, principalement par correspondance, des produits de beauté que lui fournit sa société mère, la société française Yves Rocher. Celle-ci conçoit sa publicité de manière uniforme pour l'ensemble des Etats de la Communauté et utilise comme supports essentiellement des catalogues et des prospectus de vente.

Sur l'un d'eux, diffusé en Allemagne, figurait la mention: «économisez jusqu'à 50% et plus sur 99 de vos produits Yves Rocher préférés», et à côté de l'ancien prix barré en caractères normaux le nouveau prix du produit, moins élevé, indiqué en gros caractères de couleur rouge.

Une association de protection des consommateurs a exercé contre la société Yves Rocher l'action en cessation du droit allemand (laquelle, on le sait, peut conduire à l'interdiction judiciaire totale de la publicité contestée), au motif que la publicité en cause «accrochait le regard» dans des conditions contraires à l'article 6 e).

Le conseil de la société Yves Rocher soutenait que la réglementation allemande, en prohibant la publicité par comparaison de prix même lorsque celle-ci est parfaitement véridique, était susceptible de restreindre les importations de produits d'un Etat membre à l'autre et constituait une mesure d'effet équivalent, au sens de l'article 30 du Traité, qui ne pouvait trouver de justification dans une exigence impérative tirée de la protection du consommateur.

Le Bundesgerichtshof a donc interrogé la Cour de Justice sur la compatibilité d'une telle réglementation avec l'article 30.

376 La Cour, citant sa jurisprudence fournie en matière de publicité[7], relève qu'une telle réglementation, même si elle est indistinctement applicable aux produits nationaux et aux produits importés, constitue un obstacle aux importations puisqu'elle restreint les possibilités de publicité et, par conséquent, le volume des importations.

---

7 Parmi les plus récents, arrêt du 7 mars 1990, GB-INNO-BM (C-362/88, Rec. p. I-667) et arrêt du 25 juillet 1991, Aragonese de Publicidad (C-1/90 et C-176/90, Rec. p. I-4151).

Procédant à un contrôle de proportionnalité de la réglementation avec l'objectif qu'elle poursuit, la Cour constate que «toute publicité accrocheuse utilisant les comparaisons de prix» est interdite, qu'elle soit vraie ou fausse, et en conclut qu'une telle interdiction, **qui peut affecter des publicités dénuées de tout caractère trompeur**, est disproportionnée.

Dans mes conclusions, je m'étais interrogé sur la notion de «publicité accrocheuse» en relevant que l'essence même de la publicité était d'«accrocher le regard». J'observais que le renforcement de la protection du consommateur passait par un renforcement de son information et non par une limitation de celle-ci.

On notera que la Cour, dans son arrêt[8], a rejeté la théorie «de minimis» (il n'y aurait pas infraction à l'article 30 si les effets sur les échanges de la réglementation nationale incriminée sont négligeables) moyennant une intéressante précision: «(...) **à l'exception des règles ayant des effets simplement hypothétiques** sur les échanges intercommunautaires, il est constant que l'article 30 du Traité ne fait pas de distinction entre les mesures qui peuvent être qualifiées de mesures d'effet équivalant à une restriction quantitative selon l'intensité des effets qu'elles ont sur les échanges au sein de la Communauté» (point 21 souligné par nous).

L'arrêt Yves Rocher est encore dans la ligne de la jurisprudence Dassonville-Cassis de Dijon. Bien qu'elle n'ait pas pour objet de régir les échanges, une réglementation nationale qui a un effet restrictif sur les échanges intracommunautaires est contraire à l'article 30 du traité.

Prenons un deuxième exemple bien connu: la jurisprudence dite «Sunday Trading». **377**

Par trois arrêts du 16 décembre 1992, et notamment l'affaire B & Q II[9], la Cour a explicité sa position sur l'interdiction d'ouvrir les magasins le dimanche. Cette interdiction est-elle contraire à la libre circulation des marchandises?

Pour la Cour, cette interdiction est compatible avec le droit communautaire, pour les motifs suivants: **378**

---

8 Arrêt, du 18 mai 1993 (C-126/91, Rec. p. I-2361).
9 C-169/91, Rec. p. I-6635.

1) elle n'a pas pour objet de régir les échanges[10];
2) elle n'affecte pas de manière spécifique les produits des autres Etats membres;
3) elle poursuit un but justifié au regard du droit communautaire;
4) elle est proportionnée au but poursuivi.

On le voit, une réglementation étatique échappe ici à l'article 30 sans qu'il soit fait référence à l'article 36 ou aux exigences impératives.

379 Ainsi, la définition extrêmement large de la mesure d'effet équivalent contenue dans l'arrêt Dassonville a conduit la Cour:

1) à étendre le champ des exceptions avec les exigences impératives;
2) à faire échapper certaines réglementations à l'interdiction posée par l'article 30 (ex.: Sunday Trading).

380 Observons-le au passage, la jurisprudence concernant les articles 3, sous f), 5 et 85, et celle concernant l'article 30 ne sont pas sans lien.

Une réglementation étatique qui restreint la concurrence aura, le plus souvent, des effets restrictifs sur les échanges et inversement. Que l'on songe à l'UWG dans l'affaire Yves Rocher. Mais si la loi pouvait être appréhendée dans le cadre de l'article 30, elle ne pouvait pas l'être, faute d'accord entre entreprises, dans le cadre des articles 3, sous f), 5 et 85[11].

Section 3: L'arrêt Francovich: une étape dans la définition d'un standard en matière de protection juridictionnelle du particulier qui se prévaut du droit communautaire

381 Vous savez combien le droit communautaire a profondément influencé, voire modifié le **droit matériel** applicable dans les Etats membres. De la loi interne transposant une directive communautaire à la réglementation nationale laissée inappliquée par le juge comme étant incompatible avec le droit communautaire, le paysage législa-

---

10 On est en quelque sorte en dehors du champ d'application de l'article 30, s'agissant d'une réglementation qui constitue «l'expression de certains choix, tenant aux particularités socio-culturelles nationales ou régionales (qu'il) appartient aux Etats membres d'effectuer».

11 Postérieurement à cette conférence, la Cour de Justice a rendu un très important arrêt qui exclut du champ d'application de l'article 30 les réglementations nationales non discriminatoires qui limitent ou interdisent certaines modalités de vente (arrêt du 24 novembre 1993, Keck et Mithouard, C-267/91 et C-268/91.

tif et réglementaire tant de la France que de l'Allemagne est aujourd'hui imprégné de ce droit.

Ce qui parait plus **nouveau** – et qui est moins connu –, c'est que le droit communautaire pose aussi ses exigences en ce qui concerne les voies de droit, donc les **règles de procédure,** internes aux Etats membres et est en passe de modifier le quotidien du juge.

C'est ainsi que la Cour a posé le principe du **droit au juge** et du droit à un recours **juridictionnel effectif** pour le particulier qui se prévaut du droit communautaire.

En premier lieu, la Cour a défini le principe du droit au juge. **382**

Elle a ainsi sanctionné des réglementations nationales qui privaient le particulier de tout recours contre un acte de la puissance publique.

Dans l'affaire Johnston[12], elle a jugé que le principe du droit au juge s'oppose à la valeur de **preuve irréfragable** attachée à un certificat du Secretary of State, qui rendait vain tout recours juridictionnel[13].

En deuxième lieu, la Cour de Justice prend en compte de façon de **383** plus en plus attentive le droit à un recours juridictionnel **effectif**. Elle a notamment dégagé le principe d'une **protection au provisoire** du particulier qui se prévaut du droit communautaire. Cette protection peut aller jusqu'à la suspension de l'application d'une loi dont la conformité au droit communautaire est contestée, pour des raisons suffisamment sérieuses, devant la Cour de Justice. Vous avez reconnu l'affaire Factortame I[14].

Dans la ligne de l'arrêt Simmenthal II[15], l'arrêt Factortame décide **384** que les juridictions nationales ont l'obligation d'écarter toute règle interne qui s'oppose à ce qu'elles ordonnent des mesures provisoires lorsque l'incompatibilité de normes nationales avec le droit communautaire est alléguée devant elles.

---

12 Arrêt du 15 mai 1986 (222/84, Rec. p. 1651).

13 Le Chief Constable de la Royal Ulster Constabulary avait refusé de renouveler les contrats de travail à plein temps de ses agents féminins. Mme Johnston soutenait que son contrat n'avait pas été renouvelé uniquement en raison de son sexe et invoquait l'égalité entre hommes et femmes. Cette directive avait été transposée en droit anglais par une loi qui interdisait toute discrimination, sauf exceptions. Une attestation ministérielle à laquelle la loi attribuait une valeur de présomption irréfragable soutenait que Mme Johnston relevait précisément d'une de ces exceptions (voir notamment le point 20 de l'arrêt).

14 Arrêt du 19 juin 1990 (C-213/89, Rec. p. I-2433).

15 Arrêt du 9 mars 1978 (106/77, Rec. p. 629).

Ainsi, si une voie de droit permettant d'adopter une mesure provisoire (le référé, par exemple) ne peut être utilisée à cause d'une règle nationale (telle celle selon laquelle les juges britanniques ne peuvent suspendre une loi à titre provisoire ni adresser d'injonctions à la Couronne), cette interdiction de principe doit être écartée.

385 La plus grande avancée de cette jurisprudence est bien sûr l'arrêt Francovich[16] par lequel la Cour a posé **le principe de la responsabilité des Etats membres pour le préjudice causé aux particuliers par le défaut de transposition d'une directive.** Il s'agit, bien entendu ici, d'une responsabilité extracontractuelle.

Quelles sont les conditions de la responsabilité de l'Etat?

Elles sont au nombre de trois:

– le résultat prescrit par la directive comporte l'**attribution de droits au profit des particuliers,**

– le contenu de ces droits peut être **identifié** sur la base des dispositions de la directive,

– l'existence d'un **lien de causalité** entre la violation de l'obligation qui incombe à l'Etat et le dommage subi par les personnes lésées.

L'Etat réparera le préjudice causé dans le cadre du droit national de la responsabilité. L'ordre juridique interne désignera les juridictions compétentes et fixera les modalités procédurales des recours en justice, mais la législation nationale ne doit pas être aménagée de manière à rendre pratiquement impossible l'obtention de la réparation. Qu'en sera-t-il dans les Etats qui ne connaissent pas la responsabilité du fait des lois?

Comme l'indique le juge Schockweiler dans son commentaire de l'arrêt[17], celui-ci «garantit l'existence ou requiert la création dans tous les Etats membres d'une voie de droit permettant d'engager la responsabilité de l'Etat en cas de violation du droit communautaire».

Pour garantir l'effectivité du droit communautaire, les principes dégagés par l'arrêt Francovich sont particulièrement efficaces puisque la mise en cause de l'Etat est entre les mains du particulier qui peut, bien entendu, être un opérateur économique.

386 Là encore, le droit communautaire retentira profondément sur les règles de procédure et la protection juridictionnelle dans les Etats

---

16 Arrêt du 19 novembre 1991 (C-6/90 et C-9/90, Rec. p. I-5357).
17 RTDE, janvier–mars 1992, p. 47.

membres, notamment dans ceux qui ne connaissent pas le recours juridictionnel mettant en cause la responsabilité de l'Etat.

noch
386

Plus spécialement, la jurisprudence de la Cour de Justice tend à promouvoir une sorte de standard commun aux Etats membres, en matière de protection juridictionnelle des particuliers.

Qui s'en étonnerait, qui s'en plaindrait, dans une Communauté de droit composée d'Etats de droit, où les droits fondamentaux trouvent leur source, certes dans les traités, mais surtout dans les traditions constitutionnelles communes aux Etats membres et les instruments internationaux ratifiés par ces Etats, et au tout premier chef dans la Convention Européenne des Droits de l'Homme.

La concurrence déloyale dans la jurisprudence de la Cour de Justice des Communautés Européennes.

Constantin Nicolas Kakouris

387 La notion de concurrence déloyale au sens large pourrait inclure deux chapitres: les cas de réglementations spécifiques[1], qui constituent la «propriété industrielle et commerciale», tels que les brevets, les marques, les appellations d'origine, les copyrights; et les autres cas qui comprennent tout comportement qui a trait à la loyauté des transactions commerciales et au respect du consommateur.

Au sens strict, la notion de concurrence déloyale comprend ce deuxième chapitre c'est à dire des cas non spécifiquement réglementés.

388 Le traité CEE ne contient pas de dispositions concernant la concurrence déloyale *stricto sensu*[2]. C'est pourquoi les arrêts de la Cour sont peu nombreux posant un problème d'interprétation de l'article 30 du Traité. Cette jurisprudence n'entre pas en principe dans le sujet du colloque. Toutefois, elle n'est pas totalement étrangère à celui-ci. En effet, si le domaine de la concurrence déloyale relève des compétences résiduelles des Etats membres, il y a lieu de rappeler toutefois que les Etats membres dans l'exercice de ces compétences doivent respecter le principe selon lequel ils ne peuvent légiférer à l'encontre du droit communautaire que dans la mesure où cela est nécessaire pour atteindre l'objectif recherché et en respectant l'exigence de proportionnalité. La finalité de ce principe est de diminuer autant que possible les inconvénients provenant de la disparition des législations nationales. C'est dans ce cadre qu'est définie la frontière concernant la répartition des compétences entre la Communauté et les Etats membres en matière de concurrence déloyale. C'est une première observation.

389 Une deuxième observation est que les différences constatées lors de ce colloque entre la législation française et la législation allemande

---

1 L'abus de position dominante ne rentre pas dans cette notion.
2 Le droit dérivé ne comporte que la directive 84/450/CEE du Conseil du 10. 9. 1984, qui ne concerne que la publicité trompeuse. Une proposition de directive de la part de la Commission du 28. 5. 1991 n'a pas encore abouti.

en la matière nous rappellent que ce sont justement les disparités entre les législations des Etats membres qui provoquent souvent des entraves à la libre circulation des marchandises et qui se trouvent à l'origine des affaires préjudicielles qui viennent devant la Cour.

La structure de base de la problématique juridique est établie par l'arrêt Cassis de Dijon[3], suivi par une jurisprudence constante. La Cour a dit pour droit que les mesures nationales non-discriminatoires constituant des obstacles à la circulation des marchandises devaient être justifiées par des exigences impératives tenant, entre autres, à *la défense des consommateurs* et à *la loyauté des transactions commerciales*. C'est l'application dans le domaine de la concurrence déloyale du principe de portée générale susmentionné qui pose des limites dans l'exercice des compétences résiduelles des Etats membres. Cette jurisprudence est en quelque sorte un complément à l'article 36 du traité selon lequel les articles 30 à 34 cèdent le pas, sous certaines conditions, à la protection de *la propriété industrielle et commerciale*.

La Cour, en exerçant son contrôle sur la compatibilité des réglementations des Etats membres avec le droit communautaire, porte son jugement en pesant, d'une part, l'objectif communautaire de la libre circulation des marchandises et, d'autre part, l'objectif spécifique de la législation nationale concernée. L'objectif communautaire cède le pas seulement dans la mesure où la mesure nationale, toujours non-discriminatoire, est nécessaire et proportionnée à l'objectif national, qui doit être une exigence impérative.

C'est donc la Cour, finalement, qui juge si l'objectif national constitue une exigence impérative, ce qui est important eu égard aux très grandes divergences dans les législations nationales dans le domaine de la concurrence déloyale.

Un exemple: dans l'arrêt GB-Inno-BM, une publicité d'offre de vente comportant une réduction de prix avec indication de la durée de l'offre et des anciens prix était interdite par la réglementation luxembourgeoise, alors qu'elle était admise par les dispositions en vigueur en Belgique. Une entreprise frontalière en Belgique pratiquait une telle publicité au Luxembourg. L'interdiction luxembourgeoise se fondait sur le fait que le consommateur pouvait être l'objet de confusion et «ne serait pas en mesure de contrôler la véracité d'un ancien prix de référence; au surplus, l'affichage d'un ancien prix pourrait exercer sur le consommateur une pression psychologique excessi-

---

3 Arrêt du 20. 2. 1979, Rewe, 120/78. Rec. p. 649.

ve»; il existait donc une exigence impérative de le protéger. La Cour a écarté cette appréciation: «le droit communautaire … considère l'information … comme l'une des exigences principales … Une législation nationale refusant l'accès des consommateurs à l'information ne peut être justifiée par des exigences impératives tenant à la protection du consommateur». Il est évident qu'il est difficile pour la Cour de trancher de telles questions en substituant à une appréciation faite par un Etat membre en fonction de sa population, une appréciation située dans le cadre plus général de la population de l'Europe communautaire.

Monsieur Darmon nous a donné l'exemple d'un jugement en sens inverse dans l'arrêt Yves Rocher. On trouve d'autres cas, huit en tout, mais je ne vais pas mentionner tous ces arrêts qui sont connus et sont commentés par la doctrine.

Je me permets seulement de mentionner qu'à l'heure actuelle est pendante devant la Cour une question préjudicielle concernant la justification d'une interdiction générale de revente à perte qui est en vigueur dans six des Etats membres. Encore une fois la Cour est invitée à harmoniser, s'il y a lieu, les réglementations nationales par voie jurisprudentielle.

390 Je me permets d'ajouter une autre observation: la jurisprudence de la Cour peut nous être utile même quand nous évoquons, comme pendant ce colloque, les droits nationaux d'une manière comparative, puisque, selon la Cour, ces droits doivent être interprétés à la lumière du droit communautaire et, pour autant que possible, de manière à être conformes à celui-ci.

391 Je vais terminer par une observation générale. On a mentionné le problème du «gouvernement des juges». Nous savons que Montesquieu aimait que les juges soient des «êtres inanimés», la «bouche de la loi», qu'ils travaillent de manière mécanique. Cela, c'est prouvé, est impossible. Il est nécessaire pour le juge de compléter les notions vagues, de combler les lacunes. Mais ici, par l'article 164 du Traité CEE, et les articles correspondants dans les deux autres traités, la Cour est invitée à faire ce qu'aux Etats-Unis on appelle «activisme» de la Cour Suprême. L'article 164 dit que la tâche de la Cour de Justice est de faire respecter le Droit dans l'interprétation et l'application du Traité; ce qui veut dire que le Droit est au-dessus du Traité et que la Cour de justice doit le saisir, le mettre en relief et faire le «judge-made law», comme on dit.

C'est là une tâche très difficile. Elle est difficile pour toute juridic- noch **391**
tion, même dans les Etats membres. Mais il y a une certaine cohéren-
ce culturelle dans chaque Etat membre, dans chaque peuple, il y a
des convictions, des valeurs communes, et le juge national peut se référer à ces valeurs. Pour les juges de la Cour de Justice des Communautés Européennes la tâche est plus difficile, parce qu'en Europe
nous avons, certes, des choses en commun, mais nous avons également des particularités régionales. Et il faut chercher pour trouver
l'orientation qui est présumée être la volonté fondamentale des peuples de l'Europe.

Cette observation appelle à un autre problème parallèle, celui de tra-
cer la ligne de démarcation entre le «self-restraint» et l'activisme. Le
juge ne doit jamais laisser ses croyances personnelles influer sur son
jugement. C'est notre passion, à nous juges, d'être indépendants
même envers nous-mêmes, d'écarter tout subjectivisme. Alors, si
ses croyances personnelles, même s'il les croit pan-humaines et uni-
verselles, ne doivent pas intervenir, le juge a besoin des points de re-
père pour accomplir sa tâche, à laquelle il a été invité. Et la réponse
est qu'il doit se référer aux convictions communes aux peuples de
l'Europe. C'est difficile, cela comporte une grande responsabilité,
mais c'est beau en même temps; et avec vos souhaits, nous continu-
ons notre travail à la Cour de Justice des Communautés Européennes.

Le droit international de la responsabilité non contractuelle: aspects français, allemand et européen

Carsten Thomas Ebenroth

Introduction

392 Parmi les nouveaux enjeux du droit économique – dans la perspective notamment de l'intégration européenne –, il en est un qui s'impose avec la clarté de l'évidence: celui de l'amélioration de la compétitivité du droit lui-même. Le droit aujourd'hui, dans un contexte économique dominé par une concurrence internationale intense, est devenu un objet de compétition, un lieu de concurrence.

Le droit en Europe, combinaison de droits nationaux et du droit européen, ne semble pas répondre, en l'état actuel de son développement, à cette exigence fondamentale. La suppression des barrières protectionnistes à la libre circulation des personnes, des capitaux et des services a permis d'instituer un marché intérieur. Le droit communautaire de la concurrence a posé les bases d'une concurrence à armes égales. Ces mesures ne suffisent pas cependant à assurer la compétitivité internationale du marché que l'on a institué, un marché largement handicapé par le morcellement juridique auquel il est soumis.

L'essentiel n'est pas tellement le fait même de l'existence de telles différences, mais l'importance de ces différences, importance qui multiplie les inconvénients de la divergence des droits en Europe. Ces différences entrainent des coûts, des coûts supplémentaires qui viennent peser sur les transactions internationales, réduisant ainsi la compétitivité économique et les perspectives de croissance des marchés nationaux concernés.

§ 1 Etat de l'unification du droit en Europe

393 Plusieurs solutions sont à cet égard envisageables.

La première solution consiste à mettre un terme au morcellement juridique, à éliminer les différences séparant les ordres juridiques euro-

242

péens. C'est la voie suivie par les institutions européennes. Dans ce cadre ont été édictés des règlements et des directives qui, certes, ont permis des améliorations, mais des améliorations seulement fragmentaires. Le Parlement européen, dans une résolution du 26 mai 1989[1] a recommandé l'élaboration d'un Code civil européen. Cette proposition a soulevé un grand enthousiasme dans la doctrine. Sa réalisation n'est pas cependant envisageable à court terme.

Si l'on ne peut réduire dans une proportion suffisante et suffisamment rapidement le morcellement juridique en Europe et la différence des droits applicables, au moins se doit-on de réduire les inconvénients que celle-ci soulève. Telle est la fonction du droit international privé, à condition cependant que ce droit soit lui-même unifié, simplifié et adapté aux besoins de l'économie, une exigence qui vaut également pour les différences branches de cette discipline et notamment pour le droit des obligations, cadre juridique de toutes les transactions nationales et internationales. **394**

En matière contractuelle, ont été accomplis des progrès importants, progrès qui ont été l'objet essentiellement de deux conventions européennes: d'une part la Convention de Bruxelles du 27 septembre 1968 concernant la compétence judiciaire et l'exécution des décisions en matière civile et commerciale, d'autre part la Convention de Rome du 19 juin 1980 sur la loi applicable aux obligations contractuelles. **395**

En matière de responsabilité non contractuelle, les progrès accomplis sont moindres, en particulier en ce qui concerne le droit des conflits de lois.

En matière de conflits de juridictions, la Convention de Bruxelles, applicable également aux obligations non contractuelles, a apporté des progrès considérables. Les dispositions relatives à la compétence internationale sont relativement claires et simples. On pourra seulement reprocher à la Cour de Justice des Communautés Européennes, responsable de l'interprétation uniforme des dispositions de la Convention, de ne pas être toujours parvenue ou de ne pas avoir toujours voulu parvenir à des solutions permettant d'éviter la multiplication des fors compétents. En ce qui concerne la matière de la reconnaissance et de l'exécution des décisions judiciaires étrangères, la Convention a éliminé nombre des obstacles opposés par les ordres **396**

---

1 ABlEG 1989 No.C 158, 400.

juridiques nationaux à cette reconnaissance et à cette exécution. Ainsi cette Convention a-t-elle neutralisé les articles 14 et 15 du Code civil français. Ces dispositions affirment en effet la compétence exclusive des juridictions françaises, lorsque le demandeur ou le défendeur à un procès possèdent la nationalité française. De la même manière, cette Convention a également écarté la condition de réciprocité posé par le paragraphe 328 du Code de procédure civile allemand en ce qui concerne la reconnaissance des décisions étrangères. La reconnaissance et l'execution des décisions étrangères en matière de responsabilité non contractuelle s'est trouvée de ce fait simplifiée d'une manière décisive en Europe et notamment dans les relations entre la France et l'Allemagne, ceci quand bien même la reconnaissance d'une décision étrangère peut toujours être refusée sur le fondement d'une atteinte à l'ordre public international. Tandis que cette réserve n'a pour ainsi dire pas soulevé de difficultés en France, elle est en Allemagne la source d'une jurisprudence importante et de nombreux problèmes.

397 Malgré tout, le bilan de cette Convention est globalement positif en matière de conflits de juridictions dans le domaine de la responsabilité non contractuelle. Il en va d'autant plus ainsi que la Cour de Justice des Communautés, dans le cadre de l'interprétation uniforme des dispositions de cette Convention, a contribué à la formation d'un droit européen matériel de la responsabilité non contractuelle. La Cour a ainsi saisi l'occasion de préciser les termes de délit et de contrat au sens de la Convention[2]. Ces premiers jalons – il s'agit en l'état actuel plus de premiers jalons plutôt que d'un système cohérent – ont une signification particulière quand bien même ils ont pour objet seulement le droit de la procédure internationale. Ils sont en effet en mesure de rayonner dans d'autres disciplines, en particulier dans le droit des conflits de lois, que ce soit au niveau interne ou au niveau d'un droit européen uniforme futur des conflits de lois.

398 En matière de conflit de lois, aucun progrès n'a été accompli dans le domaine de la responsabilité non contractuelle. L'Avant-projet de convention européenne relative à la loi applicable aux obligations contractuelles et non-contractuelles[3], en ce qui concerne cet aspect, ne fut en effet jamais adopté. Eu égard à cette lacune, subsistent par conséquent les différences entre les droits nationaux dans le droit in-

---

2 Sur ce point, conférer, Ebenroth, Herausforderungen für das internationale Wirtschaftsrecht, RIW 1994, 1, 9.
3 RabelsZ 38 (1974), 112 et s.

ternational délictuel en Europe ainsi que les inconvénients associés au morcellement du droit de la responsabilité non contractuelle en Europe.

§ 2 Droit délictuel international allemand et droit délictuel international français

Les droits français et allemand apportent un exemple frappant de la **399** différence des droits des conflits de lois dans le domaine de la responsabilité non contractuelle en Europe. Le seul point commun qu'ils entretiennent réside dans leur attachement au principe de la compétence de la loi du lieu du délit. De grosses différences apparaissent en revanche en ce qui concerne le contenu et la portée de ce principe. Ainsi le droit français, en cas de dissociation entre le lieu du fait générateur et le lieu du dommage, applique la loi du lieu du dommage[4] alors que le droit allemand applique, conformément au principe d'ubiquité, le droit le plus favorable à la victime[5]. De la même manière, à l'inverse du droit allemand, le droit français se refuse à mettre en oeuvre le principe de l'autonomie de la volonté en matière de responsabilité non contractuelle. Si une certaine liberté est laissée aux parties dans le choix du droit applicable, cette liberté a une nature procédurale, ayant ainsi pour cadre et pour limite le procès à l'occasion duquel il s'exerce. Le droit français n'apporte aucune exception au principe de la compétence de la loi du lieu du délit, si ce n'est sur le fondement de conventions internationales signées par la France. Il ne renvoit pas au statut personnel des parties. Il s'applique indifféremment dans tous les domaines de la responsabilité non contractuelle et n'autorise pas le rattachement accessoire de certaines obligations non contractuelles. Le droit allemand au contraire limite la portée du principe de la compétence de la loi du lieu du délit dans la mesure où il recourt aux différentes techniques précédentes. Il se révèle plus ouvert aux idées nouvelles et prend en considération le fait que le principe de la compétence de la loi du lieu du délit doit faire l'objet de certains assouplissements indispensables.

Ainsi se trouve posé le principal problème que soulève le droit des **400** conflits de lois dans le domaine de la responsabilité non contractuelle: la question de l'aménagement du principe traditionnel de la compétence de la loi du lieu du délit (lex loci delicti commissi).

---

4 Cass. civ. 1ère, 8 février 1983, Clunet 1984, note G. Légier.
5 BGH, 23 juin 1964, NJW 1964, 2012.

401 Il est clair que ce principe est demeuré pendant longtemps incontesté, jusqu'au moment du moins où quelques uns, en particulier des auteurs américains, ont révélé les inconvénients que pouvait présenter un système de rattachement uniforme et rigide, interdisant la mise en oeuvre de tout autre critère de rattachement, privant le juge de tout pouvoir d'appréciation. Ces auteurs proposèrent donc de substituer au principe de la compétence de la loi du lieu du délit un système complètement différent, souple et flexible, inspiré des idées émises en matière contractuelle. Au lieu d'un rattachement systématique à la loi du lieu du délit, ils recommandent un rattachement cas par cas des obligations non contractuelles prenant en considération toutes les circonstances de l'espèce ainsi que les intérêts de chaque Etat à l'application de sa propre loi. D'après ce nouveau système de rattachement, est alors appliqué le droit qui, selon l'opinion du juge, présente les liens les plus étroits avec le rapport de droit en cause, ce qui implique que tous les critères de rattachement soient pris en considération et pesés les uns par rapport aux autres.

402 Cette conception a fait l'objet de nombreuses critiques en France, eu égard notamment aux risques en termes d'insécurité juridique qu'emporte un système de rattachement flexible et souple.

403 En Allemagne, les réactions ont été plus modérées. Les auteurs allemands aperçoivent certes les dangers d'un tel système de rattachement. Mais ils se montrent également sensibles aux critiques formulées à l'encontre des conceptions traditionnelles. Aussi s'efforcent-ils de trouver un compromis, sans pour autant remplacer le système traditionnel par un système d'inspiration américaine, proposant au contraire d'aménager le système traditionnel. Tout en affirmant leur attachement au principe de la compétence de la loi du lieu du délit, ils suggèrent de lui apporter certaines exceptions faisant intervenir d'autres critères de rattachement comme, par exemple, celui tiré de la nationalité commune ou de l'Etat commun de résidence habituelle des parties[6]. D'un point de vue technique, sont ainsi recommandées la formulation de règles de conflit de lois spécifiques, l'introduction d'une clause générale d'exception ou le rattachement de certaines obligations non contractuelles à un autre statut que le statut délictuel.

404 Ces idées ont inspiré la jurisprudence allemande, objet actuellement d'une évolution qui demeure néanmoins inachevée[7]. En France, ces

---

6 En ce sens, Kropholler, Ein Anknüpfungssystem für das Deliktsstatut, RabelsZ 39 (1969), 601, 616 et s.

7 BGH, 8 mars 1983, BGHZ 1987, 95.

réflexions ont été rejetées, sinon toujours par les juridictions de fond, du moins par la Cour de Cassation[8].

§ 3 Conditions d'une unification du droit international délictuel

Ces idées doivent sans aucun doute inspirer l'élaboration d'un nou-   **405**
veau projet de convention européenne relative à la loi applicable aux obligations non contractuelles. Le droit allemand pourrait ici repré-senter un modèle, même si certaines améliorations sont nécessaires. On se doit en toute hypothèse de partir du principe de la compéten-ce de la loi du lieu du délit, seul principe qui soit en mesure de garan-tir en ce domaine la sécurité des relations juridiques.

En ce qui concerne sa mise en oeuvre, en particulier dans le cas de dis-   **406**
sociation entre le lieu du fait générateur et le lieu de réalisation du dommage, il n'est pas justifié de faire appel à la théorie de l'ubiquité, eu égard notamment à l'incertitude qui accompagne cette théorie. L'application du principe de la compétence de la loi du lieu du dom-mage, telle qu'elle est pratiquée en France, ne présente pas cet incon-vénient. Une application de cette solution dans tous les cas ne sau-rait cependant être admise.

En ce qui concerne les aménagements qu'il convient d'apporter à ce   **407**
principe, il est clair qu'une place particulièrement importante doit être réservée au principe d'autonomie de la volonté et de ce fait à la possibilité reconnue aux parties de choisir le droit applicable. Enco-re convient-il de faire en sorte que la partie la plus faible ne soit pas fi-nalement injustement désavantagée. Néanmoins on ne saurait ap-porter au principe d'autonomie une limitation telle que ce principe se trouverait privé de toute efficacité.

D'autres améliorations du principe de la compétence de la loi du lieu   **408**
du délit sont également envisageables et souhaitables. Ainsi il appa-raît justifié d'une manière générale d'autoriser l'application de la loi de l'Etat commun de résidence habituelle des parties lorsque l'élé-ment d'extranéité affectant le rapport de droit n'est autre que l'effet du hasard. De la même manière on peut également songer à définir des règles de conflit de lois spécifiques, à condition du moins qu'el-les soient suffisamment déterminées et qu'elles permettent une réel-

---

8 Cass. civ. 1ère, 16 avril 1985, Bull. civ. I, n° 114.

le simplification de la matière. L'introduction d'une clause générale d'exception n'est pas en revanche souhaitable, à moins que le juge ne puisse être contraint de définir d'une manière abstraite et générale les critères qu'il utilise. En ce qui concerne le rattachement accessoire d'obligations non contractuelles, il est clair que cette technique ne saurait recevoir un champ d'application trop étendu. Son introduction n'est envisageable que dans la mesure où l'auteur et la victime du dommage se trouvent impliquées dans une relation juridique au moment du dommage, cette relation présentant un lien étroit avec celui-ci, le rattachement accessoire permettant une réelle simplification de la matière. Ici également une limitation apportée au principe de la compétence de la loi du lieu du délit n'est acceptable que dans la mesure où sa mise en oeuvre est contrôlable de telle sorte que les inconvénients qu'elle comporte demeurent à un niveau acceptable.

409 En vérité le débat ne porte plus aujourd'hui sur le point de savoir si un aménagement du principe de la compétence de la loi du lieu du délit est ou non nécessaire. Même les auteurs les plus hostiles au système de la «proper law of the tort» reconnaissent dans certains cas la nécessité d'un tel aménagement. S'il existe encore aujourd'hui des différences d'opinions en ce domaine, ces différences portent essentiellement sur les conditions de cet aménagement dans chaque cas. Même aux Etats Unis, la théorie de la «proper law of the tort» ou des «groups of contacts» n'est pas appliquée systématiquement. L'époque des querelles théoriques est donc dépassée.

Conclusion

410 Les auteurs d'une convention européenne relative à la loi applicable aux obligations non contractuelles se doivent par conséquent d'être des techniciens, dotés d'une grande culture juridique de droit comparé, conscients des besoins du commerce juridique international en termes de rapidité et de sécurité des relations et de justice.

411 L'adoption d'une telle convention est une absolue nécessité, quand bien même elle ne pourrait qu'atténuer les conséquences du morcellement juridique et de la différence des ordres juridiques nationaux en Europe. Elle serait certainement moins ambitieuse que les voeux émis en vue de l'élaboration d'un code civil européen. Elle pourrait néanmoins contribuer à améliorer la compétitivité du droit en Europe.

Das Internationale Recht der außervertraglichen Haftung: französische, deutsche und europäische Aspekte

Carsten Thomas Ebenroth

Einleitung

Unter den neuen Herausforderungen des Wirtschaftsrechts kommt **412** – vor allem im Rahmen der Europäischen Union – dem Gesichtspunkt der Verbesserung der Wettbewerbsfähigkeit des Rechts besondere Bedeutung zu. In einem Kontext, der von der Härte des internationalen Wettbewerbs beherrscht wird, ist das Recht heute selbst Gegenstand der wettbewerblichen Auseinandersetzung geworden.

Das Recht in Europa entspricht in seinem Zusammenwirken von Gemeinschaftsrecht und nationalem Recht im heutigen Entwicklungszustand kaum noch dieser fundamental wichtigen Anforderung. Die Beseitigung der protektionistischen Beschränkungen für den freien Personen-, Dienstleistungs- und Kapitalverkehr zwischen den Mitgliedsstaaten hat die Schaffung des Binnenmarktes möglich gemacht. Das europäische Wettbewerbsrecht hat die Grundlagen gesetzt für einen Wettbewerb mit gleichen Waffen. Diese Maßnahmen genügen jedoch nicht, um die internationale Wettbewerbsfähigkeit des so geschaffenen Marktes zu garantieren, und zwar um so weniger, als dieser Markt stark unter seiner juristischen Zersplitterung leidet.

Entscheidend ist nicht allein die Tatsache der Existenz national unterschiedlicher Rechtsordnungen als solcher, sondern das Ausmaß dieser Rechtsunterschiede, die die Nachteile der rechtlichen Zersplitterung noch vergrößern. Diese Rechtsunterschiede erzeugen Kosten, zusätzliche Kosten, die die internationalen Transaktionen belasten und dadurch die Wettbewerbsfähigkeit und die Wachstumsperspektiven des betroffenen Marktes verringern.

§ 1 Der Stand der europäischen Rechtsvereinheitlichung

413 Hierzu kann man sich verschiedene Lösungen vorstellen.

Die erste Lösung besteht darin, der rechtlichen Zersplitterung ein Ende zu setzen und die Unterschiede der nationalen Rechtsordnungen in Europa zu beseitigen. Diesen Weg beschreiten die verschiedenen Institutionen der Europäischen Union. Auf diese Weise konnte das Gemeinschaftsrecht in der Form von Verordnungen und Richtlinien zu gewissen Verbesserungen gelangen, die jedoch noch viel zu fragmentarisch sind. Das Europäische Parlament hat in einer Resolution vom 26. Mai 1989[9] die Ausarbeitung eines europäischen Zivilgesetzbuchs empfohlen. Dieser Vorschlag löste bei den europäischen Rechtswissenschaftlern einen großen Enthusiasmus aus. Seine Verwirklichung ist jedoch nur sehr langfristig vorstellbar.

414 Da man die rechtliche Zersplitterung in Europa und die Unterschiede der anwendbaren Rechtsordnungen nicht in ausreichendem Maße und mit ausreichender Geschwindigkeit beseitigen kann, gilt es, wenigstens die damit verbundenen Nachteile zu reduzieren. Dies ist Aufgabe des Internationalen Privatrechts, vorausgesetzt, dieses wird seinerseits vereinheitlicht, vereinfacht und den Bedürfnissen einer modernen Wirtschaft angepaßt. Selbstverständlich gilt dies auch für die anderen Rechtsgebiete und hier insbesondere für das Schuldrecht als juristischen Rahmen aller nationalen und internationalen Transaktionen.

415 Im vertraglichen Schuldrecht sind beträchtliche Fortschritte erreicht worden, die hauptsächlich zwei europäischen Konventionen zu verdanken sind: Das Brüsseler Übereinkommen der Europäischen Gemeinschaft über die gerichtliche Zuständigkeit und die Vollstreckung gerichtlicher Entscheidungen in Zivil- und Handelssachen vom 27. September 1968 als Regelung des Internationalen Zivilprozeßrechts einerseits sowie das römische Übereinkommen über das auf vertragliche Schuldverhältnisse anzuwendende Recht vom 19. Juni 1980 als Regelung des Internationalen Privatrechts andererseits.

Auf dem Gebiet des außervertraglichen Schuldrechts dagegen sind die erreichten Fortschritte, insbesondere was das Internationale Privatrecht anbelangt, noch sehr viel bescheidener.

---

9 ABlEG Nr. C 158/400 vom 26. 6. 1989.

Für das Internationale Zivilprozeßrecht hat das Brüsseler Überein- **416** kommen, das auch für den Bereich außervertraglicher Verpflichtungen anwendbar ist, beträchtliche Verbesserungen gebracht. Die allseitigen Vorschriften über die Internationale Zuständigkeit sind klar und einfach. Vorwerfen könnte man dem Europäischen Gerichtshof, der verantwortlich für die Gewährleistung der einheitlichen Auslegung dieser Vorschriften ist, daß er es nicht immer verstanden oder gewollt hat, zu Lösungen zu gelangen, die die Multiplizierung internationaler Gerichtsstände vermeiden. Was die Regelung über die Anerkennung und Vollstreckung ausländischer Gerichtsentscheidungen anbelangt, reduziert die Konvention in entscheidender Weise die Hindernisse, die die nationalen Rechtsordnungen grundsätzlich einer solchen Anerkennung und Vollstreckung entgegensetzen. So hat etwa das Brüsseler Übereinkommen die Artikel 14 und 15 des französischen Code Civil neutralisiert. Diese Vorschriften beanspruchen eine ausschließliche Kompetenz französischer Gerichte für den Fall, daß der Kläger oder der Beklagte eines Prozesses die französische Staatsangehörigkeit besitzt. Gleichermaßen hat die Brüsseler Konvention das Reziprozitätserfordernis des § 328 ZPO hinsichtlich der Anerkennung ausländischer Entscheidungen beseitigt. Die Anerkennung und die Vollstreckung ausländischer Entscheidungen im Bereich des außervertraglichen Schuldrechts wurde also in Europa und insbesondere in den Beziehungen zwischen Frankreich und Deutschland entscheidend erleichtert, selbst wenn es immer noch möglich ist, die Anerkennung einer ausländischen Entscheidung unter Berufung auf den ordre public-Vorbehalt zu verweigern. Während dieser in Frankreich kaum zu Schwierigkeiten geführt hat, ist er in Deutschland Quelle einer umfangreichen Rechtsprechung und beträchtlicher Probleme.

Trotzdem ist die Bilanz jenes Übereinkommens im Bereich der In- **417** ternationalen Zuständigkeit in außervertraglichen Angelegenheiten grundsätzlich positiv. Dies gilt um so mehr, als der Europäische Gerichtshof im Rahmen der einheitlichen Auslegung der Vorschriften dieses Abkommens zur Bildung eines europäischen Rechts der außervertraglichen Haftung beiträgt. Der Gerichtshof sah sich insbesondere dazu veranlaßt, den Begriff des Delikts und des Vertrages im Sinne der Konvention zu präzisieren[10]. Die auf diese Weise vom Gerichtshof gesetzten Eckpfeiler – es handelt sich im augenblickli-

---

10 Hierzu Ebenroth, Herausforderungen für das internationale Wirtschaftsrecht, RIW 1994, 1, 9.

chen Zustand der Rechtsprechung vielmehr um Eckpfeiler als um ein kohärentes System – sind, auch wenn sie sich auf den Bereich des Internationalen Zivilprozeßrechts beschränken, von besonderer Bedeutung. Sie sind geeignet, auch auf andere Rechtsgebiete auszustrahlen, insbesondere auf das Internationale Privatrecht, sei es auf nationaler Ebene oder auf der Ebene eines zukünftigen einheitlichen europäischen Internationalen Privatrechts.

418 Auf dem Gebiet des Internationalen Privatrechts sind nur wenige, um nicht zu sagen gar keine Fortschritte im Bereich des außervertraglichen Schuldrechts zu verzeichnen. Der Vorentwurf für ein europäisches Übereinkommen über das Internationale vertragliche und außervertragliche Schuldrecht[11] wurde, soweit er den letzteren Aspekt betrifft, nie verabschiedet. Angesichts dieser Lücke bestehen die nationalen Rechtsunterschiede im Internationalen außervertraglichen Schuldrecht in Europa weiter und damit auch die Nachteile im Zusammenhang mit der rechtlichen Zersplitterung auf dem Gebiet der außervertraglichen Haftung.

§ 2 Das deutsche und das französische Internationale Deliktsrecht

419 Dieser Unterschied zwischen den einzelnen nationalen Kollisionsrechten im außervertraglichen Schuldrecht in Europa kommt besonders stark zwischen der französischen und der deutschen Rechtsordnung zum Ausdruck. Der einzige gemeinsame Punkt, der das französische und das deutsche Recht hier verbindet, besteht im Festhalten am Tatortprinzip. Große Unterschiede bestehen dagegen hinsichtlich der Ausprägung dieses Prinzips im einzelnen und hinsichtlich seiner Reichweite. So wendet etwa das französische Recht bei einem Auseinanderfallen des Tatorts und des Erfolgsorts das Recht des Erfolgsorts an[12], während das deutsche Recht gemäß dem Ubiquitätsprinzip dasjenige Recht anwendet, das für das Opfer günstiger ist[13]. Gleichermaßen weigert sich das französische Recht, im Gegensatz zum deutschen Recht, im Internationalen außervertraglichen Schuldrecht dem Grundsatz der Privatautonomie Geltung zu

---

11 Abgedruckt in RabelsZ 38 (1974), S. 211 ff.
12 Cour de Cassation, 1. Zivilkammer, Urteil vom 8. 2. 1983, Clunet 1984, 123, mit Anmerkung von G. Légier.
13 BGH, Urteil vom 23. 6. 1964, NJW 1964, 2012.

verschaffen. Soweit man den Vertragsparteien eine gewisse Freiheit bei der Bestimmung des anwendbaren Rechts zuerkennt, wird dies rein prozessual verstanden und hat folglich den konkreten Prozeß, innerhalb dessen die Rechtswahl erfolgte, als Rahmen und Grenze. Das französische Recht gestattet keine Ausnahmen vom Tatortprinzip, wenn man bestimmte Vorschriften ausnimmt, die auf von Frankreich unterzeichneten internationalen Konventionen beruhen. Es verweist deshalb für die Anknüpfung außervertraglicher Verpflichtungen nicht auf das gemeinsame Personalstatut der Parteien. Es findet ausnahmslos auf alle Gebiete der außervertraglichen Haftung Anwendung und es erlaubt keine akzessorische Anknüpfung bestimmter außervertraglicher Verbindlichkeiten. Das deutsche Recht begrenzt dagegen die Reichweite des Tatortprinzips, indem es von den meisten der eben genannten Rechtstechniken Gebrauch macht. Es ist offener für neue Ideen und berücksichtigt, daß das Tatortprinzip im Einzelfall einer Modifikation bedarf, die ihm das französische Recht verweigert.

Damit haben wir das Hauptproblem des Internationalen Privatrechts im Bereich außervertraglicher Verbindlichkeiten herausgestellt, nämlich die Frage der Modifizierung des traditionellen Tatortprinzips (lex loci delicti).　**420**

Tatsächlich war das Tatortprinzip im Bereich der außervertraglichen Verbindlichkeiten während langer Zeit tonangebend. Dies gilt jedenfalls bis zu dem Augenblick, als einige, vor allem amerikanische Literaturmeinungen die Nachteile dieses rigiden Einheitssystems herausgearbeitet haben, das die Berücksichtigung jedes anderen Anknüpfungskriteriums untersagt und dem Richter jeden Ermessensspielraum nimmt. Diese Autoren schlagen vor, das Tatortprinzip durch ein völlig anderes, weiches und flexibles System zu ersetzen, das inspiriert ist vom Geist des Internationalen Vertragsrechts. Anstelle einer systematischen Anknüpfung an den Tatort empfehlen sie eine fallweise Anknüpfung außervertraglicher Pflichten unter Berücksichtigung aller Umstände des Einzelfalls sowie des Interesses des betroffenen Staates an der Anwendung seines eigenen Rechtes. Nach diesem neuen Anknüpfungssystem kommt das Recht zur Anwendung, das nach Ansicht des Richters die engsten Bindungen mit der fraglichen Rechtsbeziehung aufweist, wobei alle Anknüpfungskriterien zu berücksichtigen und gegeneinander abzuwägen sind.　**421**

422   In Frankreich ist diese neue Konzeption insbesondere wegen der Risiken, die ein weiches und flexibles Anknüpfungssystem für den Rechtsverkehr mit sich bringt, sehr kritisch aufgenommen worden.

423   In Deutschland war die Reaktion weniger heftig. Die deutschen Autoren sehen zwar durchaus die Gefahren eines derartigen Anknüpfungssystems, sie zeigen sich aber sensibel für die oftmals berechtigte Kritik an der traditionellen Konzeption. Sie versuchen deshalb, einen Mittelweg zwischen dem traditionellen System und dem System amerikanischer Prägung zu finden, und schlagen gewisse Modifizierungen des alten Systems vor. Unter grundsätzlichem Festhalten am Tatortprinzip werden gewisse Ausnahmen zugelassen im Wege der Einbeziehung anderer Anknüpfungskriterien wie z. B. des Rechts der gemeinsamen Staatsangehörigkeit oder des gemeinsamen gewöhnlichen Aufenthalts der Parteien[14]. Rechtstechnisch werden die Formulierung spezieller Einzelregelungen, die Einführung einer generalklauselartigen Ausnahmevorschrift oder auch die akzessorische Anknüpfung bestimmter außervertraglicher Pflichten an ein anderes als das Deliktsstatut empfohlen.

424   Diese Ideen haben die deutsche Rechtsprechung zu einer Entwicklung inspiriert, die bisher noch nicht abgeschlossen ist[15]. In Frankreich wurden diese Gedanken, wenn auch vielleicht nicht immer von den Tatsacheninstanzen, so jedoch von der französischen Cour de Cassation zurückgewiesen[16].

§ 3 Bedingungen für eine Rechtsvereinheitlichung des Internationalen Deliktsrechts

425   Die genannten Ideen sollten jedenfalls im Rahmen eines neuen Entwurfs für ein europäisches Übereinkommen im Bereich des Internationalen außervertraglichen Schuldrechts implementiert werden. Das deutsche Recht könnte hier Modell stehen, obwohl auch hier gewisse Verbesserungen nötig sind. Grundsätzlich muß man vom Tatortprinzip ausgehen werden, weil es allein in der Lage ist, auf diesem Gebiet in einer allgemeinen Weise die Sicherheit des Rechtsverkehrs zu garantieren.

---

14 So z. B. Kropholler, Ein Anknüpfungssystem für das Deliktsstatut, RabelsZ 39 (1969), 601, 616 ff.

15 BGH, Urteil vom 8. 3. 1983, BGHZ 87, 95.

16 Cour de Cassation, 1. Zivilkammer, Urteil vom 16. 4. 1985, Bull. civ. I, Nr. 114.

Was seine Durchsetzung insbesondere bei einem Auseinanderfallen **426** von Tatort und Erfolgsort anbelangt, ist es nicht sinnvoll, auf die Ubiquitätstheorie zurückzugreifen. Dies gilt insbesondere angesichts der Unsicherheit über das anzuwendende Recht, die diese Theorie erzeugt. Die Anwendung des Tatortprinzips, wie sie in Frankreich praktiziert wird, weist einen solchen Nachteil nicht auf, wenn auch gewisse Ausnahmen von diesem Prinzip zugelassen werden müssen. Eine allgemeine Geltung sollte dem Tatortprinzip nicht zuerkannt werden.

Bei den nötigen Anpassungen dieses Prinzips kommt der Privatau- **427** tonomie und damit der Rechtswahlfreiheit der Parteien eine besondere Bedeutung zu. Es gilt zu vermeiden, daß die schwächere der Parteien von der anderen Partei unangemessen benachteiligt wird. Auf der anderen Seite würde eine zu große Beschränkung der Privatautonomie diesem Prinzip seinen wesentlichen Inhalt nehmen.

Weitere Verbesserungen des Tatortprinzips sind möglich und wün- **428** schenswert. So wäre es sinnvoll, in einer allgemeinen Weise das Recht des gemeinsamen gewöhnlichen Aufenthalts der Parteien zur Anwendung zu bringen, wenn die Auslandsberührung, d. h. die Lokalisierung des Deliktes auf ein fremdes Staatsgebiet, rein zufälligen Charakter annimmt. In gleicher Weise kann man darüber nachdenken, einige Spezialtatbestände zu bestimmen, sofern sie auf einer ausreichend bestimmten Konzeption beruhen und eine eindeutige Bestimmung des anwendbaren Rechts ermöglichen. Demgegenüber ist die Einführung einer generalklauselartigen Ausnahmeregelung nicht wünschenswert, es sei denn, der Richter könnte gezwungen werden, die Kriterien seiner Entscheidung allgemein zu definieren. Was die akzessorische Anknüpfung außervertraglicher Pflichten anbelangt, sollte man dieser Technik keinen allzu großen Anwendungsspielraum verschaffen, und sei es nur, weil sie die juristische Unabhängigkeit der betreffenden Pflichten negiert. Eine derartige Anknüpfung kann man nur in dem Maße erwägen, als Täter und Opfer des Deliktes gleichzeitig zueinander in einer rechtlichen Sonderverbindung stehen und diese Sonderverbindung einen engen Zusammenhang mit dem Delikt aufweist, oder falls die akzessorische Anknüpfung des Deliktsstatuts zu einer echten Vereinfachung führt. Auch hier ist eine Einschränkung des Tatortprinzips nur soweit vertretbar, als sie in einer kontrollierten Weise unter strengen Bedingungen erfolgt, so daß ihre Nachteile auf einem akzeptablen Niveau gehalten werden können.

429 Die Debatte geht heute, was die Anknüpfung außervertraglicher Pflichten anbelangt, nicht mehr um die Frage, ob eine Modifizierung des überkommenen Systems überhaupt notwendig ist. Selbst diejenigen Autoren, die dem „proper law of the tort"-System am feindlichsten gesonnen sind, erkennen in gewissen Fällen die Erforderlichkeit von Verbesserungen an. Wenn es heute noch Meinungsverschiedenheiten gibt, dann betreffen diese hauptsächlich deren Ausgestaltung im einzelnen. Selbst in den Vereinigten Staaten wird die „proper law of the tort"- oder die „groups of contact"-Lehre nicht systematisch angewendet. Die Zeit der Theorienstreite ist vorüber.

Schluß

430 Die Verfasser eines europäischen Übereinkommens über das Internationale außervertragliche Schuldrecht sollten Rechtstechniker sein mit einem hohen Maß an Rechtskultur im Bereich der Rechtsvergleichung und mit einem Bewußtsein für das Bedürfnis des internationalen Geschäftsverkehrs nach Schnelligkeit und Sicherheit der Rechtsbeziehungen sowie nach Gerechtigkeit.

431 Die Schaffung eines derartigen Übereinkommens ist eine absolute Notwendigkeit, selbst wenn sie die Folgen der rechtlichen Zersplitterung, d. h. der Unterschiede der nationalen Rechtsordnungen in Europa nur teilweise abfedern kann. Sie ist weniger ehrgeizig als die Pläne zur Schaffung eines europäischen Zivilgesetzbuchs und könnte dazu beitragen, die Wettbewerbsfähigkeit des Rechts in Europa im internationalen Wettbewerb der Rechtsordnungen zu verbessern.

Auf dem Wege
zur europäischen Rechtsunion
Rainer Funke

Die deutsch-französische Freundschaft ist seit vielen Jahren ein **432** Eckpfeiler der deutschen Außenpolitik. Die enge außenpolitische Zusammenarbeit zweier so bedeutender Länder im Herzen Europas ist zugleich ein wichtiger Garant für Frieden und Stabilität auf unserem Kontinent. Nicht weniger eng sind die wirtschaftlichen Beziehungen unserer Länder, wozu die Tatsache, daß beide Länder zu den Gründerstaaten der Europäischen Gemeinschaft zählen, sicherlich in erheblichem Maße beigetragen hat. Eine enge wirtschaftliche Zusammenarbeit kann nur erfolgreich sein, wenn auch die Regeln der Wirtschaft, das Wirtschaftsrecht, sie unterstützen. Wesentlich dafür ist eine Harmonisierung des Rechts in den Wirtschafts- und Rechtsbereichen, die grenzüberschreitende Bedeutung haben und nicht notwendigerweise durch nationale Besonderheiten geprägt sind. Eine solche Rechtsangleichung vollzieht sich heute überwiegend auf der Ebene der Europäischen Gemeinschaft. Insoweit erfolgt die Harmonisierung des französischen und deutschen Rechts einerseits nicht isoliert, sondern weitgehend im Rahmen der in einem Europäischen Binnenmarkt notwendigen Rechtsangleichung aller Mitgliedstaaten. Andererseits ist ihr Fortgang zu einem großen Teil vom Fortgang der europäischen Integration abhängig. In diesem Rahmen kommt Frankreich und Deutschland aufgrund ihrer politischen und wirtschaftlichen Stärke, aber auch aufgrund ihrer großen Rechtstraditionen eine Schlüsselrolle und zugleich eine besondere Verantwortung für das Gelingen einer Rechtsharmonisierung zu. Was aber bedeutet diese Einbettung in die europäische Integration konkret für die Rechtsharmonisierung in unseren Ländern, und welche Gestaltungsspielräume darf der nationale Gesetzgeber angesichts des Binnenmarktes und der Vereinbarungen von Maastricht noch für sich beanspruchen?

Schenkt man manchen deutschen Intellektuellen Glauben, so ist die **433** EG „am Ende", sie „zerfällt" oder wird „einfach aufhören". Ich teile diese Einschätzungen nicht. Bei aller Skepsis aufgrund der Maastricht-Debatte und die damit verbundenen zeitweiligen europapolitischen Rückschläge dürfen wir meiner Ansicht nach nicht auf unserem Wege umkehren. Die Europäische Gemeinschaft wird zwar – auch nach der Umsetzung von Maastricht – alles andere als eine vollkommene Gemeinschaft sein. Aber trotzdem haben wir mittel- und längerfristig keine Alternative zur europäischen Integration. Auch für ihre nachdrücklichen Befürworter – und in diese reihe ich mich gerne ein – ist indes klar, daß wir in bezug auf die Rechtsvereinheitlichung in Europa einen Wendepunkt erreicht haben: In der Vergangenheit wurden in Teilbereichen bereits wichtige Schritte zur Harmonisierung des Zivil- und Wirtschaftsrechts getan. Dies gilt sowohl für unternehmensbezogene Regelungen im Gesellschafts- und Bilanzrecht, als auch für verbraucherbezogene Regelungen, wie z. B. die Produkthaftung. Gerade im Zuge der Vollendung des Binnenmarktes zum Ende des letzten Jahres sind große Fortschritte bei der Rechtsangleichung erzielt worden. Einige Projekte aus dem Weißbuch, bei denen bisher keine sachgerechte Lösung gefunden werden konnte, sind noch zu einem Abschluß zu bringen. Nach der Durchführung des Binnenmarktprogramms wird eine gewisse Konsolidierungsphase folgen, die genutzt werden muß, um die wirtschaftsrechtliche Harmonisierung abzurunden.

434 Mit dem fortschreitenden Zusammenwachsen der Europäischen Union wird es zwar auch im Bereich des Zivil- und Wirtschaftsrechts zur weiteren Rechtsangleichung kommen müssen. Nach dem im Vertrag von Maastricht verankerten Prinzip der Subsidiarität soll aber die Gemeinschaft nur tätig werden, wenn die jeweiligen Ziele auf der Ebene der Mitgliedstaaten nicht ausreichend geregelt und auf der Ebene der Gemeinschaft besser erreicht werden können. Die Europäische Gemeinschaft muß sich auch im Interesse ihrer Akzeptanz in der Bevölkerung auf das Erforderliche beschränken. Bei der künftigen Rechtsharmonisierung müssen wir somit einerseits dafür sorgen, daß Unterschiede zwischen den Rechtssystemen der Mitgliedstaaten beseitigt werden, die störende Reibungen und Wettbewerbsverzerrungen zur Folge haben. Unter dem Leitmotiv der Subsidiarität darf die Rechtsvereinheitlichung aber andererseits den tatsächlichen Bedürfnissen von Wirtschaft und Verbrauchern nicht vorauseilen. Erst recht ist die Rechtsvereinheitlichung nicht Selbstzweck, auch keine Spielwiese, die nur im Interesse von Rechtswissenschaftlern unterhalten und gepflegt wird.

Die Maastricht-Debatte hat unser Bewußtsein dafür geschärft, daß eine Totalharmonisierung aller Rechtsbereiche in Europa nicht wünschenswert ist. Harmonisierung nicht um ihrer selbst Willen, sondern nur dort, wo im Hinblick auf den Binnenmarktbezug gute sachliche Begründungen hierfür vorliegen, muß künftig unser Ziel sein!

Vor diesem Hintergrund beantwortet sich die Frage nach den Be- **435** schäftigungsaussichten und den Gestaltungsspielräumen für den nationalen Gesetzgeber in Europa des Jahres 2000 schon fast von selbst: Er wird nicht überflüssig werden, auch nicht in den Materien des Handels-, Gesellschafts- und Zivilrechts. Aber auch bei nationalen Gesetzgebungsvorhaben muß das Gemeinschaftsrecht beachtet werden.

Von einem Rechtspolitiker erwarten Sie zu Recht, daß er konkrete Perspektiven für die Reform des nationalen Rechts auf dem Weg zu einer fortschreitenden europäischen Rechtsangleichung aufzeigt. Gestatten Sie mir daher auf einige aktuelle wirtschaftsrechtliche Gesetzesvorhaben einzugehen, die zur Rechtsharmonisierung beitragen werden, und einige Entwicklungslinien zu zeichnen:

Beginnen möchte ich mit der Reform unseres deutschen **Umwand-** **436** **lungsrechts.** Bislang sind die Regelungen in diesem Bereich lückenhaft. Sie sind zudem unübersichtlich, weil über fünf verschiedene Gesetze verteilt. Dem wollen wir mit dem Gesetzentwurf zur Bereinigung des Umwandlungsrechts, der immerhin das größte Kodifikationsvorhaben im Gesellschaftsrecht seit der Aktienrechtsreform von 1965 darstellt, abhelfen. Neben dem Rechtsbereinigungseffekt steht die Erweiterung der Umwandlungsmöglichkeiten im Vordergrund unseres Interesses. Filetstück des Entwurfs aber ist die Einführung der EG-rechtlich durch die Sechste Richtlinie vorgegebenen Spaltungsmöglichkeit – bisher lediglich erprobt in einigen Sonderregelungen – in das deutsche Recht.

Nachdem das Bundesministerium der Justiz 1992 einen Referentenentwurf vorgelegt hat, feilen wir zu Zeit zusammen mit den anderen Ressorts an einem Regierungsentwurf, der demnächst vom Kabinett verabschiedet werden soll. Wesentlicher politischer Streitpunkt ist derzeit noch die Frage, ob im Zuge der Umwandlungsrechtsreform auch ergänzende Regelungen zur Vermeidung etwa auftretender Mitbestimmungsverluste getroffen werden sollten oder nicht. Das Bundesjustizministerium steht solchen Regelungen eher skeptisch gegenüber und hofft gleichzeitig, daß hieraus keine Blockade gegen das Reformvorhaben erwächst. Das französische Vorbild –

Frankreich ist auf dem Gebiete der Spaltung von Unternehmen gesetzgeberisch bedeutend weiter als wir – sollte uns ermuntern, dieses Vorhaben zügig umzusetzen.

437 Mitbestimmungsprobleme sind derzeit auch wesentlicher Störfaktor bei der Schaffung einer neuen, genuin europarechtlichen Gesellschaftsform: der **„Europäischen Aktiengesellschaft"**. Wir in Deutschland stehen der Schaffung einer derartigen europäischen Gesellschaftsform nicht generell ablehnend gegenüber. Doch ist für uns der zuletzt von der Kommission 1991 vorgelegte Vorschlag nicht tragbar. Die unzureichenden Regelungen in der Verordnung selbst würden über die Verweisungen auf das Recht des jeweiligen Sitzstaates letztlich zu zwölf verschiedenen nationalen Formen der Europäischen AG führen. Speziell das Optionenmodell in der ergänzenden Richtlinie zur Mitbestimmung hätte zur Folge, daß letztlich vollkommen unterschiedliche Mitbestimmungsregimes für die gleiche Rechtsform in den einzelnen Mitgliedstaaten entstehen würden. Mittlerweile ist an dem Vorhaben zwar weiter verhandelt worden. Doch haben weder die dänische noch – in diesem Halbjahr – die belgische Präsidentschaft neue Lösungsvorschläge unterbreitet. Die Europäische AG wird uns daher wohl noch auf Jahre hinaus beschäftigen. Vielleicht sollten wir die Verhandlungen auch erst einmal eine Weile aussetzen, bis neue Lösungen vorgeschlagen werden.

438 Dringlicher noch erscheint mir ein anderes Problem des grenzüberschreitenden Gesellschaftsrechts: Die EG-Kommission sollte sich meines Erachtens einmal der Frage der transnationalen Sitzverlegung von Unternehmen innerhalb der Europäischen Gemeinschaft annehmen. In einem Wirtschaftsraum ohne Binnengrenzen ist es ein Unding, daß zwar natürliche Personen innerhalb der Gemeinschaft Wohnsitz und Arbeitsstätte frei wählen können, die Sitzverlegung eines deutschen Unternehmens nach Frankreich aber derzeit nur unter Auflösung des deutschen Rechtsträgers und Neugründung eines Unternehmensträgers in Frankreich möglich ist. Zumindest dort, wo mitbestimmungsrechtliche Fragen nicht tangiert sind, sollten wir alsbald zu deutlichen Erleichterungen kommen.

439 Nun aber zum **Konzernrecht**, das ja auch Thema eines Ihrer Workshops war. Hier denken wir im Bundesministerium der Justiz in längerfristigen Kategorien. Gelegentlich waren – unter dem Eindruck eines Urteils des BGH – Rufe nach dem Gesetzgeber zu hören, ein spezielles gesetzliches Konzernrecht zu entwickeln. Durch das klarstellende weitere Urteil vom März dieses Jahres hat sich die Situation nun aber deutlich entspannt, wenngleich dieses Urteil sicher auch noch nicht alle Fragen im Zusammenhang mit der Haftung im qualifizierten faktischen Konzern gelöst hat. Hinzu kommt, daß Deutschland im europäischen Vergleich in Fragen des Konzernrechts ohnehin immer eine Art Pionierrolle innegehabt hat. Solange andere EG-Staaten – auch Frankreich gehört zu diesem Kreis – noch kein besonderes gesetzliches Konzernrecht entwickelt haben, und selbst bei uns eine umfassende, rechtsformübergreifende Konzernrechtskodifikation noch aussteht, ist es aus meiner Sicht auch noch verfrüht, vom europäischen Verordnungs- und Richtliniengeber abschließende Antworten hierzu zu erwarten. Die Geschichte der gescheiterten Vorentwürfe für eine EG-Konzernrechtsrichtlinie bestätigt diese Einschätzung. Angesichts dieser rechtspolitischen Situation wird sich das europäische Konzernrecht vorerst wohl nur auf rechtswissenschaftlicher und allenfalls richterrechtlicher Ebene voranbringen lassen. Zuversichtlich stimmt mich dabei, daß sich eine Forschungsgruppe von Gesellschaftsrechtlern von internationalem Renommee über einen längeren Zeitraum hinweg – gedacht ist an einen Zeitraum bis 1997 – einer vertieften Durchdringung des Konzernrechts in Europa widmen will. Wir sind gespannt auf die dort erzielten Ergebnisse.

Konzernrecht ist zu einem guten Teil, nämlich als Minderheiten- und Gläubigerschutzrecht, auch **Haftungsrecht**. Dies führt mich bei meinem rechtspolitischen Streifzug in allgemeinere, herkömmlicherweise im Zivilrecht in einem engeren Sinne beheimatete Materien.

Im Gegensatz zum Gesellschaftsrecht waren bislang nur einige Rand-　**440**
bereiche des **allgemeinen zivilrechtlichen Haftungsrechts** Gegenstand gemeinschaftsrechtlicher Regulierung. Eine Vereinheitlichung des europäischen Zivilrechts ist als Gesamtaufgabe noch nicht gewagt. Von den abgeschlossenen Regelungen möchte ich insbesondere die Produkthaftungsrichtlinie nennen, deren Umsetzung in nationales Recht, das Produkthaftungsgesetz, auch für unser deutsches Haftungsrecht wichtige Fortschritte gebracht hat. Noch in der Diskussion befinden sich unter anderem Vorschläge der EG-Kommission über die Haftung für Schäden, die durch Abfälle verursacht werden, sowie über die Haftung bei Dienstleistungen. Gegenüber beiden Vorschlägen ist Skepsis angebracht. Ersterer wirft vor dem Hintergrund des deutschen Rechts, insbesondere des erst im Jahre 1991

in Kraft getretenen Umwelthaftungsgesetzes, erhebliche Probleme auf. Vor allem geht die Einführung einer der Höhe nach unbegrenzten, verschuldensunabhängigen Haftung ohne Rücksicht auf die verschiedenartigen Gefährdungspotentiale, die vorgesehene generelle Pflicht zur Deckung durch Versicherungen und der Anspruch bei sogenannten „Umweltbeeinträchtigungen" über den auf nationaler Ebene erzielten Konsens zur Umwelthaftung hinaus.

Anders als bei der Produkthaftung vermag ich im Bereich der Dienstleistungshaftung eine entsprechende Rechtsangleichungsnotwendigkeit nicht zu erkennen. Insbesondere werden Dienstleistungen auch heute noch überwiegend im lokalen und regionalen Umfeld erbracht, so daß das Argument, unterschiedliche Haftungsvorschriften würden zu Wettbewerbsverzerrungen führen, wenig Überzeugungskraft hat. Auch unter dem Gesichtspunkt des Verbraucherschutzes sehe ich keinen Bedarf, die Dienstleistungshaftung zu harmonisieren, denn in den Mitgliedsstaaten der Europäischen Gemeinschaft ist bereits auf der Grundlage der nationalen Rechtsvorschriften eine Dienstleistungshaftung auf hohem Schutzniveau gewährleistet. Allein die Unterschiedlichkeit dieses Schutzes rechtfertigt nicht das Eingreifen des Gemeinschaftsgesetzgebers. Wir werden insoweit also weiter auf nationales Recht setzen.

441 Ein auch unter Harmonsierungsgesichtspunkten bedeutendes Vorhaben ist die Reform unseres **Insolvenzrechts**. Sie wird von Wissenschaft und Praxis gleichermaßen seit geraumer Zeit gefordert. Im Bundesministerium der Justiz gehen die Bemühungen um die Insolvenzrechtsreform auf das Jahr 1978 zurück. In jenem Jahr wurde vom damaligen Justizminister Dr. Vogel die Kommission für Insolvenzrecht berufen. Diese Kommission erarbeitete erste Vorschläge für die Neugestaltung. Heute liegt dem Parlament der Regierungsentwurf einer Insolvenzordnung vor, der eine Vielzahl von für das deutsche Recht neuen Aspekten enthält. Anregungen dazu wurden auch den ausländischen Insolvenzrechten entnommen, wobei das französische Insolvenzrecht jedenfalls in einem Punkt einen erheblichen Einfluß auf die deutschen Reformbestrebungen ausübte: Ebenso wie im französischen Insolvenzrecht geht der Regierungsentwurf einer Insolvenzordnung von einem einheitlichen Insolvenzverfahren aus, das Konkursverfahren und Vergleichsverfahren zusammenführt.

Innerhalb dieses einheitlichen Insolvenzverfahrens werden allerdings die Rechte der Gläubiger weit stärker betont, als dies nach französischem Recht der Fall ist. Neben der Liquidation des schuldnerischen Vermögens zur bestmöglichen Befriedigung der Gläubiger eröffnet der Entwurf der Insolvenzordnung den Gläubigern die Möglichkeit, zur Sanierung des schuldnerischen Unternehmens dessen Fortführung oder Veräußerung in einem Insolvenzplan zu beschließen. Der Spielraum für Sanierungsmaßnahmen wird durch ein Verwertungsrecht des Verwalters hinsichtlich zur Absonderung berechtigender Gegenstände erweitert. Um eine höhere Verteilungsgerechtigkeit zu erreichen, sollen sämtliche Konkursvorrechte abgeschafft werden. Vermögensverschiebungen im Vorfeld der Insolvenz sollen künftig mit Hilfe eines erheblich verschärften Anfechtungsrechts rückgängig gemacht werden können.

Entsprechend der deutschen Rechtstradition erfaßt der Gesetzentwurf die Insolvenz von Kaufleuten ebenso wie die von Verbrauchern. Während die juristische Person in der Insolvenz aufgelöst wird und eine Nachhaftung für nicht erfüllte Verbindlichkeiten entfällt, haftet die natürliche Person nach bisherigem Konkursrecht 30 Jahre für die im Rahmen des Konkursverfahrens nicht erfüllten Verbindlichkeiten. Gerade für die Verbraucher, aber auch für die Kaufleute und Kleingewerbetreibenden eröffnet der Regierungsentwurf mit der Möglichkeit der gesetzlichen Restschuldbefreiung einen Ausstieg aus dem modernen Schuldtum. Daneben werden derzeit Überlegungen vertieft, die außergerichtliche Bereinigung von Verbraucherinsolvenzen aufzuwerten. Insolvenzverfahren sollen nur in den Fällen eröffnet werden, in denen derartige Bemühungen gescheitert und die Vermögensverhältnisse des Schuldners bereits vorgeklärt sind.

Der Deutsche Bundestag will noch in dieser Legislaturperiode den Regierungsentwurf einer Insolvenzordnung verabschieden.

Einfluß auf die Insolvenzrechtsreform üben auch die Arbeiten an einem Europäischen Konkursübereinkommen aus. Ziel dieser Arbeiten ist zwar nicht die Harmonisierung der Konkursrechte innerhalb der Europäischen Gemeinschaft. Derartige Überlegungen sind bereits frühzeitig wegen der Unterschiedlichkeit der nationalen Insolvenzrechte aufgegeben worden. Die Einflüsse des Arbeitsrechts, des Zivilrechts sowie des Handels- und Gesellschaftsrechts auf das Insolvenzrecht würden ein derartiges Vorhaben wohl auch schei-

442

tern lassen. Der Entwurf des Europäischen Konkursübereinkommens sieht aber die automatische Anerkennung und erleichterte Vollstreckung von Entscheidungen der Insolvenzgerichte innerhalb der Europäischen Gemeinschaft vor.

Die geltende Konkursordnung geht derzeit vom territorialen Prinzip der Auslandsinsolvenz aus. Ein beispielsweise in Frankreich eröffnetes Insolvenzverfahren würde keine Auswirkungen auf in Deutschland belegenes Vermögen des Schuldners haben. Die Zwangsvollstreckung eines Gläubigers in Deutschland wäre nicht gehindert.

Eine Trendwendung in Richtung eines universalen Verständnisses der Auslandsinsolvenz hat der Bundesgerichtshof vollzogen. Nach seiner Rechtsprechung erfaßt die Insolvenzeröffnung im Ausland auch Inlandsvermögen des Schuldners. So kann der französische Insolvenzverwalter in Deutschland belegenes Vermögen zur französischen Masse ziehen. Mit der grundsätzlichen Anerkennung aller Wirkungen eines ausländischen Insolvenzverfahrens im Inland wird für das deutsche Recht bereits ein Vorgriff auf Grundsätze des Europäischen Konkursübereinkommens vollzogen.

443 Abschließend will ich nun noch auf das Recht des unlauteren Wettbewerbs eingehen.

Gemeinschaftsrecht bestimmt auch das **Recht gegen den unlauteren Wettbewerb** in den Mitgliedstaaten in zunehmendem Maße. Zwei für das deutsche Recht aktuelle Beispiele möchte ich nennen:

Der Gerichtshof der Europäischen Gemeinschaften hat in einem Urteil vom 18. Mai 1993 entschieden, daß das deutsche Verbot der Werbung mit der Gegenüberstellung von alten und neuen Preisen (§ 6 e UWG) auf Waren, die aus anderen EG-Mitgliedstaaten eingeführt werden, nicht angewendet werden darf. Das Urteil betrifft zwar nur die Werbung in Katalogen. Im Hinblick auf seine Begründung ist es aber ohne weiteres auch auf den Grundtatbestand des § 6 e Abs. 1 UWG anzuwenden.

Die Kommission der Europäischen Gemeinschaften hat gegen die Bundesrepublik Deutschland ein Vertragsverletzungsverfahren (Nr. 88/0189) eingeleitet. Sie greift § 2 des Rabattgesetzes, § 6 e UWG insgesamt und § 7 Abs. 2 UWG – genauer: das in dieser Vorschrift enthaltene Verbot einer zeitlichen Begrenzung von Sonderangeboten – als mit Artikel 30 EWG-Vertrag nicht vereinbar an.

Die Bundesregierung wird sich im Hinblick auf das Urteil des noch EuGH vom 18. Mai 1993 und wegen des Vertragsverletzungsverfahrens nun dafür einsetzen, daß § 6 e UWG aufgehoben wird und daß in § 7 Abs. 2 UWG die Wörter „ohne zeitliche Begrenzung" gestrichen werden. Das für das Rabattgesetz federführende Bundesministerium für Wirtschaft hat bereits einen Gesetzentwurf zur Aufhebung des Rabattgesetzes vorgelegt. **443**

Diese Beispiele machen auf ein Problem aufmerksam, vor dem nicht nur der deutsche Gesetzgeber steht: Die fehlende Harmonisierung des Rechts gegen den unlauteren Wettbewerb wird immer wieder dazu führen, daß der Gerichtshof der Europäischen Gemeinschaften sich mit der Vereinbarkeit von Normen des nationalen Rechts mit dem EG-Recht befassen muß und möglicherweise – wie in dem genannten Urteil – Entscheidungen treffen wird, die den nationalen Gesetzgeber zwingen, punktuelle Änderungen des nationalen Rechts vorzunehmen.

Langfristig wird es deswegen erforderlich sein, daß eine Harmonisierung des Rechts gegen den unlauteren Wettbewerb durchgeführt wird. Bisher hat der Rat der Europäischen Gemeinschaften lediglich den Teilbereich der irreführenden Werbung harmonisiert, indem er 1984 die Richtlinie 84/450 zur Angleichung der Vorschriften über irreführende Werbung erlassen hat. Und selbst insoweit kann man darüber streiten, ob tatsächlich eine Harmonisierung erreicht worden ist. Da es nämlich für die Frage, ob eine Irreführung gegeben ist, auf die Verbraucherauffassung ankommt, und da es – was man durchaus begrüßen kann – keinen einheitlichen europäischen Verbraucher und damit auch keine einheitliche Verbraucherauffassung gibt, kann eine Werbung in dem einen Mitgliedstaat erlaubt, in dem anderen aber verboten sein. So geht ein französischer Richter von einem aufmerksamen Verbraucher aus, der eine Werbung mit Verstand und Gelassenheit liest. Wir in Deutschland berücksichtigen zumindest manchmal auch den unkritischen, uninformierten und voreiligen Verbraucher. Auf die Dauer werden wir aber unterschiedliche Maßstäbe nicht aufrechterhalten können.

Lassen Sie mich in diesem Zusammenhang noch auf einen weiteren wesentlichen Unterschied gerade zwischen dem deutschen und dem französischen Recht auf diesem Gebiet hinweisen:

Nach deutschem Recht ist es dem Mitbewerber oder im wesentlichen privatrechtlich organisierten Einrichtungen (wenn man von den Industrie- und Handelskammern absieht) überlassen, Wettbewerbsverstöße zu verfolgen. Dies geschieh mit den Mitteln des Privatrechts. In Frankreich dagegen steht das strafrechtliche Element im Vordergrund.

Für den Bereich des Kartellrechts tritt die Bundesregierung für die Errichtung eines von der EG-Kommission losgelösten, unabhängigen **europäischen Kartellamtes** ein, um die Schlagkraft auf europäischer Ebene zu erhöhen. Dabei wird sicher zu überlegen sein, ob einem solchem Amt nach französischem Vorbild auch bestimmte Aufgaben, die nach unserem deutschen Verständnis eher im Recht des unlauteren Wettbewerbs wurzeln, übertragen werden könnten.

444 Ich denke, meine Ausführungen haben deutlich gemacht, daß wir zwar schon einige bemerkenswerte Schritte getan haben, aber insgesamt noch einen langen Weg vor uns haben, um durch ein harmonisiertes Recht tatsächlich einen europäischen Wirtschaftsraum ohne Binnengrenzen zu schaffen. Eine erfolgreiche Rechtsangleichung setzt aber stets einen wissenschaftlichen Vergleich der auf nationaler Ebene gewachsenen Rechtsstrukturen voraus. Wir müssen wissen, in welchen Materien die gesetzliche Praxis unserer Länder unabhängig von der ordnenden Hand des europäischen und nationalen Gesetzgeber zu ähnlichen und in welchen sie zu divergierenden Lösungen gelangt. Erkenntnisse und Anregungen, wie sie gerade auch Ihre Tagung zu liefern vermag, sind deshalb für die Bundesregierung besonders wertvoll. Unsere Arbeit, ob im Rahmen der eigenständigen Reform des nationalen Rechts, bei Verhandlungen des EG-Rats in Brüssel oder bei der nationalen Umsetzung von EG-Recht, baut auf derartigen Erkenntnissen der Rechtsvergleichung auf. Schon aus eigennützigen Motiven möchte ich Sie deshalb ermuntern, Ihre Arbeit fortzusetzen.

445 Ermuntern möchte ich Sie aber auch, sich im Alltag der europäischen Dimension Ihres richterlichen Handelns bewußt zu sein. Ansatzpunkte von Grenzüberschreitungen sind auch in Ihrer Tätigkeit zahlreicher, als es vielleicht zunächst den Anschein haben mag. So war, um ein Beispiel zu nennen, in früheren Jahren an deutschen Gerichten mitunter die Vorlagefreudigkeit gegenüber dem EuGH nicht besonders ausgeprägt. Gerade bei den jüngeren Richtern, die das Europarecht teilweise schon als Bestandteil ihrer Ausbildung erfahren haben, ändert sich dies mittlerweile. Auch Sie selbst sollten bei den Ihnen zur Ausbildung anvertrauten Referendaren und dem richterlichen Nachwuchs das Bewußtsein für die oft grenzüberschreitenden und europäischen Dimensionen des Rechts schärfen. Jedenfalls bei den hier anwesenden Mitgliedern des Richterstandes weiß ich diesen Auftrag in guten Händen.

Die Europäische Gemeinschaft ist seit ihrer Gründung eine Rechtsgemeinschaft mit einer eigenen originären Gesetzgebung. Sie unterscheidet sich dadurch wesentlich von bisherigen internationalen Organisationen. Vorrangiges Ziel der von der Gemeinschaft vorangetriebenen Rechtsharmonisierung war und ist die Verwirklichung der vier Marktfreiheiten, die Freizügigkeit von Menschen, Waren, Dienstleistungen und Kapital. Die hier vorgestellten Rechtsreformen dienen wesentlich dieser Zielsetzung. **446**

Die Europäische Gemeinschaft ist aber mehr als ein Zweckverbund zur Verbesserung von Produktions- und Absatzchancen. Der im vergangenen Jahr vollendete Binnenmarkt ist nur ein – allerdings bedeutsames – Zwischenziel auf dem Weg zur politischen Einigung. Weitere Etappen werden auf diesem Weg, der in einer Europäischen Union enden soll, zurückzulegen sein. Ein Markstein auf diesem Wege ist eine Rechtsunion, die über die Angleichung des Wirtschaftsrechts hinausgeht. Eine weitreichende Rechtsharmonisierung wird allerdings von den Bürgern nur akzeptiert werden, wenn sie nicht von oben verordnet wird, sondern wenn sie auf der Grundlage des gemeinsamen Kulturerbes und gesamteuropäischer Wertvorstellungen beständig fortentwickelt wird: Auf gemeinsamen Wertvorstellungen, die eine ihrer Wurzeln in der französischen Erklärung der Menschen- und Bürgerrechte vom 26. August 1789 – einem Vorbild für zahlreiche liberale europäische Verfassungen – haben und die auch in europäischen Abkommen, etwa der Europäischen Konvention zum Schutze der Menschenrechte und Grundfreiheiten und der Europäischen Sozialcharta, ihren Ausdruck finden.

Ausgehend von einem einheitlichen Wirtschaftsraum müssen Gemeinsamkeiten in allen anderen Bereichen unseres politischen und gesellschaftlichen Lebens gesucht werden. Wir müssen eine gemeinsame Kultur, eine gemeinsame Wertordnung aufbauen. Wir müssen im täglichen Leben zueinander finden und eine gemeinsame europäische Identität entwickeln. Denn – wir stellen es gerade schmerzlich in den neuen Ländern fest – wirkliche Integration kann nicht von außen, durch den Wegfall von Staatsgrenzen, einen einheitlichen Wirtschaftsraum oder vereinheitlichte Rechtsordnungen erreicht werden. Wirkliche Integration ist nur eine täglich gelebte Integration.

Jean Monnet, einer der Väter der Europäischen Integration, hat einmal gesagt: „Man muß seinen Weg Tag für Tag gehen, wesentlich ist, dabei ein klares Ziel zu haben, das man nicht aus dem Blick verliert."

Ich meine, damit ist treffend zum Ausdruck gebracht, worauf es beim Bau des Europäischen Hauses ankommt: Auf den alltäglichen, kleinen Fortschritt, den man – trotz manchen Stillstandes – nicht unterschätzen soll, und das angestrebte Ziel, das dem Weg die Richtung weist.

Jacqueline de Guillenchmidt

M. le Ministre, Mesdames, Messieurs, chers amis.

447 Je voudrais tout d'abord vous dire combien j'ai été sensible à l'invitation des organisateurs de ces journées d'associer le ministère de la Justice à ce premier colloque de droit comparé organisé par le Centre d'Economie Internationale de l'Université de Constance. En mon nom personnel et au nom du Ministère de la Justice, au nom du Garde des Sceaux, je vous en remercie chaleureusement et je remercie plus particulièrement le Professeur Ebenroth, M. Rouger, Président du Tribunal de Commerce de Paris et bien entendu, le Président Brézillon et le Vice-Président Fekete qui animent la dynamique Association pour Favoriser le Fonctionnement de l'Institution Consulaire. Je crois que tous ensemble, ils ont été l'âme de ces journées.

Hier, nous avons entendu le maire de Constance qui, évoquant cette belle ville, a parlé de terre bénie. J'ajouterai aussi terre symbolique puisque son nom évoque irrésistiblement une conciliation très ancienne certes, puisque elle date je crois de 1417, qui a mis fin, au moins provisoirement, au grand chisme d'occident, à ses cruautés et à ses déchirements. Et aujourd'hui nous vivons aussi en quelque sorte la fin d'un grand chisme, de celui qui a divisé l'Europe et, il faut bien le dire, le monde, en deux blocs que l'on a cru longtemps irréductibles. La fin de ce grand chisme, je pense, est vécu particulièrement intensément en Allemagne, puisque il symbolise son unité retrouvée. Mais dans cette Europe qui est aujourd'hui très largement ouverte vers l'Est, nous avons la chance, nous, français et allemands, d'avoir derrière nous presque 50 ans d'amitié, de fraternité et de cordialité. Et je vois dans les manifestations de ces quelques jours la permanence – j'allais dire la constance, mais c'est un bien mauvais jeu de mots – de l'amitié franco-allemande qui s'alimente de rencontres telles que celle-ci. Vous avez rassemblé en effet, Messieurs les organisateurs, sur des problèmes concrets les hommes et les femmes qui, dans ces deux pays, ont la charge de trancher les litiges privés et aussi de réfléchir à l'évolution du droit, de la prévoir, en particulier au sein de la Communauté Economique Européenne. Car – et c'est là l'originalité me semble-t-il de ce colloque – vous avez réuni aujourd'hui et hier les universitaires, les magistrats et ceux qui sont à la fois des magistrats et des hommes d'entreprises, les juges consulaires. Il faut dire qu'avec une telle participation le succès de ces journées ne pouvait être qu'assuré. Il faut dire aussi, en termes juridiques, en termes de tradition juridique, que la France et l'Allemagne ne sont pas si éloignées que l'on veut bien le dire.

448 Je persiste à penser que le socle commun de leurs législations, celui qui vient du droit romain, celui qui vient du droit naturel qui a été évoqué ces jours derniers, font que nous avons une perception à peu près semblable des problèmes juridiques qui se posent dans nos pays. Et d'ailleurs, les différences qui existent – car bien entendu, elles existent – ne sont à mon avis que la manifestation du génie propre de ces deux peuples. Il faut, je crois, s'en féliciter. Par delà ces divergences, nos objectifs restent les mêmes. Et il m'est apparu qu'au cours des différents ateliers qui se sont poursuivis, il y avait un objectif que nous poursuivons tous, celui de faire triompher dans la vie des affaires une loyauté, la loyauté des transactions, la loyauté des comportements et pourquoi ne pas dire la morale. Cet objectif a été largement partagé par tous les participants et je crois qu'il peut nous guider dans notre travail quotidien soit de législateur, soit d'application de la règle de droit. Mais nous avons aussi, je crois, tous très conscience, ainsi que l'a exposé hier le Ministre de la Justice de Baden-Württemberg, de ce que le droit a une place importante, presque prépondérante, dans l'économie.

449 De bonnes lois économiques sont nécessaires à la croissance. Bien-sûr elles ne seront pas suffisantes pour assurer celle-ci, mais je crois que nous devons tous travailler à cette oeuvre qu'est la fin de la récession. Certes, la confiance ne se décrète pas. Mais je citerai un exemple sur la part que la loi peut avoir, sur le rôle que le droit peut remplir dans l'économie. C'est le débat qui va avoir lieu en France au Parlement à l'automne sur la réforme des faillites. Nous avons connu en France ces dernières années des chiffres record en ce qui concerne le nombre des défaillances d'entreprises. Certes, nous ne som-

mes pas angélistes. Nous savons très bien que c'est ne pas en modifiant quelques articles de lois que nous allons renverser les chiffres et
arriver à ce que les entreprises ne meurent plus que par l'effet, je dirais, naturel du jeu de la libre concurrence et de l'économie de marché. Mais je crois aussi qu'en adaptant mieux qu'elle ne l'est aujourd'hui, la règle de droit, on peut contribuer à ce que notre législation sur les faillites permette, ou du moins, contribue à renverser la
tendance actuelle qui est – je le disais tout à l'heure – à la croissance
du nombre des défaillances d'entreprises.

450 Cette contribution du droit à l'économie passe bien évidemment
par le rapprochement des législations au sein de l'Europe. Je crois cependant que si on peut être optimiste sur ce rapprochement des législations, il faut aussi que soit affirmé et réaffirmé le principe de subsi-
diarité. Et je crois que si l'on regarde les dossiers dont on pourrait
dire qu'ils sont en panne à Bruxelles, par exemple la société anonyme européenne, par exemple la convention sur les faillites, il faut se
poser la question de savoir si ces législations européennes, transeuro-
péennes, sont vraiment nécessaires. Il faut se rappeler que les premiers travaux sur la société anonyme européenne datent de 1975 et
les premiers travaux sur la faillite de 1962. Est-ce qu'il n'y a pas d'autres moyens de réguler les rapports entre les différents Etats européens? Est-ce que ces dossiers ne mériteraient pas qu'on les laisse un
petit peu à l'écart quelques temps, le temps de faire évoluer la réflexion, pour les faire repartir ensuite sur des bases peut-être plus soli-
des et qui correspondraient mieux aux souhaits de la vie économique des pays d'Europe? Mais l'harmonisation européenne, l'intégration européenne ce n'est pas que la circulation des biens, c'est aussi
la circulation des hommes. Et je crois qu'il y a une avancée très grande dans ce domaine avec la directive qui a été prise récemment en
1988 sur l'équivalence des diplômes. Cette directive ne fait que traduire la liberté d'établissement et je crois que c'est par le fait que les
juristes français pourront s'établir plus librement en Allemagne et
vice versa que l'on arrivera à faire progresser l'Europe. C'est par les
hommes que nous atteindrons ce but auquel bien entendu nous sommes tous extrêmement attachés, en France, comme en Allemagne, ce
que je constate avec plaisir. Un autre moyen de faire évoluer l'Europe, et ce colloque l'a amplement démontré, c'est évidemment le rapprochement des jurisprudences. J'ai cru comprendre au cours des
différents débats qui ont eu lieu aujourd'hui, que finalement, même
si la règle de droit était différente en France et en Allemagne, la juri-

sprudence était là pour unifier les solutions. Ceci m'est apparu assez clairement en ce qui concerne la responsabilité des banquiers dans le redressement de l'entreprise, mais aussi dans la concurrence déloyale. Et ce rapprochement par la jurisprudence me conduit bien évidemment à dire un mot du rôle du juge. Je crois qu'en qualité de représentant du Ministère de la Justice je ne pouvais faire autrement.

On a parlé de cette notion, je dirais un peu vague et philosophique, **451** de gouvernement des juges. Moi, je dirais plutôt que les législateurs doivent écouter les juges. Et quand je parle des législateurs, je ne parle pas seulement du législateur national mais aussi du législateur européen. Je crois que si le législateur écoutait d'avantage le juge, nous éviterions ce travers qui a été souligné par le Président Bézard de trop légiférer, de faire des règles inutiles.

J'en ai terminé avec mon propos, j'espère que je n'ai pas été trop longue et je voudrais simplement pour conclure formuler un voeu: Que les liens qui se sont tissés entre nous tous aujourd'hui français et allemands se poursuivent au-delà de ces journées.

Arno Lang

Herr Präsident, meine Damen und Herren. Ich habe die Ehre, Ih- **452** nen die Grüße und die besten Wünsche von Professor Walter Odersky, dem Präsidenten des Bundesgerichtshofes, zu übermitteln. Er hätte es vorgezogen, hier persönlich vor Ihnen zu sprechen und an diesem Kolloquium teilzunehmen, aber leider ist er aufgrund anderweitiger Verpflichtungen an einer Teilnahme verhindert. Er hat mich beauftragt, Sie in seinem Namen zu grüßen.

Ich bin diesem Ansinnen mit Freude nachgekommen, weil ich der Ansicht bin, daß in einem sich immer weiter öffnenden und sich immer stärker annähernden Europa, in einem zusammenwachsenden Europa die Grenzen, die durch unterschiedliche Rechtsprechungen und Gesetzgebungen entstehen, nach und nach verschwinden müssen. Ich freue mich, daß hier in Konstanz eine neue Grundlage für unsere juristische grenzüberschreitende Zusammenarbeit geschaffen wurde. Ich möchte in diesem Zusammenhang die hervorragende Zusammenarbeit mit unseren französischen Kollegen hervorheben. Ich habe mehrfach Gelegenheit gehabt, an Kongressen in Paris, Hamburg und anderswo teilzunehmen, und ich erinnere mich mit sehr viel Vergnügen an einen Besuch bei der Cour de Cassation in

noch
452 Paris, wo ich dank der Freundlichkeit des Präsidenten auch an den Beratungen einer Kammer teilnehmen konnte. Das hat einen tiefen Eindruck hinterlassen, den ich so schnell nicht vergessen werde. Vor einigen Wochen hatten wir darüber hinaus die Ehre, in Karlsruhe Monsieur Drai begrüßen zu können, den Chefpräsidenten des Kassationshofes. Er hat mir bei dieser Gelegenheit erzählt, daß in Frankreich seit jüngstem die Möglichkeit besteht, eine Persönlichkeit des öffentlichen Lebens, Wirtschaftsvertreter, Gewerkschaftsvertreter oder Vertreter einer sonstigen gesellschaftlichen Gruppierung als Richter in die Cour de Cassation zu berufen. Aus deutscher Sicht sehen wir hier keine Probleme mit der Institution des gesetzlichen Richters. Die Grundlagen der juristischen Tradition in Deutschland sind vielleicht etwas starrer als in Frankreich, schließen aber solche Möglichkeiten des gesetzlichen Richters oder der Einsetzung eines gesetzlichen Richters nicht aus. Ich denke, daß wir hier eine Plattform geschaffen haben, auf der wir uns austauschen können. Das sehe ich als einen erheblichen Fortschritt an. Die Kommission der Europäischen Gemeinschaften in Brüssel will das europäische Privatrecht über Richtlinien und Verordnungen harmonisieren. Es gibt schon einige Beispiele für eine solche Harmonisierung, unter anderem die Produkthaftungsrichtlinie für Produzenten, die von allen Mitgliedstaaten anerkannt wird. Darüber hinaus denke ich jedoch, daß die Kommission sich vielleicht etwas voreilig in die Ausarbeitung einer Reihe von Richtlinien gestürzt hat, die ganz neue Bestimmungen festlegen, die nicht immer unbedingt die besten sind. Dies gilt – beispielsweise – für die Dienstleistungsrichtlinie, in der Dinge enthalten sind, die für uns nicht überzeugend sind. Ich hatte vor einigen Wochen in Paris Gelegenheit, vor französischen und sonstigen europäischen Kollegen die Gefahren einer solchen übereilten Harmonisierung darzulegen. Eine gute Harmonisierung, eine gute Rechtsangleichung ist immer überzeugend und führt zwangsläufig zu einem detaillierten Vergleich bestehender Rechtssysteme und Rechtsprechungen. Auf der Grundlage einer detaillierten Kenntnis der einzelnen Rechtssysteme ist man dann bemüht, eine Synthese zu erarbeiten. Das gilt für den Rechtsvergleich des französischen und deutschen Bürgerlichen Rechtes, das sozusagen das Kernstück europäischer Rechtsprechung darstellt.

Ich freue mich, daß wir hier in Konstanz erhebliche Fortschritte mit Blick auf eine solch detaillierte Kenntnis unserer gegenseitigen Rechtssysteme erzielt haben.

Propos de clôture

Carsten Thomas Ebenroth

Nous voici déjà arrivés au terme de cette manifestation, au terme par **453** conséquent de notre étude des droits français et allemand de la responsabilité non-contractuelle en matière commerciale. Qu'il me soit permis de dresser un bilan du travail accompli, d'en dégager les principaux enseignements.

Pour ce faire, il convient de rappeler tout d'abord quel était l'objet précis de cette étude. L'appellation «droit de la responsabilité non-contractuelle en matière commerciale» n'a pas en effet la même signification en droit allemand et en droit français. Cette appellation appelle donc quelques précisions que nous efforcerons d'apporter avant de dégager les principaux enseignements de ce colloque. Nous conclurons en évoquant la perspective d'une harmonisation européenne du droit des Etats membres en ce domaine, une perspective que n'ont pas manqué d'envisager les différents intervenants au cours de cette manifestation.

§ 1 Objet de l'étude réalisée

Cette étude portait tout d'abord sur le droit de la responsabilité non-**454** contractuelle. En fait, ce n'est pas l'ensemble du droit de la responsabilité non-contractuelle qu'ont traité les différentes contributions qui ont été présentées. Paradoxalement, ces contributions ont parfois évoqué certains aspects de la responsabilité contractuelle. Cette contradiction apparente appelle quelques explications.

1. *Notion de responsabilité non-contractuelle*

Les différentes contributions présentées ont porté essentiellement **455** sur le droit de la responsabilité non-contractuelle, c'est à dire sur le droit de la responsabilité résultant de la méconnaissance de certaines obligations légales par opposition à la responsabilité que peut engendrer la méconnaissance par les parties à un contrat des obligations auxquelles elles se sont engagées, obligations qui ont leur source non pas dans la loi, mais dans la volonté des parties.

456 Néanmoins, certaines institutions que le droit allemand qualifie de contractuelles (culpa in contrahendo) ou intermédiaires – la fameuse troisième voie – ont été également évoquées dans certaines contributions. La raison de cette extension est simple. Elle réside dans les insuffisances du système de la responsabilité non-contractuelle, un système que les rédacteurs du Code civil allemand ont voulu rigide, insusceptible par conséquent d'extensions indéfinies. Afin de combler certaines insuffisances du droit allemand de la responsabilité non-contractuelle, on a donc eu recours en Allemagne à certaines constructions contractuelles ou «quasi-contractuelles», constructions qui méritaient cependant d'être évoquées ici, afin de permettre d'établir un parallèle entre les droits français et allemand.

Cette première explication ne s'applique peut-être pas tout à fait à l'institution allemande désignée sous le terme de «culpa in contrahendo», responsabilité pré-contractuelle. La responsabilité pré-contractuelle est en droit allemand une responsabilité contractuelle. Telle est du moins l'analyse qui prévaut depuis que Ihéring a considéré qu'en consentant à un contrat, chaque partie s'engage accessoirement à conclure un acte valable, une analyse que ne partagent pas la jurisprudence et la doctrine françaises. Le contrat, étant nul, ne produit aucun effet en principe. La responsabilité qu'est susceptible de générer la nullité du contrat ne peut donc être qu'une responsabilité non-contractuelle. Si la responsabilité pré-contractuelle reçoit une qualification différente en droit français et en droit allemand, c'est là une conséquence d'une analyse théorique différente de cette institution. Il aurait donc été particulièrement regrettable d'écarter pour cette seule raison la responsabilité pré-contractuelle du champ d'application de notre étude.

457 Ces qualifications différentes de certaines institutions par le droit français et par le droit allemand ne devaient pas constituer un obstacle à l'étude des droits français et allemand de la responsabilité non-contractuelle entendus largement. A ces différentes qualifications ne sont pas en effet attachées des conséquences juridiques fondamentalement divergentes dans les deux droits. C'est essentiellement en droit international privé, qu'il s'agisse de la compétence des juridictions – au regard de la Convention de Bruxelles du 27 septembre 1968 – ou de la détermination de la loi applicable que ces qualifications différentes sont susceptibles d'emporter des conséquences particulièrement importantes.

458 Si les différentes conceptions présentées ici ont porté essentiellement sur le droit de la responsabilité non-contractuelle ainsi défini largement, elles n'ont pas cependant évoqué l'ensemble de cette matière.

Ainsi, tout d'abord, n'ont pas été évoqués certains régimes de responsabilité issus pourtant de la méconnaissance d'obligations légales. Je songe notamment à la responsabilité qu'engendre ce que l'on désigne encore aujourd'hui sous l'appellation assez maladroite de «quasi-contrats»: gestion d'affaires, répétition de l'indû, enrichissement sans cause et peut-être également l'apparence. **459**

Il aurait été certainement particulièrement intéressant d'évoquer comment ces institutions sont mises en oeuvre en matière commerciale. Il n'était cependant guère possible, dans le temps qui nous était imparti, d'envisager des institutions qui, à bien des égards, sont soumises à un régime juridique différent de celui de la responsabilité délictuelle ou quasi-délictuelle, un régime qui a une fonction distincte de celui de ces institutions. Une telle étude nous aurait entrainé beaucoup trop loin.

Pour la même raison, les différentes contributions qui ont été présentées ici n'ont pas porté sur l'ensemble du droit de la responsabilité non-contractuelle délictuelle ou quasi-délictuelle. Ces contributions ont porté essentiellement sur la responsabilité du fait de l'homme, c'est à dire sur la responsabilité des sujets de droit, personnes physiques ou personnes morales pour leur propre fait, par opposition à la responsabilité du fait des choses – que le sujet de droit a sous sa garde – et à la responsabilité du fait d'autrui, c'est à dire du fait de sujets de droit placés sous l'autorité d'une tierce personne. Cette dernière responsabilité n'a été envisagée zu cours de ce Colloque qu'exceptionnellement s'agissant de la responsabilité des banques[1]. **460**

Dès lors que l'on évoque le concept de faute, une précision s'impose. Que ce soit en droit français ou en droit allemand, la responsabilité du fait de l'homme repose essentiellement sur cette notion, par opposition à la responsabilité sans faute, une responsabilité que l'on rencontre essentiellement dans le cadre de la responsabilité du fait des choses ou du fait d'autrui. C'est donc principalement sur la responsabilité non-contractuelle délictuelle ou quasi-délictuelle pour faute qu'ont porté les différentes contributions. Ceci ne doit pas étonner, non pas seulement parce qu'il s'est agi essentiellement d'étudier la responsabilité du fait de l'homme, mais aussi parce que, en matière commerciale, les principaux préjudices invoqués, les plus fré- **461**

---

1 Cf., n° 219.

quents du moins, sont des préjudices purement patrimoniaux ou financiers par opposition aux dommages résultant des atteintes portées à certains droits subjectifs, contre façon de brevets par exemple.

Les contributions présentées n'ont donc pas porté sur l'ensemble du droit de la responsabilité non-contractuelle même entendue largement, abstraction faite de certaines divergences de qualification opposant les droits français et allemand, mais sur une partie de celui-ci.

Tout au contraire, c'est très largement qu'a été entendue la notion de «matière commerciale».

2. Notion de matière commerciale

462 Il n'était guère possible de se limiter à étudier la responsabilité non-contractuelle par référence à la compétence des juges de commerce allemands. La compétence des juges de commerce allemands est en toute hypothèse trop étroite, celle des juges de commerce français, plus large, n'en est pas moins également limitée.

463 Il n'était guère possible non plus de se référer aux critères habituels de la commercialité en France et en Allemagne. L'acte illicite commis par un commerçant, accessoirement à un acte de commerce pour être un acte de commerce en France, ne l'est pas en Allemagne[2].

464 De la notion de matière commerciale, on a donné donc une interprétation très large, évoquant l'ensemble des aspects de l'activité de l'entreprise tels qu'ils sont envisagés par le droit privé, relevant de la compétence des juridictions judiciaires par opposition à celle des juridictions administratives.

465 S'agissant du droit européen de la responsabilité non-contractuelle, Monsieur Darmon a néanmoins évoqué une jurisprudence de la Cour de Justice aux implications considérables, celle qui veut que la responsabilité des Etats soit engagée dans l'hypothèse de certains manquements de leur part aux obligations que leur impose le droit communautaire[3]. Le droit européen de la responsabilité non-contractuelle est en effet essentiellement, jusqu'à présent, du moins, un droit public: droit de la responsabilité des institutions communautaires et de leurs agents, droit de la responsabilité des Etats pour certains manquements à leurs obligations. Cette prééminence du droit public dans le droit européen de la responsabilité non-contractuelle est cer-

---

2 Cf., n° 29.
3 Cf., n° 381 et s.

tainement susceptible d'exercer une influence sur le droit privé euro-péen en ce domaine, un droit encore en gestation dont la Cour de Jus-tice a néanmoins esquissé certaines lignes de force, eu égard notam-ment aux problèmes de qualification que soulève l'application de la Convention de Bruxelles du 27 septembre 1968, s'agissant de certai-nes institutions propres au droit de tel ou tel Etat membre.

Afin de permettre aux magistrats français et allemands de comparer **466** non pas seulement les droits applicables, mais aussi les jurispruden-ces conçues sur la base de ceux-ci par les juridictions dont ils relè-vent, le droit de la responsabilité non-contractuelle en matière com-merciale ne pouvait évidemment être étudié dans toutes ses applica-tions.

Les contributions présentées ici ne se sont pas limitées en effet à une analyse théorique des droits applicables. Elles ont également porté sur la pratique judiciaire s'agissant de certains problèmes du droit des groupes de sociétés, du droit des sociétés, du droit de la faillite, du droit de la banque, du droit de l'information et du droit de la con-currence ainsi que de la concurrence déloyale.

Ainsi, même si la notion de matière commerciale, comme celle de res-ponsabilité contractuelle a été entendue largement, ce n'est pas l'en-semble de cette matière qui a été passée en revue, de même que tous les aspects du droit de la responsabilité non-contractuelle n'ont pu être étudiés pendant le temps qui nous était imposé. Malgré ces limi-tations nécessaires, de l'ensemble des contributions qui ont été pré-sentées ici, on peut dégager plusieurs enseignements.

§ 2 Bilan de l'étude réalisée

La comparaison des droits français et allemand de la responsabilité **467** non-contractuelle en matière commerciale appelle trois observa-tions fondamentales:

– Aussi bien en France qu'en Allemagne, il n'existe pas à propre-ment parler un droit spécifique de la responsabilité non-contractuel-le en matière commerciale.

– Les droits français et allemand de la responsabilité non-con-tractuelle reposent sur des principes différents.

– L'application de ces droits à la matière commerciale n'aboutit pas cependant à des solutions nécessairement divergentes en pratique.

277

Il ne suffit pas cependant d'effectuer certaines observations. Il convient également de tenter d'en rechercher l'explication.

1. Observations fondamentales

a. Absence d'un droit spécifique à la matière commerciale

468 Tout d'abord, on aura observé qu'aussi bien en Allemagne qu'en France, il n'existe pas à proprement parler un droit spécifique de la responsabilité non-contractuelle s'appliquant à la matière commerciale. Le droit de la responsabilité non-contractuelle repose essentiellement en matière commerciale sur les règles du droit civil, qu'il s'agisse des articles 1382 et 1383 du Code civil français ou des articles 823 et suivants du Code civil allemand.

Le délit commis en matière commerciale ne constitue pas en droit allemand un acte de commerce. Il n'est donc pas soumis de ce fait à un régime particulier. En droit français, s'il constitue un acte de commerce par accessoire ou par relation, cette qualification ne le soumet pas non plus à un régime juridique spécifique, notamment en ce qui concerne le délai de prescription du droit à réparation qu'il confère à la victime. Cette qualification a pour seule conséquence de motiver la compétence des juridictions commerciales françaises, sous réserve de l'application éventuelle de la théorie de l'acte mixte[4].

469 S'il n'est pas en principe soumis à un régime spécifique à la matière commerciale, le délit commercial n'en est pas moins cependant parfois l'objet de règles dérogeant à celles de la responsabilité civile, et ceci aussi bien en droit allemand qu'en droit français.

Ces dérogations ne concernent pas d'ailleurs certains éléments du régime juridique général auquel se trouve soumis le délit commercial, mais certaines catégories particulières de délits commerciaux qui, à certains égards, sont l'objet que ce soit en vertu de la jurisprudence ou de la loi, de certaines règles dérogeant au droit civil de la responsabilité non-contractuelle.

Ainsi en va-t-il par exemple en France en matière de faillite, s'agissant de la responsabilité des dirigeants sur le fondement de l'article 99 de la loi de 1967 (présomption de faute et de causalité), puis de l'article 180 de la loi de 1985 (libre appréciation par le tribunal du montant de la condamnation). Ces textes ont pour objet l'action en

---

4 Cf., n° 29.

comblement du passif social par le dirigeant – de fait ou de droit – d'une personne morale de droit privé ayant une activité économique. Une société pouvant être reconnue dirigeant du droit ou de fait d'une autre personne morale, ces textes sont également applicables dans le cas d'un groupe de sociétés s'agissant des rapports entre la société-mère et les créanciers de la société filiale tombée en faillite.

Il s'agit là d'une première dérogation au droit civil de la responsabilité non-contractuelle, même si l'action en comblement du passif social, dans la mesure où elle n'est pas soumise à un régime spécifique en vertu des dispositions précitées, demeure fondée sur les articles 1382 et 1383 du Code civil français. Cette première dérogation ne va pas d'ailleurs sans soulever certaines difficultés, la Cour de Cassation française ayant admis la possibilité d'un cumul entre l'action en comblement du passif social du droit de la faillite et l'action du droit commun des articles 1382 et 1383 du Code civil français.

Le droit allemand des groupes de sociétés fournit un autre exemple d'une dérogation aux règles de la responsabilité civile de droit commun. Cette dérogation est l'objet des articles 302 et suivants de la loi sur les sociétés par actions, applicables dans l'hypothèse où une société par actions a passé un contrat – notamment un contrat de domination – avec une autre entreprise. En vertu de ces dispositions, la société-mère est tenue de compenser les pertes de sa filiale pendant la durée du contrat et d'accorder des sûretés aux créanciers de cette filiale aux termes du contrat. Ces textes instituent donc une responsabilité sans faute ayant pour contrepartie le pouvoir de direction dont dispose la société-mère à l'égard de sa filiale[5].

Aux termes de la jurisprudence, ces dispositions sont également applicables dans le cas non plus d'une société par actions, mais d'une société à responsabilité limitée. Une société à responsabilité limitée peut donc conclure un contrat avec une autre entreprise. En outre, en vertu également de la jurisprudence, même en l'absence d'un tel contrat, la responsabilité d'une entreprise dominante exerçant un pouvoir de direction général et permanent sur une société à responsabilité limitée dominée a pu sembler pouvoir être engagée sans faute, nouvelle dérogation aux règles du droit civil de la responsabilité non-contractuelle. Mais la Cour de Cassation allemande est récemment revenue sur cette jurisprudence pour exiger la preuve d'un comportement abusif de la part de la société dominante dans l'hypothèse d'un

---

5 Cf., n° 111 et s.

groupe de fait qualifié, affirmant par conséquent un retour aux principes du droit civil de la responsabilité non-contractuelle[6].

La concurrence déloyale nous a fourni un autre exemple d'une dérogation aux principes du droit civil de la responsabilité non-contractuelle que ce soit en droit allemand ou en droit français.

L'action en concurrence déloyale demeure certes fondée en droit français sur les articles 1382 et 1383 du Code civil. Néanmoins, sous l'effet de la jurisprudence française, elle a acquis une certaine autonomie en ce qui concerne la détermination de la causalité et du préjudice subi, cette action ayant moins pour objet d'obtenir l'indemnisation du préjudice subi que la cessation des agissements délictueux[7].

En droit allemand, l'action en concurrence déloyale est l'objet d'une réglementation spécifique prévue par la loi du 7 juin 1909, laquelle comporte en son article premier une clause générale imitée des dispositions de l'article 826 du Code civil allemand, mais dérogeant à ces dispositions sur un point essentiel. Alors que l'auteur d'un agissement contraire aux bonnes moeurs n'engage la responsabilité de son auteur qu'en cas de faute intentionnelle de sa part aux termes de l'article 826 précité, cette condition a été écartée par les rédacteurs de l'article premier de la loi de 1909 afin de faciliter la poursuite des actes de concurrence déloyale[8].

470 En droit allemand, de telles dérogations au droit civil de la responsabilité non-contractuelle n'étonnent pas. Le droit allemand de la responsabilité non-contractuelle est en effet, on y reviendra, un droit casuistique[9]. Il est donc logique que certains délits soient soumis à un régime spécifique que ces délits concernent la matière commerciale ou d'autres matières.

De telles dérogations sont en revanche plus surprenantes en droit français, les auteurs du Code civil français ayant délibérément écarté une conception casuistique du droit de la responsabilité non-contractuelle[10].

471 Nous n'avons d'ailleurs évoqué, dans les exemples précédents, que certaines des dérogations envisagées au cours de ce Colloque. Il conviendrait également d'ajouter notamment que l'action en responsa-

---

6 Cf., n° 114, 129.
7 Cf., n° 34 et s., 346.
8 Cf., n° 317 et s.
9 Cf., n° 54, 79.
10 Cf., n° 79.

bilité des gérants de sociétés à responsabilité limitée (art. 53 de la loi du 24 juillet 1966) et des administrateurs de sociétés anonymes (art. 247 de la même loi) se prescrit en droit français en principe par trois ans et non par dix ans, délai de prescription de droit commun des actions en responsabilité non-contractuelle (art. 2270-1 du Code civil). De la même manière, on se doit de mentionner que l'article 36 de l'ordonnance du 1er décembre 1986 ouvre, par dérogation au droit commun, la possibilité au parquet, au ministre chargé de l'économie et au président du Conseil de la concurrence de saisir la juridiction compétente pour se prononcer sur la responsabilité engagée par certaines pratiques anti-concurrentielles qu'elle définit (refus de vente, pratiques discriminatoires ...). Enfin, on mentionnera pour mémoire qu'en vertu de l'article 21 de la loi allemande du 7 juin 1909 sur la concurrence déloyale, les actions en cessation et en dommages et intérêts fondées sur les dispositions de cette loi se prescrivent par six mois.

Ainsi, s'il est vrai qu'aussi bien en droit français qu'en droit allemand, il n'existe pas de droit de la responsabilité non-contractuelle spécifique à l'ensemble de la matière commerciale, que ce droit est essentiellement fondé sur les principes de la responsabilité civile non-contractuelle, il reste qu'à cette règle ont été apportées certaines exceptions, exceptions qui ont été le fait soit du juge soit du législateur, et ceci, même si le droit français, contrairement au droit allemand, n'est pas un droit casuistique.

Il semble même que ces exceptions aient eu tendance à se multiplier **472** dans une période récente, notamment en France, la raison de cette évolution résidant dans la volonté du juge d'une part et du législateur d'autre part d'adapter les principes de la responsabilité civile non-contractuelle à la matière commerciale en tenant compte des considérations économiques propres à cette matière.

L'objet de ces exceptions varie cependant en l'état actuel en fonction de la nature du délit commercial en cause et plus précisément de la nature de l'activité dans le cadre de laquelle s'insère le délit commercial visé. On ne saurait donc affirmer que ces différentes dérogations annoncent l'émergence d'un droit de la responsabilité non-contractuelle spécifique à la matière commerciale. Peut-être ne faut-il y voir au contraire que la manifestation d'une diversification du droit de la responsabilité non-contractuelle dans son ensemble, une diversification qui ne serait pas propre à la matière commerciale.

473 Si cette diversification est particulièrement sensible en matière commerciale, c'est là le résultat du développement considérable de l'activité économique sous toutes ces formes ces dernières décennies. Un tel développement est nécessairement générateur de conflit d'intérêts, de dommages, toujours plus nombreux, parmi lesquels il convient de déterminer ceux qui mériteront d'être indemnisés ainsi que les conditions dans lesquelles cette indemnisation pourra être obtenue.

Le développement de l'activité économique crée donc un besoin nouveau de règles juridiques, règles qui, en définitive, n'ont d'autre objet que de définir les règles du jeu de l'activité à laquelle elles s'appliquent.

Ainsi, la France s'est-elle dotée à plusieurs reprises d'une législation nouvelle sur la faillite, cette matière étant elle-même en Allemagne l'objet d'une réforme en cours[11]. Ainsi, la France s'est-elle dotée également d'une nouvelle législation sur la concurrence, inspirée des modèles européen et allemand. Ainsi les juges allemands s'efforcent-ils de définir un droit des groupes de sociétés adapté au cas particulier des sociétés à responsabilité limitée... [12].

Toutes ces interventions, législatives ou jurisprudentielles, ont en commun de répondre à un besoin nouveau de règles juridiques. Les solutions adoptées, en revanche, ne sont pas uniformes. Elles varient au contraire selon l'aspect de l'activité économique envisagé, eu égard aux intérêts en présence, intérêts privés et intérêt général.

On comprend en ce sens que le phénomène de diversification juridique constaté en matière commerciale, pour n'être pas propre à cette matière, y trouve cependant un terrain d'élection, ce phénomène aboutissant à la définition non pas d'un régime de responsabilité non-contractuelle propre à la matière commerciale, mais de régimes particuliers aux différents objets envisagés, dérogeant sur certains points aux règles du droit civil, ces dérogations étant conçues, cas par cas, en fonction de l'objet envisagé.

474 Les contributions qui ont été ici présentées nous enseignent également que les droits français et allemands de la responsabilité non-contractuelle en matière commerciale ne sont pas identiques, eu égard à la différence qui sépare les droits civils français et allemands

---

11 Cf., n° 401.
12 Cf., n° 113 et s.

de la responsabilité non-contractuelle sur lesquels ils reposent pour l'essentiel.

b. Conceptions française et allemande de la responsabilité non-contractuelle

Les rédacteurs des Codes civils français et allemand ont adopté deux **475** conceptions distinctes du droit de la responsabilité non-contractuelle[13].

Le droit français a choisi de poser dans les articles 1382 et 1383 du Code civil, une clause générale. Ce choix est autant le résultat de l'influence des idées issues de l'Ecole du droit naturel que de l'esprit de prévoyance des rédacteurs du Code civil français, désireux de concevoir un texte qui soit applicable non seulement en toute matière, mais aussi à toute époque. Leur intention était de faire une oeuvre durable, ce qui, selon eux, exigeait l'adoption d'une formule souple.

Le droit allemand au contraire a maintenu la tradition casuistique, distinguant trois cas de responsabilité non-contractuelle (du fait de l'homme): articles 823-I, 823-II et 826 du Code civil allemand. Après avoir été tenté dans un premier temps d'adopter le système français, les rédacteurs du Code civil allemand ont finalement abandonné cette idée, craignant qu'une clause générale ne confère un trop grand pouvoir d'appréciation au juge, craignant également qu'il ne soit alors trop souvent possible d'engager la responsabilité d'autrui, ce qui paralyserait peut-être l'esprit d'initiative, l'audace des sujets de droit.

Ayant retenu des systèmes de responsabilité différents, les rédac- **476** teurs des Codes civils français et allemand ne pouvaient les faire reposer sur les mêmes notions.

Ainsi la responsabilité non-contractuelle française des articles 1382 et 1383 précités repose-t-elle essentiellement sur la notion de faute, une notion dépourvue de contenu précis et définie par la doctrine comme consistant dans la violation d'une obligation préexistante, sans préciser de quelle obligation il s'agit[14].

La responsabilité non-contractuelle allemande au contraire est fondée sur l'idée d'illicéité, c'est à dire sur l'idée que toute atteinte à un droit ou à un intérêt juridiquement protégé est illicite. La notion de

---

13 Cf., n° 33, 54.
14 Cf., n° 33.

noch
476 faute n'intervient que comme un complément de la première, qu'on la situe dans le cadre de l'illicéité – c'est la tendance moderne – ou en dehors de celle-ci – selon la conception ancienne. La notion de faute n'est certes pas absente en droit allemand, elle a cependant un rôle secondaire, fut-il important – notamment en cas de faute non-intentionnelle –, et non primaire comme en droit français lequel tend à confondre purement et simplement faute et illicéité[15].

Mais ce n'est pas là la principale différence entre les droits français et allemand. Celle-ci réside dans le fait que le droit allemand distingue selon l'objet de l'illicéité, selon par conséquent la nature du droit ou de l'intérêt auquel une atteinte a été portée[16]. L'article 823-I ne sanctionne que les atteintes portées à des droits absolus dont la liste est donnée dans cette disposition. L'article 823-II ne sanctionne que les atteintes portées à des intérêts auxquels la loi accorde une protection spécifique. L'article 826 enfin, s'il sanctionne les atteintes portées à tout droit ou intérêt, ne les sanctionne qu'à des conditions strictes. Ces atteintes doivent être contraires aux bonnes moeurs d'une part et, qui plus est, intentionnelles d'autre part. Le droit français, au contraire, sanctionne toute atteinte à un droit ou à un intérêt, quel que soit par conséquent l'objet de l'illicéité.

Vu l'importance attachée par le droit allemand à la notion d'illicéité, d'atteinte portée à un droit ou à un intérêt, on comprend également que le droit allemand ne répare que les dommages causés par une faute et résultant de l'atteinte portée aux droits ou intérêts protégés visés par la norme applicable. Le droit français, au contraire, se contente d'exiger un lien de causalité entre la faute et le dommage subi.

Fondés sur des systèmes différents, les droits français et allemand reposent donc sur des notions distinctes ou, plus précisément, agencent différemment ces notions. Ceci est la cause de cela.

c. L'absence de solutions nécessairement divergentes

477 Pourtant, les contributions présentées ici ont assez bien montré que l'application des droits français et allemand de la responsabilité non-contractuelle à la matière commerciale n'aboutit pas à des résultats fondamentalement différents[17].

---

15 Cf., n° 82.
16 Cf., n° 56 et s., 80 et s.
17 Cf., n° 84, 119, 140, 344.

On peut s'en étonner au premier abord, l'intention des rédacteurs du Code civil allemand ayant été de réduire le champ d'application de la responsabilité non-contractuelle, et qui plus est, de priver le juge allemand des moyens de l'étendre à l'infini. Le droit allemand de la responsabilité non-contractuelle en matière commerciale devrait donc comporter des lacunes. Or, s'il en comporte peut-être quelques unes, s'agissant par exemple de la responsabilité des agences de notation financière, dont l'activité se laisse difficilement enfermer dans les catégories préexistantes, il en comporte peu, bien moins que l'on serait tenté de le supposer au premier abord. Le droit allemand sur ce point se rapproche donc du droit français, un droit quant à lui conçu en vue d'éviter la possibilité de telles lacunes.

Les contributions qui ont été présentées ici ont apporté l'explication **478** de cette contradiction. Le droit allemand de la responsabilité non-contractuelle, tel qu'il a été exposé ci-dessus, a en fait été complété, à la fois par le juge et par le législateur allemands[18].

Par le juge tout d'abord. Le juge allemand n'a certes pas interprété à la française, comme le disait le professeur Schmidt, le droit allemand de la responsabilité non-contractuelle. Il n'a pas détruit l'édifice construit par les rédacteurs du Code civil allemand, fait disparaître sa spécificité par rapport au droit français. Des propositions en ce sens ont pourtant été effectuées par certains auteurs critiquant les insuffisances, les faiblesses du droit allemand, d'un droit lacunaire, d'un droit nécessairement lacunaire – par principe – qu'il conviendrait de transformer par la voie d'une interprétation audacieuse, fût-elle contraire à l'esprit des textes. Ces propositions n'ont cependant jamais triomphé jusqu'à présent. Le juge allemand a donc suivi un autre chemin[19].

Ainsi a-t-il, dans le respect de la spécificité du droit allemand de la responsabilité non-contractuelle, étendu la liste des droits absolus protégés par l'article 823-I du Code civil. Il a ainsi découvert deux droits absolus nouveaux: le droit à l'entreprise d'une part et le droit de la personnalité d'autre part. Prenant en compte certaines considérations économiques, à savoir la nécessité d'assurer une protection suffisante à certains aspects de l'entreprise, il n'a pas hésité à élever ces aspects au rang de droit absolu afin de leur faire bénéficier d'une protection suffisante, alors même que derrière ceux-ci pouvaient se

---

18 Cf., n° 58.
19 Cf., n° 37, 83.

cacher des intérêts purement patrimoniaux qui n'étaient pas protégés par l'article 823-I précité.

Le juge a également eu recours à une autre technique. Puisque le droit de la responsabilité non-contractuelle n'offrait pas une protection suffisante à certains intérêts, il a donc élaboré des constructions dites «quasi-contractuelles», en marge du droit de la responsabilité non-contractuelle, à la frontière également du droit de la responsabilité contractuelle, constructions que l'on désigne sous l'appellation de troisième voie: contrat avec effet de protection des tiers, responsabilité pré-contractuelle avec effet de protection des tiers, responsabilité pour confiance générée dans l'esprit d'autrui... [20].

Par ces différents moyens, le juge allemand s'est donc efforcé, sans remettre en cause la logique du système de responsabilité non-contractuelle, de combler les principales lacunes que ce système pouvait comporter.

479 Le juge n'a pas été le seul à participer au comblement des lacunes qu'un système de responsabilité casuistique ne pouvait manquer de générer avec le temps, au fur et à mesure du développement de l'activité humaine, de la diversification de celle-ci. Ainsi le législateur a-t-il défini des régimes de responsabilité non-contractuelles nouveaux s'appliquant à certaines activités. Dans le cadre des différentes contributions ont été mentionnées à cet égard, la loi sur la concurrence déloyale du 7 juin 1909 ou la loi sur les limitations de la concurrence du 27 juillet 1957. De la même manière a été évoquée la responsabilité du fait des prospectus, introduite dans différentes lois dont la loi allemande sur la bourse et étendue à d'autres domaines par le juge, collaborant ainsi à l'effort accompli par le législateur. Si l'on en croit la doctrine, cette dernière responsabilité serait fondée sur la responsabilité pré-contractuelle. Elle se situerait donc encore une fois à la lisière des droits de la responsabilité contractuelle et non-contractuelle[21].

Au vu de ces différentes interventions législatives et jurisprudentielles, on comprend alors fort bien que le droit allemand de la responsabilité non-contractuelle puisse, en matière commerciale, ne comporter finalement que peu de lacunes et qu'à cet égard, il n'offre guère de différence avec le droit français, aboutissant finalement sur ce point à des résultats équivalents – mais non pas identiques: c'est le

---

20 Cf., n° 37, 58.
21 Cf., n° 58.

propre du système allemand que de générer des lacunes qu'il convient de combler – à ce dernier, un droit conçu par ses initiateurs en vue précisément d'empêcher l'apparition de telles lacunes.

Si le champ d'application de la responsabilité non-contractuelle en **480** droit allemand n'a pas engendré des lacunes, si les résultats auxquels aboutissent les droits français et allemand à cet égard ne sont pas si éloignés, on pourrait cependant concevoir que le fait que ces deux droits utilisent des notions différentes ou les agencent d'une façon différente, aboutisse en pratique à des résultats divergents.

Les contributions présentées ici ont montré au contraire que les résultats auxquels aboutit l'application des droits français d'une part et allemand d'autre part sont plutôt convergents.

Cette convergence, encore une fois, ne doit pas étonner. Les notions, telles que les définissent et les agencent les droits français et allemand, ne supposent pas une divergence des solutions.

Les droits allemand et français, on l'a vu, connaissent l'un et l'autre la notion de faute. La principale différence qui les sépare tient au rôle primaire ou secondaire attribué à cette notion. Alors que la notion de faute en droit français intervient d'emblée, elle n'intervient en droit allemand qu'à la suite de la notion d'illicéité entendue comme une atteinte à un droit ou à un intérêt protégé. Le fait que la notion de faute n'intervienne en droit allemand ne saurait impliquer une nécessaire divergence des solutions, les droits français et allemand étant susceptibles d'appréhender d'une manière identique la faute engageant la responsabilité de son auteur.

Il reste cependant que la notion d'illicéité a un objet spécifique en **481** droit allemand. Elle a en effet pour objet de répartir les différents cas de responsabilité selon la nature du droit ou de l'intérêt auquel une atteinte a été portée, de soumettre ces différents cas à des régimes juridiques distincts.

Cette différence dans les régimes juridiques applicables, une différence que l'on ne retrouve pas en droit français devrait aboutir en principe à des solutions divergentes en pratique.

Cependant, on l'a déjà vu, le juge et le législateur sont intervenus à de nombreuses reprises, tenant compte notamment des considérations économiques propres à certaines matières, pour soumettre la responsabilité en ces matières à un régime adéquat. Si le juge et le législateur ont comblé les principales lacunes du droit allemand, il importe de comprendre que ces lacunes ne résultaient pas seulement du fait que certains comportements n'entraient dans aucune des catégories préexistantes des cas de responsabilité définis par le Code civil allemand. Ces lacunes résultaient aussi du fait qu'un comportement n'était pas soumis à un régime de responsabilité adéquat par application des règles du Code civil. L'intervention du juge ou du législateur a donc eu aussi pour objet de remédier aux insuffisances qui pouvaient résulter de la stricte application des règles du Code civil à ce comportement.

Ainsi, par exemple, dans les hypothèses où le juge a consacré un droit absolu à l'entreprise, l'article 826 du Code civil était applicable. Mais le régime juridique qu'il offrait – exigence d'une atteinte intentionnelle aux bonnes moeurs – était insuffisant. Cette insuffisance constituait une lacune que le juge a comblé.

De même, avant l'adoption de la loi sur la concurrence déloyale, l'article 826 précité était également applicable. Le régime juridique qu'il offrait était cependant insuffisant. Le législateur est donc intervenu pour soumettre les comportements visés à un régime spécifique, inspiré certes des principes posés dans l'article 826 du Code civil, mais éliminant l'exigence d'une faute intentionnelle posée par celui-ci.

Dès lors, on comprend que, malgré l'existence de régimes de responsabilité différents dont la notion d'illicéité est le critère répartiteur, la différence de ces régimes n'aboutisse pas nécessairement à des solutions différentes de celles qui résultent de l'application du régime de la responsabilité en droit français.

482 Le régime français de la responsabilité non-contractuelle n'est d'ailleurs pas si uniforme que l'on pourrait le penser au vu des explications précédentes. Les distinctions posées par les articles 823-I, 823-II et 826 du Code civil allemand certes sont étrangères à l'esprit des articles 1382–1383 du Code civil français. Néanmoins, elles ne sont pas absentes de la pratique judiciaire française.

Ainsi la doctrine française s'accorde-t-elle à reconnaître qu'une atteinte portée à un des droits que l'on désigne en Allemagne sous le terme de droits absolus, tel que le droit de propriété par exemple ou un des droits de la personnalité reconnus par la jurisprudence française, constitue déjà, en elle-même, une faute. Au contraire, lorsqu'une atteinte est portée à un intérêt purement patrimonial, cette atteinte n'est pas en elle-même constitutive d'une faute engageant la responsabilité de son auteur.

De la même manière, la doctrine française reconnait que lorsque la loi protège un intérêt spécifique, imposant à certaines personnes une obligation déterminée, la méconnaissance de cette obligation fait présumer la faute de son auteur, une présomption qui, comme en Allemagne (article 823-II du Code civil), est réfragable.

Enfin, il ne semble pas que, dans la pratique judiciaire française, une atteinte aux bonnes moeurs puisse en principe engager la responsabilité de son auteur indépendamment du caractère intentionnel ou non de cette atteinte. Même si l'exigence du caractère intentionnel de l'atteinte n'est pas expressément formulée, elle transparait souvent dans la motivation donnée par les juges français à leur décision.

483 La présentation initiale que nous avons donnée des systèmes de responsabilité français et allemand mérite donc d'être corrigée. S'il est vrai que les droits français et allemand ont adopté deux systèmes de responsabilité distincts, reposant en outre sur des notions distinctes ou agencées d'une manière différente, la pratique judiciaire, française ou allemande, a largement contribué à atténuer la spécificité de ces systèmes. Ni les juges allemands, ni les juges français n'ont entendu appliquer ces systèmes d'une façon intransigeante. Sans pour autant réduire à néant – loin s'en faut – l'esprit de ces deux systèmes, ils n'en ont pas moins cherché à échapper aux effets de ceux-ci, lorsqu'ils pouvaient se révéler néfastes et, notamment en matière commerciale, contraires aux exigences de l'économie.

On comprend en ce sens que les résultats auxquels aboutit l'application de ces deux systèmes de responsabilité, a priori différents, ne soient pas en définitive nécessairement divergents, et même convergent le plus souvent.

Contrairement à ce que l'on pourrait imaginer, l'application des systèmes de responsabilité français d'une part et allemand d'autre part n'aboutit donc pas **nécessairement** à des solutions divergentes dans la pratique judiciaire. Cependant, même si l'on a pas constaté une divergence nécessaire des solutions, il est possible qu'en certains domaines, ou que dans certains cas d'espèce, l'application des systèmes de responsabilité français et allemand aboutisse **ponctuellement** à des solutions divergentes.

484 Il est peut-être une exception à cette règle, dans la mesure où, sur un point peut-être, l'application des systèmes de responsabilité non-contractuelle français et allemand pourrait aboutir semble-t-il en pratique à des résultats «nécessairement» divergents.

Le droit allemand prend en considération l'effet protecteur de la norme. Sont par conséquent susceptibles d'engager la responsabilité de l'auteur d'un manquement à une norme, non pas les personnes qui y ont intérêt, parce qu'elles ont subi un dommage du fait de ce manquement, mais les personnes qui, ayant en ce sens un intérêt, sont protégées par cette norme, sont par conséquent les destinataires de celle-ci.

Ce raisonnement ne constitue pas seulement une référence théorique. Il est appliqué dans la pratique judiciaire allemande et soulève parfois certaines difficultés. Ainsi en va-t-il par exemple s'agissant de certains délits économiques, de certains manquements à des normes imposant un comportement déterminé en droit de la concurrence. La question se pose alors de savoir si ces normes ont seulement pour objet d'assurer la protection d'un intérêt général, à l'exclusion de l'intérêt privé des victimes éventuelles d'un préjudice causé par leur violation. Seuls les destinataires de la norme peuvent en effet obtenir de l'auteur d'un manquement à celle-ci la réparation des dommages qu'il leur a infligé à cette occasion.

En droit français, certes, un tel raisonnement n'est pas inconnu, notamment devant les juridictions pénales, et en particulier devant la Chambre criminelle de la Cour de Cassation où il a soulevé certaines difficultés. Il n'en reste pas moins très inhabituel.

L'application des systèmes de responsabilité non-contractuelle français et allemand pourrait donc, dans cette mesure, aboutir notamment en matière commerciale, à des solutions «nécessairement» divergentes.

De telles divergences, si elles étaient flagrantes, représenteraient évidemment une conséquence regrettable de la différence des systèmes de responsabilité français et allemand. Elles pourraient même, on doit le mentionner, soulever des difficultés, s'agissant de la sanction de normes communautaires. Même si le droit matériel de la responsabilité non-contractuelle des Etats membres n'a pas fait, pour l'essentiel, l'objet d'une harmonisation européenne, ces divergences constitueraient, à n'en pas douter, une curieuse entrave à l'application uniforme du droit communautaire.

Il reste que si l'on excepte ce dernier aspect, l'application des droits français et allemand de la responsabilité contractuelle en matière commerciale ne semble pas devoir aboutir à des solutions nécessairement divergentes, et ceci quand bien même ces deux droits, fondés essentiellement sur les principes du droit de la responsabilité civile, empruntent leurs règles générales à des systèmes de responsabilité différents.

Ce constat est rassurant. Il importe encore d'en rechercher la cause ultime.

2. La recherche d'une explication

Cette cause ultime, il faut la rechercher dans deux directions.

a. L'importance des considérations économiques

Les différentes contributions qui ont été présentées ici ont révélé **485** l'importance qu'occupent les considérations économiques dans la réflexion que mènent les juges du commerce français et allemand et sur le fondement de laquelle ils construisent leur jurisprudence.

Ces considérations n'ont, c'est vrai, pas toujours été mentionnées par les différents intervenants avec toute la netteté nécessaire. Pourtant, si on relit les propos qui ont été tenus ici en ayant à l'esprit cette idée, on s'apercevra que ces considérations économiques ont été à chaque instant présentes dans la pensée de leurs auteurs.

Ainsi, par exemple, le Président Bézard a-t-il rappelé que le droit français était attaché au principe de l'autonomie juridique des sociétés membres d'un groupe. Le groupe, a-t-il ajouté, n'est pas une personne morale. Par ces mots, le Président Bézard n'a pas seulement opéré une constatation, il a porté un jugement de valeur. Il a exprimé l'opinion selon laquelle il est nécessaire de maintenir l'autonomie juridique des sociétés membres d'un groupe, une opinion qui est fondée sur des considérations économiques[22].

On a évoqué le problème de la responsabilité des banques dans l'octroi – ou le refus de l'octroi – de crédits aux entreprises en difficulté. A cet égard, ont été mentionnés les principes généraux qui gouvernent en droit allemand et en droit français la responsabilité des banques en ce domaine. On s'est interrogé sur l'équivalence des droits allemands et français à cet égard. On a mentionné aussi certaines jurisprudences audacieuses, françaises ou allemandes. On a parfois critiqué ces jurisprudences. On a également mentionné l'indulgence peut-être exagérée manifestée par d'autres jurisprudences. Là enco-

---

22 Cf., n° 136.

re, derrière l'ensemble de ces propos, étaient présentes des considérations économiques, à savoir que s'il est néfaste de maintenir artificiellement en vie une entreprise en difficulté, il est tout aussi néfaste de priver de ressource une entreprise qui, certes, est en difficulté, mais pourrait être redressée…[23].

Dans chacun des thèmes qui ont été évoqués ici, les considérations économiques ont en fait été omniprésentes.

Veut-on un dernier exemple? Il suffit de rappeler que lorsque l'on a évoqué la responsabilité des agences de renseignement commercial, il était clair à l'esprit de chacun que derrière ce problème juridique se cache un problème économique, celui des impayés des entreprises, celui du risque de crédit.

Comme on le voit, ni les juges français, ni les juges allemands n'ignoraient les conséquences économiques des choix opérés en terme de responsabilité non-contractuelle en matière commerciale. Bien plus, ils s'accordaient tous à reconnaître la nécessité de peser le poids économique des décisions rendues, ainsi que des règles applicables.

486 Ces considérations économiques, si présentes à l'esprit des juges français et allemands, interviennent en outre à un double titre. On a mentionné tout à l'heure le fait que les droits français et allemand de la responsabilité non-contractuelle en matière commerciale, pour être fondés en principe sur les règles du droit civil, sont parfois, sur certains points, soumis à un régime dérogatoire. Dans certains domaines, effectivement, en raison d'une intervention tantôt législative tantôt jurisprudentielle, les droits français et allemand de la responsabilité non-contractuelle en matière commerciale échappent à l'emprise du droit civil, comportant certaines règles distinctes, dérogeant à celles du principe du droit civil. Ces dérogations ont une explication. Celle-ci réside le plus souvent dans la prise en compte de certaines considérations économiques.

Il ne faudrait pas cependant en déduire que chaque fois que de telles considérations sont susceptibles d'intervenir – ce qui est toujours le cas en matière commerciale –, il convient de déroger aux règles du droit civil. Loin s'en faut. Comme l'ont montré les différentes contributions présentées ici, les règles du droit civil de la responsabilité non-contractuelle offrent au contraire le plus souvent un cadre adap-

---

23 Cf., n° 208, 209, 215, 222.

té aux considérations économiques que soulève la matière commerciale. Il suffit donc de les appliquer en cette matière, sans qu'il soit nécessaire de les modifier ou d'y déroger.

Ce n'est que dans certaines hypothèses particulières qu'une adaptation se révèle indispensable. Elle est alors le fait du législateur ou du juge.

On a également mentionné tout à l'heure que malgré la différence **487** des systèmes de responsabilité français et allemand, les solutions que l'on obtient par application de ces systèmes ne sont pas en pratique nécessairement divergentes, et ceci parce que les juges allemands et français se sont efforcés, sans remettre en cause la logique de ces systèmes, d'en corriger certains effets pernicieux.

Là encore, en matière commerciale, ce sont le plus souvent des considérations économiques qui ont guidé le juge français et allemand dans l'élaboration de sa jurisprudence.

En effet, si le juge français avait appliqué en matière commerciale les articles 1382–1383 du Code civil dans toute leur rigueur, il aurait pu être conduit à imposer à l'activité économique en termes de responsabilité non-contractuelle un véritable carcan juridique, déterminant dans leurs moindres détails les comportements que doivent avoir les agents économiques. Bien souvent, au contraire, le juge français s'est efforcé de sauvegarder l'esprit d'initiative, vecteur de l'activité économique, de limiter le champ d'application de la responsabilité non-contractuelle[24].

Ainsi, si la faute de gestion du dirigeant d'une société est susceptible d'engager la responsabilité de celui-ci, notamment en cas de faillite, le juge s'est efforcé de distinguer parmi les agissements des dirigeants ceux qui pouvaient être considérés comme étant manifestement abusifs de ceux qui, en revanche, relevaient d'une appréciation discrétionnaire du dirigeant, fut-elle entachée d'erreur[25].

De la même manière, mais en sens inverse, le juge allemand s'est efforcé de combler certaines lacunes du droit allemand de la responsabilité non-contractuelle, estimant que l'application pure et simple des principes posés dans les articles 823 et suivants du Code civil allemand ne permettait pas de parvenir à un résultat satisfaisant, certains acteurs de la vie économique pouvant échapper, de ce fait, à tou-

---

24 Cf., n° 59.
25 Cf., n° 96.

te responsabilité ou n'être soumis qu'à un régime particulièrement indulgent, en raison de la casuistique propre au système allemand.

Ainsi, qu'il s'agisse de déroger, dans certains cas, en matière commerciale, aux règles de la responsabilité civile non-contractuelle, ou d'adopter ces règles elles-mêmes, de les corriger dans le respect de la logique du système de responsabilité considéré, les juges français et allemands se sont-ils bien souvent laissés guider par des considérations économiques.

Mais l'intervention de ces considérations ne permet pas à elle seule d'apporter l'explication ultime de l'absence de divergence nécessaire entre les solutions auxquelles aboutit l'application des droits français et allemand de la responsabilité non-contractuelle en matière commerciale.

b. L'importance du pouvoir créateur de droit du juge

488 Cette intervention ne fournit qu'une partie de l'explication attendue. Pour que ces considérations aient pu jouer un rôle, encore fallait-il que les juges allemands et français disposent des moyens leur permettant d'implémenter ces considérations dans le droit, dans la jurisprudence. C'est évidemment soulever la question du pouvoir créateur du juge.

A cette question, il convient d'apporter une réponse en deux temps.

489 On a déjà indiqué que l'intention des rédacteurs du Code civil français était de conférer aux juges français un important pouvoir d'appréciation, de leur offrir un outil juridique suffisamment souple, qu'il soit utilisable en toute matière, à toute époque, quel que soit l'objet de l'atteinte portée, quelle que soit par conséquent la nature du droit ou de l'intérêt en cause.

Les rédacteurs du Code civil français sont parvenus à ce résultat en recourant exclusivement à la notion de faute, notion indéterminée qu'il appartiendrait au juge de concrétiser, notion centrale sur laquelle repose la clause générale introduite dans les articles 1382 et 1383[26].

Le juge français n'avait donc pas à craindre d'avoir à combler certaines lacunes du droit puisque, en définitive, c'est à lui qu'était confié le soin de déterminer le droit applicable dans sa matérialité, de déter-

---

26 Cf., n° 345.

miner les comportements abusifs susceptibles d'engager la responsabilité de leur auteur.

Le Code civil français confiait donc aux juges français un pouvoir créateur de droit considérable, un pouvoir auquel il convient d'ajouter en outre celui que détient tout juge dans la qualification des faits dont il est saisi. La qualification – quoiqu'on en dise – n'est pas une science exacte. Elle demeure pour une part une question d'appréciation.

Disposant d'un pouvoir créateur de droit considérable, le juge français bénéficiait d'un outil parfait, lui permettant de tenir compte systématiquement des considérations économiques notamment en matière commerciale.

Ce pouvoir n'est limité que dans un cas, à savoir dans l'hypothèse où le législateur ayant imposé une obligation à certaines personnes a défini le contenu de cette obligation. Dans cette hypothèse, le pouvoir du juge est réduit. Le juge se doit de sanctionner les manquements dommageables à cette obligation. Il ne détient encore un pouvoir d'appréciation que dans l'interprétation de la règle législative et dans son application, c'est à dire dans la qualification des faits dont il est saisi.

L'intention des rédacteurs du Code civil allemand était tout autre. **490**
Ils entendaient au contraire limiter le pouvoir d'appréciation des juges allemands, limiter l'ampleur de la responsabilité non-contractuelle.

Dès lors le juge allemand ne s'est vu reconnaître qu'un pouvoir créateur de droit très réduit[27].

Certes l'article 823-I du Code civil allemand, lorsqu'il énonce la liste des droits absolus ajoute: «et d'autres droits». Mais le juge allemand, sans violer l'esprit du système de responsabilité allemand, ne pouvait faire entrer tous les droits, tous les intérêts dans la catégorie des droits absolus.

Certes l'article 826 du même Code ne dit pas ce qu'il faut entendre par «bonnes moeurs». Mais cette notion n'est certainement pas indéfiniment extensible. Surtout l'esprit du système de responsabilité non-contractuelle allemand interdit une interprétation sans limite.

---

27 Cf., n° 83.

Enfin, en toute hypothèse, cet article exige une atteinte intentionnelle.

Quant à l'article 823-II, il place le juge sous l'emprise de la loi qui définit elle-même les intérêts auxquels elle entend accorder une protection spécifique.

Ainsi si le juge français se voyait conférer un pouvoir créateur de droit considérable, le juge allemand quant à lui était placé sous l'autorité de la loi, son pouvoir se limitant à pouvoir combler peut-être certaines lacunes manifestes, à interpréter la loi, à qualifier les faits dont il est saisi.

Mais ces observations n'apportent qu'une réponse théorique à la question que nous avons précédemment posée: celle des moyens dont disposent les juges français et allemand pour implémenter dans le droit, dans la jurisprudence, les considérations économiques d'un poids particulier en matière commerciale.

491 En effet, en pratique, et non plus seulement d'un point de vue théorique, le juge allemand s'est arrogé un pouvoir créateur de droit beaucoup plus important, sans pour autant remettre en cause la logique du système allemand de responsabilité non-contractuelle.

Son pouvoir d'appréciation étant limité en matière de responsabilité non-contractuelle, le juge a songé à puiser à d'autres sources le moyen d'acquérir le pouvoir d'appréciation nécessaire au comblement des lacunes du droit délictuel allemand. A cette fin, le juge n'a pas hésité à user des techniques de la responsabilité contractuelle, le droit de la responsabilité contractuelle lui offrant quant à lui un pouvoir créateur de droit beaucoup plus considérable[28].

Cette technique, on l'a vu, le juge allemand l'applique par exemple en ce qui concerne la responsabilité encourue dans l'exercice d'activités consistant en la diffusion d'informations.

Telle n'est pas cependant la seule source du pouvoir d'appréciation dont dispose en pratique le juge allemand.

492 L'article 276-I, phrase 2, du Code civil allemand, définit la faute non-intentionnelle comme étant la faute que commet celui qui ne respecte pas la diligence due dans le commerce (le mot commerce étant compris dans une acception générale et non le sens d'une activité économique). Cette disposition s'applique notamment dans le cadre de

---

28 Cf., n° 37, 28.

l'article 823-I du même Code. Lorsqu'une atteinte a été portée à un des droits absolus envisagés par cette disposition, cette atteinte engage la responsabilité de son auteur non seulement en cas de faute intentionnelle, mais aussi dans l'hypothèse d'une faute non-intentionnelle. Mais l'article 276-I, phrase 2, précité, ne définit pas ce qu'il faut entendre par diligence due dans le commerce. C'est donc au juge qu'il appartient de déterminer le contenu de cette notion, de préciser les comportements qu'impose le commerce entre les sujets de droit.

Sur le fondement de cette disposition, le juge allemand a pu développer une jurisprudence considérable, déterminant dans tous les domaines de l'activité humaine les obligations qui pèsent sur les sujets de droit dans leurs relations (Verkehrspflichten – Verkehrssicherungspflichten).

Dans le cadre du système allemand de responsabilité non-contractuelle, le juge allemand dispose donc malgré tout d'un pouvoir créateur de droit non négligeable, un pouvoir dont le juge a fait très largement usage et qui lui permet encore une fois, notamment en matière commerciale, d'implémenter des considérations économiques dans le droit, dans la jurisprudence.

Ce pouvoir, on l'a vu, le juge allemand en a notamment usé s'agissant de déterminer la responsabilité non-contractuelle des sociétés d'une part et de leurs dirigeants d'autre part à l'égard des tiers.

Le juge allemand n'est donc pas si dépourvu de pouvoir créateur du droit que l'on pourrait le penser, eu égard à la logique propre au système allemand de responsabilité non-contractuelle. La logique propre à ce système lui confère certes un pouvoir réduit. Mais, dans le cadre de ce système, le juge allemand est susceptible de disposer d'un pouvoir créateur de droit non négligeable. Enfin en dehors de ce système, à l'extérieur de celui-ci, le juge allemand peut encore s'arroger un pouvoir supplémentaire en le puisant à d'autres sources, notamment contractuelles.

493 Dès lors, la différence avec le droit français n'est plus aussi importante que l'on pouvait se l'imaginer tout d'abord. Les juges français et allemands, pour ne pas disposer des mêmes moyens de tenir compte de considérations économiques, en sont néanmoins, les uns et les autres, largement pourvus.

Certes, il ne faudrait pas aller au-delà et affirmer que les juges français et allemands sont placés à cet égard dans une situation identique. Ce serait non seulement exagéré, mais aussi inexact.

Pourtant, il est possible d'établir un parallèle entre les moyens dont disposent les juges français et ceux dont disposent les juges allemands. Ces moyens ne sont pas nécessairement identiques. Ils ne confèrent pas nécessairement le même pouvoir aux juges français et allemands. Ceci dit, ils leur attribuent à chacun un pouvoir important, fut-il un peu plus réduit dans le cas des juges allemands.

494 Au terme de ce bilan du Colloque de Constance, je voudrais enfin, avant de conclure, rappeler les différents enseignements que nous ont livré les contributions qui ont été présentées.

1. Les droits allemand et français de la responsabilité non-contractuelle en matière commerciale sont fondés essentiellement sur les principes de la responsabilité civile non-contractuelle. Néanmoins, ces droits, en certains domaines, comportent des règles distinctes, issues de certaines interventions législatives ou jurisprudentielles. L'apparition de ces règles distinctes, sans être la preuve de l'émergence d'un droit de la responsabilité non-contractuelle spécifique à la matière commerciale, est l'expression du développement et de la diversification du contentieux non-contractuel en cette matière.

2. Les droits allemand et français de la responsabilité non-contractuelle en matière commerciale, fondés essentiellement sur les principes du droit civil, reposent par conséquent sur des systèmes différents. La différence de ces systèmes n'aboutit pas cependant en pratique à des solutions nécessairement divergentes. De telles divergences n'apparaissent que ponctuellement, une contradiction qui s'explique par le fait que les juges français et allemands, sans remettre en cause la logique propre à leur système de responsabilité, se sont efforcés néanmoins d'en corriger certains effets néfastes, se refusant à une application pure et simple, par trop rigoureuse des règles que leur ont légué les rédacteurs des Codes civils et français.

3. En matière commerciale, le poids des considérations économiques est considérable, les juges français et allemands en sont bien conscients. Ces considérations ont donc joué un rôle primordial dans la définition des jurisprudences allemandes et françaises qu'il se soit agi de déroger en matière commerciale à certaines règles du droit civil de la responsabilité non-contractuelle, d'adapter ces règles ou d'en combler les lacunes, d'interpréter certaines dispositions

298

législatives, de déterminer la nature des comportements susceptibles d'engager la responsabilité de leurs auteurs ou de qualifier certains faits dont ces juges étaient saisis.

4. Pour ne pas disposer des mêmes moyens à l'effet d'implémenter ces considérations économiques dans le droit et la jurisprudence, pour s'être vu reconnaître par les rédacteurs des Codes civils français et allemand un pouvoir d'appréciation, un pouvoir créateur de droit très différent, les juges français et allemands ne sont pas en définitive placés en pratique dans une situation fondamentalement différente à cet égard.

Tels sont les enseignements qui se dégagent du Colloque de Constance.

Qu'il me soit permis maintenant en guise de conclusion d'élargir quelque peu le débat.

§ 3 Perspectives d'harmonisation européenne

Au cours de ce Colloque, chacun des intervenants a mentionné la **495** possibilité d'une harmonisation européenne du droit de la responsabilité non-contractuelle non seulement en matière commerciale, mais aussi en matière civile, association logique puisque le droit de la responsabilité non-contractuelle en matière de commerce est pour l'essentiel, au moins en Allemagne et en France, fondé sur les règles du droit civil.

Si l'on songe à une telle harmonisation – qui n'est pas une vue de l'esprit puisqu'elle a été l'objet d'un voeu du Parlement Européen proposant la rédaction d'un Code civil européen –, deux questions se posent auxquelles il convient de répondre.

Il faut tout d'abord déterminer si une telle harmonisation est utile et possible, rechercher ensuite selon quels principes elle pourra être conduite.

1. Utilité et possibilité d'une harmonisation communautaire

a. Utilité

Dès lors que l'on affirme que l'application des droits français d'une **496** part et allemand d'autre part de la responsabilité non-contractuelle n'aboutit pas nécessairement à des solutions divergentes, on serait tenté d'en conclure qu'il est inutile de procéder à une harmonisation de ces droits.

Il convient cependant de ne pas oublier que si l'application de ces deux droits n'aboutit pas en principe à des solutions nécessairement divergentes, de telles divergences peuvent apparaître ponctuellement, divergences qui sont également susceptibles d'apparaître dans le cadre de la sanction de certaines normes de droit communautaire.

De telles divergences pourront notamment apparaître en ce qui concerne la définition des comportements de nature à engager la responsabilité de leurs auteurs. Ainsi, au cours de ce Colloque, il est apparu que la responsabilité des banques à l'occasion de l'octroi ou du refus de l'octroi de crédits à des entreprises en difficulté n'était pas véritablement engagée dans les mêmes conditions en France et en Allemagne. En revanche, en l'état actuel, les cas de concurrence déloyale que relèvent les juges français semblent se rapprocher très largement de ceux retenus par les juges allemands.

Toute divergence, sans être nécessaire, n'est donc pas écartée et ne peut l'être compte tenu du caractère évolutif de toute jurisprudence, qu'elle soit française ou allemande. De telles divergences ponctuelles sont susceptibles d'apparaître et de disparaître à chaque instant.

Il n'est donc pas a priori inutile de tenter d'harmoniser les droits français et allemand de la responsabilité non-contractuelle.

497 Une autre raison milite en faveur d'une telle harmonisation. Elle tient aux difficultés que soulève dans l'ordre international la divergence intrinsèque des droits applicables de par la souveraineté des Etats dont ils relèvent.

Ces difficultés concernent aussi bien la compétence internationale des juridictions que la reconnaissance et l'exécution des décisions judiciaires étrangères et la détermination de la loi applicable.

Certes, certaines de ces difficultés ont été résolues par la Convention de Bruxelles du 27 septembre 1968, en ce qui concerne la compétence internationale des juridictions, la reconnaissance et l'exécution des décisions judiciaires étrangères. Mais, même en ce domaine, bien des problèmes demeurent. La Convention de Bruxelles a en effet un champ d'application limité. En outre, la Cour de Justice se heurte à une question ardue, celle de la qualification des actions du droit des Etats membres au regard des principes posés par la Convention, qualification d'autant plus difficile que les systèmes de droit dont elles tirent leur origine sont le plus souvent animés d'une logique propre.

En matière de conflits de lois, la situation est bien pire encore, aucune des difficultés que peut générer la divergence des droits nationaux applicables n'ayant pu être surmontée. L'Avant-projet de Convention européenne relative à la loi applicable aux obligations contractuelles et non-contractuelles n'a abouti jusqu'à présent qu'à l'adoption de la Convention de Rome du 19 juin 1980 relative à la loi applicable aux obligations contractuelles. En matière d'obligations non-contractuelles, c'est donc principalement le droit non-conventionnel des Etats membres qui continue de s'appliquer, un droit qui est sujet lui-même à certaines divergences comme l'a montré l'étude comparée du droit international délictuel allemand d'une part et français d'autre part. L'adoption d'une convention européenne en ce domaine devrait donc représenter un objectif prioritaire, préalable même à une harmonisation des droits matériels européens.

Il reste que même si une telle convention venait à être adoptée, tous les problèmes que pose dans l'ordre international le droit de la responsabilité non-contractuelle ne seraient pas pour autant résolus. Ces problèmes seraient peut-être simplifiés, mais non éliminés.

Aussi doit-on à notre avis songer à une harmonisation des droits matériels eux-mêmes, à condition bien entendu qu'une telle harmonisation soit possible, deuxième question à laquelle il convient de répondre.

b. Possibilité

Jusqu'à présent, seules certaines harmonisations ponctuelles ont été tentées en matière de responsabilité non-contractuelle. Elles ont été l'objet de directives du Conseil. De telles harmonisations présentent un inconvénient majeur: elles sont fragmentaires. On notera en outre que les concepteurs de ces textes hésitent le plus souvent à trancher des questions fondamentales eu égard aux conceptions différentes que peuvent en avoir les droits des Etats membres. **498**

Afin d'éviter ces inconvénients, il serait donc préférable d'envisager une harmonisation globale, c'est à dire du droit de la responsabilité non-contractuelle dans ses principes fondamentaux. Une telle harmonisation soulève cependant des difficultés considérables. **499**

500 Ces difficultés tiennent précisément à la différence des systèmes de responsabilité non-contractuelle des Etats membres. Chacun de ces systèmes ou familles de systèmes – certains systèmes ont en effet été reproduits dans plusieurs Etats – a en effet une logique propre. Les règles qui en sont l'expression constituent un ensemble doué d'une rationalité spécifique.

Il n'est donc guère possible d'harmoniser ces systèmes en se contentant d'éliminer les angles saillants de chacun d'entre eux. Le résultat obtenu ne serait pas une véritable harmonisation, c'est à dire une nouvelle harmonie, mais un ensemble hétérogène dépourvu de toute rationalité.

501 Pour éviter cet inconvénient, on peut songer à choisir, comme modèle, comme référence, un des systèmes nationaux de responsabilité en concurrence. Mais il est alors peu probable que les Etats pratiquant un autre système acceptent de s'aligner sur celui-ci. Une harmonisation ainsi conçue risque fort de ne jamais voir le jour.

En outre, on ne saurait isoler un système de droit, quel qu'il soit, du contexte dans lequel il s'insère, c'est à dire de la perception qu'en ont les hommes chargés de l'appliquer, les juges, perception que ceux-ci transposent dans leur jurisprudence. Comme le disait très bien le professeur Schmidt, le système de responsabilité français appliqué pendant une période dans certains territoires allemands a été l'objet par les juges allemands d'une interprétation differente de celle qu'en ont donné les juges français à la même époque.

Adopter un modèle parmi les systèmes en concurrence n'apporterait donc aucune véritable harmonisation, à moins, bien entendu, qu'une juridiction européenne ne vienne systématiquement corriger les interprétations différentes que pourraient en donner les juridictions autres que celles du pays dont le modèle a été choisi.

502 On peut aussi songer à une troisième solution, c'est à dire à composer un système de responsabilité non-contractuelle, proprement européen, autonome, possédant sa logique propre, une logique qu'il conviendrait de faire partager à l'ensemble des juridictions des Etats membres afin d'éviter l'inconvénient d'une interprétation variable du droit européen en ce domaine.

Une telle solution aurait certainement l'avantage de faciliter l'adhésion de tous à un système original, indépendant des différents systèmes nationaux en concurrence.

302

Une question se pose cependant: en quoi pourrait consister ce système?

Il ne nous appartient certainement pas ici de tenter de faire des propositions détaillées. Aussi me contenterai-je de quelques observations au regard des enseignements que le Colloque de Constance a permis de dégager.

2. Directives en vue d'une harmonisation européenne

Si l'on entend doter l'Europe d'un système de responsabilité non-contractuelle uniforme et autonome, il convient que ce système présente une caractéristique fondamentale. **503**

Ce système doit être performant, c'est à dire compétitif sur le plan international. Le droit est en effet devenu un lieu de concurrence, un objet de compétition. Le droit européen doit donc être compétitif.

Pour qu'il en soit ainsi, il faut que ce système présente une certaine souplesse de telle sorte qu'il permette aux juges de tenir compte des considérations économiques que peuvent soulever les questions de responsabilité non-contractuelle, notamment en matière commerciale.

C'est là une idée fondamentale dont la réalisation cependant n'est pas aisée.

L'étude comparée des droits et des jurisprudences français d'une part, allemands d'autre part, a montré comment les juges de ces deux pays, placés par les Codes civils français et allemand dans des situations différentes, ne disposant pas des mêmes moyens, du même pouvoir d'appréciation, du même pouvoir créateur de droit, sont parvenus, au terme d'une longue évolution, à un équilibre sensiblement équivalent. **504**

C'est à un équilibre du même type que devraient parvenir les concepteurs d'un système européen de la responsabilité non-contractuelle uniforme et autonome.

Le système français offrait peut-être à la responsabilité non-contractuelle un champ d'action trop large. C'est en tout cas l'opinion de beaucoup de juristes allemands lorsqu'ils prennent connaissance des articles 1382 et 1383 du Code civil français. Ils considèrent que ces dispositions ouvrent la voie à une responsabilité non-contractuelle sans limite à la discrétion ou laissée à l'arbitraire du juge. Ce système, estiment-ils, assure la même protection à n'importe quel droit, n'importe quel intérêt. Ils en concluent alors que le système allemand est préférable, ignorant cependant que l'impression qu'ils ont eu à la lecture de ces articles ne correspond pas au système de responsabilité non-contractuelle tel que les juges français le pratiquent quotidiennement, tel que la Cour de Cassation française en assure la sauvegarde.

Le système allemand offrait peut-être en revanche un champ d'action trop étroit à la responsabilité non-contractuelle. C'est également l'opinion de beaucoup de juristes français lorsqu'ils découvrent pour la première fois les articles 823 et suivants du Code civil allemand. Ce système emprisonne le juge dans des catégories rigides. Ce dernier se trouve ainsi privé des moyens d'adapter le droit à l'évolution des faits, au développement et à la diversification de l'activité humaine. Le système français leur apparait donc au combien préférable. Pourtant là encore, ils se trompent, ignorant que cette impression ne recouvre que très partiellement la pratique judiciaire allemande, le système de responsabilité non-contractuelle tel que le conçoivent, l'appliquent les juges allemands.

Les concepteurs d'un système de responsabilité non-contractuelle européen se doivent par conséquent, avant même de forger les notions sur lesquelles ce système pourra reposer, de déterminer leur agencement, de doter les règles résultant de cet agencement d'une rationalité propre, de définir l'équilibre auquel ils entendent parvenir, un équilibre auquel les systèmes de responsabilité français et allemand ne sont eux-mêmes parvenus qu'à l'issue d'une longue et lente évolution.

Le problème essentiel que ces hommes auront à résoudre, s'ils entendent doter l'Europe d'un droit performant, «immédiatement applicable», consistera donc à déterminer le pouvoir d'appréciation dont disposeront les juges dans l'application du droit européen de la responsabilité non-contractuelle.

Les rédacteurs des Codes civils français et allemand ne s'y sont pas trompés, qui ont élaboré les droits français et allemand de la responsabilité non-contractuelle en fonction de la réponse qu'ils entendaient donner à cette question fondamentale. Peut-être les solutions qu'ils ont retenues alors n'étaient-elles pas toujours les meilleures. Il reste néanmoins qu'ils ont compris l'enjeu ultime de toute oeuvre codificatrice, c'est à dire non pas le présent, mais l'avenir.

Un dernier mot enfin. Si les concepteurs d'un système européen de **505** responsabilité non-contractuelle se doivent, avant même de détermi- ner les principes sur lesquels reposera ce système, définir l'équilibre auquel ils entendent parvenir en ce domaine, s'agissant de l'ampleur de la responsabilité qu'ils instituent et du pouvoir d'appréciation dont disposeront les juges à cet égard, il leur appartient également de ne pas méconnaître l'importance de l'objet de leurs efforts, l'im- portance du droit de la responsabilité non-contractuelle lui-même.

Un système européen de responsabilité non-contractuelle ne saurait en effet être conçu indépendamment de toute réflexion préalable portant sur la place de ce droit, sur le rôle de celui-ci, dans l'ensem- ble de l'ordre juridique ou des ordres juridiques, auxquels il sera ap- pelé à s'intégrer: ordre juridique communautaire et ordres juridi- ques nationaux.

A cet effet, les concepteurs de ce système, avant même de tenter d'es- **506** quisser celui-ci, se doivent de déterminer la fonction qui sera assi- gnée au droit de la responsabilité non-contractuelle, notamment en matière commerciale.

Le droit de la responsabilité non-contractuelle, on le sait, est suscep- tible d'assumer essentiellement deux fonctions distinctes: une fonction de réparation d'une part, une fonction de prévention d'au- tre part.

Par fonction de réparation, on entend la fonction du droit de la res- ponsabilité non-contractuelle en termes de compensation des dom- mages résultant des atteintes portées aux droits et intérêts protégés par la loi. Le droit de la responsabilité non-contractuelle a alors prin- cipalement pour objet de trancher un conflit entre des intérêts privés.

Par fonction de prévention, on entend la fonction du droit de la res- ponsabilité non-contractuelle en termes d'orientation du comporte- ment des sujets de droit. Le droit de la responsabilité non-contractu- elle a alors principalement pour objet de faire prévaloir une certaine conception de l'intérêt général. Il incite en effet les sujets de droit à adopter un comportement non-dommageable, étant entendu qu'il fait lui-même la part des choses, dans le sens où il détermine quel comportement sera considéré comme étant dommageable, toute at- teinte portée aux intérêts d'autrui ne pas nécessairement être répa- rée. Pour qu'il en soit ainsi, encore faut-il que l'intérêt auquel une at- teinte a été portée soit protégé par la loi. Encore faut-il également le plus souvent que cette atteinte soit fautive, c'est à dire interdite par l'ordre juridique. En opérant la distinction entre les intérêts protégés ou non par la loi, et surtout en distinguant les atteintes fautives des atteintes non fautives portées aux intérêts (protégés) d'autrui, le droit de la responsabilité non-contractuelle, tel qu'il est mis en oeuvre par les juges chargés de l'appliquer, tend alors à faire prévaloir une certaine conception de l'intérêt général, ce qui explique qu'en ce domaine l'ordre public soit appelé à jouer un rôle considérable.

Ces deux fonctions, fussent-elles distinctes, sont bien évidemment liées et donc difficiles à dissocier.

Néanmoins, en matière commerciale, et ceci aussi bien en droit allemand qu'en droit français – c'est là un autre enseignement de ce Colloque –, la fonction de prévention l'emporte le plus souvent sur la fonction de réparation telles que définies précédemment. En matière civile, au contraire, en raison notamment du développement du phénomène de l'assurance, c'est la situation inverse que l'on observe.

507 De cette différence, il ne saurait résulter que la responsabilité non-contractuelle doive être soumise, en matière commerciale, à un régime spécifique. En effet, cette différence n'est pas absolue, les assurances de responsabilité ne couvrant pas par exemple la faute intentionnelle de l'assuré, notamment en matière civile. En outre, on l'a déjà dit, les principes du droit civil de la responsabilité non-contractuelle se laissent le plus souvent transposer sans difficulté en matière commerciale, pourvu du moins, il est vrai, que ces principes ne soient pas seulement fondés sur le risque de dommage, excluant la prise en considération du comportement fautif de son auteur.

En revanche, dans la mesure où, notamment en matière commerciale, le droit de la responsabilité non-contractuelle conserve une fonction essentiellement préventive, il va sans dire que les concepteurs d'un système européen de la responsabilité non-contractuelle ne sauraient ignorer cette particularité. Ils se doivent au contraire de déterminer – et cela vaut aussi en matière civile, fût-ce à un degré moindre – quelle place ils entendent assigner à ce droit parmi les différentes institutions qui concourent également à orienter le comportement des sujets de droit.

508 A cet égard, on songe notamment à la responsabilité pénale qui a non seulement une fonction de sanction, mais aussi une fonction de prévention. On songe également aux pouvoirs dont disposent certaines autorités administratives, pouvoir de prendre des décisions individuelles (pouvoir d'octroyer ou de refuser une autorisation, un agrément, une habilitation), pouvoir d'édicter une réglementation, de sanctionner les manquements constatés (sanctions administratives). Ces pouvoirs ont eux aussi pour fonction d'orienter le comportement des sujets de droit, le plus souvent autoritairement. C'est même leur principale raison d'être. Comme la responsabilité pénale, ils viennent en quelque sorte concurrencer la responsabilité civile non-contractuelle sur le terrain de l'orientation du comportement des sujets de droit.

Les concepteurs d'un système européen de responsabilité non-contractuelle se doivent donc de déterminer quelle place il convient d'attribuer à chacun de ces instruments et en particulier celle que doit occuper la responsabilité non-contractuelle, une place privilégiée ou bien secondaire.

Certes on n'ignore pas que ces différents instruments ne s'excluent pas nécessairement les uns les autres. Ainsi la responsabilité pénale engendre-t-elle en principe une responsabilité civile non-contractuelle. De même, une réglementation administrative peut-elle être sanctionnée non seulement administrativement, mais aussi pénalement ou civilement.

Il reste cependant que dans un ordre juridique donné, s'agissant d'une activité précise, il n'est pas rare de privilégier l'un de ses instruments parce qu'il apparait plus adapté. D'une manière générale, selon la fonction que l'on attribue à l'Etat, on est tenté d'attribuer un plus grand rôle à une orientation soit administrative, soit civile ou pénale du comportement des sujets de droit.

La conception d'un système de responsabilité non-contractuelle **509** suppose donc une réflexion préalable portant sur la place du droit du même nom dans l'ordre juridique dans lequel ce droit est appelé à s'insérer. C'est là une question fondamentale à laquelle il convient d'apporter une réponse.

Cette réponse, la prise en considération des exigences de l'économie nous la livre. Il ne fait en effet aucun doute que dans le contexte de concurrence internationale exacerbée qui prévaut actuellement et qui ne fera que se renforcer à l'avenir, le droit, objet de concurrence lui-même, doit présenter une grande souplesse, ce qui interdit toute réglementation rigide susceptible de paralyser l'activité des agents économiques, ce qui implique une déréglementation aussi étendue que possible, une déréglementation qui est bien plus avancée aux Etats-Unis notamment qu'elle ne l'est en Europe.

noch **509** Dès lors il est clair que l'orientation des comportements des sujets de droit ne saurait résulter principalement de l'intervention d'autorités administratives.

Le droit de la responsabilité non-contractuelle, à condition bien entendu que les juges chargés de l'appliquer disposent d'un pouvoir d'appréciation suffisant, offre au contraire une souplesse indispensable, une souplesse d'autant plus adaptée que les agents économiques en sont les acteurs immédiats.

En ce sens, le droit de la responsabilité non-contractuelle semble appelé à jouer un rôle grandissant. Il est donc de la plus haute importance que les concepteurs d'un système de responsabilité non-contractuelle aient conscience de ce phénomène et donc de l'ampleur de leur tâche qui engage largement l'avenir de l'Europe dans la concurrence internationale.

Vive la France, vive l'Allemagne, vive l'Europe!

Schlußworte

Carsten Thomas Ebenroth

Wir sind am Ende unserer Arbeiten zum französischen und deut- **510** schen Recht der außervertraglichen unternehmerischen Verhaltens- pflichten angelangt. Erlauben Sie mir deshalb, eine Bilanz zu versu- chen. Beginnen möchte ich mit einer Abgrenzung des Gegenstands der Untersuchung.

§ 1 Gegenstand der Untersuchung

Das Recht der außervertraglichen Haftung ist das Recht derjenigen **511** Haftung, die aus der Verletzung gesetzlicher Verhaltenspflichten re- sultiert. Sie ist zu unterscheiden von der Haftung, welche die Miß- achtung vertraglicher, privatautonomer Pflichten nach sich zieht.

1. Der Begriff der außervertraglichen Haftung

In einigen Beiträgen wurde auf Rechtsinstitute verwiesen, die das **512** deutsche Recht als vertragliche oder als Zwischenstufe zwischen Vertrag und Delikt – der berühmte „dritte Weg" – betrachtet. Diese Ausdehnung der Vertragshaftung beruht auf den Unzulänglichkei- ten des deutschen Deliktsrechts, das die Verfasser des BGB bewußt als starres System ausgestaltet haben. Um die Lücken auszufüllen, die sich hieraus ergaben, griff man in Deutschland auf bestimmte vertragliche oder „quasi-vertragliche" Konstruktionen zurück, die im Rahmen unserer Betrachtung zur außervertraglichen Haftung ebenfalls angesprochen werden mußten, um einen Vergleich mit dem französischen Recht zu ermöglichen.

Vielleicht nicht uneingeschränkt gilt diese Erklärung für das Rechts- **513** institut der vorvertraglichen „culpa in contrahendo", die in Deutsch- land vertraglicher Natur ist. Dies entspricht zumindest der herr- schenden Auffassung im Anschluß an die Konstruktion Iherings, der die Meinung vertreten hat, daß sich im Rahmen jedes Vertrags- schlusses die Parteien gleichzeitig verpflichten, ein wirksames Rechtsgeschäft abzuschließen. Dieser Standpunkt wird von der französischen Rechtsprechung und vom französischen Schrifttum

nicht geteilt, die davon ausgehen, daß ein nichtiger Vertrag grundsätzlich keine Wirkung entfaltet und daß eine Haftung bei unwirksa-
mem Vertrag nur außervertraglicher Natur sein kann. Wenn im französischen und im deutschen Recht die außervertragliche Haftung in
unterschiedlicher Weise qualifiziert wird, beruht dies auf einem unterschiedlichen theoretischen Ausgangspunkt. Es wäre daher verfehlt gewesen, die vorvertragliche Haftung allein deshalb aus unserer Untersuchung herauszunehmen.

514 Aus diesem Grund sind wir von einem weiten Begriff der außervertraglichen Haftung ausgegangen. Die unterschiedliche Qualifizierung der einzelnen Rechtsinstitute führt nicht notwendigerweise zu
bedeutenden Rechtsunterschieden in den beiden Rechtsordnungen.
Zu bedeutenden Konsequenzen gelangen diese Unterschiede insbesondere im Internationalen Privatrecht und im Internationalen Pro-
zeßrecht.

515 Auf der anderen Seite sind aber nicht alle denkbaren gesetzlichen
Verhaltenspflichten zur Sprache gekommen. Ausgenommen wurden zunächst die Haftung im Rahmen derjenigen Rechtsverhältnis-
se, die man in Frankreich als „quasi-contrat" bezeichnet, nämlich
die Geschäftsführung ohne Auftrag, die ungerechtfertigte Bereiche-
rung und die Rechtsscheinshaftung.

516 Des weiteren haben sich die Beiträge hauptsächlich auf den Bereich
der Haftung für eigenes Verhalten beschränkt. Um die Haftung für
das Verhalten Dritter ging es im Rahmen dieses Kolloquiums nur
ausnahmsweise bei der Bankenhaftung[1].

517 Die Verhaltenshaftung baut in erster Linie auf dem Begriff des Verschuldens auf. Die einzelnen Beiträge im Rahmen dieses Kolloquiums haben sich deshalb hauptsächlich der außervertraglichen
Verschuldenshaftung gewidmet. Dies überrascht deshalb nicht,
weil im Geschäftsverkehr außerhalb der Verletzung subjektiver
Rechte (z. B. gewerbliche Schutzrechte) meistens nur reine Vermögensschäden geltend gemacht werden.

2. Der Begriff der Handelssache

518 Der „unternehmerische" Bereich ist dagegen sehr weit verstanden
worden. Nicht möglich war es, sich hierzu an der Kompetenz der
speziellen, handelsrechtlichen Spruchkörper im deutschen und fran-

---

1 Siehe Rn. 219.

zösischen Gerichtsaufbau zu orientieren. Die Kompetenz der deutschen Kammern für Handelssachen ist hierfür ebenso zu eng wie die – an sich weiter gefaßte – Kompetenz der französischen Handelsgerichte. Nicht möglich war es auch, auf den Begriff des Handelsrechts Rückgriff zu nehmen. Anders als in Frankreich gilt in Deutschland die unerlaubte Handlung, die von einem Kaufmann im Rahmen eines Handelsgeschäfts begangen wird, nicht als Handelsgeschäft[2]. Den „unternehmerischen Bereich" haben wir deshalb in einem umfassenden Sinn verstanden, der alle Aspekte unternehmerischer Tätigkeit einbezieht, soweit sie zivilrechtlicher Natur sind.

Was das europäische Recht der außervertraglichen Haftung angeht, **519** hat Marco Darmon auf eine sehr bedeutende Rechtsprechung des EuGH hingewiesen, nach der Mitgliedstaaten für die Verletzung ihrer europarechtlichen Pflichten zur Haftung herangezogen werden können[3]. Das europäische Recht der außervertraglichen Haftung ist bis heute überwiegend öffentliches Recht. Es betrifft neben der Haftung der Mitgliedstaaten die europarechtliche Amtshaftung. Dieses Übergewicht des öffentlichen Rechts im europäischen Recht der außervertraglichen Haftung ist durchaus in der Lage, einen Einfluß auf das europäische Privatrecht in diesem Bereich auszuüben, das derzeit noch im Entstehen ist, das aber in einigen Grundzügen vom EuGH im Rahmen der Anwendung des Brüsseler Übereinkommens vom 27. September 1968 bereits vorgezeichnet wurde.

Um es den teilnehmenden französischen und deutschen Richtern **520** zu gestatten, nicht nur das anwendbare Recht, sondern auch die Ausformung dieses Rechts in der Rechtsprechung zu vergleichen, wurden bestimmte Probleme aus dem Konzern-, Gesellschafts-, Insolvenz-, Bank-, Kartellrecht sowie aus dem Recht des unlauteren Wettbewerbs ausgewählt.

§ 2 Bilanz der Untersuchung

Der Vergleich des französischen und des deutschen Rechts der au- **521** ßervertraglichen Haftung im Geschäftsverkehr gibt Anlaß zu drei verschiedenen Beobachtungen:

---

2 Siehe Rn. 29.
3 Siehe Rn. 381.

– Weder in Frankreich noch in Deutschland existiert ein in sich abgeschlossenes Sonderdeliktsrecht für Unternehmen.

– Das französische und das deutsche Recht der außervertraglichen Haftung beruhen auf unterschiedlichen Systemen.

– Die Anwendung dieser unterschiedlichen Haftungssysteme führt im unternehmerischen Bereich in der Entscheidungspraxis nicht notwendigerweise zu unterschiedlichen Ergebnissen.

1. Grundlegende Beobachtungen

a. Das Fehlen eines unternehmensspezifischen Rechts

522 Zunächst war zu beobachten, daß weder in Deutschland noch in Frankreich ein spezifisches Recht der außervertraglichen unternehmerischen Verhaltenspflichten existiert. Die außervertragliche Haftung beruht auch im unternehmerischen Bereich hauptsächlich auf den Vorschriften des Zivilrechts, d.h. auf den Art. 1382 und 1383 Code Civil bzw. auf den § 823 ff. BGB.

Wenn die unerlaubte Handlung im unternehmerischen Bereich im französischen Recht als „acte de commerce" betrachtet wird, hat dies allein zur Folge, daß sie die Kompetenz der Handelsgerichte begründet[4].

523 Daneben sind einige Arten unternehmerischer Delikte sowohl im deutschen als auch im französischen Recht Gegenstand bestimmter gesetzlicher Sonderregeln oder Gegenstand einer Sonderbehandlung durch die Rechtsprechung. Dies betrifft in Frankreich etwa im Bereich des Insolvenzrechts die Haftung der Geschäftsleiter im Rahmen des Artikel 99 des früheren Insolvenzgesetzes von 1967 (Verschuldens-und Kausalitätsvermutung) und nunmehr des Art. 180 des Gesetzes von 1985 (Ermessen des Gerichts bei der Höhe der Verurteilung). Diese Vorschriften betreffen die „action en comblement du passif social" des satzungsmäßigen oder faktischen Geschäftsleiters einer juristischen Person des Privatrechts. Da auch Gesellschaften die Eigenschaft als satzungsmäßige faktische Geschäftsleiter einer juristischen Person zuerkannt wird, sind diese Vorschriften im Rahmen eines Konzerns anwendbar. Hier handelt es sich um eine erste Ausnahme vom allgemeinen Recht der außervertraglichen Haftung, wenn auch die „action en comblement du passif social"

---

4 Siehe Rn. 29.

ansonsten ihre Grundlage in den Art. 1382 und 1383 Code civil fin- noch
det. Die französische Cour de cassation hat es übrigens zugelassen, **523**
parallel zu einer „action en comblement du passif" eine auf das allgemeine Deliktsrecht gestützte Klage zu erheben.

Das deutsche Konzernrecht liefert ein weiteres Beispiel für eine De-
rogierung vom System der allgemeinen außervertraglichen Haftung. Nach § 302 AktG muß eine Muttergesellschaft, die mit ihrer
Tochtergesellschaft einen Beherrschungs- oder Gewinnabführungs-
vertrag geschlossen hat, nach Beendigung dieses Vertrags die Verlu-
ste der Tochtergesellschaft ausgleichen und deren Gläubigern Sicherheit leisten. Dies ist eine Haftung ohne Verschulden als Ausgleich für die Leitungsmacht der Muttergesellschaft[5]. Nach der
Rechtsprechung sind diese Vorschriften nicht nur auf die abhängige
Aktiengesellschaft, sondern auch auf die abhängige GmbH anwendbar. Eine GmbH kann demnach mit einem anderen Unternehmen einen gesellschaftsrechtlichen Organisationsvertrag abschließen.
Überdies schien nach der früheren Rechtsprechung ein herrschendes Unternehmen auch ohne einen solchen Vertrag analog den §
302 f. AktG dann zu haften, wenn sie ihre Leitungsmacht in „dauer-
hafter und umfassender" Weise ausgeübt hatte. Auch dies war eine
Haftung ohne Verschulden entgegen den allgemeinen Grundsätzen
der außervertraglichen Haftung. Inzwischen verlangt der Bundesgerichtshof den Beweis eines objektiven Mißbrauchs der beherrschenden Gesellschafterstellung und kehrt damit auf den Boden der allgemeinen Haftungsgrundsätze zurück[6].

Auch der unlautere Wettbewerb ist ein Beispiel für die Abkehr von
den allgemeinen Grundsätzen der außervertraglichen Haftung. Das
Recht des unlauteren Wettbewerbs stützt sich in Frankreich zwar
auf die Art. 1382 f. Code civil. Unter dem Einfluß der französischen
Rechtsprechung hat es jedoch, was die Bestimmung der Kausalität
und des Schadens anbelangt, eine gewisse Autonomie erlangt, die
sich damit erklärt, daß in der Mehrzahl der Fälle nicht auf Schadensersatz, sondern auf Unterlassung geklagt wird[7].

Im deutschen Recht ist der unlautere Wettbewerb Gegenstand einer
Sonderregelung durch das Gesetz vom 7. Juni 1909 (UWG). Dieses
Gesetz enthält in seinem ersten Paragraphen eine Generalklausel,

---

5 Siehe Rn. 111 ff.
6 Siehe Rn. 114, 129.
7 Siehe Rn. 34 ff., 346.

die sich an § 826 BGB orientiert, von ihm aber in einem entscheidenden Punkt abweicht. Während derjenige, der entgegen den guten Sitten handelt, nach § 826 BGB nur bei Vorsatz haftet, verzichtet § 1 UWG auf das Vorsatzerfordernis, um die Ahndung unlauteren Wettbewerbs zu erleichtern[8].

524 Aus deutscher Sicht verwundern diese Ausnahmen vom allgemeinen Deliktsrecht nicht, weil dieses Rechtsgebiet kasuistischer Natur ist[9]. Im französischen Recht überraschen derartige Ausnahmen eher, weil die Gesetzesväter des Code civil bewußt auf eine kasuistische Konzeption der außervertraglichen Haftung verzichtet haben[10].

525 Es gibt aber noch weitere Beispiele einer unternehmerischen Sonderhaftung, die im Laufe dieses Kolloquiums zur Sprache gekommen sind. Zu denken ist insbesondere an die Haftung der Geschäftsführer einer „société à responsabilité limitée" (Art. 53 des Gesetzes vom 24. 7. 1966) und der Mitglieder des Verwaltungsrats einer „société anonyme" (Art. 247 desselben Gesetzes), die in Frankreich grundsätzlich in drei und nicht wie sonst bei der außervertraglichen Haftung in 10 Jahren verjährt (Art. 2270-1 Code Civil). Ebenso sollte man erwähnen, daß Art. 36 der Verordnung vom 1. 12. 1986 der Staatsanwaltschaft, dem Wirtschaftsminister und dem Präsidenten des Conseil de la concurrence hinsichtlich wettbewerbswidriger Praktiken (Verweigerung eines Vertragsschlusses, Diskriminierung etc.) ein Klagerecht gewährt. Schließlich sei daran erinnert, daß nach § 21 UWG der Unterlassungs- und Schadensersatzanspruch wegen unlauteren Wettbewerbs in 6 Monaten verjährt.

Demnach ist es zwar richtig, daß es weder in Frankreich noch in Deutschland ein spezifisches Recht der außervertraglichen unternehmerischen Haftung gibt und daß auch im unternehmerischen Bereich das allgemeine Deliktsrecht zur Anwendung gelangt. Dennoch hat dieses Recht einige Ausnahmen erfahren, welche die Rechtsprechung bzw. der Gesetzgeber entwickelt haben, obwohl das französische Recht im Gegensatz zum deutschen nicht kasuistischer Natur ist.

526 Es hat sogar den Anschein, daß diese Ausnahmen sich in letzter Zeit und hier vor allem in Frankreich vervielfältigt haben. Dies erklärt

---

8 Siehe Rn. 317 ff.
9 Siehe Rn. 54, 79.
10 Siehe Rn. 79.

sich aus dem Wunsch der Rechtsprechung einerseits und des Gesetzgebers andererseits, die Grundsätze der außervertraglichen Haftung im Geschäftsverkehr den ökonomischen Gegebenheiten anzupassen. Der Gegenstand dieser Ausnahmen variiert gegenwärtig nach der Art des betreffenden unternehmerischen Delikts und genauer nach der Art der unternehmerischen Tätigkeit, in deren Rahmen sich das beanstandete Verhalten einfügt. Nicht zulässig wäre es deshalb, aus diesen verschiedenen Ausnahmen auf das Entstehen eines eigenständigen Rechts der außervertraglichen unternehmerischen Haftung zu schließen. Möglicherweise muß man hierin im Gegenteil lediglich den Ausdruck einer Diversifizierung des gesamten Rechts der außervertraglichen Haftung erblicken.

Wenn diese Diversifizierung im unternehmerischen Bereich besonders spürbar ist, so ist dies das Resultat der beträchtlichen Entwicklung der unternehmerischen Tätigkeit in all ihren Formen in den letzten Jahrzehnten. Eine solche Entwicklung erzeugt notwendigerweise neue Interessenkonflikte und neue Arten von Schäden, bei denen es jeweils zu bestimmen gilt, ob und unter welchen Bedingungen sie ersatzwürdig sind. Die Entwicklung des Wirtschaftsverkehrs schafft ein neues Bedürfnis nach Rechtsregeln, welche letztlich nichts anderes sind als unternehmerische Spielregeln. Daher hat Frankreich mehrfach eine Reform des Insolvenzrechts erlebt, wie sie derzeit auch in Deutschland im Gange ist[11]. Aus diesem Grunde hat sich Frankreich auch eine neue Gesetzgebung im Bereich des Kartellrechts gegeben, die sich am europäischen und deutschen Modell inspiriert hat. Und daher schließlich bemüht sich die deutsche Rechtsprechung, ein Konzernrecht zu definieren, das auf den besonderen Fall der GmbH angepaßt ist[12].

Die rechtlichen Lösungen sind dabei nicht einheitlich, sondern variieren nach dem jeweiligen Bereich unternehmerischer Aktivität unter Berücksichtigung der betroffenen privaten und öffentlichen Interessen.

Die Beiträge, die wir hier gehört haben, lehren, daß das französische und das deutsche Recht der außervertraglichen unternehmerischen Haftung wegen der Unterschiede des allgemeinen französischen und deutschen Deliktsrechts nicht identisch sind.

527

---

11 Siehe Rn. 421.
12 Siehe Rn. 113 ff.

b. Das deutsche und das französische System der außervertraglichen Haftung

528 Die Gesetzesväter des französischen Code civil und des deutschen BGB sind von unterschiedlichen Konzeptionen der außervertraglichen Haftung ausgegangen[13].

Das französische Recht hat mit den Art. 1382 und 1383 Code civil eine Generalklausel gewählt. Diese Wahl ist einerseits das Resultat des Einflusses von Ideen der Naturrechtsschule und andererseits Ausdruck des Wunsches, einen Text zu konzipieren, der nicht nur auf jedes Rechtsgebiet anwendbar, sondern der darüber hinaus zeitlos ist.

Das deutsche Recht hat sich demgegenüber für eine Kasuistik entschieden und unterscheidet dabei drei Anwendungsfälle der deliktischen Verhaltenshaftung, die §§ 823 Abs. 1, 823 Abs. 2 und 826 BGB. Nachdem ursprünglich versucht worden war, das französische System zu übernehmen, ist diese Idee im Laufe der Gesetzesarbeiten schließlich aufgegeben worden. Man befürchtete, eine Generalklausel würde den Gerichten einen zu großen Ermessensspielraum gewähren und die deliktische Haftung könnte in der Folge zu häufig bejaht werden, was dann möglicherweise die unternehmerische Freiheit der Rechtssubjekte gehemmt hätte.

Die französische außervertragliche Haftung der Art. 1382 und 1383 Code civil beruht in erster Linie auf dem Begriff der „faute", der als solcher inhaltslos ist und vom Schrifttum über die Verletzung einer ungeschriebenen Verhaltenspflicht definiert wird. Die deutsche außervertragliche Haftung baut demgegenüber auf dem Begriff der Rechtswidrigkeit auf[14]. Jede Verletzung eines Rechts oder eines rechtlich geschützten Interesses ist danach rechtswidrig. Der Begriff des Verschuldens ist nach einer neueren Ansicht ein Unterfall der Rechtswidrigkeit. Das französische Recht seinerseits vermengt mit dem Begriff der „faute" die Elemente des Verschuldens und der Rechtswidrigkeit[15].

Der Hauptunterschied zwischen dem französischen und dem deutschen Recht liegt aber in der Tatsache, daß das deutsche Recht nach dem Gegenstand der Rechtswidrigkeit und damit nach der Natur

---

13 Siehe Rn. 32, 54, 79 ff.
14 Siehe Rn. 33.
15 Siehe Rn. 82.

des verletzten Rechts oder Interesses unterscheidet[16]. § 823 Abs. 1 BGB sanktioniert nur die Verletzung eines absoluten Rechts, § 823 Abs. 2 BGB nur die eines rechtlich besonders geschützten Interesses und § 826 BGB schließlich sanktioniert zwar die Verletzung eines beliebigen Rechts oder Interesses, macht dies aber von strengen Voraussetzungen abhängig. Diese Verletzung muß nämlich den guten Sitten widersprechen und zudem vorsätzlich erfolgen. Das französische Recht sanktioniert die Verletzung eines beliebigen Rechts oder Interesses unabhängig vom Gegenstand der Rechtswidrigkeit.

c. Die Annäherung der Lösungen

Dennoch haben die Beiträge im Rahmen dieses Kolloquiums ge-   **529**
lehrt, daß die Anwendung des französischen und des deutschen Rechts der außervertraglichen Haftung im Bereich des Geschäftsverkehrs zu durchaus verwandten Lösungen gelangen kann[17]. Dies erstaunt zunächst, weil es die Absicht der Verfasser des BGB war, den Anwendungsbereich der außervertraglichen Haftung einzuschränken und darüber hinaus dem deutschen Richter die rechtlichen Mittel zu ihrer unbegrenzten Ausweitung zu nehmen. Das deutsche Recht der außervertraglichen Haftung ist zwangsläufig lückenhaft. Im Gegensatz zu dem, was man auf den ersten Blick denken könnte, ist die Zahl dieser Lücken aber beschränkt, abgesehen von einigen Ausnahmen, wie z. B. die Haftung von Ratingagenturen, die sich nur schwer in die bestehenden Kategorien einordnen läßt. In diesem Punkt nähert sich das deutsche dem französischen Recht, welches seinerseits gerade dazu konzipiert wurde, solche Lücken zu vermeiden.

Den Beiträgen, die wir hier gehört haben, konnte man eine Erklärung für diese Widersprüchlichkeit entnehmen. Das deutsche Recht der außervertraglichen Haftung wurde nämlich einerseits von der Rechtsprechung und andererseits vom Gesetzgeber vervollständigt[18]. Die deutsche Rechtsprechung hat das deutsche Recht der außervertraglichen Haftung sicherlich nicht „à la française", wie mein Straßburger Kollege Dominique Schmidt sagen würde, interpretiert. Sie hat die Systematik des BGB nicht zerstört und seine Beson-

---

16 Siehe Rn. 56 ff., 80 ff.
17 Siehe Rn. 84, 119, 140, 344.
18 Siehe Rn. 58.

derheiten im Vergleich zum französischen Recht bewahrt. Vorschläge in diese Richtung sind durchaus unterbreitet worden.

Die deutsche Rechtsprechung hat, unter Bewahrung der Besonderheiten des deutschen Rechts der außervertraglichen Haftung, die Liste der von § 823 Abs. 1 BGB geschützten absoluten Rechte durch zwei neue absolute Rechte erweitert, nämlich das Recht am eingerichteten und ausgeübten Gewerbebetrieb einerseits und das allgemeine Persönlichkeitsrecht andererseits. Aus der Einsicht um die Notwendigkeit eines ausreichenden Schutzes des Unternehmens heraus hat die Rechtsprechung damit bestimmte Aspekte der unternehmerischen Tätigkeit auf den Rang eines absoluten Rechts erhoben, selbst wenn sich dahinter rein vermögensrechtliche Interessen verbergen, die selbst nicht durch § 823 Abs. 1 BGB geschützt sind[19].

Die Rechtsprechung hat sich noch einer weiteren Technik bedient. Weil das Recht der außervertraglichen Haftung keinen ausreichenden Schutz für bestimmte Interessen bietet, hat sie sogenannte „quasi – vertragliche" Konstruktionen außerhalb des Deliktsrechts und im Randbereich der vertraglichen Haftung herausgearbeitet, die man als „dritten Weg" bezeichnet. Hierzu gehören der „Vertrag mit Schutzwirkung zugunsten Dritter", die culpa in contrahendo, die Vertrauenshaftung etc.[20].

530 Auch der Gesetzgeber hat neue Arten der außervertraglichen Haftung für bestimmte Arten wirtschaftlicher Aktivität geschaffen. Im Rahmen dieses Kolloquiums ist auf das Gesetz gegen den unlauteren Wettbewerb vom 7. Juni 1909 (UWG) sowie auf das Gesetz gegen Wettbewerbsbeschränkungen vom 27. Juli 1957 (GWB) hingewiesen worden. Gleichfalls zur Sprache ist die Prospekthaftung gekommen, die in verschiedenen Kapitalmarktgesetzen eingeführt und von der Rechtsprechung auf andere Bereiche ausgedehnt wurde. Nach dem Schrifttum liegt der Rechtsgrund der Prospekthaftung in vorvertraglichen Verhaltenspflichten[21].

531 Angesichts dieser verschiedenen Interventionen des Gesetzgebers und der Rechtsprechung versteht man sehr gut, daß das deutsche Recht der außervertraglichen unternehmerischen Haftung letztlich nur wenige Lücken aufweist und deshalb verglichen mit dem französischen Recht zu gleichwertigen, wenn auch nicht identischen Lö-

---

19 Siehe Rn. 37, 83.
20 Siehe Rn. 37, 58.
21 Siehe Rn. 58.

318

sungen gelangt. Dieses Kolloquium hat eine Konvergenz gezeigt, die, wenn man die Begrifflichkeit des französischen und des deutschen Systems betrachtet, insofern nicht erstaunen kann, also deutsche wie das französische Recht beide den Begriff des Verschuldens („faute") kennen.

Der Hauptunterschied besteht in der Rolle, welche die beiden Rechtsordnungen diesem Begriff zuerkennen. Während der Begriff des Verschuldens im französischen Recht den Haftungstatbestand definiert, wirkt er im deutschen Recht erst im Rahmen einer zuvor festgestellten Rechtswidrigkeit, die als Verletzung eines Rechts oder eines rechtlich geschützten Interesses zu verstehen ist.

Der Begriff der Rechtswidrigkeit hat im deutschen Recht einen spe- **532** zifischen Zweck, der darin besteht, die verschiedenen Fälle der Haftung je nach der Natur des verletzten Rechts oder Interesses unterschiedlichen Regelungen zu unterwerfen. Rechtsprechung und Gesetzgeber haben die Haftung in diesen Bereichen ökonomischen Erwägungen angepaßt. Die Lücken des deutschen Rechts, die es auszufüllen galt, waren nicht allein das Resultat der fehlenden Möglichkeit, bestimmte Verhaltensweisen unter die herkömmlichen Kategorien des BGB zu subsumieren. Sie beruhten auch auf der Tatsache, daß die vorhandenen Haftungskategorien nicht zu angemessenen Ergebnissen führten. Das Eingreifen von Rechtsprechung und Gesetzgeber hatte deshalb zum Ziel, die Unzulänglichkeiten zu beseitigen, zu denen die strenge Anwendung der Vorschriften des BGB führen konnte.

So ist beispielsweise in dem Bereich, wo die Rechtsprechung das Recht am Unternehmen geschaffen hat, § 826 BGB durchaus anwendbar. Die Haftungsvoraussetzungen dieser Vorschrift sind jedoch ungenügend. Gleichermaßen hat der Gesetzgeber mit der Schaffung des UWG interveniert.

Von daher versteht man, daß trotz des Bestehens unterschiedlicher, jeweils auf dem Begriff der Rechtswidrigkeit aufbauende Haftungsregimes, die rechtlichen Lösungen nicht notwendigerweise ebenfalls voneinander abweichen.

Das französische Recht der außervertraglichen Haftung ist übri- **533** gens nicht so einheitlich wie man nach den bisherigen Erklärungen glauben könnte. Die deutschen Unterscheidungen der § 823 Abs. 1, § 823 Abs. 2 und § 826 BGB sind sicherlich dem Geist der Artikel

1382, 1383 Code civil fremd. Dennoch werden sie von der französischen Rechtsprechungspraxis nicht völlig ignoriert.

Das französische Schrifttum anerkennt durchaus, daß die Verletzung eines der Rechte, die man in Deutschland als absolute Rechte bezeichnet, wie etwa das Eigentumsrecht oder eines der von der französischen Rechtsprechung anerkannten Persönlichkeitsrechte, bereits als solche eine haftungsbegründende „faute" darstellt. Geht es dagegen um die Verletzung eines bloßen Vermögensinteresses, begründet diese als solche noch keine Haftung. In gleicher Weise wird anerkannt, daß die Verletzung eines rechtlich geschützten Interesses, welches bestimmten Personen eine ausdrückliche Verhaltenspflicht auferlegt, die widerlegliche Vermutung eines Fehlverhaltens auslöst.

Schließlich scheint auch in der französischen Rechtsprechung die Verletzung der guten Sitten eine Haftung des Täters nicht unabhängig davon auslösen zu können, ob dieses Verhalten vorsätzlich war. Auch wenn die Notwendigkeit einer vorsätzlichen Verletzung nicht ausdrücklich formuliert wird, schimmert sie doch oft in der Begründung der einschlägigen Entscheidungen durch.

534 Die französische und die deutsche Rechtsprechungspraxis haben also in weitem Ausmaß dazu beigetragen, die Spezifizität der jeweiligen Rechtssysteme einander anzugleichen. Ohne deren Geist damit zur Bedeutungslosigkeit zu verurteilen, hat sie versucht, ihre Folgen zu modifizieren, wenn diese unvereinbar mit den Bedürfnissen der Wirtschaft waren. Man versteht deshalb, daß die Ergebnisse, zu denen die Anwendung dieser beiden, zunächst sehr verschiedenen Haftungssysteme gelangt, letztlich sehr häufig konvergiert.

535 Dies schließt aber nicht aus, daß sie im Einzelfall zu unterschiedlichen Lösungen gelangen können. In einer Beziehung muß die Anwendung des deutschen und des französischen Rechts der außervertraglichen Haftung sogar notwendigerweise zu unterschiedlichen Ergebnissen führen. Das deutsche Recht berücksichtigt den Schutzzweck der Norm. Die Verletzung einer Verhaltenspflicht führt deshalb nicht zu Ersatzansprüchen aller Personen, deren Interesse betroffen ist, weil sie einen Schaden erlitten haben, sondern nur derjenigen Personen, deren Interesse durch diese Verhaltenspflicht verletzt wurde und die deshalb deren Adressat sind. Diese Überlegung hat nicht nur theoretische Bedeutung. Sie findet in der deutschen Rechtsprechung ihren praktischen Niederschlag und stellt gelegent-

320

lich gewisse Probleme. Dies betrifft etwa verschiedene wirtschaftliche Delikte im Bereich des Wettbewerbsrechts. Hier stellt sich die Frage, ob diese Normen nur den Zweck haben, das öffentliche Interesse zu schützen ohne Rücksicht auf die persönlichen Interessen derjenigen Opfer, die nicht Adressat dieser Normen sind.

Im französischen Recht ist dieser Gedanke sicherlich nicht unbekannt. Dies gilt besonders für die Strafrechtsprechung vor allem auf der Ebene der Cour de Cassation, wo er zu einigen Schwierigkeiten geführt hat. Er findet aber insgesamt nur sehr selten Anwendung. In diesem Maße könnte die Anwendung des französischen und des deutschen Rechts der außervertraglichen Haftung insbesondere im unternehmerischen Bereich zu differierenden Lösungen führen, die Probleme nicht zuletzt im Bereich der innerstaatlichen Sanktionierung europarechtlicher Normen mit sich bringen und zu einer ungerechtfertigten Verzerrung bei der gleichmäßigen Anwendung des Gemeinschaftsrechts führen können.

Abgesehen von diesem letzten Aspekt gelangt das französische und das deutsche Recht der außervertraglichen Haftung nicht zu Lösungen, die *notwendigerweise* divergent sind.

2. Erklärungsansatz

Der Grund für diese beruhigende Feststellung ist in zwei Richtungen zu suchen.

a. Die Bedeutung ökonomischer Erwägungen

In den verschiedenen Beiträgen dieses Kolloquiums ist die Bedeutung herausgearbeitet worden, die ökonomische Erwägungen in der französischen und der deutschen Rechtsprechung einnehmen. Präsident Pierre Bézard z.B. hat in Erinnerung gerufen, daß das französische Recht am Grundsatz der rechtlichen Unabhängigkeit der einzelnen Gesellschaften eines Konzerns festhält. Der Konzern als solcher, hat er hinzugefügt, sei keine juristische Person. In diesen Worten steckt nicht nur eine Feststellung, sondern auch das Werturteil, daß es notwendig ist, die rechtliche Unabhängigkeit der Konzerngesellschaften zu bewahren[22].

536

---

22 Siehe Rn. 136.

321

Das Problem der Haftung der Banken wegen Kreditgewährung an Unternehmen in Zahlungsschwierigkeiten – oder wegen der Verweigerung dieser Kreditgewährung – war ebenfalls Gegenstand der Erörterung. In diesem Zusammenhang wurde auf die allgemeinen Prinzipien eingegangen, die das deutsche und das französische Recht der Bankenhaftung prägen. Dabei wurde auch die vielleicht übertriebene Toleranz mancher Gerichte gegenüber den Banken erwähnt, die sich mit der Einbeziehung ökonomischer Erwägungen erklärt. Ebenso wie es sinnlos ist, ein Unternehmen in Zahlungsschwierigkeiten künstlich am Leben zu erhalten, macht es auch keinerlei Sinn, einem Unternehmen eine Geldquelle vorzuenthalten, das noch sanierungsfähig ist[23].

Bei allen Einzelthemen, die hier zur Sprache kamen, sind ökonomische Erwägungen allgegenwärtig. Ein letztes Beispiel stellt die Haftung von Ratingagenturen dar. Alle Referenten haben hier betont, daß sich hinter diesem juristischen Problem das wirtschaftliche Problem des Zahlungsausfalls, des Kreditrisikos verbirgt.

537 Man sieht also, daß weder die französischen noch die deutschen Richter die ökonomischen Auswirkungen ihrer Lösungen im Bereich der außervertraglichen unternehmerischen Haftung ignorieren und daß sie die Notwendigkeit anerkennen, das ökonomische Gewicht ihrer Entscheidungen sowie der anwendbaren Rechtsvorschriften abzuwägen. Ökonomische Erwägungen tauchen noch auf einer zweiten Ebene auf. Es wurde schon erwähnt, daß das französische und das deutsche Recht der außervertraglichen unternehmerischen Haftung in einigen Punkten Sonderregeln unterworfen sind. In bestimmten Bereichen, entweder aufgrund einer Intervention des Gesetzgebers oder im Rahmen der richterlichen Rechtsfortbildung, vermeiden das französische und das deutsche Recht die Anwendung des allgemeinen Zivilrechts. Auch dies begründet sich meistens durch ökonomische Erwägungen.

Daraus sollte man jedoch nicht ableiten, daß die allgemeine Deliktshaftung immer dann zu modifizieren wäre, wenn ökonomische Erwägungen im Spiel sind. Im Gegenteil bietet das allgemeine Deliktsrecht, wie die verschiedenen Beiträge des Kolloquiums gezeigt haben, in den meisten Fällen einen durchaus angemessenen Rahmen für die Berücksichtigung ökonomischer Erfordernisse.

---

23 Siehe Rn. 208, 209, 215, 222.

Nur in bestimmten Fällen, die Gesetzgeber und Rechtsprechung bereits wahrgenommen haben, ist eine Anpassung unerläßlich.

Hätte die französische Rechtsprechung die Art. 1382, 1383 Code civil im unternehmerischen Bereich mit aller Schärfe angewandt, dann hätte sie der unternehmerischen Aktivität auf diese Weise ein juristisches Korsett angelegt. Die Rechtsprechung hat sich aber im Gegenteil bemüht, die unternehmerische Freiheit als Vektor der unternehmerischen Tätigkeit zu erhalten und den Anwendungsbereich der außervertraglichen Haftung zu beschränken[24]. **538**

Bei der Beurteilung etwa der Frage, ob ein bestimmtes Verhalten des Geschäftsleiters haftungsbegründend ist, unterscheidet die Rechtsprechung zwischen offensichtlich mißbräuchlichen Maßnahmen und anderen, die – auch auf die Gefahr eines Irrtums – in den Ermessensspielraum des Geschäftsleiters fallen[25]. Dasselbe gilt für die deutsche Rechtsprechung, wenn sie die Lücken des deutschen Deliktsrechts angesichts bestimmter unternehmerischer Verhaltensweisen durch ihre Anleihen im Vertragsrecht schließt.

b. Die Bedeutung der richterlichen Rechtsfortbildung

Der Einfluß ökonomischer Erwägungen erklärt aber nicht allein die Konvergenz des französischen und des deutschen Rechts der außervertraglichen Haftung im Geschäftsverkehr. Damit diese Erwägungen überhaupt zur Anwendung kommen können, muß die Rechtsprechung über die entsprechenden Mittel verfügen. **539**

Damit kommen wir zur Frage der richterlichen Rechtsfortbildung.

Die Absicht der Gesetzesväter des französischen Code civil war es, den Richtern einen großen Ermessensspielraum und ein ausreichend flexibles juristisches Werkzeug zur Verfügung zu stellen, das für jedes Rechtsgebiet, für jede Epoche und für jedes Rechtsgut Anwendung finden konnte. Erreicht wurde dies durch den zentralen Begriff der „faute", dessen Konkretisierung man der Rechtsprechung überlassen hat. Hinzu kommt noch der allgemeine richterliche Ermessensspielraum bei der Tatsachenwürdigung. Diese Ermächtigung zur richterlichen Rechtsfortbildung ist nur für den Fall beschränkt, daß der Gesetzgeber selbst den Inhalt der Verhaltenspflichten bestimmt. Der richterliche Ermessensspielraum be- **540**

---

24 Siehe Rn. 96.
25 Siehe Rn. 96.

schränkt sich in diesem Fall auf die Auslegung dieser gesetzlichen Verhaltenspflichten[26].

541 Die Absicht der Verfasser des deutschen BGB bestand demgegenüber gerade darin, den richterlichen Ermessensspielraum und den Bereich der außervertraglichen Haftung zu beschränken[27]. „Sonstige Rechte" im Sinne des § 823 Abs. 1 BGB sind nicht alle beliebigen, sondern nur absolute Rechte. § 826 BGB präzisiert nicht, was unter „guten Sitten" zu verstehen ist. Aber auch dieser Begriff ist nicht grenzenlos ausdehnbar. Dies verbietet bereits der Geist des deutschen Deliktsrechtssystems. Vor allem aber verlangt diese Vorschrift eine vorsätzliche Schädigung. Was § 823 Abs. 2 BGB angeht, ist es der Gesetzgeber selbst, der über den Begriff des Schutzgesetzes den Kreis der geschützten Interessen definiert.

Während so die französische Rechtsprechung über einen beträchtlichen Ermessensspielraum verfügt, ist der rechtsschöpferische Gestaltungsspielraum der deutschen Rechtsprechung auf das Schließen von offensichtlichen Gesetzeslücken beschränkt.

542 In der Praxis hat dies freilich die deutsche Rechtsprechung nicht an einer darüber hinausgehenden richterlichen Rechtsfortbildung gehindert, ohne daß sie dadurch aber das System des deutschen Deliktsrechts als solches in Frage gestellt hätte. Hierzu greift die Rechtsprechung auf die Vertragshaftung zurück. Diese Technik benutzt sie beispielsweise im Rahmen der Auskunftshaftung[28].

Die Vertragshaftung ist aber nicht die einzige Quelle der richterlichen Rechtsfortbildung in der deutschen Rechtsprechung.

543 § 276 Abs. 1, S. 2 BGB, der im Rahmen des § 823 Abs. 1 BGB zur Anwendung gelangt, definiert die Fahrlässigkeit als Außerachtlassen der im Verkehr erforderlichen Sorgfalt. Bei Verletzung eines absoluten Rechts haftet der Schädiger nicht nur für Vorsatz, sondern auch für Fahrlässigkeit. § 276 Abs. 1, S. 2 BGB definiert die im Verkehr erforderliche Sorgfalt nicht selbst. Es ist deshalb Aufgabe der Rechtsprechung, diesen Begriff und die Verhaltenspflichten der Rechtssubjekte untereinander zu bestimmen. Auf der Grundlage dieser Vorschrift hat die Rechtsprechung für alle Arten menschlicher Aktivität Verhaltenspflichten (Verkehrspflichten, Verkehrssicherungs-

---

26 Siehe Rn. 345.
27 Siehe Rn. 83.
28 Siehe Rn. 37, 28.

pflichten) entwickelt. Im unternehmerischen Bereich sind hier insbesondere auch ökonomische Erwägungen zum Zuge gekommen.

Aus diesem Grunde ist die deutsche Rechtsprechung nicht so gebunden wie man es angesichts der Struktur des deutschen Deliktsrechtssystems zunächst glauben könnte.

Von daher ist der Unterschied zum französischen Recht nicht so bedeutend, wie es zunächst den Anschein hat. Sowohl die französische als auch die deutsche Rechtsprechung verfügen deshalb über umfangreiche, wenn auch unterschiedliche Möglichkeiten richterlicher Rechtsfortbildung. **544**

Am Ende dieser Bilanz des Konstanzer Kolloquiums möchte ich, **545** bevor ich zum Schluß komme, die wichtigsten Erkenntnisse, die uns die verschiedenen Beiträge gebracht haben, wie folgt zusammenfassen:

1. Das deutsche und das französische Recht der außervertraglichen unternehmerischen Haftung werden im wesentlichen durch die Grundsätze des allgemeinen Deliktsrechts geregelt. In bestimmten Bereichen sind Sonderregelungen zu beobachten, die auf Eingriffe des Gesetzgebers oder auf richterliche Rechtsfortbildung zurückgehen. Diese Sonderregelungen sind Ausdruck der Fortentwicklung und der Diversifizierung der außervertraglichen Haftung im unternehmerischen Bereich. Sie können jedoch nicht als Beweis für das Entstehen eines eigenständigen Rechts der unternehmerischen Haftung betrachtet werden.

2. Das deutsche und das französische Recht der außervertraglichen unternehmerischen Haftung beruhen auf unterschiedlichen Systemen. Diese Unterschiede führen jedoch in der Praxis nicht notwendigerweise zu unterschiedlichen Lösungen. Im Ergebnis divergieren die beiden Rechtsordnungen nur punktuell. Dies erklärt sich durch die Tatsache, daß die französische und die deutsche Rechtsprechung entsprechende haftungserleichternde Korrekturen vorgenommen haben, ohne die Struktur ihres jeweiligen Haftungssystems in Frage zu stellen.

3. Im unternehmerischen Bereich ist das Gewicht der ökonomischen Erwägungen beträchtlich, und die französische und die deutsche Rechtsprechung sind sich dieser Tatsache bewußt. Die Berücksichtigung der wirtschaftlichen Notwendigkeiten spielt eine vorrangige Rolle bei der Schaffung, bei der Auslegung und bei der Fortent-

wicklung des Rechts der außervertraglichen unternehmerischen Haftung.

4. Obwohl sich die französische und die deutsche Rechtsprechung in bezug auf den Ermessensspielraum, der ihr zusteht, nicht in der gleichen Ausgangslage befinden, sind sie in der Praxis nicht zu grundlegend unterschiedlichen Ergebnissen gelangt.

Dies sind die Ergebnisse des Konstanzer Kolloquiums. Gestatten Sie mir jetzt noch, den Betrachtungswinkel ein wenig zu erweitern.

§ 3 Perspektiven einer europäischen Rechtsvereinheitlichung

546 Im Rahmen dieses Kolloquiums hat jeder einzelne der Referenten die Möglichkeiten einer europäischen Harmonisierung des Rechts der außervertraglichen Haftung nicht nur im unternehmerischen, sondern auch im allgemein – zivilrechtlichen Bereich angesprochen. Wenn man an eine solche Harmonisierung denkt – die nicht nur akademischer Natur ist, wie der Vorschlag des Europäischen Parlaments zur Schaffung eines europäischen Zivilgesetzbuchs zeigt –, stellen sich zwei Fragen, auf die eine Antwort gefunden werden muß.

Zunächst gilt es zu bestimmen, ob eine solche Harmonisierung nützlich und möglich ist; anschließend ist zu überlegen, auf welchen Grundprinzipien eine solche Normierung aufbauen könnte.

1. Nutzen und Machbarkeit einer europäischen Harmonisierung

a. Nutzen

547 Angesichts der Feststellung, daß die Anwendung des französischen und des deutschen Rechts der außervertraglichen Haftung nicht notwendigerweise zu unterschiedlichen Lösungen führt, könnte man versucht sein, hieraus auf die Überflüssigkeit einer Harmonisierung dieses Rechtsgebiets zu schließen. Dabei darf jedoch nicht übersehen werden, daß punktuelle Unterschiede durchaus verbleiben und daß diese auch im Rahmen der innerstaatlichen Sanktionierung von Normen des Gemeinschaftsrechts auftreten können.

Unterschiede können insbesondere bei der Definierung der Verhaltenspflichten auftreten. Im Rahmen dieses Kolloquiums ist klargeworden, daß die Haftung der Banken wegen einer Kreditvergabe an

Unternehmen in Zahlungsschwierigkeiten oder wegen der Verweigerung einer solchen Kreditvergabe in Frankreich und in Deutschland nicht den gleichen Voraussetzungen unterworfen ist. Demgegenüber scheinen sich die einzelnen Fallgruppen im Recht des unlauteren Wettbewerbs in der französischen und in der deutschen Rechtsprechung in weitem Ausmaß zu entsprechen. Es verbleiben Rechtsunterschiede und diese können auch für die Zukunft nicht ausgeschlossen werden. Bereits von daher ist es nicht überflüssig, das französische und das deutsche Recht der außervertraglichen Haftung zu harmonisieren.

Ein anderer Grund zugunsten einer Harmonisierung besteht in den **548** Schwierigkeiten auf internationaler Ebene angesichts der Souveränität der einzelnen Staaten hinsichtlich der Frage des anwendbaren Rechts. Diese betreffen die Internationale Zuständigkeit, die Anerkennung und Vollstreckung ausländischer Entscheidungen sowie die Bestimmung des anwendbaren Sachrechts. Diese Probleme wurden, was die Anerkennung und die Vollstreckung ausländischer Entscheidungen angeht, vom Brüsseler Übereinkommen vom 27. September 1968 nur teilweise gelöst, weil dessen Anwendungsbereich beschränkt ist. Überdies stellt die Qualifizierung der nationalen Ansprüche im Rahmen der Anwendung des Übereinkommens für den Europäischen Gerichtshof umso größere Probleme, als die einzelnen nationalen Rechtssysteme, die diesen Ansprüchen zugrundeliegen, jeweils einer eigenen Begrifflichkeit folgen.

Im Bereich des Internationalen Privatrechts ist die Situation noch schwieriger. Der Vorentwurf eines europäischen Übereinkommens über das auf vertragliche und außervertragliche Schuldverhältnisse anzuwendende Recht hat bisher nur zur Annahme des römischen Übereinkommens vom 19. Juni 1980 über das auf vertragliche Schuldverhältnisse anzuwendende Recht geführt. Im Bereich der außervertraglichen Verbindlichkeiten fehlt eine Rechtsvereinheitlichung, was, wie unsere rechtsvergleichende Untersuchung des internationalen Deliktsrechts gezeigt hat, zu erhöhten Transaktionskosten führt.

Der Abschluß eines europäischen Übereinkommens in diesem Bereich sollte deshalb ein vorrangiges Ziel sein, das noch wichtiger ist als eine Angleichung des materiellen europäischen Rechts.

b. Machbarkeit

549 Bisher wurden nur einige punktuelle Angleichungen im Bereich der außervertraglichen Haftung in Form von europäischen Richtlinien in Angriff genommen. Deren Hauptnachteil besteht in ihrem fragmentarischen Charakter. Zudem gehen sie einer Stellungnahme zu den grundsätzlichen, konzeptionellen Fragen der außervertraglichen Haftung aus dem Wege.

Um diese Nachteile zu vermeiden, wäre deshalb eine umfassende Harmonisierung des gesamten Rechts der außervertraglichen Haftung vorzuziehen. Eine solche Harmonisierung ist jedoch mit beträchtlichen Schwierigkeiten verbunden. Jedes einzelne der unterschiedlichen, in den nationalen Rechtordnungen anzutreffenden Systeme der außervertraglichen Haftung folgt nämlich einer eigenen Logik. Eine Harmonisierung durch einfache gegenseitige Anpassung ist kaum möglich. Das Ergebnis wäre nicht eine wirkliche Rechtsangleichung, sondern eine heterogene Ansammlung von Einzelregelungen ohne jeden Sinnzusammenhang.

550 Um dies zu verhindern, könnte man daran denken, eines der miteinander konkurrierenden nationalen Haftungssysteme als Modell für alle anderen Rechtsordnungen zu übernehmen.

551 Es ist aber wenig wahrscheinlich, daß die Mitgliedstaaten in diesem Punkt eine Einigung erzielen können. Überdies darf man ein Rechtssystem unabhängig von seiner Beschaffenheit, nicht außerhalb des Kontexts stellen, innerhalb dessen es sich in seiner Auslegung durch die Rechtsprechung befindet.

552 Wie mein Kollege Dominique Schmidt berichtete, hat das französische Recht, das früher einmal in bestimmten Gebieten Deutschlands anwendbar war, in der deutschen Rechtsprechung eine andere Auslegung erfahren, als dies zur gleichen Zeit in Frankreich der Fall war. Die Entscheidung zugunsten eines der miteinander konkurrierenden nationalen Rechtssysteme würde deshalb nicht zu einer wirklichen Harmonisierung führen, es sei denn, der Europäische Gerichtshof würde systematisch über eine diskriminierungsfreie Anwendung des gewählten Rechts durch die Mitgliedstaaten wachen.

553 Ein dritter Weg könnte darin bestehen, ein eigenständiges europäisches System der außervertraglichen Haftung mit einem eigenen Ansatz zu schaffen. Eine solche Lösung hätte den Vorteil, daß sie den

Einigungsprozeß beschleunigen könnte. Es steht hier nicht an, detaillierte Vorschläge für deren konkrete Ausgestaltung zu unterbreiten. Ich werde mich vielmehr mit einigen Beobachtungen aus den Erfahrungen des Konstanzer Kolloquiums begnügen.

2. *Leitlinien für eine europäische Harmonisierung*

Wenn man Europa ein einheitliches und autonomes System der außervertraglichen Haftung geben möchte, sollte dieses System leistungsfähig, d. h. international wettbewerbsfähig sein. Damit es wettbewerbsfähig ist, muß es über eine gewisse Flexibilität verfügen, die den Gerichten die Berücksichtigung ökonomischer Erwägungen erlaubt. Dies ist eine der Grundvoraussetzungen, deren Realisierung jedoch nicht einfach ist. **554**

Unsere rechtsvergleichende Untersuchung hat gezeigt, wie die deutsche und die französische Rechtsprechung aus einer unterschiedlichen gesetzlichen Ausgangslage mit unterschiedlichem Ermessensspielraum heraus im Laufe einer langen Entwicklung zu einem durchaus vergleichbaren Wertegleichgewicht gelangt sind. Für die Konstrukteure eines einheitlichen und autonomen europäischen Systems der außervertraglichen Haftung sollte dies ein Modell sein. **555**

Ein europäisches System, das sich am französischen Recht orientiert, würde der außervertraglichen Haftung möglicherweise einen zu breiten Anwendungsbereich gewähren. Zumindest viele deutsche Juristen sind der Ansicht, daß die Art. 1382, 1383 Code Civil richterlicher Willkür den Weg öffnen, weil sie alle Rechte und alle Interessen in der gleichen Weise schützen. Sie schließen daraus auf die Überlegenheit des deutschen Systems und übersehen dabei, daß der Eindruck, den der Gesetzeswortlaut ihnen vermittelt, nicht mit dem Haftungssystem korrespondiert, das die französische Rechtsprechung unter der Aufsicht der Cour de Cassation täglich praktiziert.

Das deutsche System würde der außervertraglichen Haftung möglicherweise einen zu engen Anwendungsbereich zuweisen. Dies ist die Meinung vieler französischer Juristen angesichts der §§ 823 ff. BGB, die den Richter an starre Kategorien festhalten und ihm keine Möglichkeit zu belassen scheinen, das Recht den Realitäten, d. h. der Fortentwicklung und Diversifizierung menschlichen Handelns anzupassen. Das französische System erscheint ihnen deshalb vorziehenswert. Auch sie ignorieren, daß dieser Eindruck nur zu einem sehr geringen Teil der Rechtsprechungspraxis entspricht.

Die Konstrukteure eines europäischen Systems der außervertraglichen Haftung müssen folglich, noch bevor sie sich daran machen, die Begriffe, auf denen dieses System beruhen könnte, zu bestimmen und sie mit normativem Inhalt auszufüllen, das Gleichgewicht definieren, zu welchem sie gelangen wollen und zu welchem das französische und das deutsche Haftungsrecht erst am Ende einer langen und langsamen Entwicklung gelangt sind. Das Hauptproblem, das es bei der Schaffung eines leistungsfähigen europäischen Rechts zu lösen gilt, besteht darin, den Umfang des richterlichen Ermessens festzulegen.

Die Verfasser des Code civil und des BGB haben das französische und das deutsche Haftungssystem jeweils in Abhängigkeit von ihrer spezifischen Antwort auf diese grundlegende Frage ausgearbeitet. Vielleicht waren die Lösungen, zu denen sie damals gelangt sind, nicht immer die besten; das ändert aber nichts an der Tatsache, daß die Gesetzgeber verstanden hatten, was bei ihrer Kodifizierung auf dem Spiel stand und was darüber hinaus bei jedem Kodifizierungsvorhaben für die Zukunft auf dem Spiele steht.

556 Ein letztes Wort noch: Ein europäisches System der außervertraglichen Haftung setzt voraus, daß zunächst über die Rolle dieses Rechts im Rahmen der Gemeinschaftsrechtsordnung und der nationalen Rechtsordnungen, in die es sich einfügen soll, nachgedacht wird.

557 Das Recht der außervertraglichen Haftung erfüllt bekanntlich mit den Gesichtspunkten der Wiederherstellung und der Prävention zwei unterschiedliche Funktionen.

Unter Wiederherstellung versteht man den Ersatz des Schadens, der aus der Verletzung von Rechten oder rechtlich geschützten Interessen herrührt. Bei dieser Funktion der außervertraglichen Haftung steht die Lösung privater Interessenkonflikte im Vordergrund.

Unter Prävention versteht man die Steuerung des Verhaltens der Rechtssubjekte. Das Recht der außervertraglichen Haftung hat hier hauptsächlich zum Ziel, eine bestimmte Konzeption des öffentlichen Interesses durchzusetzen. Es liefert einen Anreiz dafür, daß die Rechtssubjekte ein Verhalten annehmen, welches Schäden vermeidet. Gleichzeitig bestimmt es, welches Verhalten schädlich ist.

Damit die Verletzung der Interessen eines anderen als Schaden bewertet werden kann, muß dieses Interesse rechtlich geschützt sein. Zudem muß die Verletzung der Regel schuldhaft erfolgen. Mit der Unterscheidung zwischen gesetzlich geschützten und nicht geschützten Interessen und vor allem mit der Unterscheidung zwischen schuldhaften und nicht schuldhaften Verletzungen versucht das Recht der außervertraglichen Haftung, so wie es von der Rechtsprechung implementiert wird, eine bestimmte Konzeption des öffentlichen Interesses zur Geltung zu bringen. Dies erklärt, warum in diesem Bereich der ordre public eine besondere Rolle spielt.

Beide Funktionen der außervertraglichen Haftung hängen miteinander zusammen und sind schwierig von einander zu trennen. Im unternehmerischen Bereich – dies ist eine Erkenntnis des Kolloquiums – kommt der Prävention eine größere Bedeutung zu als der Wiederherstellung. Anders ist die Situation im allgemeinen Zivilrecht, insbesondere mit der Zunahme der angebotenen und abgeschlossenen Versicherungen.

Es wäre jedoch verfehlt, aus dieser Differenz abzuleiten, daß die außervertragliche Haftung im unternehmerischen Bereich besonderen Regeln folgen müsse. Tatsächlich ist dieser Unterschied kein absoluter. Dies sieht man schon daran, daß Haftpflichtversicherungen regelmäßig eine Haftung für Vorsatz ausschließen. Zudem lassen sich die Grundsätze des allgemeinen Haftungsrechts außerhalb der Gefährdungshaftung auf den unternehmerischen Bereich übertragen. Auf der anderen Seite sollten sich die Konstrukteure eines europäischen Systems der außervertraglichen Haftung der Tatsache bewußt sein, daß dieses Recht in erster Linie eine präventive Funktion zu erfüllen hat. **558**

Es gilt deshalb, den Platz zu bestimmen, den dieses Recht unter den übrigen Rechtsmechanismen zur Regelung des Verhaltens der Rechtssubjekte einnimmt.

In diesem Rahmen ist vor allem an das Aufsichtsrecht und an das Strafrecht zu denken, das nicht nur Sanktions-, sondern auch Präventionsfunktionen erfüllt. Diese verschiedenen Rechtsinstrumente schließen sich aber nicht etwa gegenseitig aus. Die Strafbarkeit zieht grundsätzlich eine zivilrechtliche außervertragliche Haftung nach sich, und in gleicher Weise kann der Verstoß gegen eine Verwaltungsvorschrift nicht nur verwaltungsrechtlich, sondern auch strafrechtlich oder zivilrechtlich sanktioniert werden. Ob man einer ver- **559** waltungsrechtlichen, strafrechtlichen oder zivilrechtlichen Ausrichtung den Vorzug geben will, hängt letztlich von der Rolle ab, die man dem Staat zukommen lassen möchte.

560 Die Konzipierung eines Systems der außervertraglichen Haftung setzt deshalb zuvor eine Klärung der Position voraus, die dieses Recht in der gesamten Rechtsordnung einnehmen soll.

Die Berücksichtigung ökonomischer Erfordernisse gibt hierauf eine Antwort. Es bestehen keine Zweifel, daß im Kontext des gegenwärtigen verschärften internationalen Wettbewerbs, der sich in der Zukunft noch ausweiten wird, das Recht – selbst Gegenstand des Wettbewerbs – einer großen Flexibilität bedarf. Dies schließt jede starre Reglementierung aus, die dazu führen könnte, das Wirtschaftsleben zu lähmen. Nötig ist deshalb eine Deregulierung, die so weit wie möglich geht und die insbesondere in den U.S.A. weiter vorangeschritten ist als in Europa. Hieraus folgt, daß das Aufsichtsrecht jedenfalls keine vorrangige Bedeutung einnehmen darf. Nur das Zivilrecht bietet mit der außervertraglichen Haftung hierfür die notwendige Flexibilität, vorausgesetzt natürlich, daß die Rechtsprechung über einen ausreichenden Ermessensspielraum verfügt.

In diesem Sinne scheint das Recht der außervertraglichen Haftung dazu berufen, in Zukunft eine wachsende Bedeutung einzunehmen. Es ist deshalb von äußerster Wichtigkeit, daß sich die Konstrukteure eines europäischen Systems der außervertraglichen Haftung dieses Phänomens und der Weite ihrer Aufgabe bewußt sind, die die zukünftige Rolle Europas im internationalen Wettbewerb in erheblichem Ausmaß beeinflußt.

Vive la France, vive l'Allemagne et vive l'Europe!

Personenverzeichnis – Liste des participants

Allain, Serge
Président de Chambre au Tribunal de Commerce de Paris

Allarousse, Pierre
Juge au Tribunal de Commerce de Paris

Ambs, Friedrich
Präsident des Landgerichts Konstanz

Armand-Prévost, Michel
Vice-Président du Tribunal de Commerce de Paris

Ballot-Léna, Bernard
Président de Chambre Honoraire au Tribunal de Commerce de Paris

Bauer, Michael
Richter am Oberlandesgericht Karlsruhe

Berthault, André
Président de Chambre Honoraire au Tribunal de Commerce de Paris

Bézard, Pierre
Président de la Chambre Commerciale et Financière de la Cour de Cassation française

Blanc, Pierre
Juge au Tribunal de Commerce de Paris

Bodard, Marcel
Président de Chambre au Tribunal de Commerce de Paris

Boizel, Roger
Wissenschaftlicher Mitarbeiter am Zentrum für Internationale Wirtschaft der Universität Konstanz

Bon, Jacques
Président Honoraire du Tribunal de Commerce de Paris

Bornkamm, Joachim
Richter am Oberlandesgericht Karlsruhe

Borra, Pierre
Président de Chambre à la Cour d'Appel de Paris

Böttcher, Klaus
Richter am Oberlandesgericht Karlsruhe

Brézillon, Claude
Président de Chambre Honoraire au Tribunal de Commerce de Paris, Président de l'Association pour Favoriser le Fonctionnement de l'Institution Consulaire

Chaput, Yves
Professeur à l'Université Panthéon - Sorbonne (Paris I)

de Charnacé, Philippe
Juge au Tribunal de Commerce de Paris

Charras, Serge
Président de Chambre au Tribunal de Commerce de Paris

Coisne, Henri
Juge au Tribunal de Commerce de Paris

Cormier, Michel
Juge au Tribunal de Commerce de Paris

Cotelle, Madeleine
Juge au Tribunal de Commerce de Paris

Courtière, Jean
Président de Chambre au Tribunal de Commerce de Paris

Darmon, Marco
Avocat Général à la Cour de Justice des Communautés Européennes

Debaene, Jacques
Juge au Tribunal de Commerce de Paris

Déchin, Patrick
Directeur à la Direction Générale, Directeur de cabinet de Jean-Luc Lagardère, MATRA-HACHETTE

Domain, Louis
Vice-Président Honoraire du Tribunal de Commerce de Paris

Dressler, Wolf-Dieter
Richter am Bundesgerichtshof

Duperche, Pierre
Président de Chambre au Tribunal de Commerce de Paris

von Dücker, Hans-Gerd
Vizepräsident des Landgerichts Konstanz

Dutertre, Guy
Membre du Bureau du Conseil National de la CNCC et Président de la Commission des études juridiques

Ebenroth, Carsten-Thomas
Richter am Oberlandesgericht Karlsruhe, Professor an der Universität Konstanz, Direktor des Zentrums für Internationale Wirtschaft der Universität Konstanz

Eickmeyer, Horst
Oberbürgermeister der Stadt Konstanz

Eith, Wolfgang
Vizepräsident des Landesgerichts Offenburg

Ertl, Christof
Vorsitzender Richter am Landgericht Konstanz

Facques, Denis
Président de la Compagnie des Administrateurs Judiciaires de Paris

Fekete, Jean-Marie
Président de Chambre au Tribunal de Commerce de Paris, Vice-Président de l'AFFIC

Feldges, Joachim
Rechtsanwalt Volhard, Weber & Axster, Düsseldorf

de Fontbressin, Patrick
Directeur adjoint de „La Gazette du Palais"

Forman, Jacques
Président de Chambre au Tribunal de Commerce de Paris

François, Pierre
Vice-Président Honoraire du Tribunal de Commerce de Paris

Funke, Rainer
Parlamentarischer Staatssekretär im Bundesministerium für Justiz

Gewelbe, Arnold
Avocat à la Cour, Berlioz, Paris

Glofke, Thomas
Richter am Landgericht Konstanz

Grandjean, Philippe
Président de la Conférence Générale des Tribunaux de Commerce de France, Président Honoraire du Tribunal de Commerce de Paris

Güde, Wilhelm
Richter am Oberlandesgericht Karlsruhe

de Guillenchmidt, Jacqueline
Conseiller technique du Garde des Sceaux, Ministre de la Justice

de Guillenchmidt, Michel
Professeur à l'Université Paris V, Avocat à la Cour de Paris

Hadding, Walther
Professor an der Universität Mainz, Direktor des Instituts für Internationales Recht des Spar-, Giro- und Kreditwesens

Häring, Klaus
Richter am Oberlandesgericht Stuttgart

Hartmaier, Hans
Vorsitzender Richter am Oberlandesgericht Stuttgart

Hausmann, Rainer
Professor an der Universität Konstanz, Dekan der Juristischen Fakultät

Herpeux, Claude
Vice-Président Honoraire, Secrétaire Général de l'AFFIC

Heusèle, Jean-Paul
Juge au Tribunal de Commerce de Paris

Houssin, Serge
Juge au Tribunal de Commerce de Paris

Hox, George
Président de l'Union des Juges Consulaires de Belgique

Hübner, Ulrich
Professor an der Universität zu Köln, Direktor des Instituts für Versicherungsrecht

Jordan, Heinz
Präsident des Oberlandesgerichts Karlsruhe, Honorarprofessor an der Universität Konstanz

Jung, Jost
Richter am Oberlandesgericht Karlsruhe

Kakouris, Constantin N.
Juge à la Cour de Justice des Communautés Européennes

Krauß, Ernst-Friedrich
Richter am Oberlandesgericht Karlsruhe

Krukenberg, Hartmut
Richter am Oberlandesgericht Stuttgart

Lamy, Denise
Président de Chambre au Tribunal de Commerce de Paris

Lang, Arno
Vorsitzender Richter am Bundesgerichtshof

Lehleiter, Josef
Richter am Landgericht Ulm

Liszewski, Jeannine
Juge au Tribunal de Commerce de Paris

Malléjac, Pierre
Président de Chambre au Tribunal de Commerce de Paris

Marat, Jean
Président de Chambre Honoraire au Tribunal de Commerce de Paris

Maunoury, François
Juge au Tribunal de Commerce de Paris

Maus, Robert
Landrat des Landkreises Konstanz, Mitglied des Landtags Baden-Württemberg

Mesnard, Christian
Juge au Tribunal de Commerce de Paris

Mettas, Jean-Pierre
Juge au Tribunal de Commerce de Paris

Mignon-Gardet, Marie
Rédacteur en Chef du Journal „Les Petites Affiches"

Moritz, Hans-Werner
IBM Deutschland Informationssysteme GmbH, Stuttgart

Müller-Gugenberger, Christian
Richter am Landgericht Stuttgart

Naegelsbach, Eberhard
Richter am Oberlandesgericht Karlsruhe

Orth, André
Président de Chambre Honoraire au Tribunal de Commerce de Paris

Paul, Jacques-Marcel
Président de Chambre au Tribunal de Commerce de Nanterre

Picque, Gérard
Juge au Tribunal de Commerce de Paris

Pierrel, Jean-Claude
Président de la Compagnie des Mandataires Judiciaires de Paris

Piganeau, Gérard
Juge au Tribunal de Commerce de Paris

Piot, Bernard
Président de Chambre au Tribunal de Commerce de Paris

Piot, Jacques
Président Honoraire du Tribunal de Commerce de Paris

Pocquet du Haut Jussé, François
Juge au Tribunal de Commerce de Paris

Poppner, Werner
Vorstandsmitglied der KPC Manufaktur, Lörrach

Porokhov, Georges
Juge au Tribunal de Commerce de Paris

Pourquié, Jean
Président de Chambre Honoraire au Tribunal de Commerce de Paris

Pretner, Ralph-Thomas
Rechtsanwalt, KPMG Deutsche Treuhand AG, Frankfurt

Pucher, Georg
Vorsitzender Richter am Oberlandesgericht Stuttgart

Reichhardt, Horst-Dieter
Richter am Landgericht Konstanz

Reiner, Günter
Wissenschaftlicher Mitarbeiter am Zentrum für Internationale Wirtschaft der Universität Konstanz

Reiner, Werner
Vizepräsident des Landgerichts Konstanz i. R.

Roesner, Horst
Richter am Oberlandesgericht Karlsruhe

de Roffignac, Hugues
Juge au Tribunal de Commerce de Paris

Romillon, Jacques
Juge au Tribunal de Commerce de Paris

Rothfuß, Gerhard,
Richter am Landgericht Karlsruhe

Rouger, Michel
Président du Tribunal de Commerce de Paris

Sampré, Jacques
Juge au Tribunal de Commerce de Paris

Saulais, Joël
Juge au Tribunal de Commerce de Paris

Schäuble, Thomas
Justizminister des Landes Baden-Württemberg

Schiff, Roland
Juge au Tribunal de Commerce de Paris

Schmidt, Dominique
Professeur à l'Université de Strasbourg, Avocat à la Cour de Paris

Schwend, Gérard
Rechtsanwalt in Köln, Avocat à la Cour de Paris

Seidel, Wolfgang
Vorsitzender Richter am Oberlandesgericht Karlsruhe

Serré, Pierre
Président de Chambre au Tribunal de Commerce de Paris

Souhaité, Jean-Claude
Juge au Tribunal de Commerce de Paris

Speiermann, Joachim
Richter am Landgericht Konstanz

Stadler, Astrid
Professorin an der Universität Konstanz

Steidel-Sigrist, Fridhilde
Richterin am Oberlandesgericht Stuttgart

Strohm, Ingrid
Richterin am Oberlandesgericht Stuttgart

Tible, Jean
Président du Tribunal de Commerce de Nanterre

Verrey, Loïc
Juge au Tribunal de Commerce de Paris

Weh, August
Fa. Seipp Wohnen, Waldshut

Weimer, Joachim
Vorsitzender Richter am Landgericht Konstanz

Table alphabétique des matières

(Les chiffres renvoient aux numéros à l'exception cependant de ceux qui, précédés de la lettre n., désignent les notes de bas de page se rapportant au numéro indiqué)

Sachregister

(Die angegebenen Zahlen verweisen auf die Randnummern)